U0908450

全国计算机应用水平考试
培训教程

会计电算化 初级

彭赓◎主编

人民邮电出版社
北京

图书在版编目（CIP）数据

会计电算化 : 初级 / 彭赓主编. -- 北京 : 人民邮电出版社, 2020.4
全国计算机应用水平考试培训教程
ISBN 978-7-115-52598-7

Ⅰ. ①会… Ⅱ. ①彭… Ⅲ. ①会计电算化－资格考试－教材 Ⅳ. ①F232

中国版本图书馆CIP数据核字(2019)第268922号

内 容 提 要

本书是在充分研究全国计算机应用水平考试（NIT）“会计电算化（初级）”科目的考试大纲及考题的基础上编写而成的。全书共 4 章，主要讲解了用友财务管理软件、增值税发票税控开票软件、金税三期报税系统以及 Excel 电子表格制作软件的各种操作与应用等内容。

本书内容翔实，结构清晰，图文并茂，每章通过大量的实际操作全面讲解了相关软件或系统的使用方法，并配以大量的案例和练习来引导读者快速掌握会计电算化的基本操作与应用知识。

本书可作为各类院校财务会计相关专业学生参加全国计算机应用水平考试“会计电算化（初级）”科目考试的辅导用书，也可作为会计从业人员的参考用书。

◆ 主　　编　彭　赓
责任编辑　牟桂玲
责任印制　马振武
◆ 人民邮电出版社出版发行　　北京市丰台区成寿寺路 11 号
邮编　100164　　电子邮件　315@ptpress.com.cn
网址　http://www.ptpress.com.cn
大厂聚鑫印刷有限责任公司印刷
◆ 开本：880×1230　1/16
印张：12
字数：415 千字　　2020 年 4 月第 1 版
印数：1 – 2 500 册　　2020 年 4 月河北第 1 次印刷

定价：49.80 元

读者服务热线：(010) 81055410　印装质量热线：(010) 81055316
反盗版热线：(010) 81055315
广告经营许可证：京东工商广登字 20170147 号

前言

根据我国国民经济分“三步走”的经济发展战略和“科教兴国”的基本国策，我国要在加快工业化进程的同时加快信息化的发展，加大普及信息技术的力度，大量培养应用型信息技术人才，以适应国民经济信息化进程的需要。

鉴于社会的客观需求，教育部考试中心推出了全国计算机应用水平考试（National Applied Information Level Test，NIT）。该考试由教育部考试中心主办，以社会需求为导向，面向中职、高职等学生，考查考生的实际操作和应用能力。NIT采用系统化的设计、模块化的结构、个性化的教学、规范化的考试和国际化的标准，给用人单位提供了一个科学、客观、统一、公正的标准，能更好地促进我国信息技术的普及和发展，有利于科学、系统地培养应用型信息技术人才。

NIT在保留原有单科合格证书的基础上，根据用人单位对岗位知识的需求，推出了高级综合应用证书。目前开设有高级办公软件应用证书、高级Web前端设计证书、会计信息管理（初级）证书、会计信息管理（中级）证书。考生通过报考指定单科必考科目及选考科目并取得合格证书后，即可获得相应高级综合应用证书（想了解关于NIT的详细信息，可访问中国教育考试网）。

“会计电算化（初级）”科目是取得会计信息管理（初级）证书的必考科目之一，本书紧扣该科目考试大纲，旨在帮助考生掌握考纲要求的技能，使考生不仅能够顺利通过考试，更能够在实际工作中熟练应用相关技能。

○● 本书内容

本书以“会计电算化（初级）”科目的考试大纲为依据，在全面覆盖考试大纲各考点的基础上分章进行讲解。全书共包括4章，各章内容分别如下。

第1章：以用友畅捷通T3标准版为例，详细介绍了用友财务管理软件的各种应用与操作方法，主要包括账套管理、初始设置、录入期初余额并进行试算平衡、填制凭证、查询凭证、修改凭证、作废凭证、整理凭证、删除凭证、审核凭证、记账与恢复记账、期间损益结转、往来管理基础操作、报表基础操作等内容。

第2章：以金税盘版增值税发票税控开票软件为例，详细介绍了增值税发票税控开票软件的各种应用与操作方法，主要包括发票的基础知识、发票的读入与退回、蓝字增值税发票的填开、红字增值税发票的填开、增值税发票的查询与打印、增值税发票的作废与修复、抄税与报税操作、发票资料的查询与打印、税控开票软件的状态查询、发票资料统计等内容。

第3章：详细介绍了金税三期报税系统的各种应用与操作方法，主要包括金税三期报税系统的登录方式、各种常见涉税事项的办理方法、增值税申报、企业所得税申报、财务报表报送、申报查询、申报打印、申报更正、自然人税收管理系统扣缴客户端的下载、人员信息的采集、个人所得税申报表的报送与缴款、个人所得税申报查询等内容。

第4章：详细介绍了Excel的基础应用与操作方法，主要包括Excel的启动与退出、工作簿的基本操作、工作表的基本操作、单元格的基本操作、数据的输入与编辑、选择性粘贴的应用、数据的填充、表格数据的美化、公式与函数的应用、数据的排序、数据的筛选、数据的分类汇总、Excel常用快捷键汇总等内容。

○● 本书特点

在充分研究NIT后，本书在前期设计和后期编写上都做了精心的准备和安排，其主要特色介绍如下。

- **完善的知识体系：** 每章开始会对本章内容的考试情况进行介绍，如分值、重难点内容等；然后通过“本章知识体系一览表”将本章所有内容进行归纳汇总，使考生清楚需要学习的内容和应该重点掌握的内容等，以便提高学习效率。
- **详细的操作讲解：** NIT 注重实际操作和应用，除必备理论知识外，本书每一章都通过操作讲解的方式，配以清晰的操作步骤和对应的图片示例，让考生可以“身临其境”地进行学习，更为深刻地掌

握各种会计电算化软件和系统的操作方法。

- **丰富的考题示例：** 为进一步让考生感受到考试氛围，各章讲解中都给出了一定的考题示例，一方面可以让考生及时检查是否掌握了所学的知识，另一方面也可以让考生为以后的考试提前热身。
- **提供延伸小栏目：** 在讲解各种操作应用时，为了让考生更加准确地掌握知识点和操作步骤，并更加全面地进行学习，书中通过“名师点拨”和“知识拓展”等小栏目及时地对操作重难点进行讲解，拓展与操作相关的其他知识，帮助考生深化对相关知识的理解。
- **同步强化练习：** 每章结束后，有若干强化练习题供考生练习，一方面帮助考生巩固所学知识，另一方面方便考生检查知识掌握的情况。

○● 本书配套

本书提供丰富的配套资源，包括讲解过程中涉及的一些素材文件和效果文件、同步练习题的参考答案和解析，以及题库练习软件。其中，题库练习软件主要包括章节练习、题型精练、组卷练习、错题重做等板块。

考生可以扫描图书封底的二维码，关注“职场研究社”微信公众号，回复“52598”即可获取本书配套资源的下载链接，下载后解压即可使用。

○● 致谢

本书由 51CTO 学院提供信息化技术支持，河南计算机学会及河南金诸财务有限公司对书稿内容进行了严格、细致的审查和指导，并提供了业务案例素材，在此表示衷心的感谢。

在本书的编写与出版过程中，尽管编者精益求精，但由于水平有限，书中难免有错漏和不足之处，恳请广大读者批评指正。本书责任编辑的联系邮箱为 muguiling@ptpress.com.cn。

编　者

目　录

第1章　用友财务管理软件的应用

第2章　增值税发票税控开票软件的应用

第3章　金税三期报税系统的应用

第1章 用友财务管理软件的应用

本章主要以用友畅捷通T3标准版（以下简称用友T3）为例，介绍用友财务管理软件的基本操作方法，重点包括账套管理、初始设置、总账系统操作、往来管理基础操作以及报表基础操作5个方面的内容。

本章内容在考试中所占分值约为25分，主要考查内容为系统的初始设置和总账系统的操作。其中，账套的创建、编码方案的设置、系统基础设置以及与凭证相关的各种操作，均是较为热门的考点，考生应予以重视。

▼ **本章知识体系一览表**

用友财务管理软件的应用	账套管理	（1）注册系统（★★★） （2）创建账套（★★★） （3）修改账套（★） （4）启用系统模块（★） （5）设置操作员（★★） （6）设置操作员权限（★★） （7）备份并删除账套（★★） （8）恢复账套（★）
	初始设置	（1）登录账套（★） （2）设置编码方案与数据精度（★） （3）建立部门及职员档案（★★★） （4）建立客户与供应商档案（★★★） （5）设置会计科目（★★★） （6）设置凭证类别（★★★）
	总账系统操作	（1）录入期初余额并进行试算平衡（★★★） （2）设置总账系统参数（★★） （3）填制凭证（★★★） （4）查询凭证（★★★） （5）修改凭证（★★） （6）作废、整理与删除凭证（★★） （7）审核凭证（★★★） （8）记账与恢复记账（★★） （9）期间损益结转（★★） （10）对账与结账（★★★）
	往来管理基础操作	（1）采购管理（★★） （2）销售管理（★★）
	报表基础操作	（1）报表的新建与保存（★★★） （2）报表的打开与关闭（★★★） （3）报表的编辑（★★★） （4）报表的审核（★★） （5）报表的生成（★★） （6）报表的导出与导入（★）

1.1 账套管理

账套是用友财务管理软件存放某个会计核算对象的所有会计业务数据的载体。一个账套只能保存一个会计核算对象的业务资料，而账套管理则是使用用友财务管理软件进行会计核算的前提。

1.1.1 注册系统

注册系统是创建账套的前提，会计人员首次使用用友T3时，需要以系统管理员的身份注册，其具体操作如下。

（1）成功安装用友T3后，双击自动添加到桌面上的“系统管理”图标，或单击桌面左下角的“开始”按钮，在弹出的“开始”菜单中单击【所有程序】/【T3系列管理软件】/【T3】/【系统管理】菜单命令，此时将打开“系统管理”窗口，单击【系统】/【注册】菜单命令，如图1−1所示。

（2）执行上述操作后会显示用友T3的登录界面，在“用户名”文本框中输入“admin”，初始密码为空，单击 登录 按钮即可完成系统注册操作，如图1−2所示。

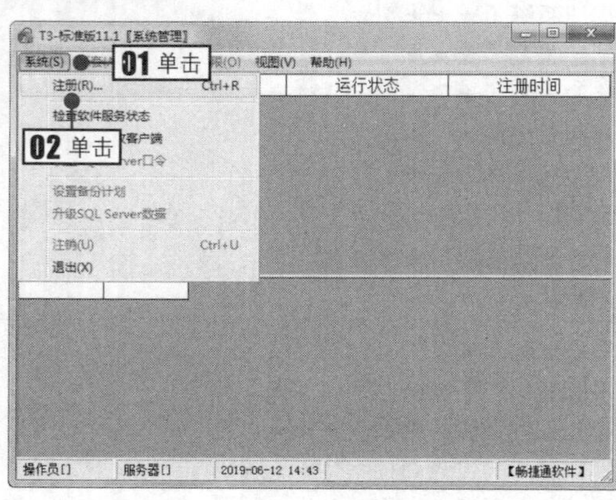

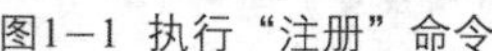

图1−1 执行“注册”命令

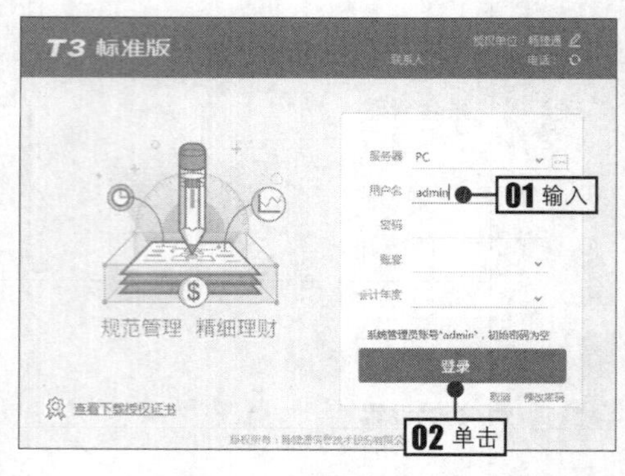

图1−2 注册系统操作

【例题·单选题】当以系统管理员的身份注册系统时，下列说法正确的是（ ）。

A. 用户名为demo，密码为空

B. 用户名为admin，密码为空

C. 用户名为demo，密码为demo

D. 用户名为admin，密码为admin

【解析】用友T3默认的系统管理员账号为admin，初始密码为空，其中账号就是用户名，因此B选项正确。

【答案】B

1.1.2 创建账套

创建账套即建账，涉及账套信息、单位信息、核算类型、基础信息、业务流程、分类编码方案、数据精度定义、系统启用等多个环节，整个创建过程可以借助用友T3提供的建账向导轻松完成，其具体操作如下。

（1）注册系统后，在“系统管理”窗口中单击【账套】/【建立】菜单命令，此时将打开“创建账套”对话框的“账套信息”界面，在其中设置账套的编号、名称、保存路径和启用会计期，然后单击 下一步 按钮，如图1−3所示。

（2）进入单位信息的设置界面，根据需要设置单位名称、简称、地址等信息后，单击 下一步 按钮，如图1−4所示。

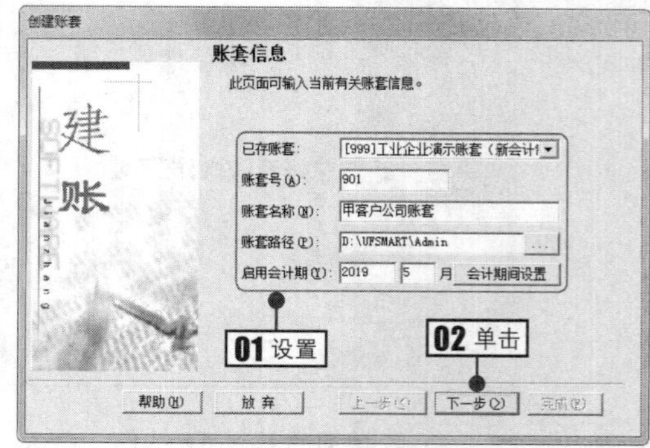

图1−3 设置账套信息

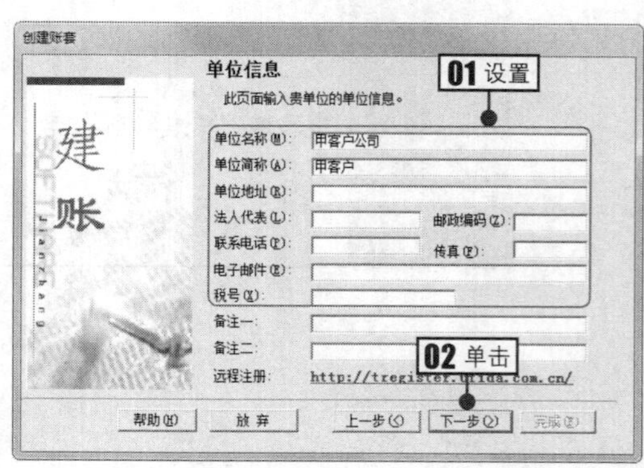

图1−4 设置单位信息

（3）进入核算类型的设置界面，设置本币代码及其名称、企业类型、行业性质、账套主管等信息，然后单击 下一步 按钮，如图1-5所示。

（4）进入基础信息的设置界面，根据实际情况选中对应的复选框，如企业存货较多需要分类核算时，则可选中“存货是否分类”复选框。完成设置后继续单击 下一步 按钮，如图1-6所示。

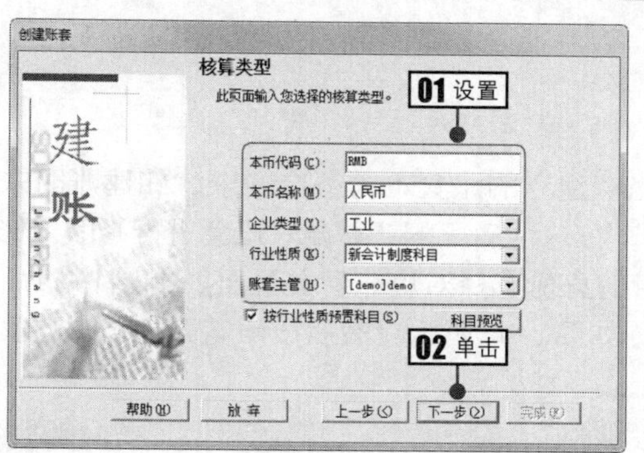

图1-5 设置核算类型

图1-6 设置基础信息

（5）进入业务流程的设置界面，根据实际业务流程情况选中对应的单选项，然后单击 完成 按钮，如图1-7所示。

（6）此时用友软件将打开提示对话框，询问是否可以创建账套。单击 是 按钮继续打开“分类编码方案”对话框，在其中可设置各项目的编码方案，如编码长度、包含几个级别，每个级别的编码长度等。设置好以后单击 确认 按钮，如图1-8所示。

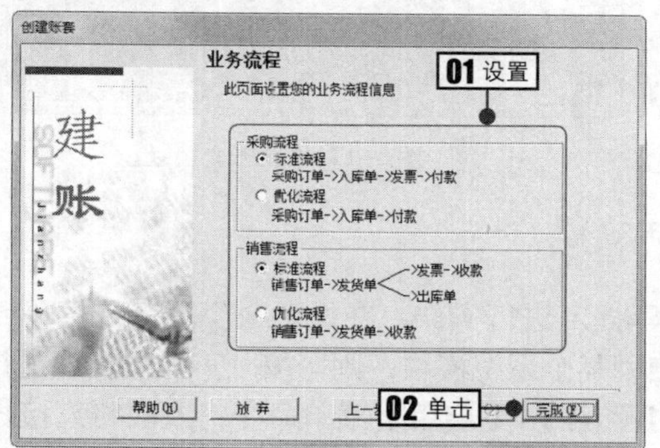

图1-7 设置业务流程

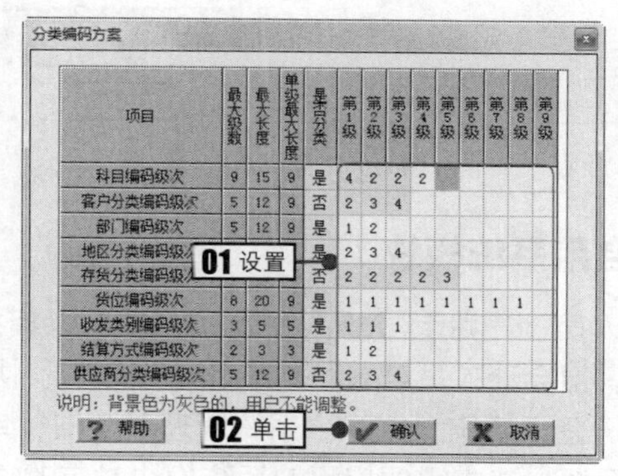

图1-8 设置编码方案

（7）打开“数据精度定义”对话框，根据需要设置各项目的小数位数，完成后单击 确认 按钮，如图1-9所示。

（8）此时用友T3会提示账套创建成功，在打开的提示对话框中单击 确定 按钮，然后单击 是 按钮表示立即启用账套，此时会打开图1-10所示的“系统启用”对话框，选中需要启用的系统模块对应的复选框，在打开的“日历”对话框中设置启用日期后单击“确定”按钮，即可完成账套的创建操作。

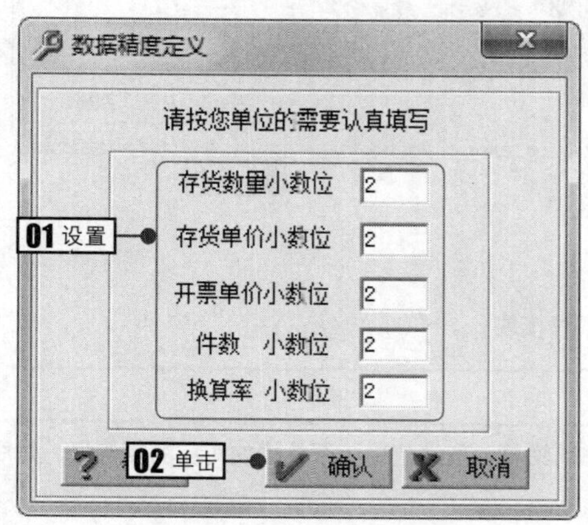

图1-9 设置数据精度

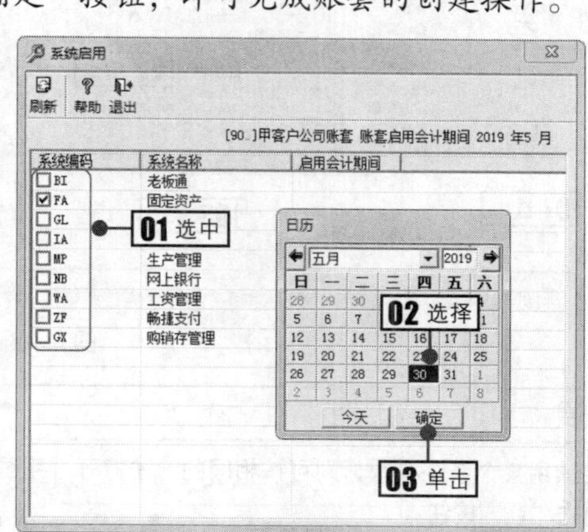

图1-10 启用系统模块

【例题·单选题】创建账套时指定账套主管的操作位于（ ）。

A. “账套信息”界面　　B. “单位信息”界面

C. “核算类型”界面　　D. “基础信息”界面

【解析】“核算类型”界面用于设置本位币、企业类型、行业性质、账套主管等核算类型，C选项正确。

【答案】C

1.1.3 修改账套

企业在运营过程中，时常会由于业务变化而使得当初建立的账套不再符合要求，如建账时未使用客户分类，但由于客户越来越多，需要进行分类才便于管理。在这种情况下就需要对账套进行修改。修改账套的方法：双击桌面上的“系统管理”图标，以账套主管的身份选择对应账套并登录，如图1-11所示。打开“系统管理”窗口，单击【账套】/【修改】菜单命令，如图1-12所示。然后按照向导提示对账套进行修改即可。

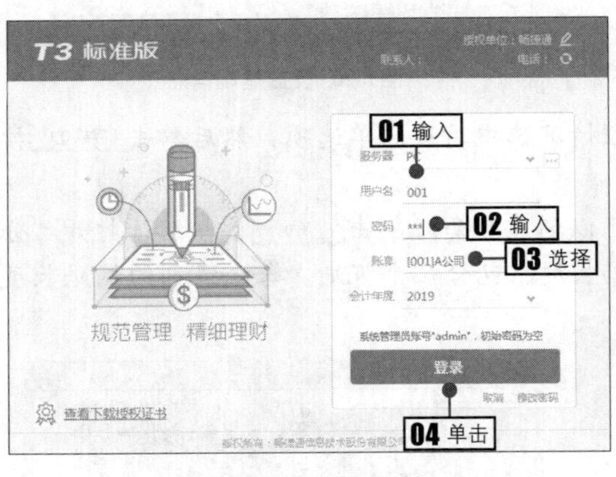

图1-11 登录系统

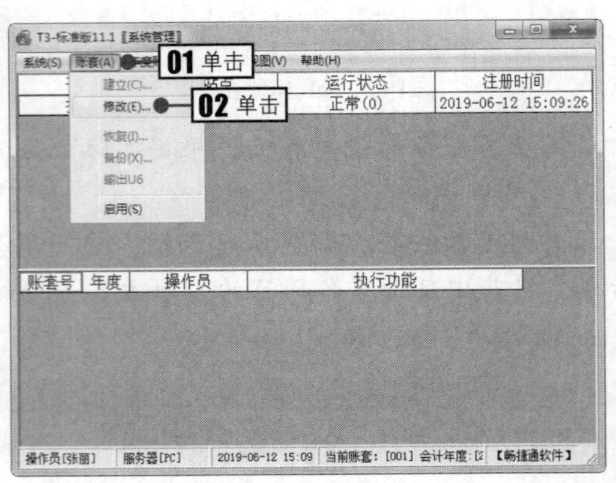

图1-12 修改账套

1.1.4 启用系统模块

会计人员创建账套或修改账套时，都可以根据向导提示进行操作，在最后一个环节选择是否启用某个系统模块。但会计人员若想跳过其他建账环节，快速启用某个系统模块，则可按以下操作步骤进行：以账套主管的身份登录系统，打开“系统管理”窗口，单击【账套】/【启用】菜单命令，此时将直接打开“系统启用”对话框，选中需要启用的系统模块对应的复选框，并在打开的“日历”对话框中设置启用日期，单击确定按钮后，在打开的提示对话框中单击是(Y)按钮即可，如图1-13所示。

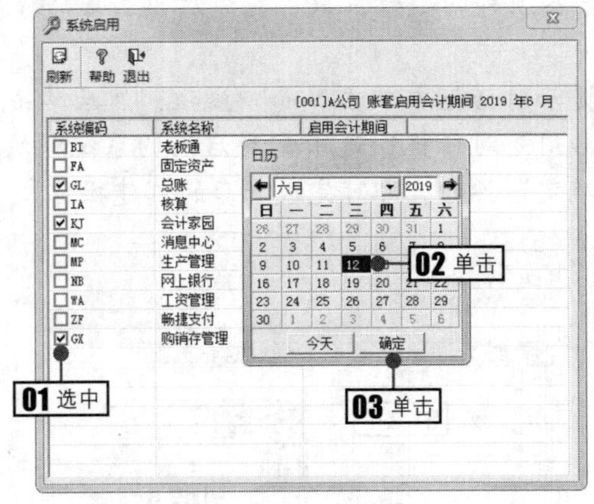

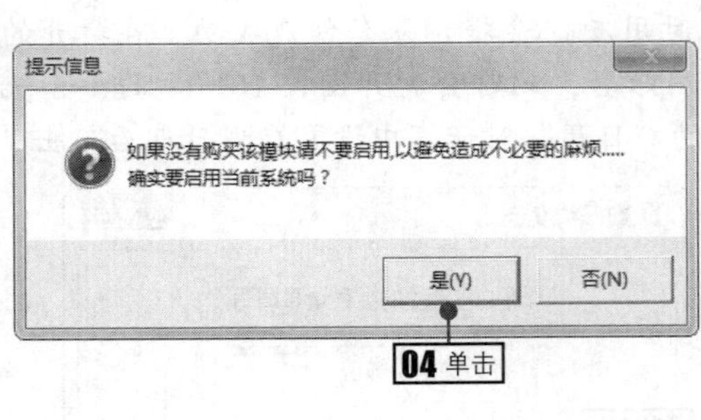

图1-13 启用系统模块

知识拓展

若会计人员要禁用某个系统模块，则可按相同的方法打开“系统启用”对话框，取消选中该系统模块对应的复选框，然后在打开的提示对话框中单击是(Y)按钮。

1.1.5 设置操作员

操作员指的是拥有系统登录权限并能够使用账套的人员，如前面提到的账套主管就是具有特殊权限的操作员。如果想保证数据的安全和会计工作的开展，就需要为账套设置具体的操作员。

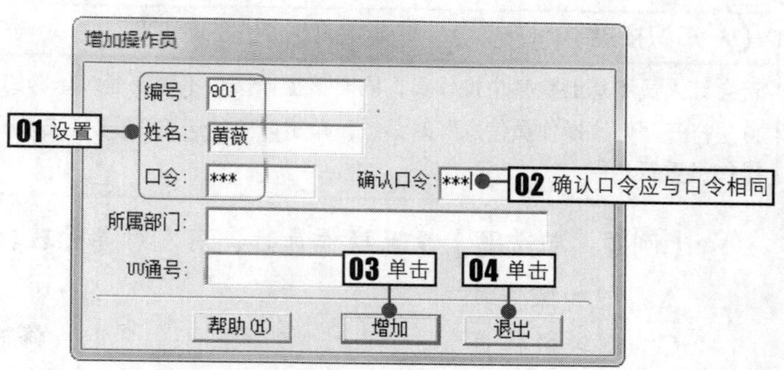

图1–14 设置操作员信息

1. 增加操作员

以系统管理员身份登录系统后，在“系统管理”窗口中单击【权限】/【操作员】菜单命令，打开“操作员管理”对话框，单击对话框左上角的“增加”按钮，打开“增加操作员”对话框，在其中设置操作员的编号、姓名、口令等信息后，依次单击增加按钮和退出按钮，如图1–14所示。

名师点拨

操作员信息至少应包括编号和姓名，“口令”与“确认口令”应一致。在以该操作员身份登录系统时，注意用户名应填写操作员对应的编号信息，而不是操作员的姓名。

2. 修改操作员

当会计人员需要修改操作员的姓名、口令、所属部门等信息时，可以用系统管理员身份登录系统，在“系统管理”窗口中单击【权限】/【操作员】菜单命令，打开“操作员管理”对话框，选择需修改的操作员选项，单击上方的“修改”按钮，然后在打开的“修改操作员信息”对话框中重新设置需要的内容，单击修改按钮即可，如图1–15所示。

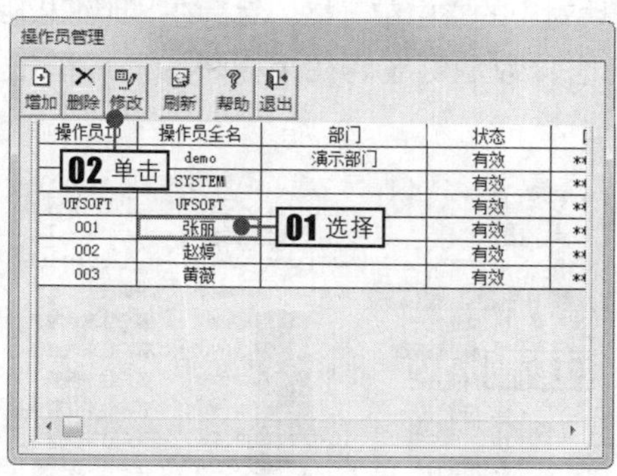

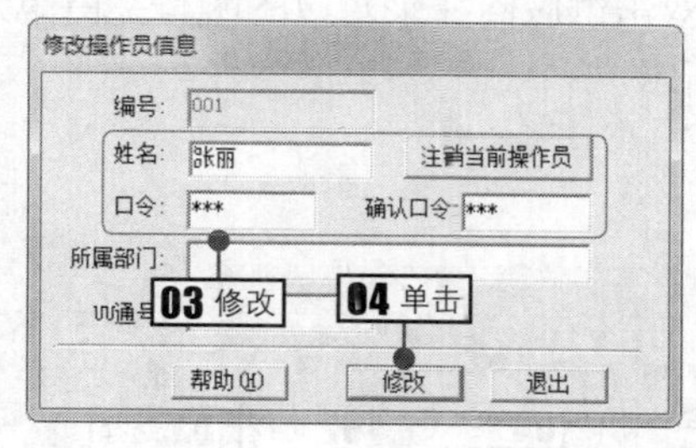

图1–15 修改操作员信息

3. 删除操作员

删除操作员可以阻止无操作权限的操作员继续操作账套，删除操作员的方法：打开“操作员管理”对话框，选择需删除的操作员对应的选项，单击“删除”按钮，然后在打开的提示对话框中单击是(Y)按钮，如图1–16所示。

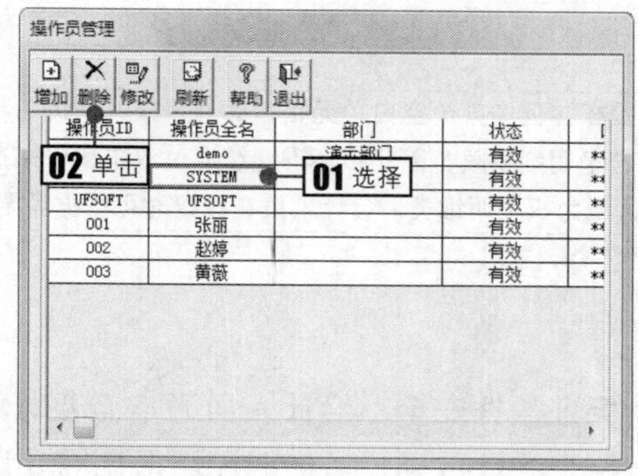

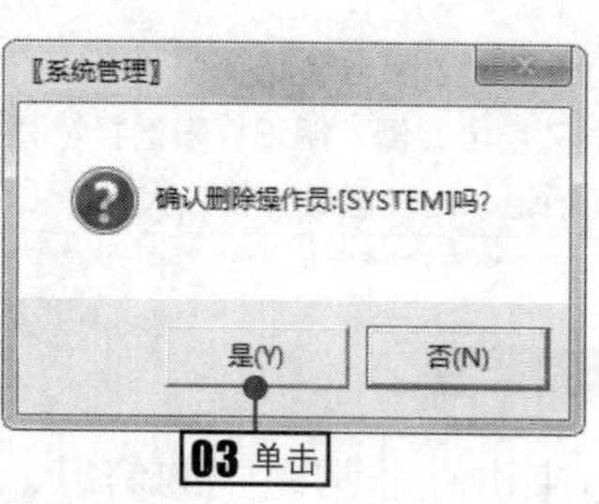

图1–16 删除操作员

知识拓展

若会计人员不想删除某个操作员，同时该操作员也不需要登录账套的权限，那么可以将其注销。注销操作员的方法：按修改操作员的方法打开“修改操作员信息”对话框，单击注销当前操作员按钮即可注销所选择操作员。此后有需要时，单击启用当前操作员按钮，则可将注销的操作员重新启用。

【例题・单选题】设置操作员时，用友财务管理软件无法实现的功能是（　）。

A. 增加操作员　　B. 移动操作员

C. 删除操作员　　D. 修改操作员

【解析】用友财务管理软件可以针对操作员进行新增、删除和修改等操作。

【答案】B

1.1.6 设置操作员权限

操作员权限决定了该操作员在该账套中能执行哪些操作。设置操作员权限可以帮助企业有效地进行会计分工和监督管理。设置操作员权限的方法：以系统管理员身份登录系统，在“系统管理”窗口中单击【权限】/【权限】菜单命令，打开“操作员权限”对话框，然后按以下不同的方法设置操作员权限。

- **账套主管**：若会计人员要将某操作员设置为账套主管，只需在“操作员权限”对话框中选择该操作员对应的选项，在右上方选择对应的账套和会计年度，然后选中“账套主管”复选框，在打开的提示对话框中单击是(Y)按钮即可，如图1-17所示。
- **具体权限**：若会计人员要为某操作员设置某个具体的权限，如设置其拥有专管往来模块中的客户往来操作的权限，则可在“操作员权限”对话框中选择该操作员对应的选项，在右上方选择对应的账套和会计年度，单击左上角的“增加”按钮，打开“增加权限”对话框。在“增加权限”对话框中，双击左侧“产品分类选择”栏下“授权”列中“往来”模块对应的空白单元格，然后在“明细权限选择”栏下的“授权”列中双击供应商往来对应的所有空白单元格，取消供应商往来权限，最后单击确定按钮，如图1-18所示。

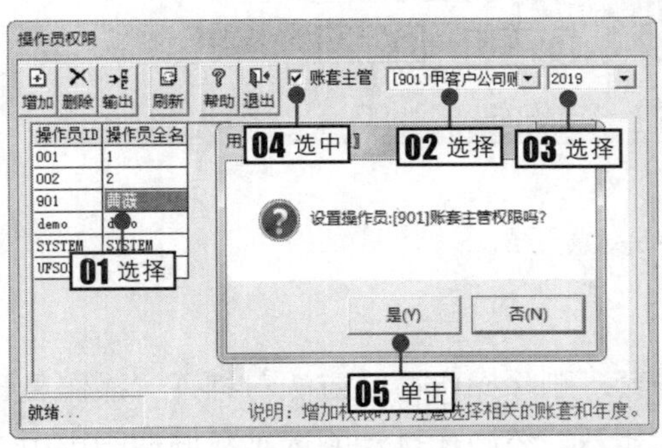

图1-17 设置某操作员为账套主管

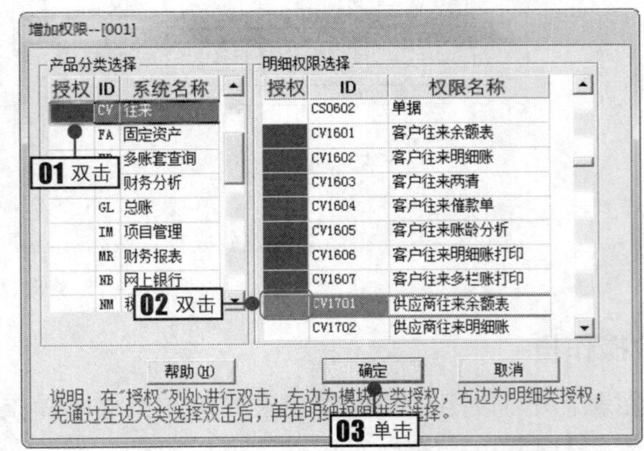

图1-18 设置某操作员拥有专管客户往来操作的权限

名师点拨

在“增加权限”对话框左侧“产品分类选择”栏下双击“授权”列中某个空白单元格，即可授权“系统名称”栏下对应选项的操作权限，而该操作权限又包含右侧“明细权限选择”栏下若干明细权限，因此，还需继续通过双击操作来选中或取消选中各明细权限对应的选项。换句话说，左侧区域为权限大类，右侧区域为权限明细类，会计人员在授权时可根据需要结合起来使用。

1.1.7 备份并删除账套

会计数据对企业来讲是非常重要的信息，为保证数据安全，会计人员通常需要对数据进行备份。在用友T3中，会计人员通过对账套进行备份就能备份整个会计数据，备份时还可根据需要选择是否在用友T3中删除该账套，以更好地保护会计数据。

备份并删除账套的方法：注册系统后，在“系统管理”窗口中单击【账套】/【备份】菜单命令，打开“账套输出”对话框，在“账套号”下拉列表框中选择需备份的账套选项，选中“删除当前输出账套”复选框（若不需要删除账套仅执行备份操作，则不能选中该复选框），单击 确认(O) 按钮。此时将打开“选择备份目标”对话框，在其中设置账套备份的路径，依次单击 确认(O) 按钮和 确定 按钮，此时用友T3会提示是否确认删除账套，单击 是(Y) 按钮即可，具体流程如图1-19所示。

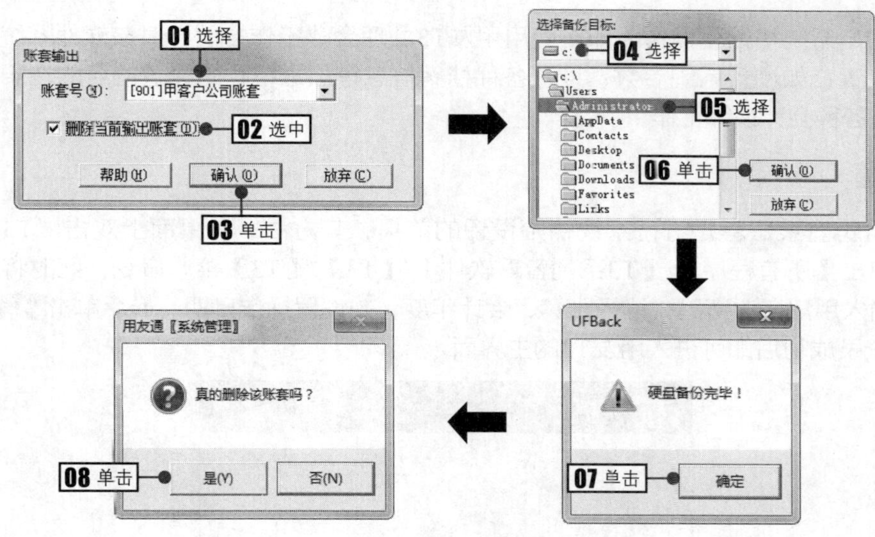

图1-19 备份并删除账套

1.1.8 恢复账套

对于已做好备份工作的账套，会计人员可以在需要使用的时候，利用用友T3的恢复功能重新把账套导入软件系统中，以便使用其中的数据。恢复账套的方法：注册系统后，在“系统管理”窗口中单击【账套】/【恢复】菜单命令，打开提示杀毒的对话框。在提示对话框中，若单击 安全通 按钮，将启用安全通查杀病毒，确认数据安全后再执行恢复操作；而直接单击 关闭 按钮，便可打开“恢复账套数据”对话框，在其中选择需要恢复的账套选项，单击 打开(O) 按钮即可，如图1-20所示。

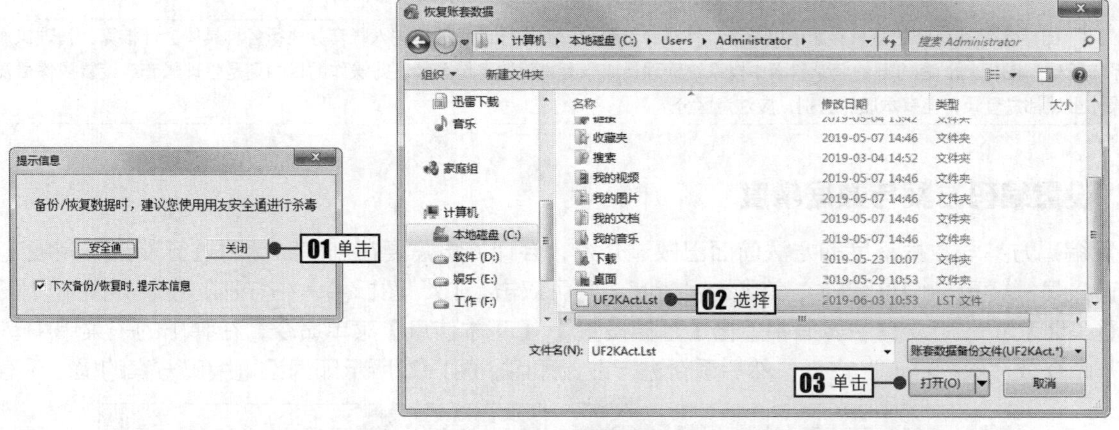

图1-20 恢复账套

知识拓展

如果所选待恢复的账套已经存放在用友 T3 中，那么在恢复该账套时，用友 T3 会打开提示对话框，询问是否进行覆盖操作，即用恢复的账套替换已经存在的账套，单击 是(Y) 按钮即可覆盖并完成恢复操作。

【例题·多选题】在用友T3中可以对账套进行的操作有（　）。

A. 创建账套　　　　B. 修改账套

C. 备份与恢复账套　　　　D. 禁用账套

E. 删除账套

【解析】会计人员可以使用用友T3对账套进行创建、修改、备份、恢复、删除等操作。

【答案】ABCE

1.2 初始设置

初始设置指的是系统初始化操作，即在使用用友T3处理会计工作之前，对该软件系统进行适合企业自身情况的初始化设置，如设置系统参数、设置各种档案信息等。进行初始设置的目的在于使会计人员更高效、更准确地完成各种会计核算工作。

1.2.1 登录账套

以操作员的身份登录账套是进行系统初始设置的前提，其方法：在桌面上双击“T3”图标，或在“开始”菜单中单击【所有程序】/【T3系列管理软件】/【T3】/【T3】菜单命令，此时将显示用友T3的登录界面，在其中输入用户名、密码，选择账套、会计年度，并设置操作日期，最后单击 登录 按钮，如图1-21所示。登录成功后即可进入用友T3的主界面。

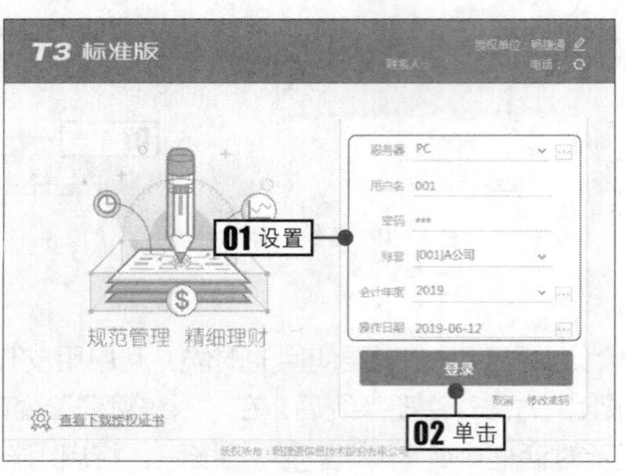

图1-21 登录用友T3

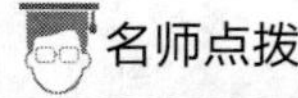
名师点拨

双击“T3”图标，在打开的登录界面中以某个操作员身份登录，此操作的目的是进入账套并执行各种具体会计核算、管理操作；而双击“系统管理”图标，在打开的登录界面中以系统管理员或账套主管的身份登录，此操作的目的则是管理账套或设置操作员及权限。两种操作虽然都是登录，但有本质的区别，应注意区分。

1.2.2 设置编码方案与数据精度

设置编码方案与数据精度的方法前面已做过介绍，会计人员需要在创建账套时进行设置。完成建账后，如果会计人员需要重新调整编码方案或数据精度，则可双击“T3”图标，在打开的登录界面中以账套主管的身份登录账套；在用友T3主界面中单击【基础设置】/【基本信息】菜单命令，在弹出的子菜单中单击“编码方案”命令或“数据精度”命令，然后重新进行设置即可。图1-22所示即为设置编码方案的操作示意图。

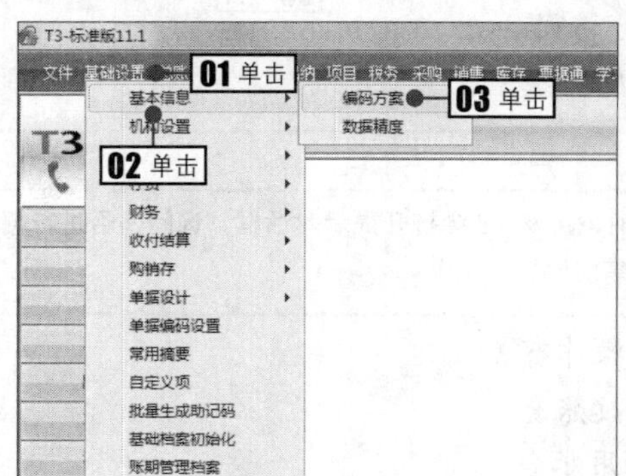

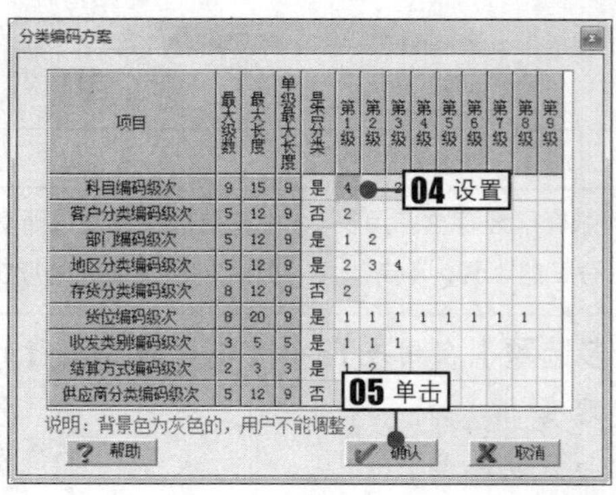

图1-22 设置编码方案

1.2.3 建立部门及职员档案

企业在进行财务核算和相关会计业务处理时，会涉及企业部门及职员档案。会计人员在进行初始设置时，可以利用用友T3的“机构设置”功能来建立企业的部门与职员档案。

1. 建立部门档案

部门档案主要包括部门编码、部门名称、负责人、部门属性等信息。建立部门档案的方法：在用友T3主界面中单击【基础设置】/【机构设置】/【部门档案】菜单命令，打开“部门档案”对话框，如图1-23所示。在该对话框中单击“增加”按钮，在右侧区域输入相关信息（部门编码要符合编码方案的原则），单击“保存”按钮即可完成部门档案的建立。

图1-23 建立部门档案

2. 建立职员档案

职员档案主要包括职员编号、职员名称、所属部门等信息。建立职员档案的方法：在用友T3主界面中单击【基础设置】/【机构设置】/【职员档案】菜单命令，打开“职员档案”对话框，在下方的空白单元格中输入新职员的档案后单击“增加”按钮即可。若在输入新职员档案后直接单击“退出”按钮，此时用友T3将打开提示对话框询问是否保存修改，单击 是(Y) 按钮完成职员档案的建立，如图1-24所示。

职员档案

设置 打印 预览 输出 增加 删除 放弃 查询 过滤 刷新 短信 帮助 退出

提示：职员编号、职员名称和所属部门必须录入，职员编号必须唯一。

职员编号	职员名称	职员助记码	所属部门	职员属性	手机
001	张雨		总经办		
002	马华	MH	总经办		
003	李传丁	LCD	技术部		
004	周宾	ZB	技术部		
005	王文明	WWM	金工车间		
006	张东兴	ZDX	金工车间		
007	宋瑶瑶	SYY	金工车间		
008	姚林	YL	喷漆车间		
009	马磊	ML	喷漆车间		
010	张东利	ZDL	喷漆车间		
011	于容	YR	装配车间		
012	陈小华	CXH	装配车间		
013	李新朝	LXC	装配车间		
014	高小燕	GXY	采购部		
015	赵阳	ZY	采购部		
016	邹琴	ZQ	销售部		
017	杨宇	YY	销售部		
018	梁新	LX	财务部		
019	郑娜	ZN	财务部		
020	王伟	WW	仓库		
021	张平	ZP	仓库		
022	梁华	LH	金工车间		

01 输入　02 单击　03 单击

提示！是否保存对当前记录的修改？ 是(Y) 否(N)

图1-24 建立职员档案

1.2.4 建立客户与供应商档案

往来核算是企业会计核算的重要组成部分，企业如果想高效地进行往来核算，前期就应建立好客户与供应商的相关档案。

1. 进行客户分类并建立客户档案

建立客户档案是指将企业的各个客户信息添加到用友T3中，便于在后期发生经济业务时能快速调用相关信息。当企业的客户数量较多时，会计人员可以对客户进行分类，以便更好地进行管理。

- **进行客户分类：** 在用友T3主界面中单击【基础设置】/【往来单位】/【客户分类】菜单命令，打开“客户分类”对话框，如图1-25所示。在该对话框中单击“增加”按钮，在右侧区域输入客户类别编码、类别名称等信息，完成后单击“保存”按钮，最后单击“退出”按钮。
- **建立客户档案：** 在用友T3主界面中单击【基础设置】/【往来单位】/【客户档案】菜单命令，打开“客户档案”对话框，单击“增加”按钮，打开“客户档案卡片”对话框，如图1-26所示。在“客户档案卡片”对话框中输入客户编号、客户名称等信息，完成后单击“保存”按钮，最后单击“退出”按钮。

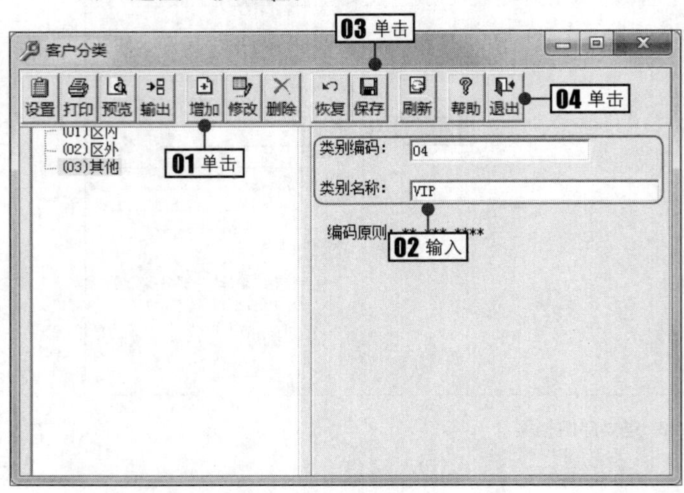

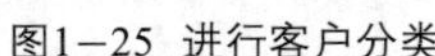
图1-25 进行客户分类

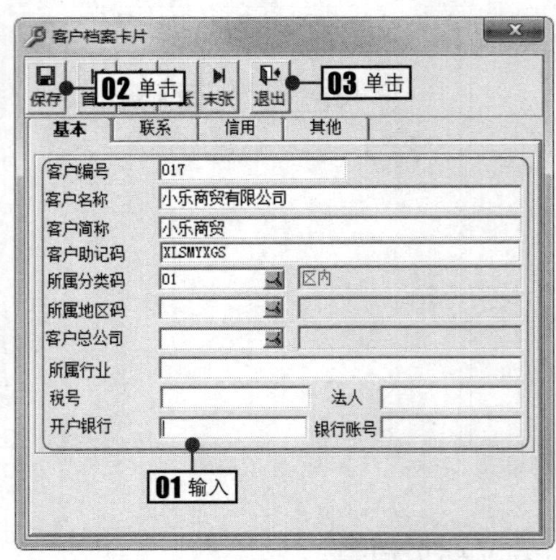

图1-26 建立客户档案

2. 进行供应商分类并建立供应商档案

进行供应商分类并建立供应商档案只需利用【基础设置】/【往来单位】菜单命令中的“供应商分类”或“供应商档案”命令进行操作即可，具体方法与进行客户分类并建立客户档案的方法相似，这里不赘述。

【例题·单选题】 在对客户和供应商档案进行设置时，可以在用友T3“基础设置”菜单下单击（　）命令。

A. 基本信息　　B. 机构设置　　C. 往来单位　　D. 财务

【解析】 A选项用于设置编码方案和数据精度，B选项用于设置部门和职员档案，D选项用于设置会计科目、凭证类别、外币种类等对象。

【答案】 C

1.2.5 设置会计科目

在用友T3中，会计科目的增删有一定的规则：当需要增加会计科目时，应先设置上级会计科目，再设置下级会计科目；当需要删除会计科目时，则应先从末级会计科目开始删除，当所有末级会计科目都被删除以后，才能删除上级科目。

具体而言，增加会计科目的方法：在用友T3主界面中单击【基础设置】/【财务】/【会计科目】菜单命令，打开“会计科目”对话框，单击“增加”按钮，打开“会计科目_新增”对话框，如图1-27所示，在其中设置会计科目的编码、名称等信息，完成后单击确定按钮。

若会计人员要删除某个会计科目，则可在“会计科目”对话框中选择该会计科目对应的选项，单击“删除”按钮，在打开的提示对话框中单击确定按钮确认删除即可。

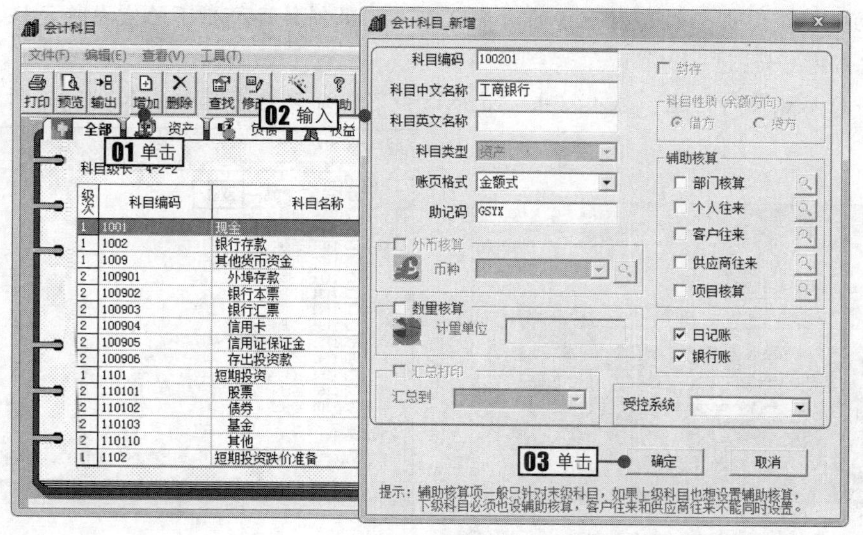

图1–27 增加会计科目

知识拓展

在“会计科目”对话框中双击某个科目，在打开的对话框中单击[修改]按钮，便可对该会计科目进行修改，完成后单击[确定]按钮即可完成修改。

【例题·单选题】下列关于会计科目的操作，正确的是（　）。

A. 会计科目只能增加，无法删除

B. 设置会计科目需要通过“基础设置”菜单下的“财务”命令来实现

C. 增加会计科目应从末级科目开始

D. 删除会计科目应从上级科目开始

【解析】会计科目可以增加，也可以删除，A选项错误；增加会计科目应该从上级科目开始，再设置下级会计科目，C选项错误；删除会计科目应从末级科目开始，D选项错误。

【答案】B

1.2.6 设置凭证类别

设置凭证类别是会计人员在后期填制凭证的前提，若未设置凭证类别，那么在填制凭证时用友T3也会提醒会计人员进行设置。下面以设置记账凭证借方必有现金和银行存款科目为例，介绍凭证类别的设置方法，其具体操作如下。

（1）在用友T3主界面中单击【基础设置】/【财务】/【凭证类别】菜单命令，打开“凭证类别预置”对话框，选中“记账凭证”单选项，单击[确定]按钮，如图1–28所示。

（2）打开“凭证类别”对话框，双击“限制类型”栏下的“无限制”选项，单击右侧出现的下拉按钮，在弹出的下拉列表中选择“借方必有”选项，如图1–29所示。

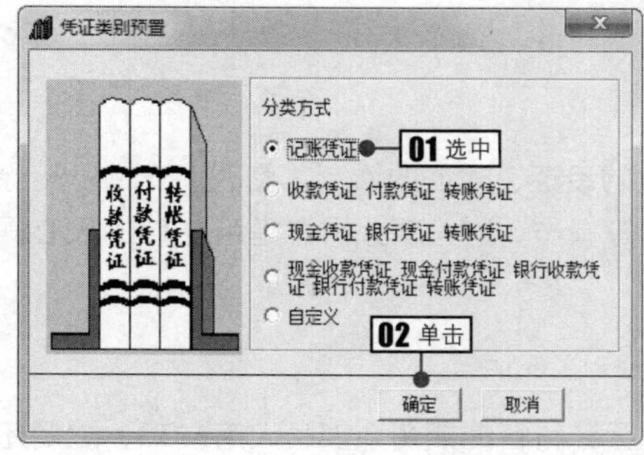

图1–28 设置凭证类别

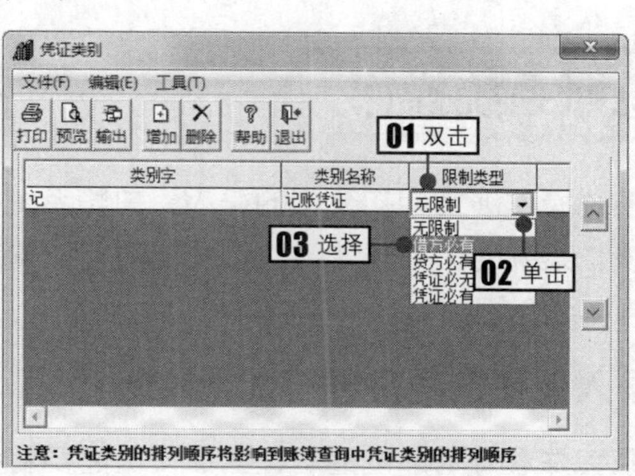

图1–29 选择限制类型

（3）向右拖动“凭证类别”对话框下方的滑块，双击“限制科目”栏下的空白单元格，并单击右侧出现的“科目参照”按钮，如图1-30所示。

（4）打开“科目参照”对话框，依次双击“资产”和“1001 现金”选项，如图1-31所示。

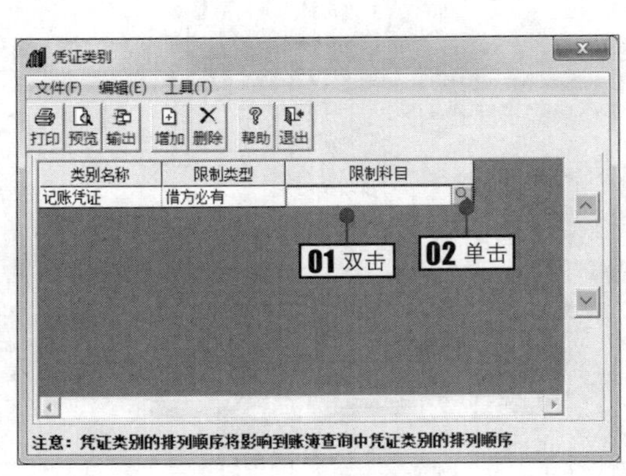

图1-30 设置限制科目

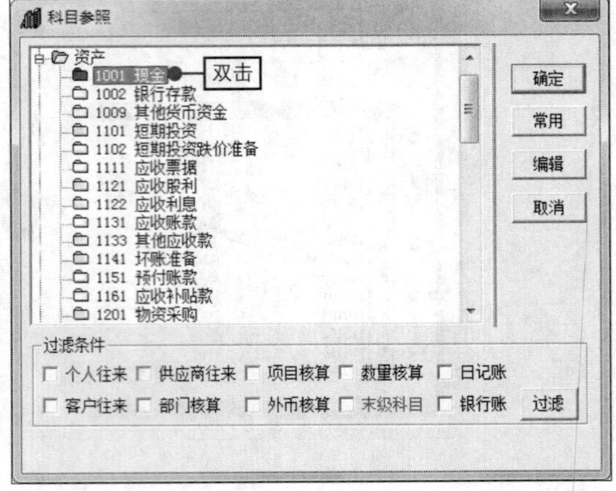

图1-31 选择限制科目

（5）自动返回“凭证类别”对话框，由于还需要添加限制科目，因此在已经添加的限制科目编码后输入英文状态下的“,”，如图1-32所示。

（6）按相同方法继续添加限制科目，如果记得科目编码，则可直接在“,”后输入科目编码，这里直接输入“1002”，如图1-33所示。

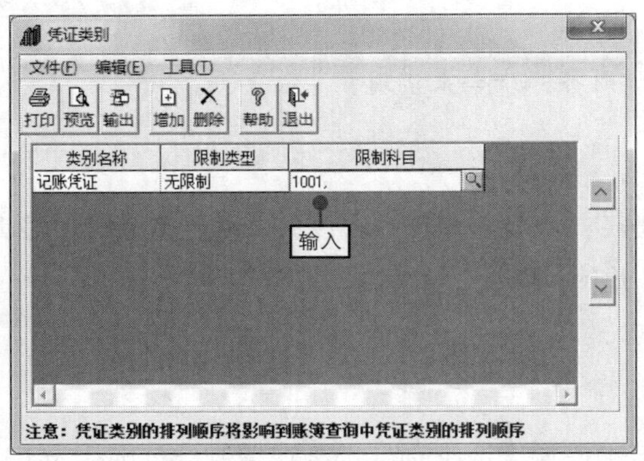

图1-32 输入英文状态下的“,”

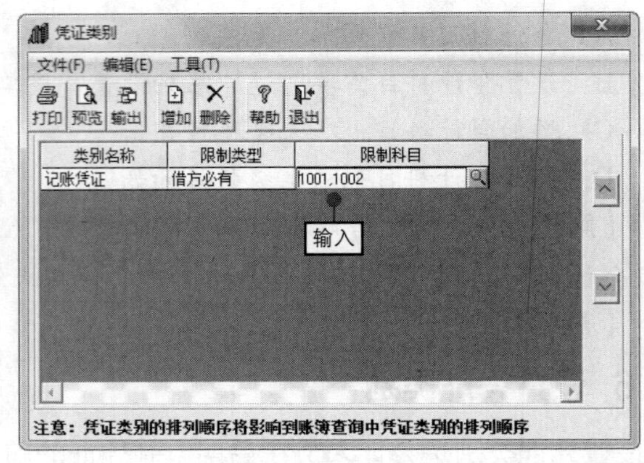

图1-33 输入科目编码

知识拓展

“借方必有”表示此类凭证借方至少一个限制科目有发生额，“贷方必有”表示此类凭证贷方至少一个限制科目有发生额，“凭证必有”表示此类凭证无论借方还是贷方至少一个限制科目有发生额，“凭证必无”表示此类凭证无论借方还是贷方的限制科目都不可有发生额。

1.3 总账系统操作

总账系统操作涉及期初余额的录入，总账系统参数的设置，凭证的填制、修改、查询、删除、整理、审核、复核，系统的记账与结账，以及期间损益的结转等操作。这一部分内容是用友T3的核心操作之一，本节将进行详细介绍。

1.3.1 录入期初余额并进行试算平衡

新建账套并进行基础设置后，会计人员需要将各个会计科目的期初余额录入用友T3，之后还需进行试算平衡，检验借贷双方数据是否相等，这样才能保证后续会计工作的正常开展。

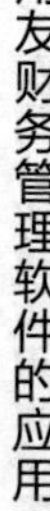

1. 录入会计科目期初余额

在会计年度初建立账套时，会计人员只需将各个会计科目的期初余额录入用友T3。录入会计科目期初余额的方法：在用友T3主界面中单击【总账】/【设置】/【期初余额】菜单命令，打开“期初余额录入”对话框，选择会计科目“期初余额”栏下对应的单元格，输入具体的数据即可，如图1-34所示。

期初余额录入

设置 打印 预览 输出 方向 刷新 试算 查找 对账 清零 帮助 退出　□ 非末级科目 □ 辅助科目 □ 末级科目

科目编码	科目名称	方向	币别/计量	期初余额
1001	现金	借		384,520.00
1002	银行存款	借		
1009	其他货币资金	借		
100901	外埠存款	借		
100902	银行本票	借		
100903	银行汇票	借		
100904	信用卡	借		
100905	信用证保证金	借		
100906	存出投资款	借		
1101	短期投资	借		
110101	股票	借		
110102	债券	借		
110103	基金	借		
110110	其他	借		
1102	短期投资跌价准备	贷		
1111	应收票据	借		
1121	应收股利	借		
1122	应收利息	借		

输入

图1-34 录入期初余额

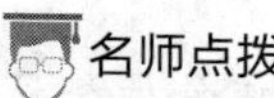
名师点拨

录入期初余额的会计科目应为末级科目，用友T3会自动汇总并生成上级科目的期初余额。如果会计科目设置了数量核算，则应输入相应的数量和单价；如果会计科目设置了外币核算，则应先录入本币余额，再录入外币余额；如果会计科目设置了辅助核算，则应从辅助账录入期初明细数据，用友T3会自动汇总并生成会计科目的期初余额。

2. 录入会计科目本年累计发生额

如果是在会计年度中期建立账套，除了需要录入期初余额外，还需要录入本年累计发生额。录入会计科目本年累计发生额的方法：在用友T3主界面中单击【总账】/【设置】/【期初余额】菜单命令，打开“期初余额录入”对话框，依次录入某个会计科目对应的累计借方发生额、累计贷方发生额和期初余额，用友T3将自动计算出该科目对应的年初余额，如图1-35所示。

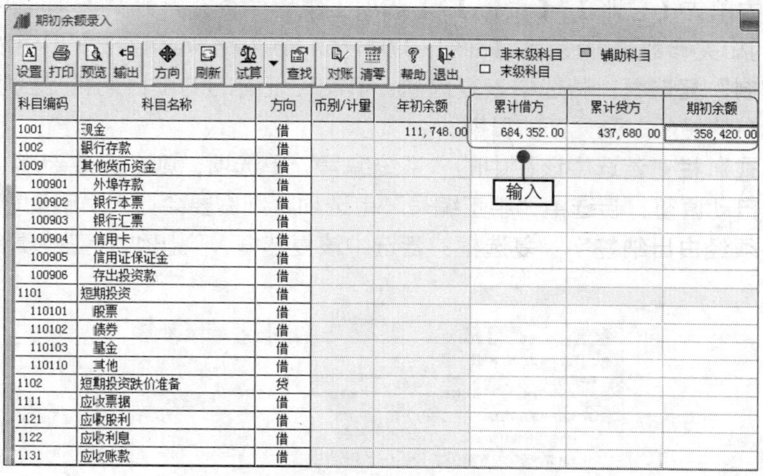

期初余额录入

设置 打印 预览 输出 方向 刷新 试算 查找 对账 清零 帮助 退出　□ 非末级科目 □ 辅助科目 □ 末级科目

科目编码	科目名称	方向	币别/计量	年初余额	累计借方	累计贷方	期初余额
1001	现金	借		111,748.00	684,352.00	437,680.00	358,420.00
1002	银行存款	借					
1009	其他货币资金	借					
100901	外埠存款	借					
100902	银行本票	借					
100903	银行汇票	借					
100904	信用卡	借					
100905	信用证保证金	借					
100906	存出投资款	借					
1101	短期投资	借					
110101	股票	借					
110102	债券	借					
110103	基金	借					
110110	其他	借					
1102	短期投资跌价准备	贷					
1111	应收票据	借					
1121	应收股利	借					
1122	应收利息	借					
1131	应收账款	借					

输入

图1-35 录入期初余额和本年累计发生额

3. 试算平衡

按照会计核算的要求，期初借贷双方余额必须相等，因此会计人员需要进行试算平衡。在用友T3中，在“期初余额录入”对话框中单击“试算”按钮，系统就能快速完成试算平衡操作并会自动打开“期初试算平衡表”对话框。若显示“试算结果平衡”，单击【确认】按钮即可，如图1-36所示；若显示“试算结果不平衡”，则需要重新检查期初余额的录入情况。

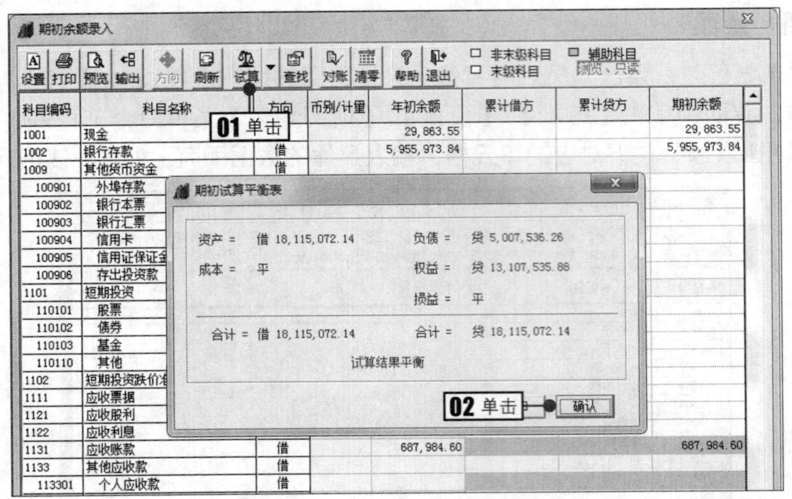

图1-36 试算平衡

【例题·单选题】录入期初余额时，不正确的操作方法是（　）。

A. 对末级科目录入期初余额，系统将自动汇总生成上级会计科目的期初余额

B. 如果会计科目设置了数量核算，应输入相应的数量和单价

C. 如果会计科目设置了外币核算，应先录入本币余额，再录入外币余额

D. 如果会计科目设置了辅助核算，应从辅助账录入期初明细数据，然后再手动汇总该会计科目的期初余额

【解析】如果会计科目设置了辅助核算，应从辅助账录入期初明细数据，系统将自动汇总并生成会计科目的期初余额。

【答案】D

1.3.2 设置总账系统参数

首次启用总账系统时，会计人员可以通过设置总账系统的各种基础参数，提高会计核算的效率。

1. 凭证参数设置

在用友T3主界面中单击【总账】/【设置】/【选项】菜单命令，打开“选项”对话框的“凭证”选项卡，在其中可对凭证的相关参数进行设置，如图1-37所示。其中部分常用参数的作用如下。

- **“制单序时控制”复选框**：若选中该复选框，填制凭证时的制单日期将受到限制，即新增的凭证日期不能早于已有的最后一张凭证的日期。
- **“凭证编号方式”栏**：若选中该栏中的“系统编号”单选项，则在完成新增、删除等操作后，凭证编号将由系统自动调整；若选中“手工编号”单选项，则需要会计人员手动调整凭证编号。
- **“出纳凭证必须经由出纳签字”复选框**：若选中该复选框，则出纳凭证在填制后必须由出纳人员执行签字操作。

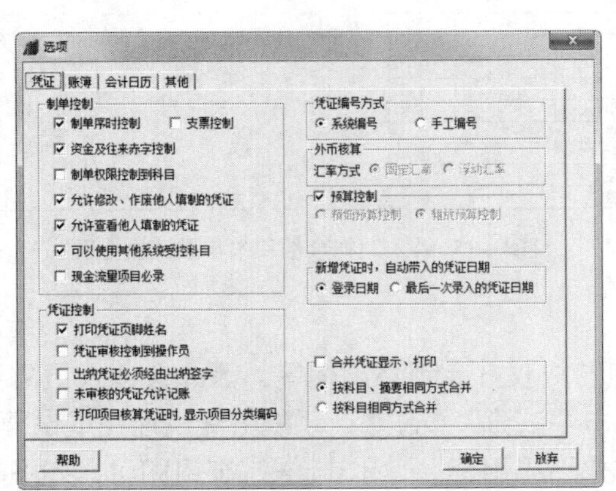

图1-37 设置凭证参数

2. 账簿参数设置

在“选项”对话框中单击“账簿”选项卡，在其中可对账簿的相关参数进行设置，如图1-38所示。其中部分常用参数的作用如下。

- **“打印位数宽度”栏**：在该栏中可设置打印时摘要、金额、外币、汇率、数量和单价等对象的字符长度。
- **“明细账（日记账，多栏账）打印方式”栏**：在该栏中选中相应的单选项，可按照对应的顺序打印账簿。

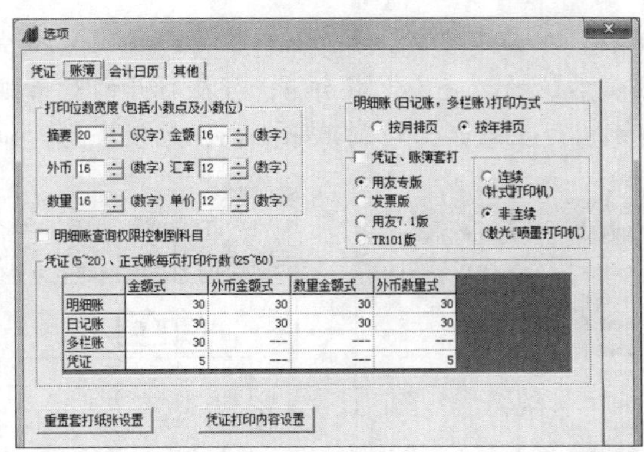

图1-38 设置账簿参数

3. 会计日历设置

在“选项”对话框中单击“会计日历”选项卡，在其中可以设置会计期间的结束日期，但已结账的会计期间及12月31日这个结束日期不能修改，如图1-39所示。

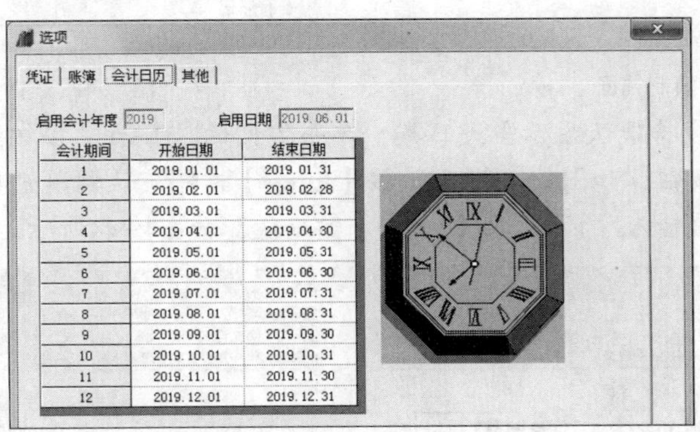

图1-39 设置会计日历参数

4. 其他参数设置

在“选项”对话框中单击“其他”选项卡，在其中可设置账套中备份数据的小数位数和档案的排序方式，如图1-40所示。

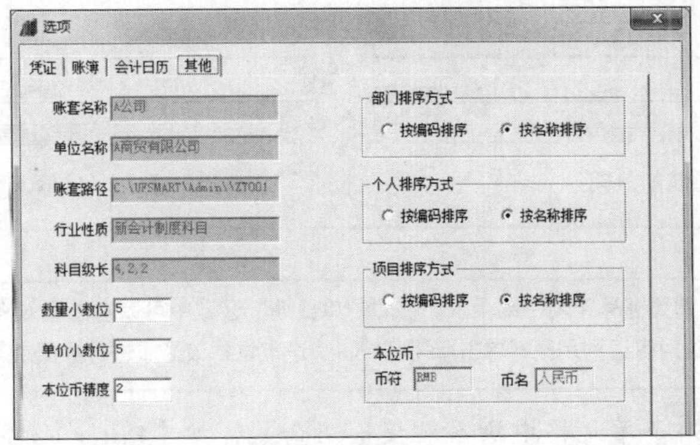

图1-40 设置其他参数

1.3.3 填制凭证

完成期初数据的录入和总账系统的参数设置后，会计人员就可以开始填制凭证了。以记账凭证为例，填制凭证可能涉及凭证字号、凭证编号、制单日期、附件张数、摘要、会计科目、发生金额、各种核算信息、制单人等内容。假设某企业2019年6月6日发生了一笔经济业务，从银行提取5 000元作为备用金，附件为一张现金支票存根，则在用友T3中填制该记账凭证的具体操作如下。

（1）以具备凭证填制权限的会计人员的身份登录该企业账套，在用友T3主界面中单击【总账】/【凭证】/【填制凭证】菜单命令，如图1-41所示。

（2）打开“填制凭证”对话框，单击“增加”按钮或按【F5】键新增空白凭证，此时对话框左上方将显示默认的凭证类别，单击该区域右侧的“查看”按钮，可在打开的对话框中双击正确的凭证类别选项，按【Enter】键后便可更改凭证类别。这里默认为填制记账凭证，无须修改，如图1-42所示。

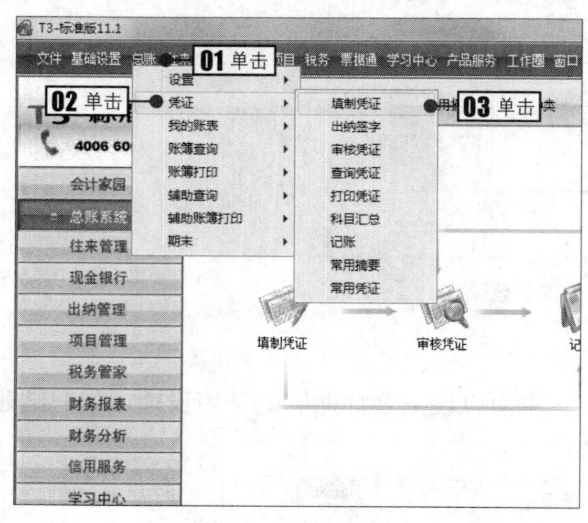

图1-41 填制凭证　　图1-42 选择凭证类别

（3）在“制单日期”区域将默认显示当天日期，单击右侧的“日历”按钮，将打开“日历”对话框，选择“6”选项，单击确定按钮，如图1-43所示。按【Enter】键将确认制单日期的设置。

（4）在“附单据数”区域输入“1”，按【Enter】键确认，如图1-44所示。

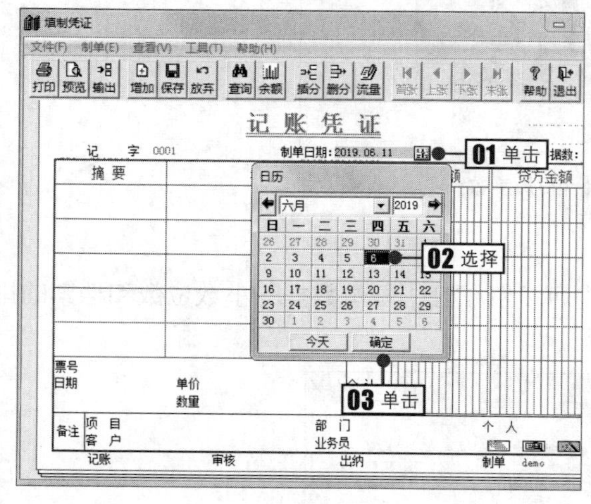

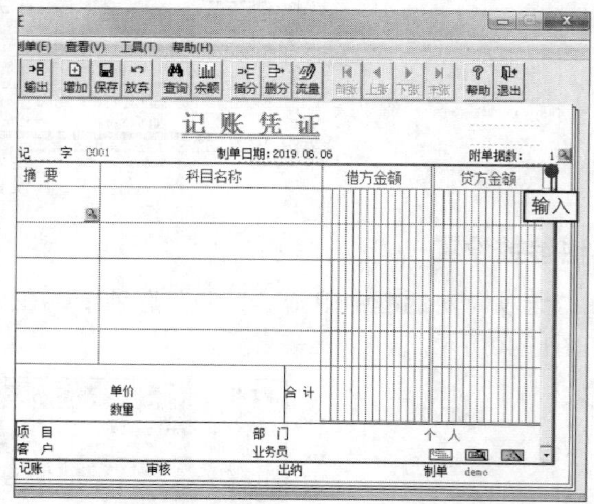

图1-43 选择填制日期　　图1-44 输入附单据数

知识拓展

填制凭证时，如果设置了系统编号，则凭证号无须手动录入。在“制单日期”区域中可以直接输入需要的日期数据，而不必打开“日历”对话框进行选择录入。另外，填制凭证时可以利用鼠标单击所需区域，快速定位到该区域进行数据录入。

（5）在“摘要”栏下的第1个单元格中输入“提备用金”，按【Enter】键；然后直接在“科目名称”栏下第1个单元格中输入“1001”（或单击右侧的“科目参照”按钮，在打开的“科目参照”对话框中双击对

应的会计科目），继续按【Enter】键，在“借方金额”栏下第1个单元格中输入“5000”，如图1-45所示。

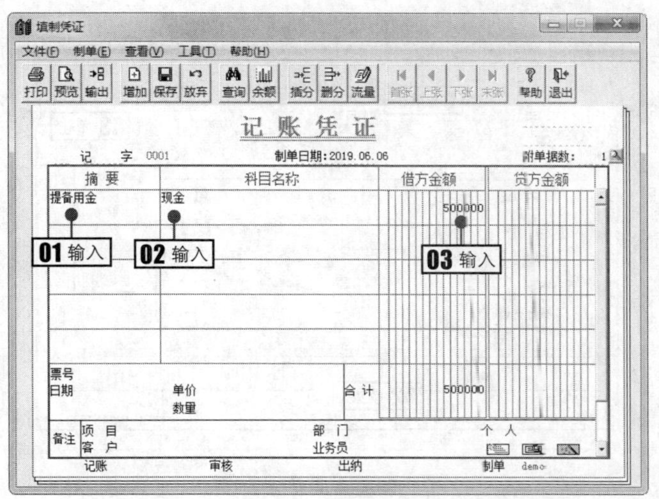

图1-45 输入凭证摘要、科目和发生额

（6）按【Enter】键，此时“摘要”栏下的第2个单元格将自动输入“提备用金”；继续按【Enter】键，在“科目名称”栏下第2个单元格中输入“1002”；再按两次【Enter】键，在“贷方金额”栏下第2个单元格中输入“5000”，如图1-46所示。

（7）确认无误后单击“保存”按钮，打开“凭证”对话框，单云 确定 按钮保存凭证，如图1-47所示。

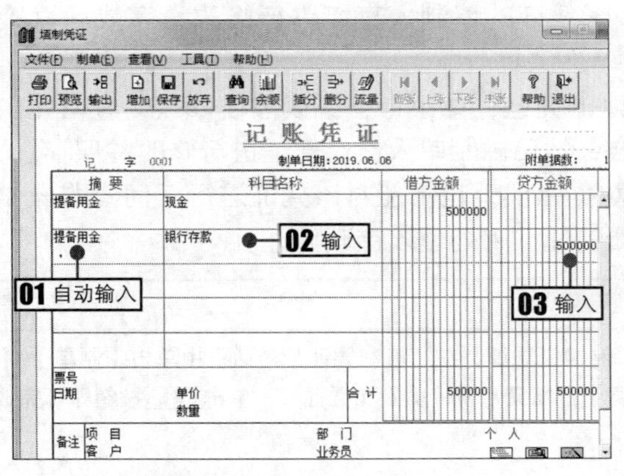

图1-46 填制凭证信息

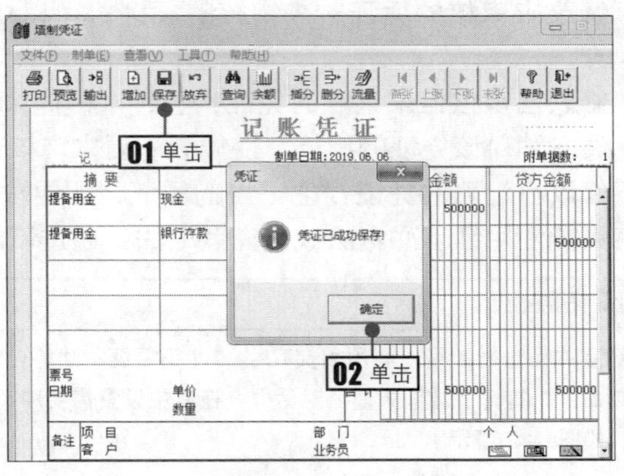

图1-47 保存凭证

【例题·单选题】填制凭证时，会计人员输入科目代码后，用友T3将自动显示（ ）。

A. 科目类型　　B. 科目名称　　C. 借方金额　　D. 贷方金额

【解析】填制凭证时，会计人员输入科目代码后，用友T3将自动显示对应的科目名称。

【答案】B

1.3.4 查询凭证

当填制了多张凭证后，可以利用“填制凭证”对话框上方的浏览按钮依次查询各张凭证。其中，“首张”按钮可以定位到该会计期间填制的第一张凭证，“上张”按钮可以定位到当前凭证的上一张凭证，“下张”按钮可以定位到当前凭证的下一张凭证，“末张”按钮可以定位到该会计期间填制的最后一张凭证。

显然，利用上述方法来查询凭证较为麻烦。当需要有目的性地查询某一张或某一类凭证时，则可利用用友T3的查询功能来实现。查找特定凭证的方法：在用友T3主界面中单击【总账】/【凭证】/【填制凭证】菜单命令，打开“填制凭证”对话框，单击“查询”按钮，打开“凭证查询”对话框，此时可通过设置凭证类别、月份、制单人、日期、审核人等条件来精准查询凭证，如图1-48所示。条件设置完成后，单击 确认 按钮即可显示满足查询条件的所有凭证。

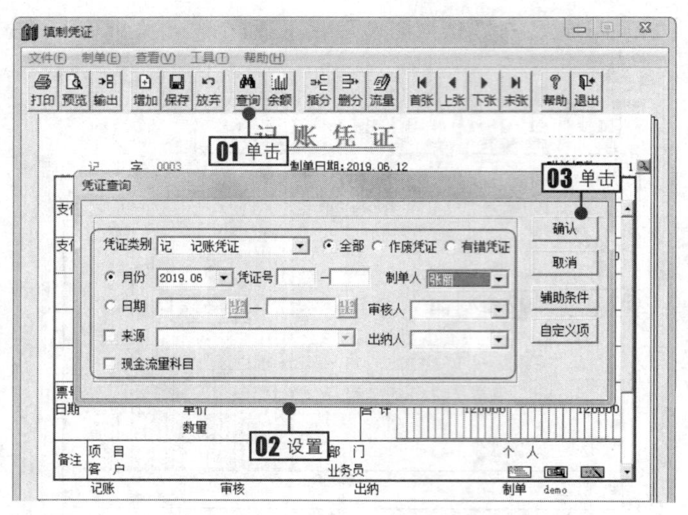

图1-48 设置查询条件

1.3.5 修改凭证

填制凭证并执行保存操作后，便表示在系统中已经增加了一张新的凭证。此时如果会计人员发现该凭证内容有误，可以直接进行修改，完成后重新单击“保存”按钮确认修改。

如果会计人员需要修改的是以前填制的凭证，则可利用查询功能快速查找到该凭证，然后进行修改。但需要注意的是，不同情形下修改凭证的操作会有所不同，其具体操作如下。

- **修改未审核的凭证：**未审核的凭证，可以由该张凭证的填制人直接进行修改，完成后直接进行保存。
- **修改已审核但未记账的凭证：**经过审核但未记账的凭证，如果存在错误需要修改，应首先由审核人员取消对该凭证的审核，使凭证恢复未审核状态，然后由制单人员对凭证进行修改并保存。
- **修改已记账的凭证：**已记账的凭证，即便发现数据错误，也不能对该凭证进行任何修改操作。此时只能使用红字冲销法或补充登记法，通过填制新的凭证来处理该错误凭证。

知识拓展

在使用红字冲销法时，可以利用用友T3的“冲销凭证”功能自动填制冲销凭证。在“填制凭证”对话框中单击【制单】/【冲销凭证】菜单命令，打开“冲销凭证”对话框，在其中设置需要冲销的凭证的所属月份、类别和凭证号，单击确定按钮即可完成冲销凭证操作，如图1-49所示。

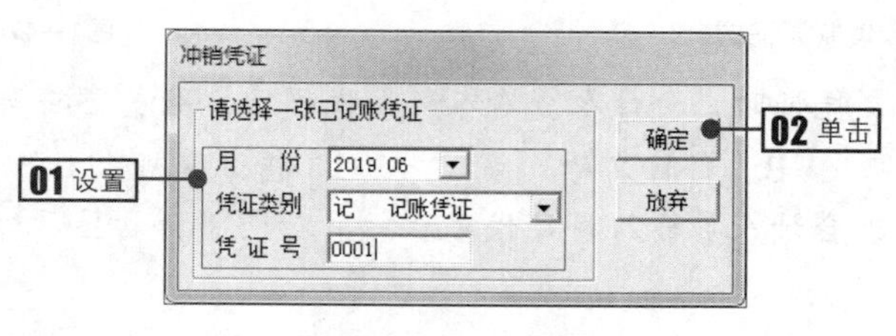

图1-49 冲销凭证

1.3.6 作废、整理与删除凭证

在凭证未审核和记账之前，如果需要将其删除，可先利用查询功能查找到该张凭证，然后按照作废、整理和删除这个操作流程来执行。假设需要删除一张关于提备用金5 000元的凭证，其具体操作如下。

（1）以具备凭证管理权限的会计人员的身份登录账套，在用友T3主界面中单击【总账】/【凭证】/【填制凭证】菜单命令，打开“填制凭证”对话框，单击“查询”按钮，如图1-50所示。

（2）打开“凭证查询”对话框，单击右侧的辅助条件按钮，由于查询的是提备用金的凭证，因此可以在“科目”文本框中输入“银行存款”，在“方向”下拉列表框中选择“贷方”，在“金额”栏右侧的两个文本框中均输入“5000”，单击确认按钮，如图1-51所示。

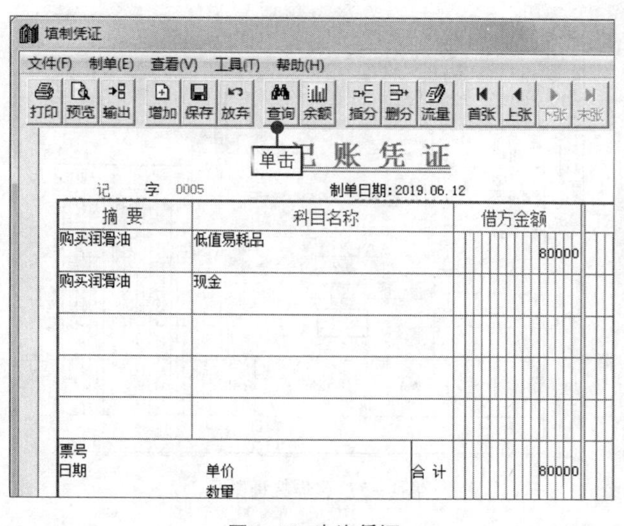

图1-50 查询凭证

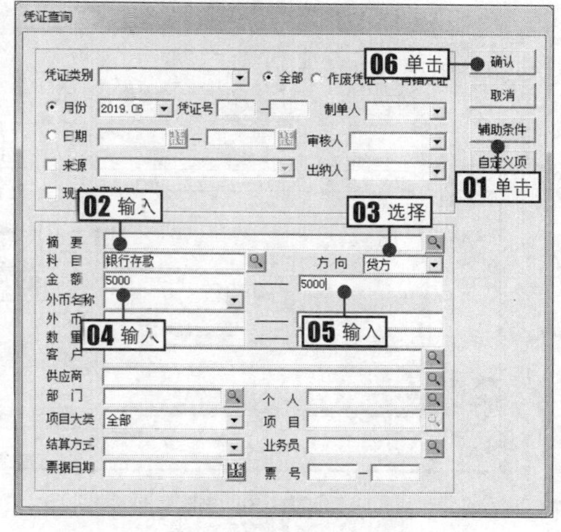

图1-51 设置查询条件

（3）此时将显示满足条件的凭证。单击【制单】/【作废/恢复】菜单命令，将该张凭证作废，如图1-52所示（再次单击该命令可恢复凭证）。作废后的凭证左上方会显示红色的“作废”字样，如图1-53所示。

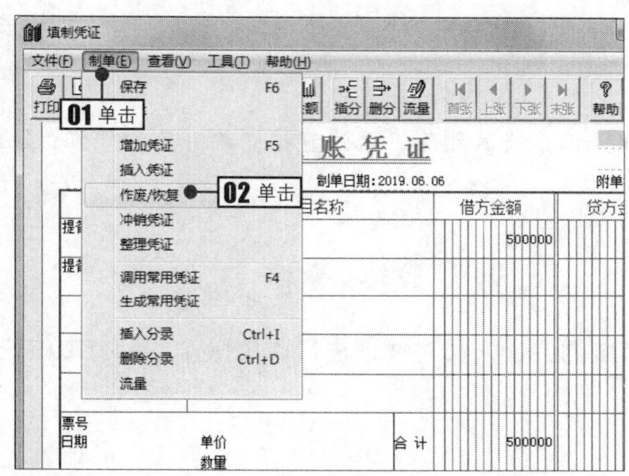

图1-52 作废凭证

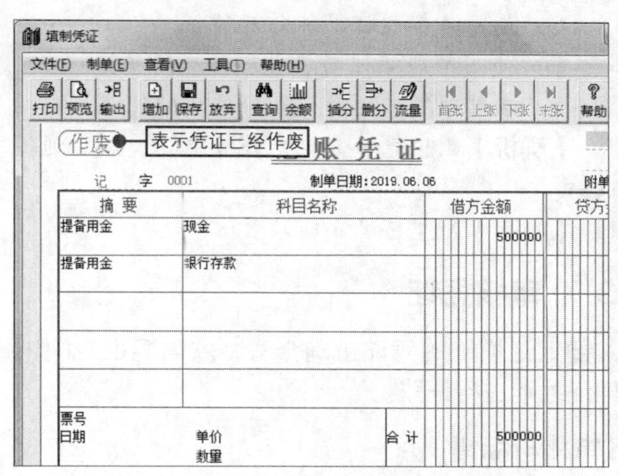

图1-53 显示“作废”字样

（4）单击【制单】/【整理凭证】菜单命令，如图1-54所示。

（5）打开提示对话框，在其中可设置凭证期间，这里选择“2019.06”，单击  按钮，如图1-55所示。

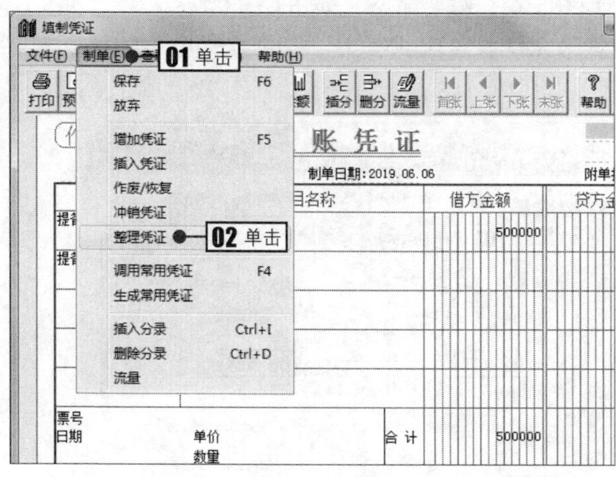

图1-54 整理凭证

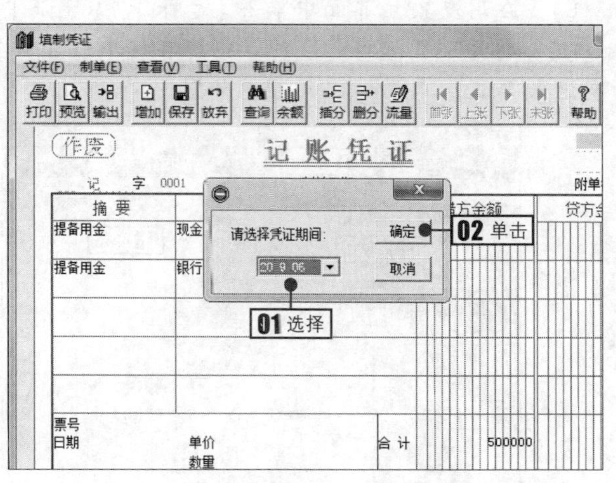

图1-55 设置整理凭证的期间

（6）打开“作废凭证表”对话框，双击“删除？”栏下凭证对应的空白单元格，使其显示“Y”标记，单击 确定 按钮，如图1-56所示。

（7）打开“凭证”对话框，单击 是(Y) 按钮，表示重新对剩余凭证进行连续编号处理，如图1-57所示。

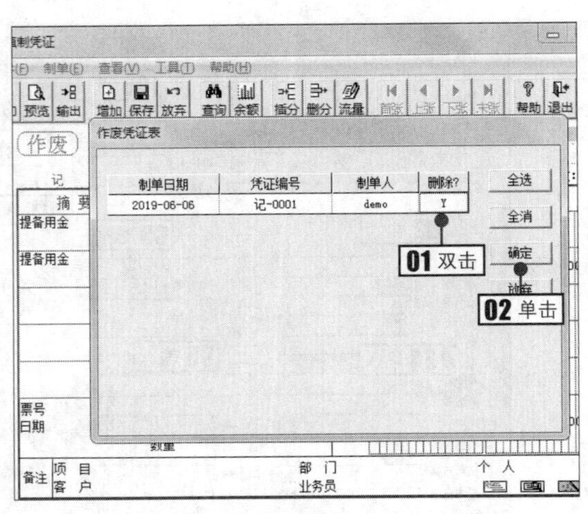

图1–56 删除凭证

图1–57 整理凭证断号

【例题·多选题】当需要查找指定的凭证并将其删除时，以下可能涉及的操作有（　）。

A. 使用查询功能查找指定的凭证

B. 使用删除凭证功能直接删除查找到的凭证

C. 使用作废凭证功能作废凭证

D. 使用整理凭证功能整理作废的凭证

E. 在整理凭证的时候删除作废的凭证

【解析】删除凭证需要先作废凭证，然后通过整理凭证来将其删除，无法直接查询并删除凭证，B选项错误。

【答案】ACDE

1.3.7 审核凭证

要保证填制的凭证正确合法，就需要由专门进行审核的会计人员对凭证进行审核操作，只有审核无误的凭证才能进行记账。

1. 审核与标错

在用友T3中，审核凭证与填制凭证的会计人员不能为同一人，因此在未关闭用友T3时，可以单击【文件】/【重新注册】菜单命令，在打开的登录界面中以具备凭证审核权限的非凭证填制人员的身份重新登录账套，再审核凭证，其具体操作如下。

（1）在用友T3主界面中单击【总账】/【凭证】/【审核凭证】菜单命令，如图1–58所示。

（2）打开“凭证审核”对话框，在其中设置需要审核的凭证，这里设置为2019年6月由“demo”制单的所有记账凭证，单击 确认 按钮，如图1–59所示。

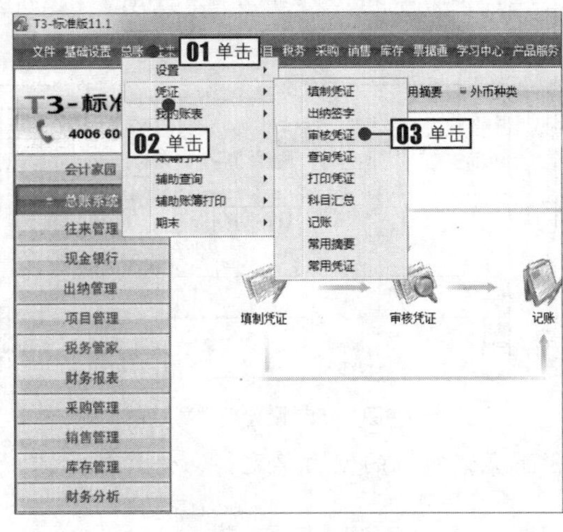

图1–58 单击“审核凭证”菜单命令

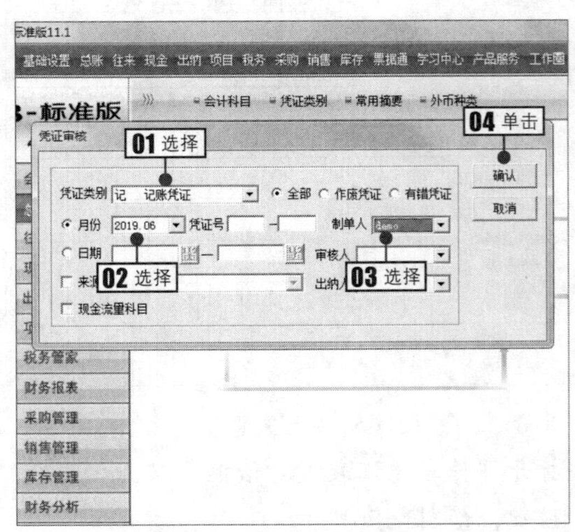

图1–59 设置需要审核的凭证

（3）在打开的对话框中会显示符合设置条件的凭证的具体内容，以及凭证已审核和未审核的情况，直接单击 确定 按钮，如图1-60所示。

（4）打开“审核凭证”对话框，开始对凭证进行逐一审核，如果当前凭证无误，则单击“审核”按钮执行审核操作，如图1-61所示。

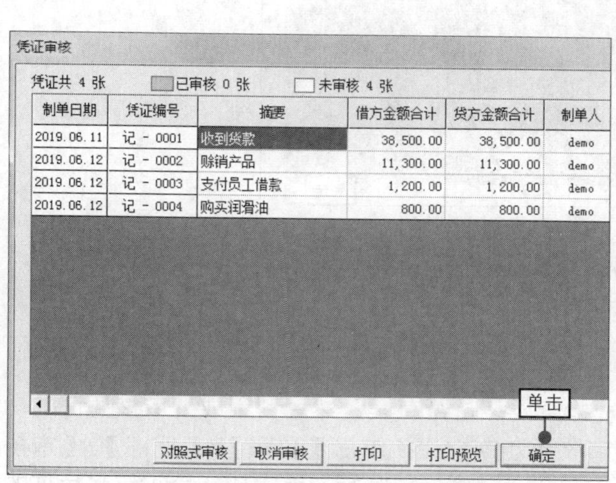

图1-60 确认审核

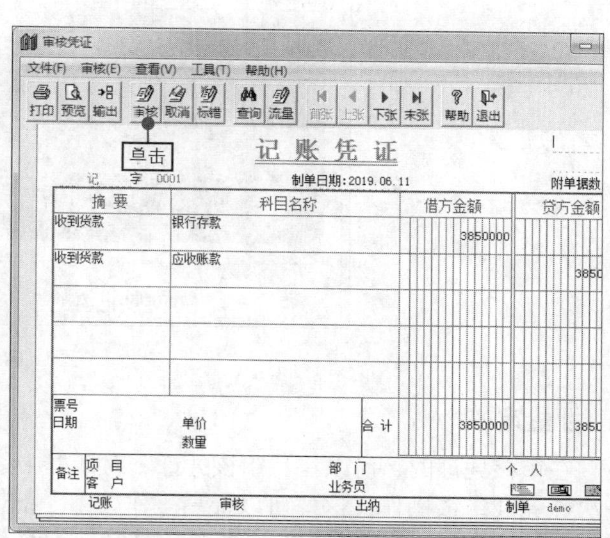

图1-61 审核凭证

（5）此时系统将自动切换到下一张凭证，以便继续执行审核操作。如果单击“上张”按钮，则可返回到上一张审核的凭证，经过审核的凭证下方的“审核”栏已经由系统自动标记上了审核人的姓名。如果需要取消审核，单击“取消”按钮即可，如图1-62所示。

（6）如果审核时发现凭证有误，可以单击“标错”按钮，此时凭证左上方将由系统标记“有错”字样，以便后期制单人员查找出所有有错的凭证并进行修改，如图1-63所示。

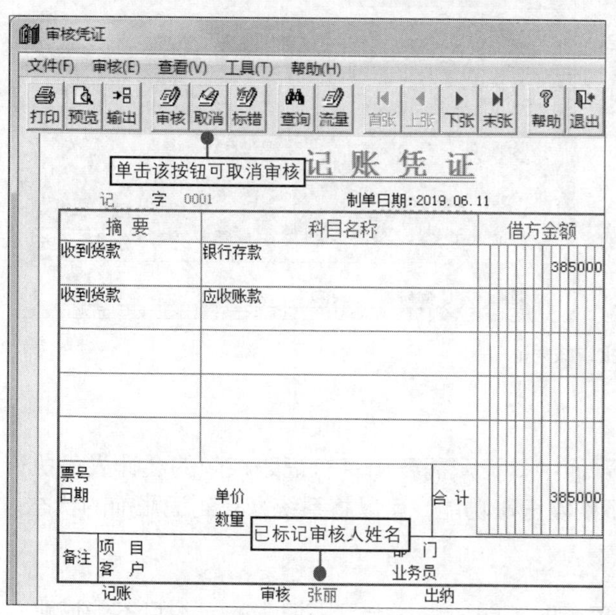

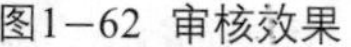

图1-62 审核效果

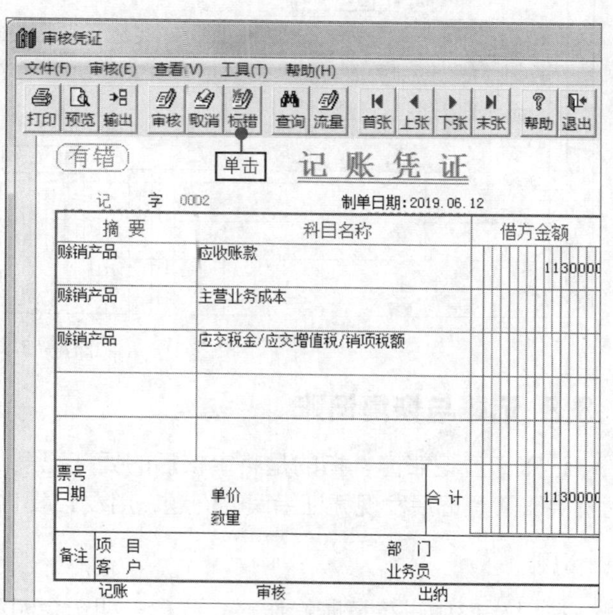

图1-63 凭证标错

（7）按相同方法继续对凭证进行审核操作，完成后在“审核凭证”对话框中单击“退出”按钮，返回到“凭证审核”对话框，将显示此时凭证已审核和未审核的情况，确认无误后单击 退出 按钮完成审核操作，如图1-64所示。

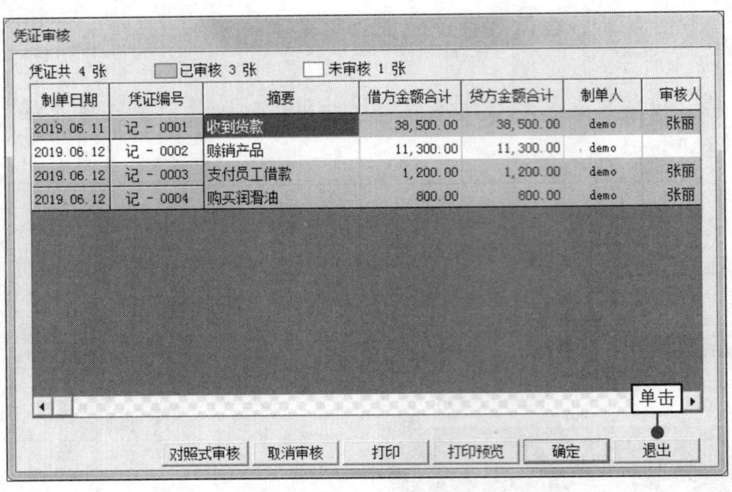

图1-64 完成审核

2. 批量审核

在审核凭证时，可以在“审核凭证”对话框中逐一检查凭证是否有误，然后利用成批审核凭证的功能一次性完成审核操作，这样可以提高工作效率。批量审核凭证的方法：单击【总账】/【凭证】/【审核】菜单命令，打开“凭证审核”对话框，单击确认按钮，打开“审核凭证”对话框。逐一检查每张凭证的内容，确认无误后单击【审核】/【成批审核凭证】菜单命令，打开“成批审核结果表”对话框，单击确定按钮，然后在“凭证审核”对话框中单击退出按钮即可，如图1-65所示。

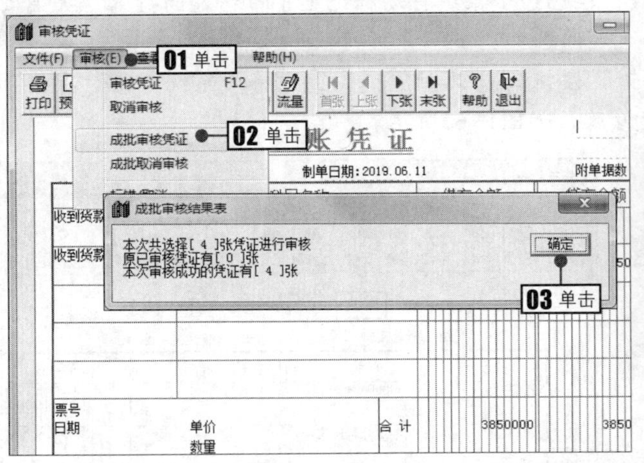

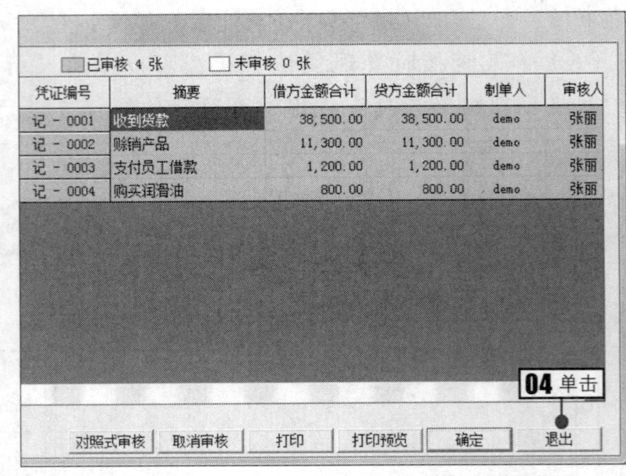

图1-65 成批审核凭证

1.3.8 记账与恢复记账

记账即登记账簿，指的是将审核后的凭证记录到账簿中，记账需要由具有记账权限的会计人员执行。为解决账簿登记后发现凭证错误的问题，用友T3提供了恢复记账功能，可以将系统恢复到记账前的状态。

1. 记账

在用友T3中进行记账操作时需注意：期初余额不平衡时不能记账；上月未记账的，本月不能记账；上月未结账的，本月不能记账；未被审核的凭证不能记账；一个月可以一天记一次账，也可以一天记多次账，还可以多天记一次账。

使用用友T3记账的具体操作如下。

（1）以具备记账权限的会计人员身份重新登录账套，单击【总账】/【凭证】/【记账】菜单命令，如图1-66所示。

（2）打开“记账”对话框，将显示本次记账的范围，确认无误后直接单击下一步按钮，如图1-67所示。

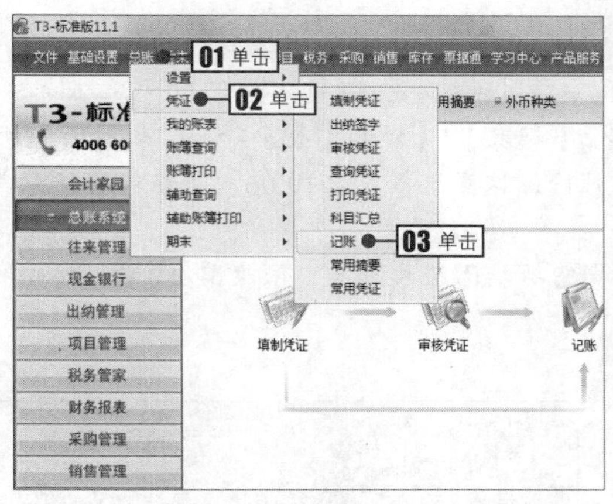

图1–66 单击“记账”菜单命令

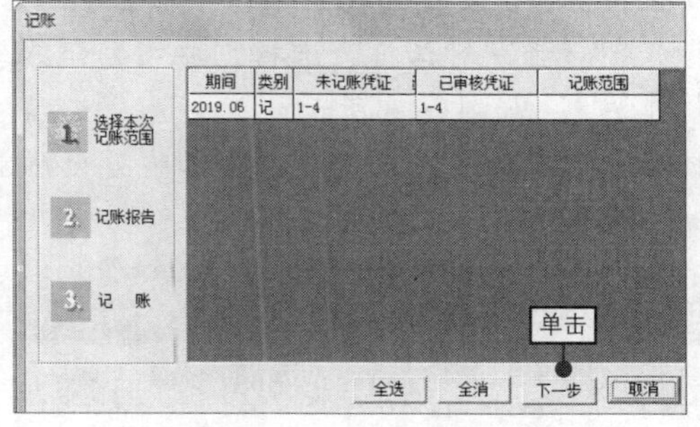

图1–67 确认记账范围

知识拓展

在“记账”对话框的“记账范围”栏下可以输入数字来控制记账范围。例如，输入“1–3”，则表示只对1号至3号凭证记账；若输入“1,3,5–7”，则表示对1号、3号、5号、6号和7号凭证记账。

（3）显示记账报告的界面，如果需要打印本次记账报告，则可在该对话框中单击 打印 按钮，这里直接单击 下一步 按钮，如图1–68所示。

（4）显示准备记账的对话框，单击 记账 按钮，如图1–69所示。

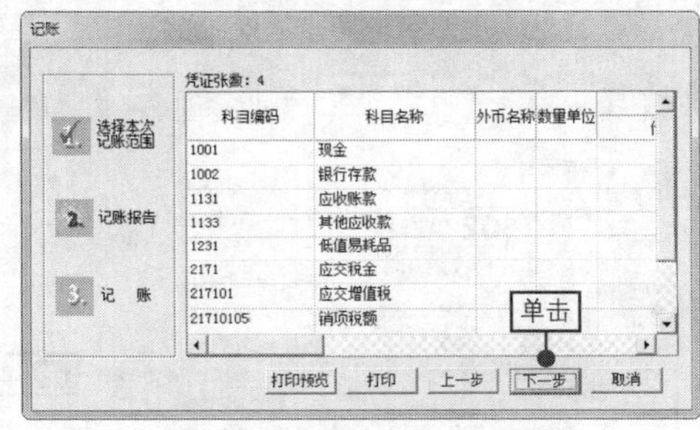

图1–68 确认记账报告

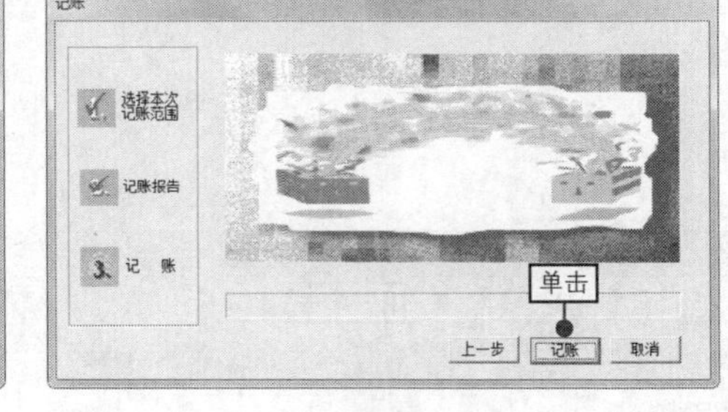

图1–69 确认记账

（5）打开“期初试算平衡表”对话框，单击 确认 按钮，如图1–70所示。

（6）系统开始记账，完成后打开“提示信息”对话框，单击 确定 按钮，如图1–71所示。

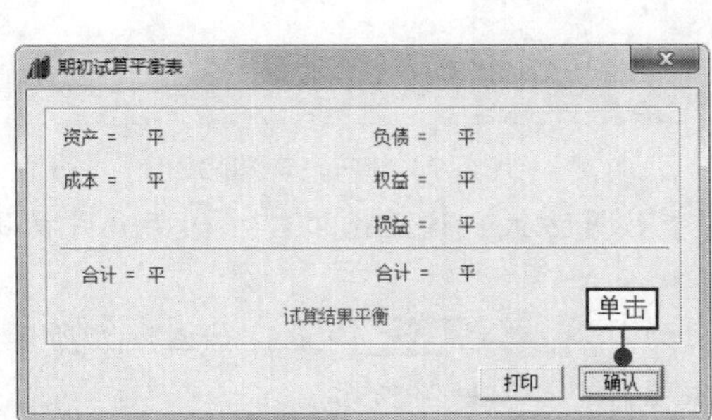

图1–70 试算平衡

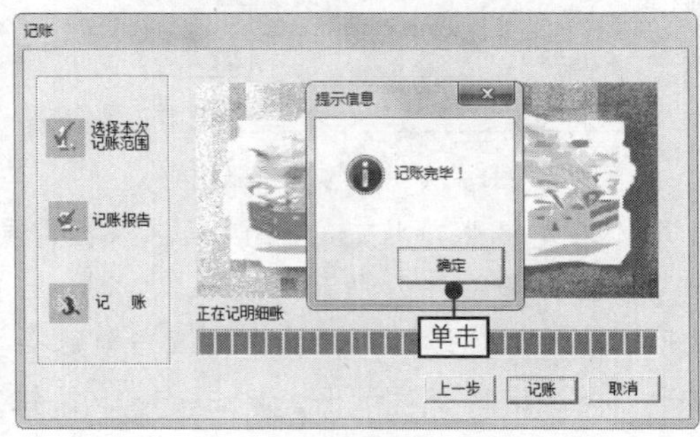

图1–71 完成记账

【例题·多选题】关于凭证审核和记账操作，下列说法错误的有（ ）。

A. 凭证审核由具有审核权限的会计人员来进行

B. 凭证只能逐张审核，不能成批审核

C. 记账操作每月可多次进行

D. 上月未结账，本月同样可以记账

E. 上月未结账，本月无法记账

【解析】用友T3允许批量审核凭证，B选项说法错误；上月未结账，本月无法记账，D选项说法错误。

【答案】BD

2. 恢复记账

恢复记账即将系统恢复到记账前的状态，需要账套主管才能执行，其具体操作如下。

（1）以账套主管身份重新登录账套，单击【总账】/【期末】/【对账】菜单命令，如图1-72所示。

（2）打开“对账”对话框，选择需要恢复记账的月份，这里选择“2019.06”所在行的任意单元格，按【Ctrl+H】组合键，如图1-73所示。

（3）打开“提示信息”对话框，提示恢复记账前状态功能已经被激活，依次单击 确定 按钮和“退出”按钮，如图1-74所示。

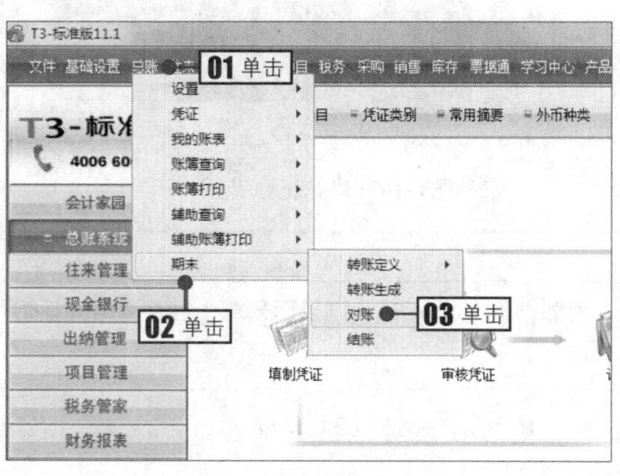

图1-72 执行对账操作

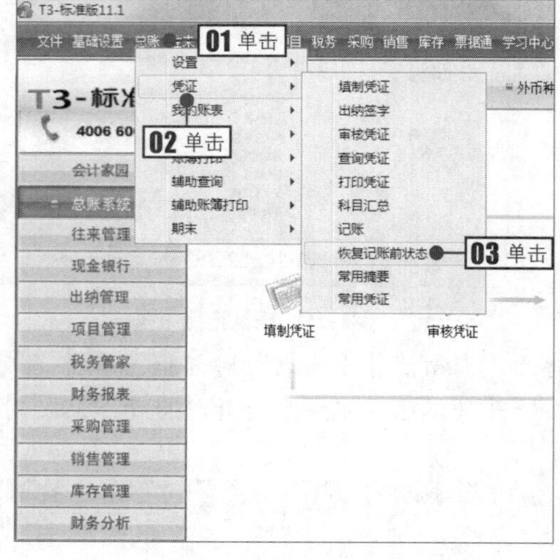

图1-73 恢复记账

（4）重新在用友T3主界面中单击【总账】/【凭证】/【恢复记账前状态】菜单命令，如图1-75所示。

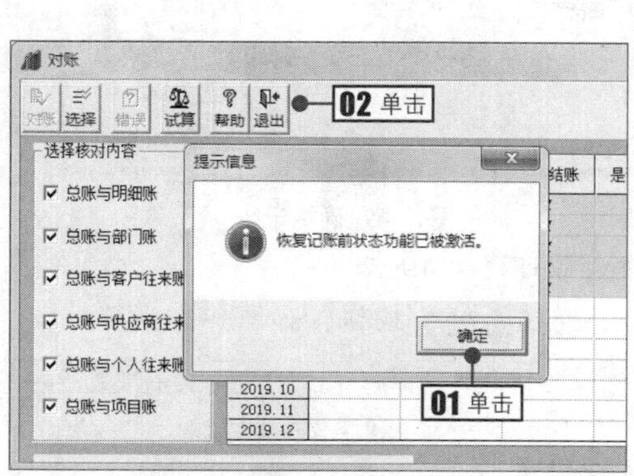

图1-74 激活恢复记账功能

图1-75 执行恢复记账操作

（5）打开“恢复记账前状态”对话框，根据需要设置恢复方式，这里选中“2019年06月初状态”单选项，单击 确定 按钮，如图1-76所示。

（6）打开“输入”对话框，在其中输入当前账套主管的口令，单击 确认 按钮，如图1-77所示。

（7）打开“提示信息”对话框，单击 确定 按钮完成操作，如图1-78所示。

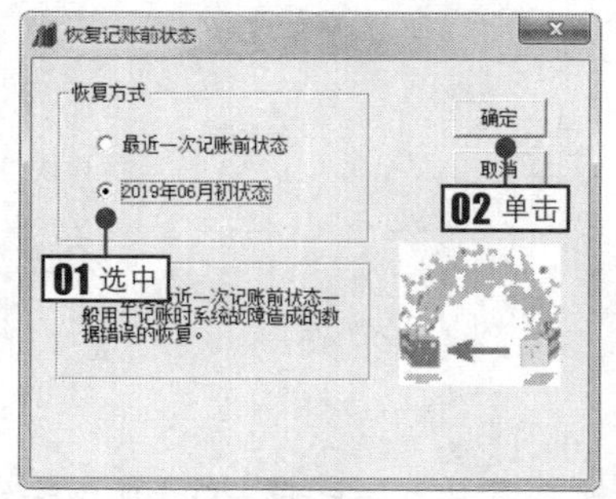

图1-76 选择恢复方式

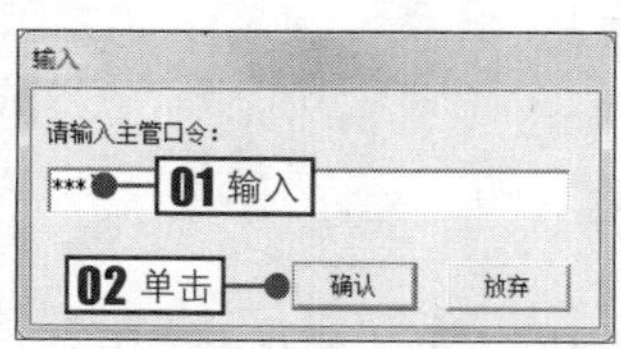

图1-77 输入口令

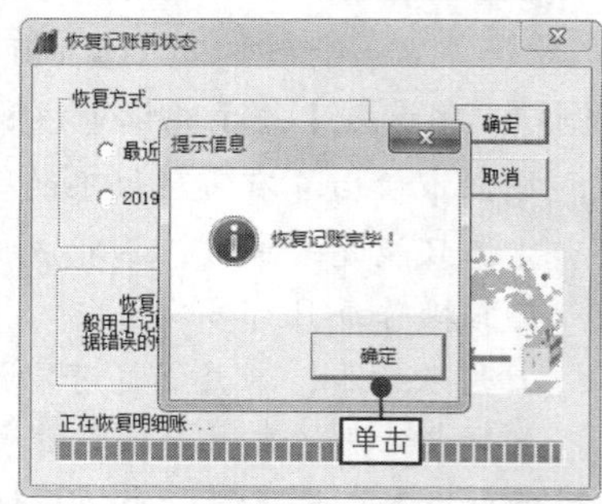

图1-78 恢复成功

1.3.9 期间损益结转

期末，为了及时反映企业利润情况，用友T3会将损益类科目的余额结转到本年利润科目中，这个操作就称为期间损益结转。在用友T3中，可以通过定义期间损益结转来自动生成转账凭证，从而提高会计人员的工作效率。

1. 期间损益结转定义

只有定义期间损益结转后，系统才能自动生成期间损益结转凭证。定义期间损益结转的方法：在用友T3主界面单击【总账】/【期末】/【转账定义】/【期间损益】菜单命令，打开“期间损益结转设置”对话框，在“本年利润科目”文本框中输入本年利润科目的编码（或单击右侧的“科目参照”按钮进行选择），单击确定按钮，如图1-79所示。

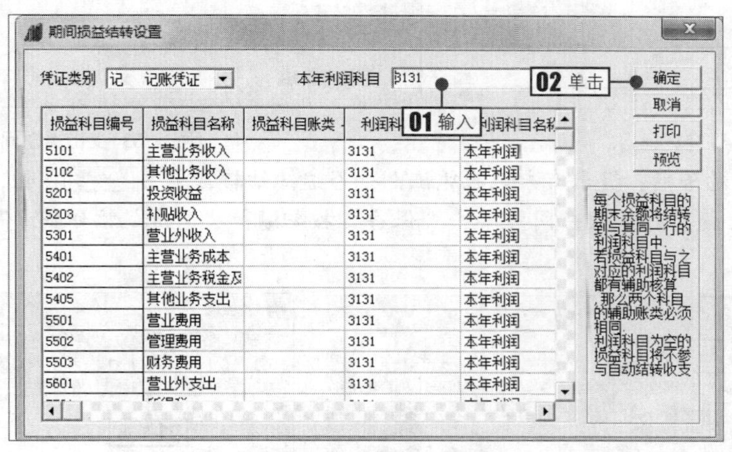

图1-79 定义期间损益结转

2. 期间损益结转生成

在定义了期间损益结转后，期末只需执行转账生成操作，用友T3就能自动生成转账凭证，其具体操作如下。

（1）在用友T3主界面中单击【总账】/【期末】/【转账生成】菜单命令，如图1-80所示。

（2）打开“转账生成”对话框，选中“期间损益结转”单选项，在“类型”下拉列表框中选择“收入”选项，单击全选按钮，然后单击确定按钮，如图1-81所示。

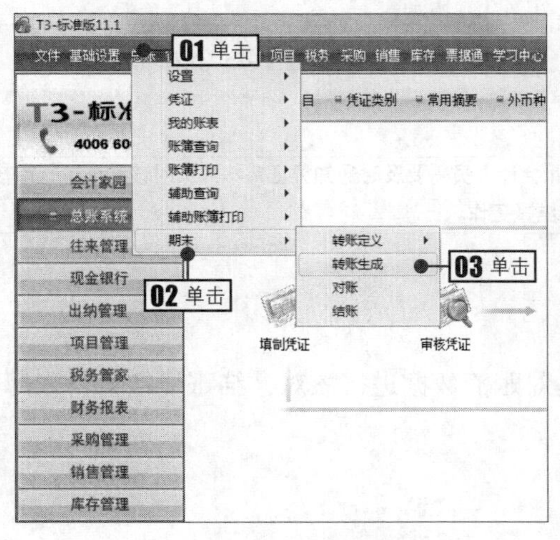

图1-80 执行转账生成操作

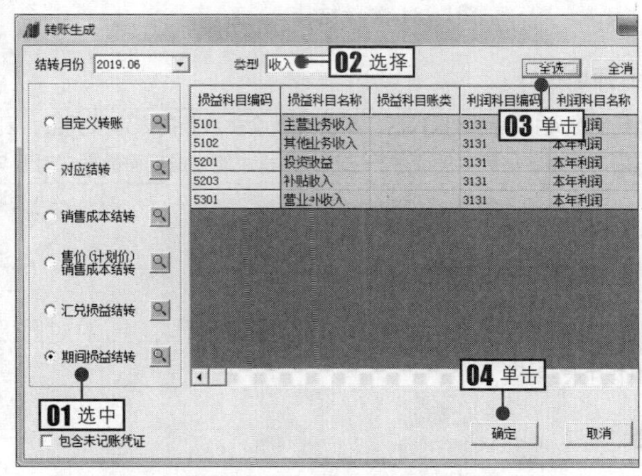

图1-81 收入类期间损益结转

（3）打开“转账生成”对话框，依次单击“保存”按钮和“退出”按钮，即可保存生成的转账凭证，如图1-82所示。

（4）返回“转账生成”对话框，在“类型”下拉列表框中选择“支出”选项，单击全选按钮，然后单击确定按钮，如图1-83所示。

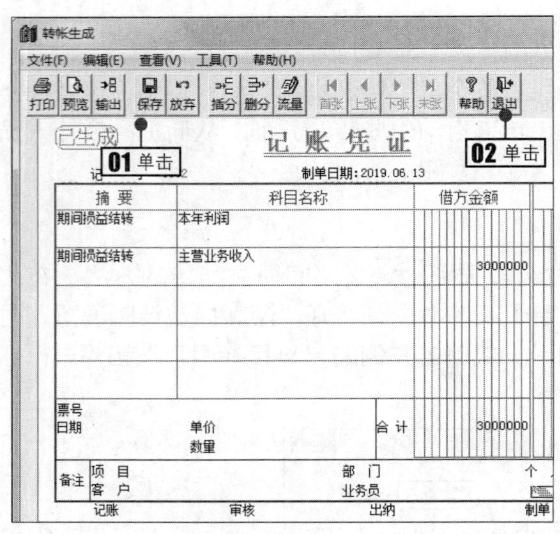

图1-82 保存凭证

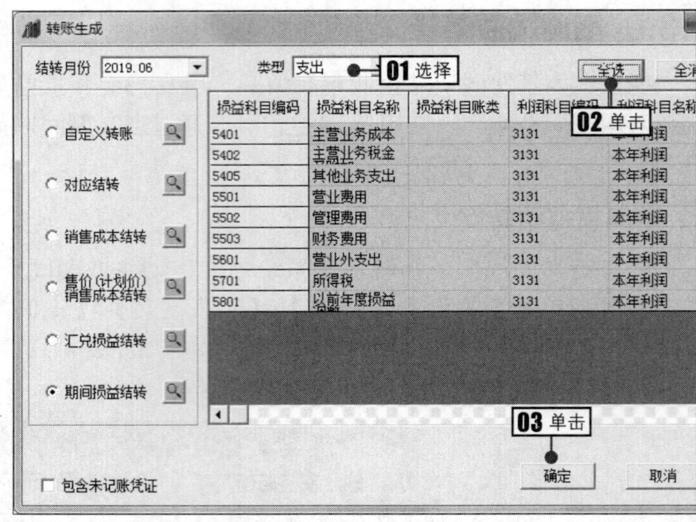

图1-83 支出类期间损益结转

（5）打开“转账”对话框，提示有未记账凭证，是否继续结转，单击是(Y)按钮，如图1-84所示。

（6）打开“转账生成”对话框，同样单击“保存”按钮和“退出”按钮，保存生成的第2张转账凭证，如图1-85所示。

图1-84 继续结转

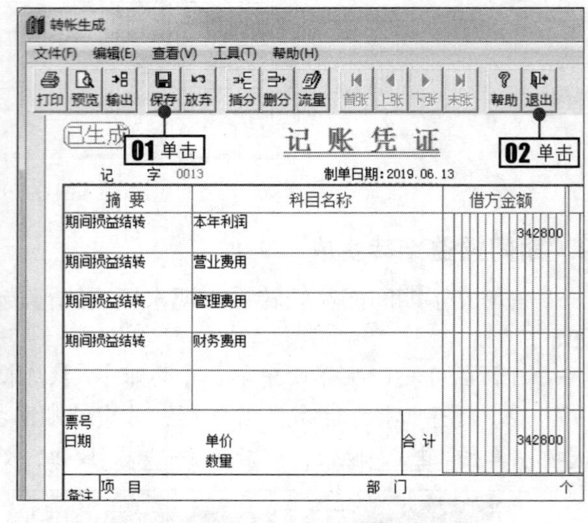

图1-85 保存凭证

名师点拨

每次执行完期间损益结转操作后，用友T3就会生成新的未审核凭证，因此会计人员需要及时通知凭证审核人员对该凭证进行审核，再让记账人员对审核后的凭证进行记账，这样才能完成后面的期末对账与结账工作。

1.3.10 对账与结账

对账与结账是会计人员期末必做的工作，其中对账是对账簿数据进行核对，结账是结算各账簿的本期发生额和期末余额。

1. 对账

对账主要由用友T3自动完成，其具体操作如下。

（1）在用友T3主界面中单击【总账】/【期末】/【对账】菜单命令，如图1-86所示。

（2）打开“对账”对话框，在“2019.06”所在行中选择“是否对账”栏下的空白单元格，单击“选择”按钮，如图1-87所示。

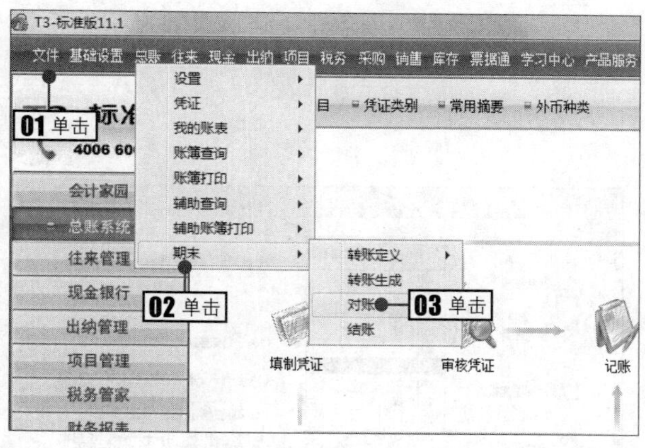

图1-86 执行对账操作

图1-87 选择对账期间

（3）此时所选单元格将显示“Y”标记，单击“对账”按钮，如图1-88所示。

（4）系统将开始进行对账操作，核对对话框左侧选中的账项。对账结束后将显示对账结果，当结果显示为“正确”时，单击“试算”按钮，如图1-89所示。

图1-88 对账

图1-89 显示对账结果

（5）打开“2019.06试算平衡表”对话框，显示试算结果平衡，单击 确认 按钮完成对账操作，如图1-90所示。

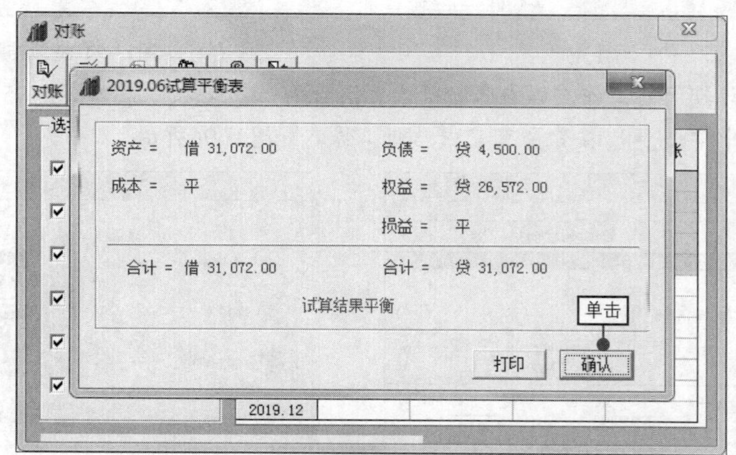

图1-90 试算平衡

2. 结账

结账指的是结算各账簿本期发生额和期末余额，完成结账即代表本期会计工作的终止。换句话说，每个会计期间只能进行一次结账操作。用友T3提供有结账向导，其具体操作如下。

（1）在用友T3主界面中单击【总账】/【期末】/【结账】菜单命令，如图1-91所示。

（2）打开“结账”对话框，系统显示当前只能结账的会计期间，直接单击 下一步 按钮，如图1-92所示。

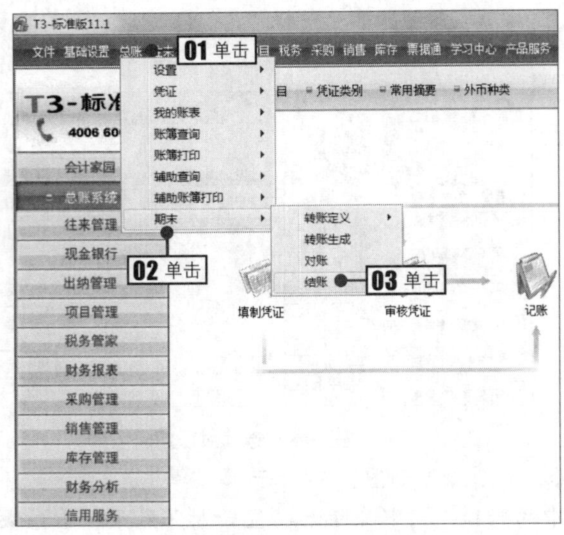

图1–91 执行结账操作

图1–92 开始结账

（3）为确保顺利结账，用友T3会在结账之前进行对账操作。也就是说，如果会计人员在前面没有进行对账，在这里用友T3也会先对账再结账。此处直接单击 对账 按钮即可，如图1–93所示。

（4）系统开始进行对账，完成后显示对账结果，继续单击 下一步 按钮进行结账操作，如图1–94所示。

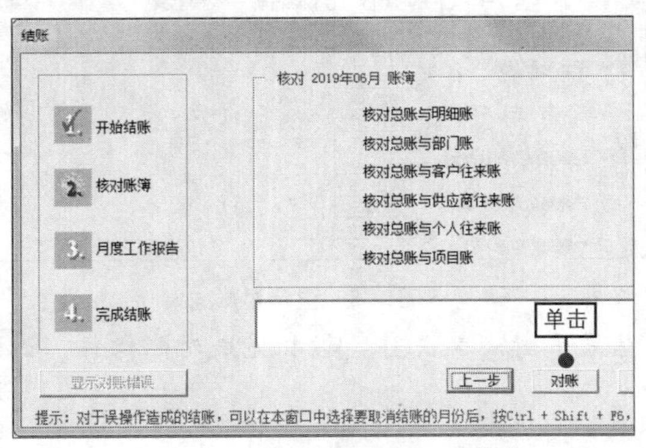

图1–93 对账

图1–94 继续结账

（5）系统显示该会计期间的工作报告内容，确认无误后单击 下一步 按钮，如图1–95所示。

（6）在显示的界面中单击 结账 按钮即可完成结账工作，如图1–96所示。

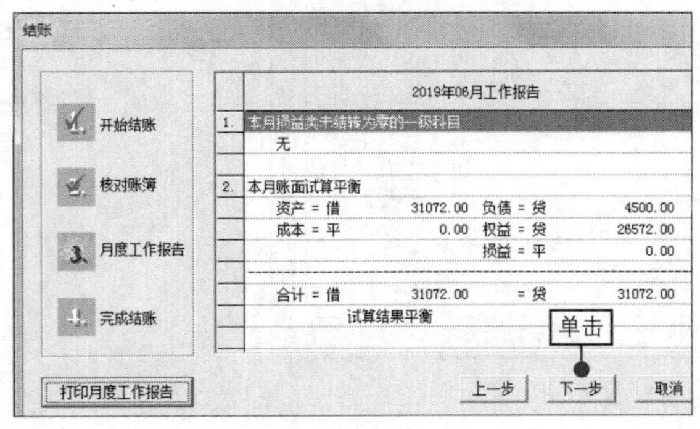

图1–95 显示工作报告

图1–96 结账

【例题·单选题】用友T3的总账管理基本流程为（ ）。

A. 填制凭证→记账→月末转账→月末结账

B. 填制凭证→审核凭证→记账→月末结账

C. 填制凭证→审核凭证→记账→月末转账→月末结账

D. 填制凭证→记账→审核凭证→月末转账

【解析】在用友T3的总账管理系统下，需要依次对已经发生的经济业务填制对应的凭证，记账前需

要对当期所有凭证进行审核，记账后还需要进行月末转账和结账操作。因此本题应选择C选项。

【答案】C

1.4 往来管理基础操作

往来管理主要针对应收账款、应付账款、其他应收款、其他应付款等债权债务科目进行核算和管理。往来管理是除总账管理以外，会计电算化操作的又一部分重要内容。

1.4.1 采购管理

采购管理涉及采购环节的各种会计业务处理，这里重点介绍采购发票的录入与审核，以及付款单的录入与核销方法。

1. 录入并审核采购发票

采购发票是企业购入原材料等各种物资的凭证，是往来管理的重要单据。下面以某企业从丙钊五金商贸购入1 000套单价为8元的五金件为例，介绍在用友T3中录入采购发票的方法，其具体操作如下。

（1）在用友T3主界面中单击【采购】/【采购发票】菜单命令，如图1-97所示。

（2）打开“采购发票”窗口，单击“增加”按钮右侧的下拉按钮，在弹出的下拉列表框中选择采购发票的种类，这里选择“普通发票”选项，如图1-98所示。

图1-97 执行录入采购发票操作

图1-98 增加普通发票

（3）在“发票号”文本框中输入该张普通发票的号码，这里输入“1045”，双击“供货单位”文本框，并单击右侧出现的“参照”按钮，如图1-99所示。

（4）打开“参照”对话框，双击丙钊五金商贸对应的选项，如图1-100所示。

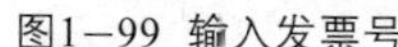

图1-99 输入发票号

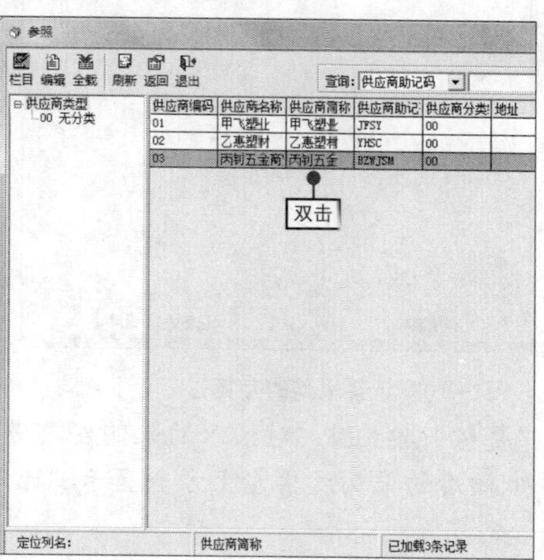

图1-100 选择供应商

名师点拨

图1-100中的供应商是在系统初始设置时就已经设置好的数据，会计人员也可在“参照”对话框中单击“编辑”按钮，在打开的“供应商”档案对话框中添加或修改供应商信息。

（5）双击“到期日”文本框右侧的“日历”按钮，打开“日历”对话框，在其中设置该发票的到期日期。这里设置为2019年7月15日，单击确定按钮，如图1-101所示。

（6）双击下方表体区域“存货编码”栏下的第1个空白单元格，单击右侧出现的“参照”按钮，如图1-102所示。

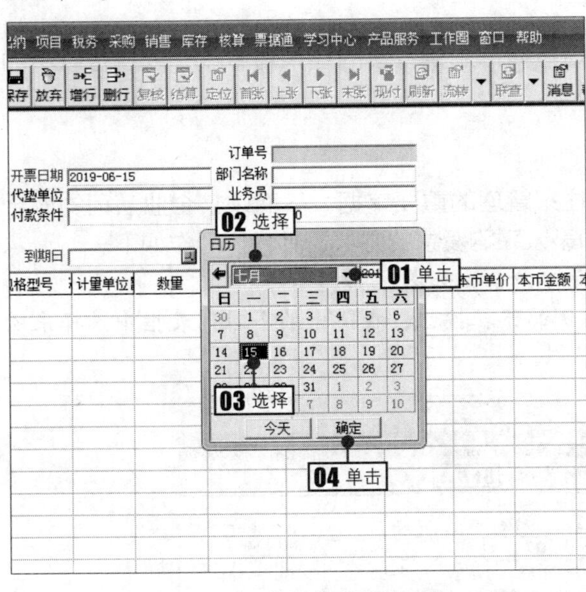

图1-101 设置发票到期日期

图1-102 输入存货编码

（7）打开“参照”对话框，双击五金件对应的选项，如图1-103所示。

（8）按【Enter】键或选择“数量”栏下的第1个空白单元格，输入“1000”，然后在“原币单价”栏下的第1个空白单元格中输入“8”，单击“保存”按钮，如图1-104所示。

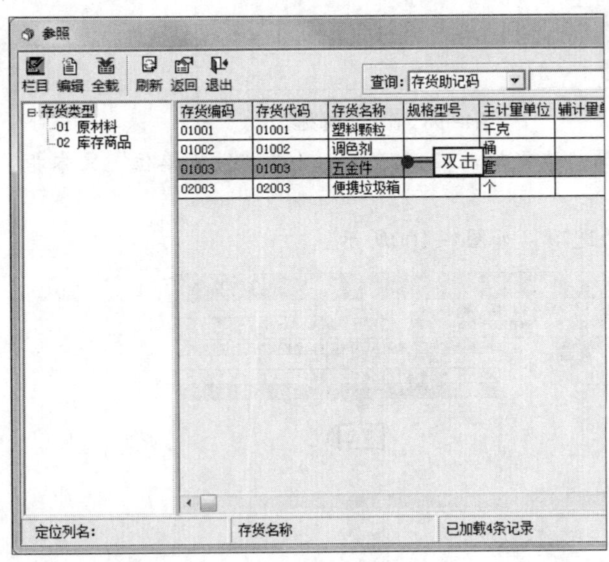

图1-103 选择采购的存货

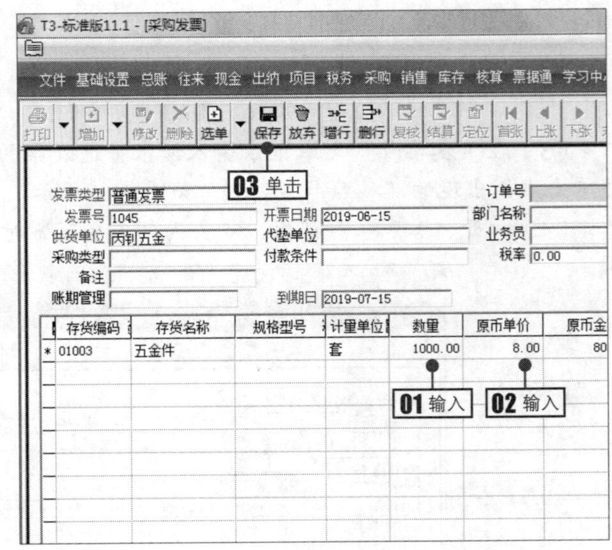

图1-104 输入采购数量和单价

（9）单击“复核”按钮，对录入的采购发票进行审核操作，并在打开的对话框中单击是(Y)按钮，如图1-105所示。审核后的采购发票左上方会显示“已审核”字样，如图1-106所示，此时单击“弃复”按钮可以取消审核。

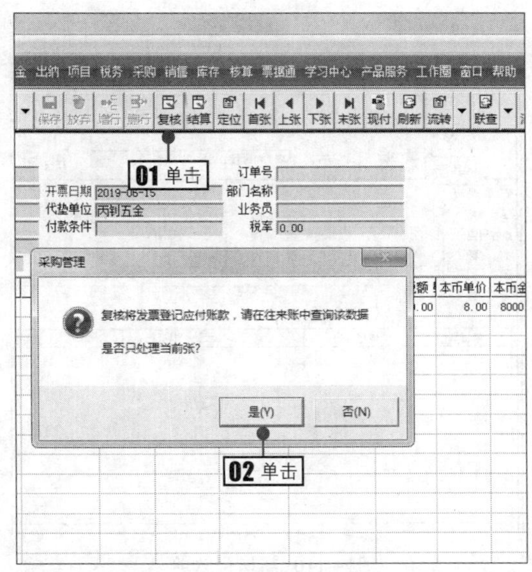

图1-105 复核发票

图1-106 完成发票的录入与审核

【例题·多选题】在用友T3中录入采购发票时，可以选择的发票类型有（ ）。

A. 销售发票　　B. 普通发票

C. 专用发票　　D. 增值税专用发票

E. 运费发票

【解析】用友T3提供的采购发票类型包括：普通发票、专用发票、普通运费发票、专用运费发票、普通发票（红字）、专用发票（红字）、普通运费发票（红字）、专用运费发票（红字）。

【答案】BCE

2. 录入付款单

付款单可以记录企业付给供应商的款项，后期可以与采购发票进行核销，确认付款情况。下面介绍付款单的录入方法，其具体操作如下。

（1）在用友T3主界面中单击【采购】/【供应商往来】/【付款结算】菜单命令，如图1-107所示。

（2）打开“单据结算”窗口，单击“供应商”文本框右侧的“参照”按钮，如图1-108所示。

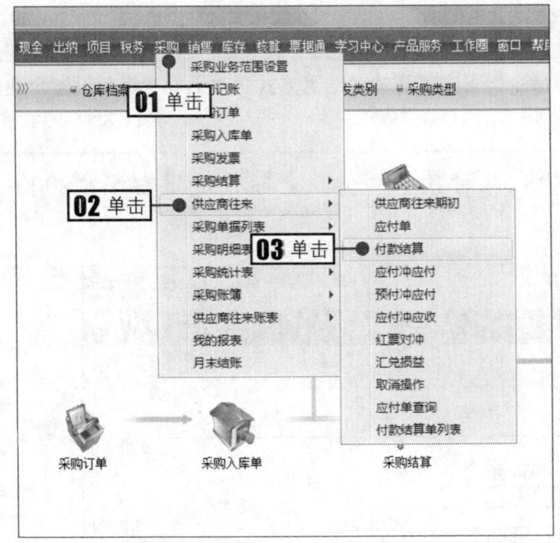

图1-107 付款结算

图1-108 选择供应商

（3）打开“参照”对话框，双击某个供应商对应的选项，这里双击丙钊五金商贸对应的选项，如图1-109所示。

（4）返回“单据结算”窗口，单击“增加”按钮增加一张付款单，如图1-110所示。

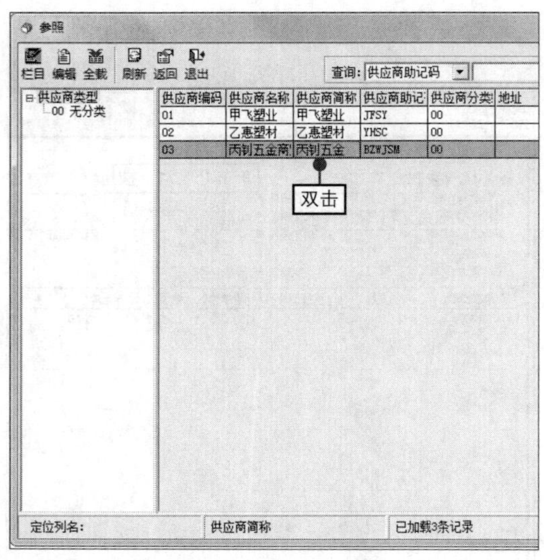

图1-109 指定供应商

图1-110 新增付款单

（5）此时表体区域将显示所选供应商对应的采购发票数据。单击"结算方式"文本框，然后单击右侧出现的"参照"按钮，如图1-111所示。

（6）打开"参照"对话框，双击某种结算方式选项，这里双击转账支票对应的选项，如图1-112所示。

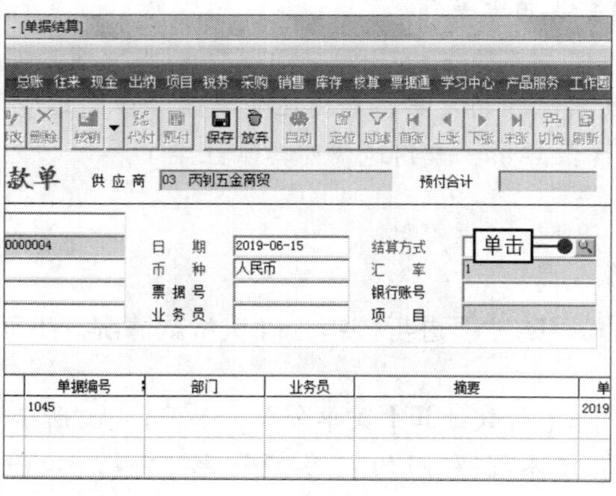

图1-111 设置结算方式

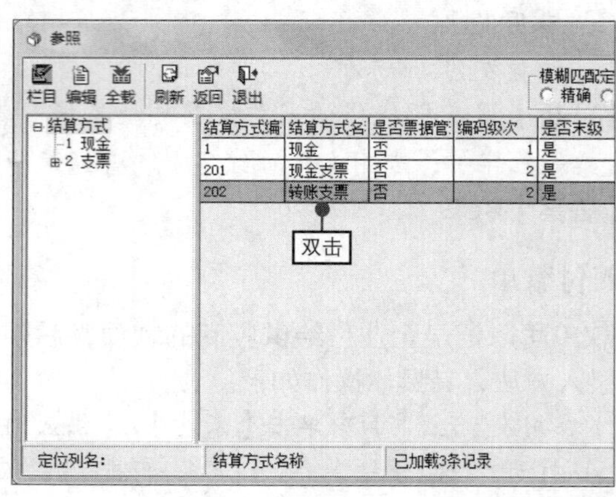

图1-112 选择结算方式

知识拓展

在用友T3主界面中单击【基础设置】/【收付结算】/【结算方式】菜单命令，可在打开的"结算方式"对话框中提前设置企业的各种结算方式。

（7）返回"单据结算"窗口，在"金额"文本框中输入此付款单的付款金额，这里输入"8000"，单击"保存"按钮保存付款单，如图1-113所示。

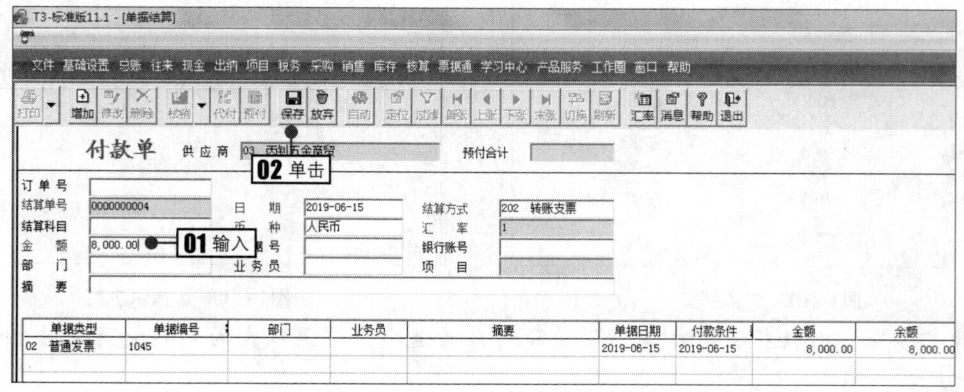

图1-113 输入金额并保存付款单

3. 核销付款单

核销付款单指的是确定采购发票与付款单之间对应关系的操作，以确定此次付款对应的是哪一笔或哪几笔采购业务。下面以核销两张付款单为例介绍核销的方法，其具体操作如下。

（1）在用友T3主界面中单击【采购】/【供应商往来】/【付款结算】菜单命令，打开“单据结算”窗口，单击“供应商”文本框右侧的“参照”按钮，如图1-114所示。

（2）打开“参照”对话框，双击某个供应商对应的选项，这里双击丙钊五金商贸对应的选项，如图1-115所示。

图1-114 选择供应商

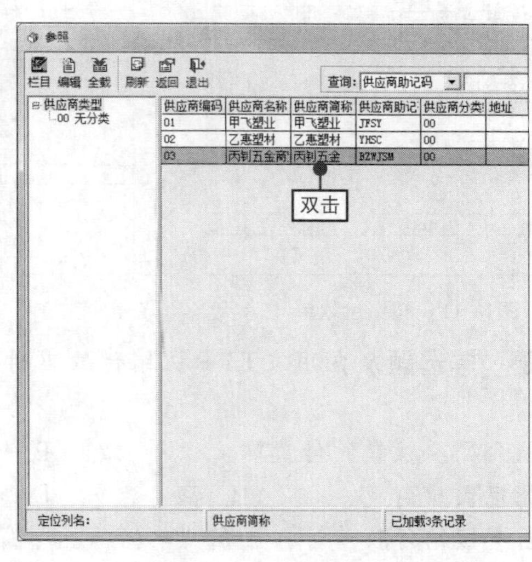

图1-115 指定供应商

（3）此时“单据结算”窗口中将显示与该供应商有关的所有付款单，利用上方工具栏右侧的“上张”按钮或“下张”按钮找到需要核销的付款单，然后单击“核销”按钮，如图1-116所示。

（4）在表体区域的“本次结算”栏中输入需要核销的金额，这里在该栏下的第1个单元格中输入“8000”，表示此张付款单核销的是该采购发票的全部金额，单击“保存”按钮，如图1-117所示。

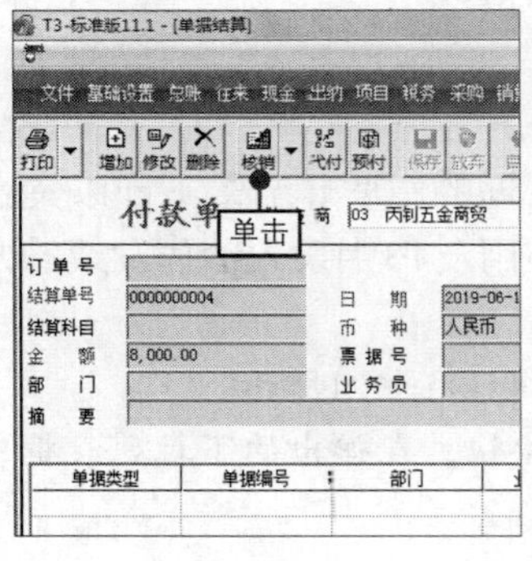

图1-116 核销付款单

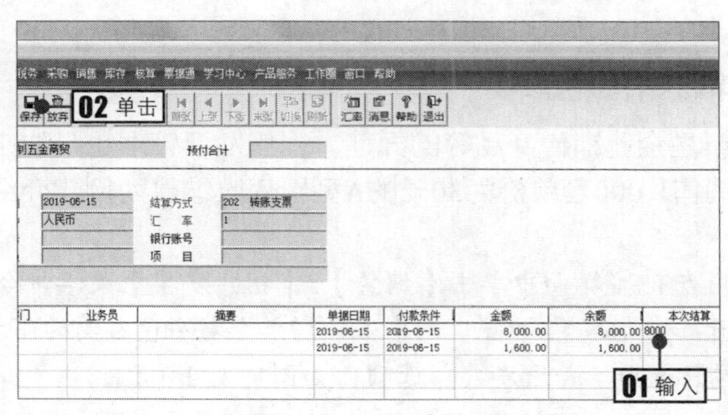

图1-117 输入核销金额

（5）此时便完成了核销付款单与对应采购发票的操作，具体核销数据会在表体中详细显示。继续单击“下张”按钮，切换到下一张付款单，如图1-118所示。

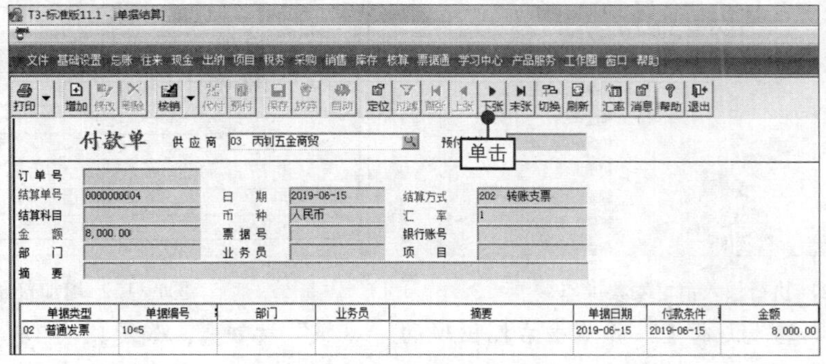

图1-118 切换到下一张付款单

（6）找到需要核销的付款单后，单击“核销”按钮，如图1-119所示。

（7）在表体区域的“本次结算”栏中输入需要核销的金额，这里在该栏下的第1个单元格中输入“1600”，单击“保存”按钮完成核销操作，如图1-120所示。

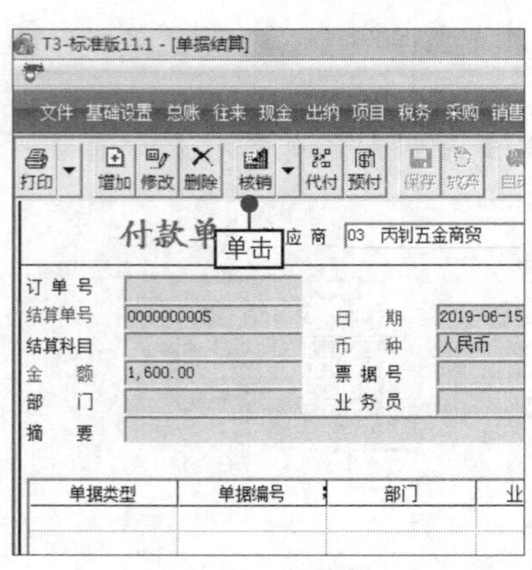

图1-119 核销付款单

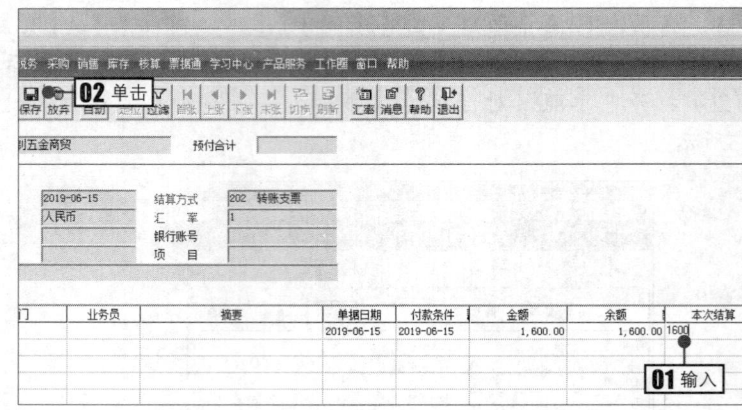

图1-120 输入核销金额

【例题·单选题】在用友T3中核销付款单时，打开“单据结算”窗口后，应进行的第1步操作是（ ）。

A. 找到需要核销的付款单　　B. 输入本次准备核销的金额

C. 指定供应商　　D. 单击“核销”按钮

【解析】核销付款单时，应在“单据结算”窗口中指定供应商，然后开始核销与该供应商有关的付款单和采购发票。

【答案】C

1.4.2 销售管理

销售管理是针对销售环节的会计业务处理，这里重点介绍销售发票的录入与审核以及收款单的录入与核销方法。

1. 录入与审核销售发票

销售发票是企业销售商品等的凭证，销售发票管理也是往来管理的重要环节。下面以某企业向乙宏工贸有限公司销售1 000套单价为30元的A型厨房收纳盒为例，介绍在用友T3中录入销售发票的方法，其具体操作如下。

（1）在用友T3主界面中单击【销售】/【销售发票】菜单命令，如图1-121所示。

（2）打开“普通发票”窗口，单击“增加”按钮右侧的下拉按钮，在弹出的下拉列表框中选择销售发票的种类，这里选择“普通发票”选项，如图1-122所示。

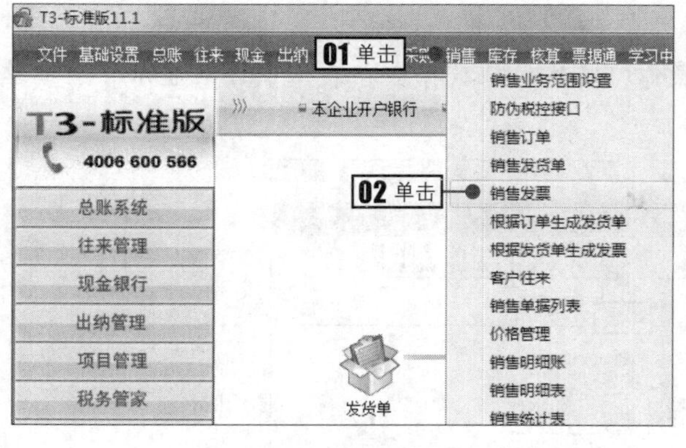

图1-121 执行录入销售发票操作

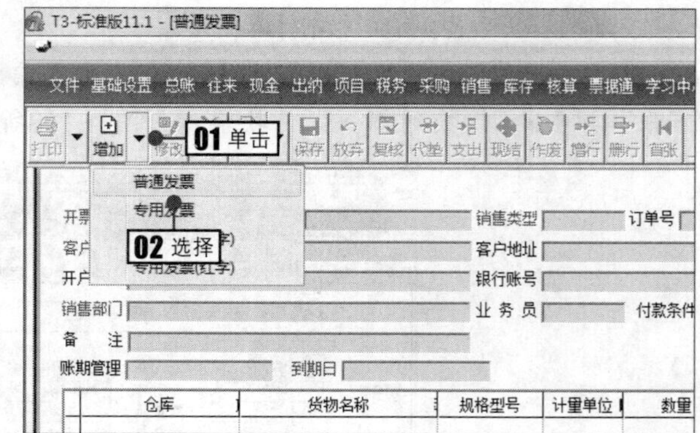

图1-122 增加普通发票

（3）单击“销售类型”文本框，并单击右侧出现的“参照”按钮，如图1-123所示。

（4）打开“参照”对话框，双击普通销售对应的选项，如图1-124所示。

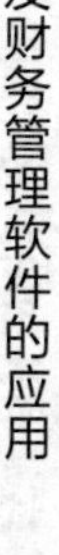

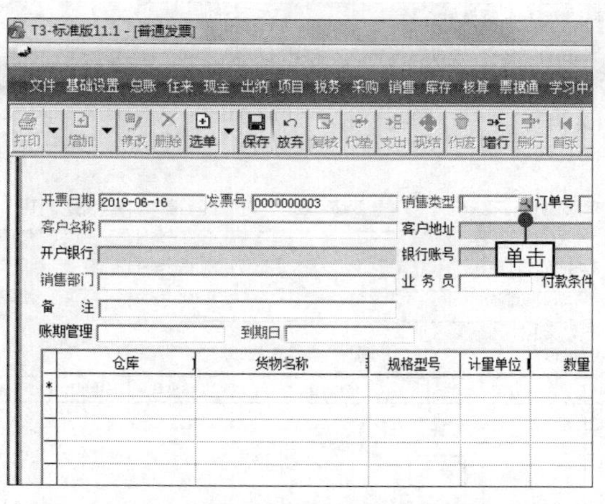

图1-123 设置销售类型

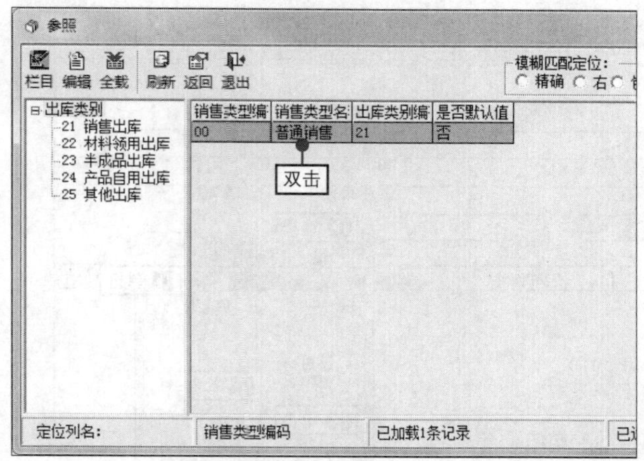

图1-124 指定销售类型

（5）单击“客户名称”文本框，并单击右侧出现的“参照”按钮，如图1-125所示。

（6）打开“参照”对话框，双击乙宏工贸有限公司对应的选项，如图1-126所示。

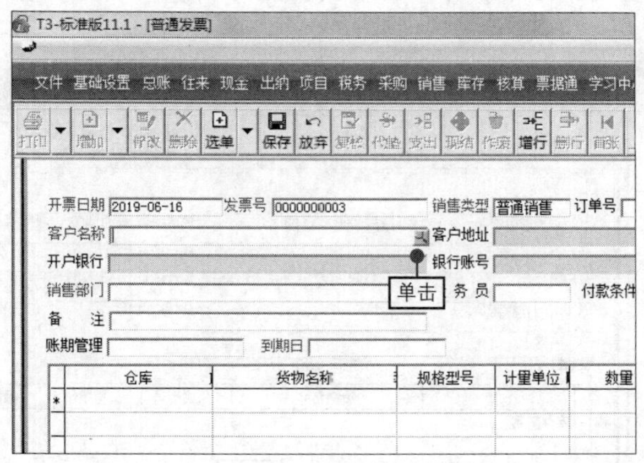

图1-125 设置客户

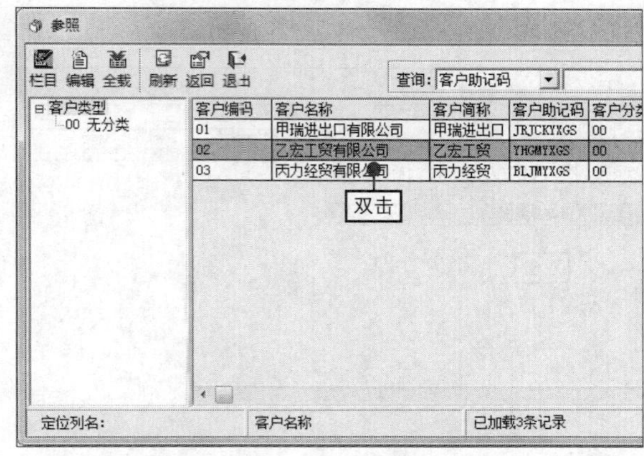

图1-126 选择客户

（7）单击“销售部门”文本框，并单击右侧出现的“参照”按钮，如图1-127所示。

（8）打开“参照”对话框，双击销售部对应的选项，如图1-128所示。

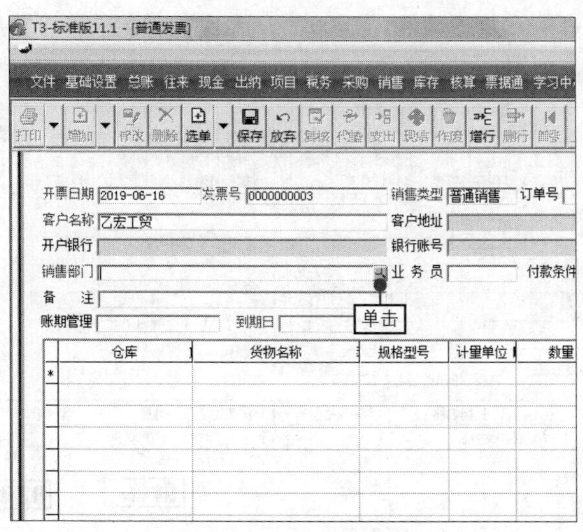

图1-127 设置销售部门

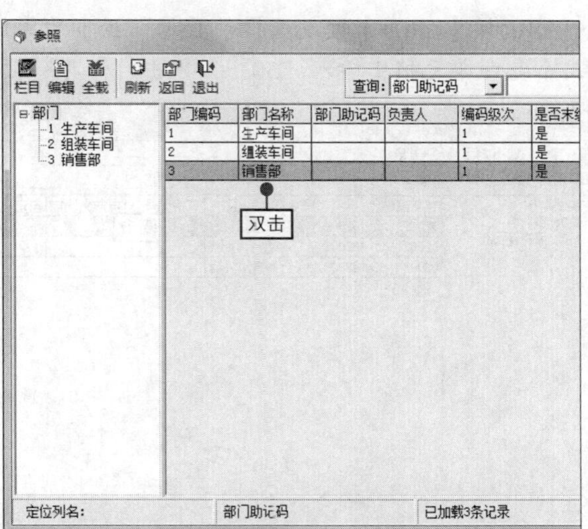

图1-128 选择销售部门

（9）单击“到期日”文本框，并单击右侧出现的“日历”按钮，打开“日历”对话框，在其中设置该发票的到期日期。这里设置到期日期为2019年7月15日，单击确定按钮，如图1-129所示。

（10）双击下方表体区域“仓库”栏下的第1个空白单元格，并单击右侧出现的“参照”按钮，如图1-130所示。

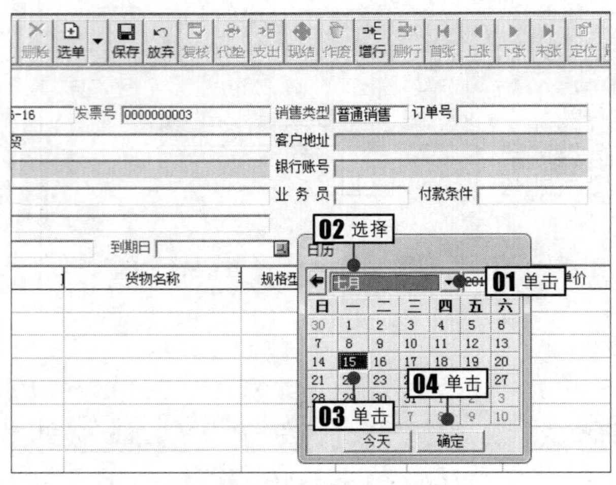

图1-129 设置发票到期日期

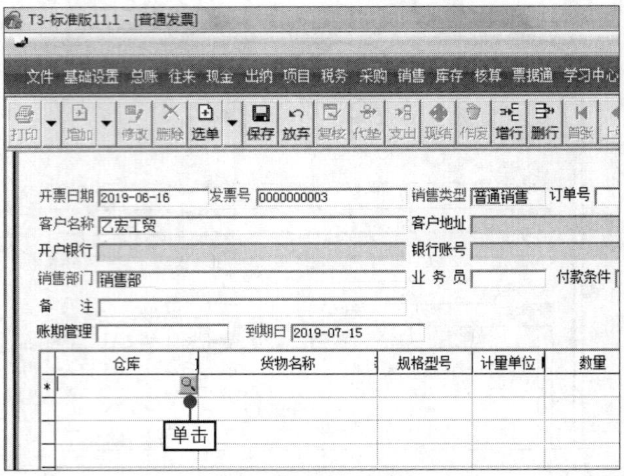

图1-130 设置仓库

（11）打开“参照”对话框，双击某个仓库选项，这里双击库存商品对应的选项，如图1-131所示。

（12）双击下方表体区域“货物名称”栏下的第1个空白单元格，并单击右侧出现的“参照”按钮，如图1-132所示。

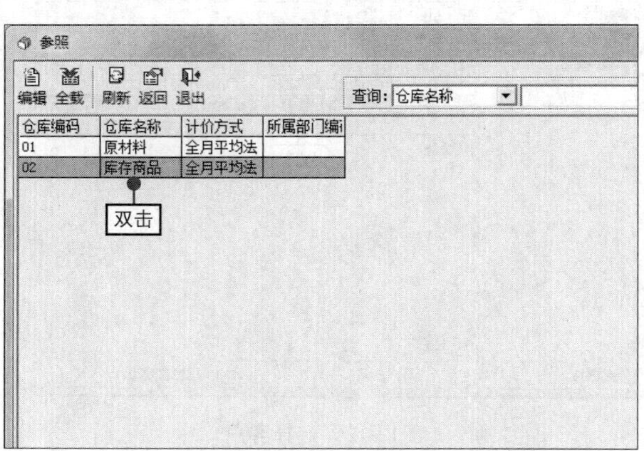

图1-131 选择仓库

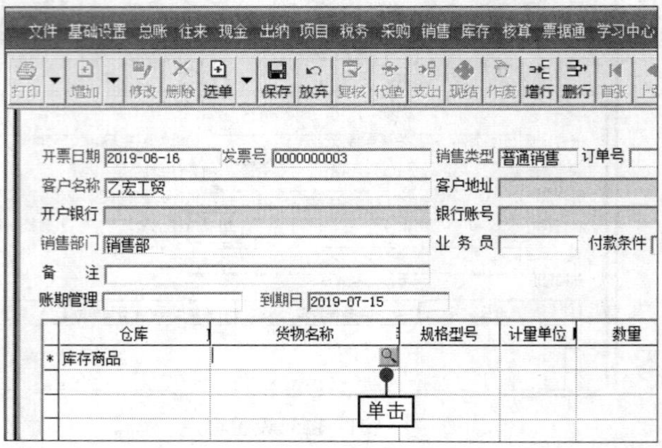

图1-132 设置货物

（13）打开“参照”对话框，双击A型厨房收纳盒对应的选项，如图1-133所示。

（14）按【Enter】键或选择“数量”栏下的第1个空白单元格，输入“1000”，然后在“含税单价”栏下的第1个空白单元格中输入“30”，单击“保存”按钮，如图1-134所示。

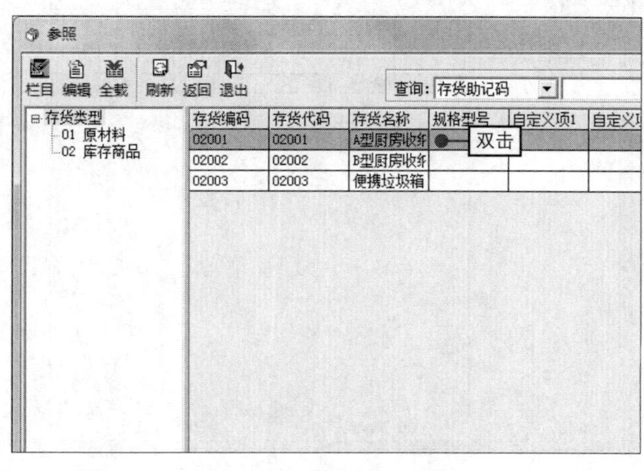

图1-133 选择销售的存货

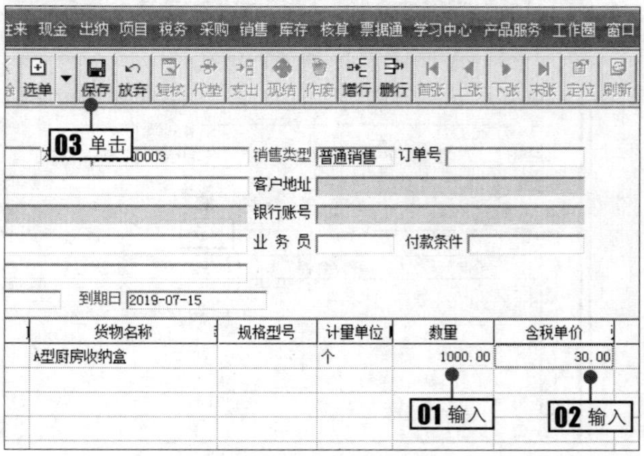

图1-134 录入销售数量和单价

（15）单击“复核”按钮对录入的采购发票进行审核操作，并在打开的对话框中单击按钮，如图1-135所示。

（16）打开提示对话框，单击按钮，如图1-136所示。

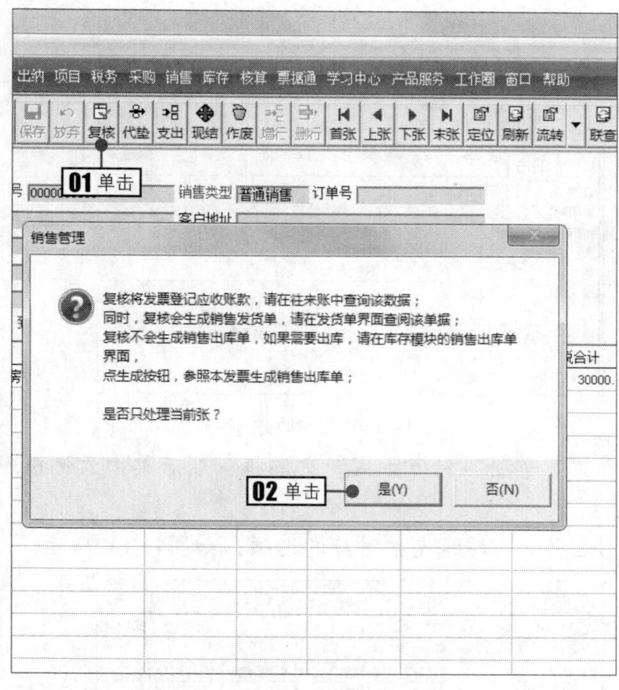

图1-135 复核发票

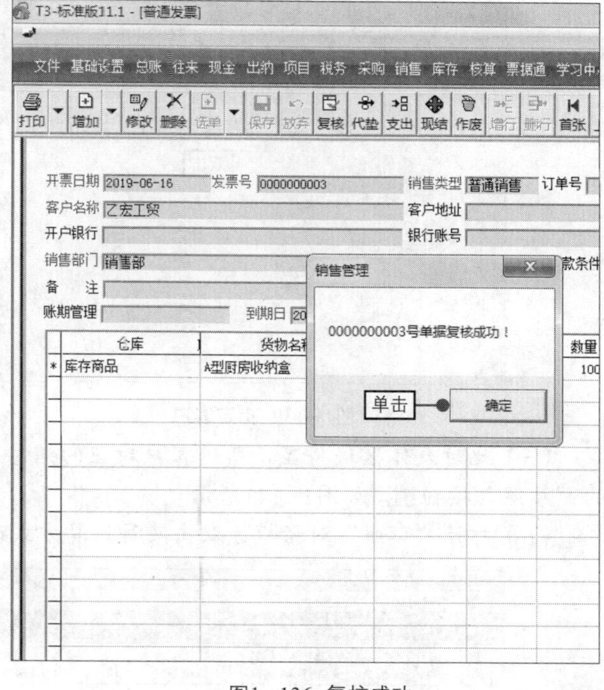

图1-136 复核成功

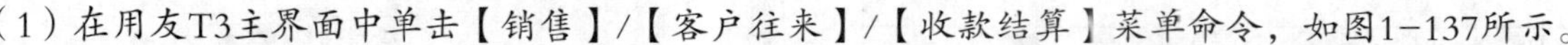

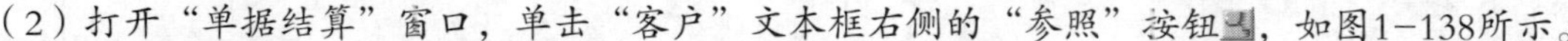

2. 录入收款单

收款单可以记录企业收到的款项，后期可以与销售发票进行核销，确认收款情况。录入收款单的具体操作如下。

（1）在用友T3主界面中单击【销售】/【客户往来】/【收款结算】菜单命令，如图1-137所示。

（2）打开“单据结算”窗口，单击“客户”文本框右侧的“参照”按钮，如图1-138所示。

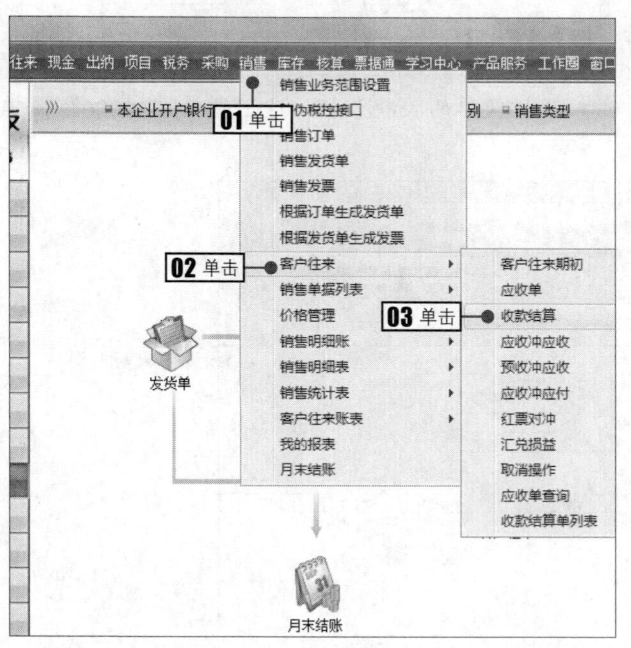

图1-137 收款结算

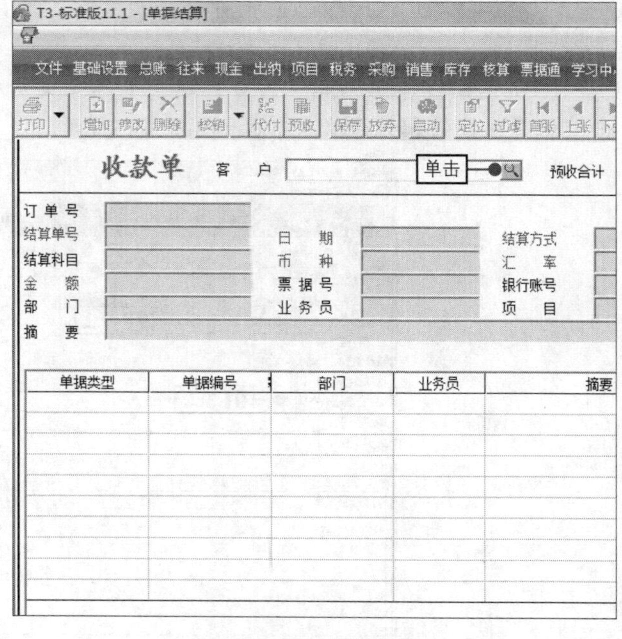

图1-138 选择客户

（3）打开“参照”对话框，双击某个客户对应的选项，这里双击乙宏工贸有限公司对应的选项，如图1-139所示。

（4）返回“单据结算”窗口，单击“增加”按钮增加一张收款单，如图1-140所示。

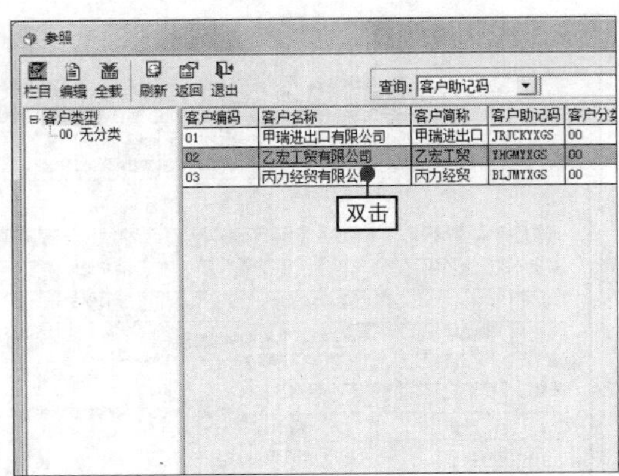

图1–139 指定客户

图1–140 新增收款单

（5）此时表体区域将显示所选客户对应的销售发票数据。单击“结算方式”文本框，然后单击右侧出现的“参照”按钮，如图1–141所示。

（6）打开“参照”对话框，双击某种结算方式选项，这里双击转账支票对应的选项，如图1–142所示。

图1–141 设置结算方式

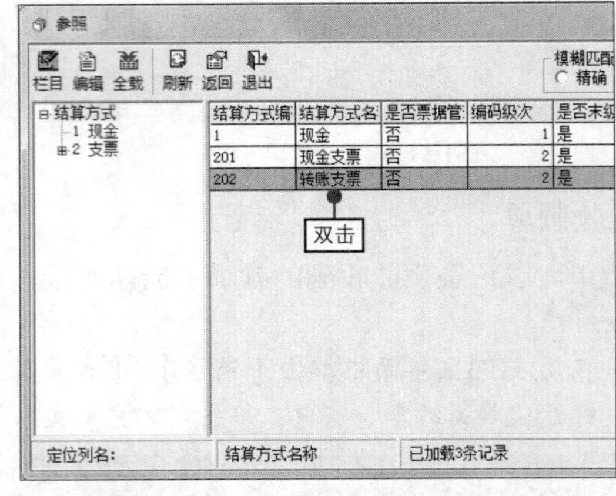

图1–142 选择结算方式

（7）返回“单据结算”窗口，在“金额”文本框中输入此收款单的收款金额，这里输入“30000”，单击“保存”按钮保存收款单，如图1–143所示。

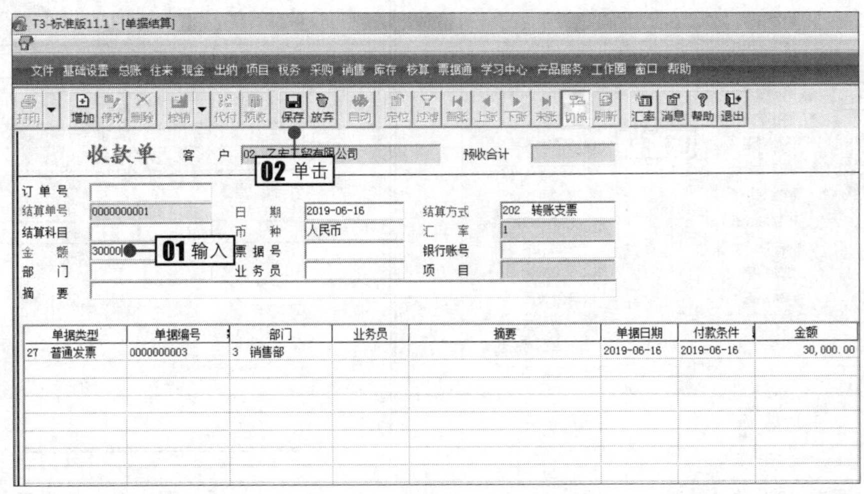

图1–143 输入金额并保存收款单

【例题·多选题】在用友T3中录入收款单时，属于必须输入的项目有（ ）。

A. 订单号　　B. 结算方式

C. 结算科目　　D. 金额

E. 业务员

【解析】上述选项中，订单号、结算科目和业务员属于非必填项目，结算方式、金额，以及结算单

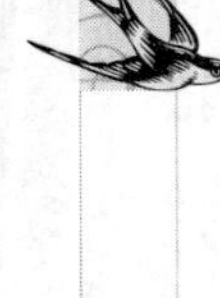

号、日期、币种、汇率等以蓝色字体显示的项目，均属于必填项目。

【答案】BD

3. 核销收款单

核销收款单指的是确定销售发票与收款单之间对应关系的操作，以确定此次收款对应的是哪一笔或哪几笔销售业务。下面以核销一张收款单为例，介绍核销收款单的方法，其具体操作如下。

（1）在用友T3主界面中单击【销售】/【客户往来】/【收款结算】菜单命令，打开“单据结算”窗口，单击“客户”文本框右侧的“参照”按钮，如图1-144所示。

（2）打开“参照”对话框，双击某个客户对应的选项，这里双击乙宏工贸有限公司对应的选项，如图1-145所示。

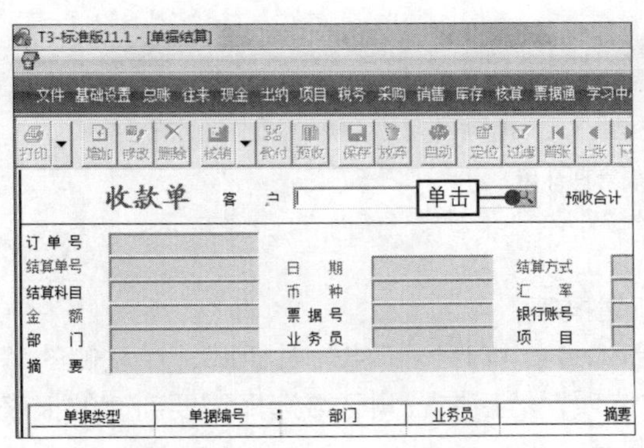

图1-144 选择客户

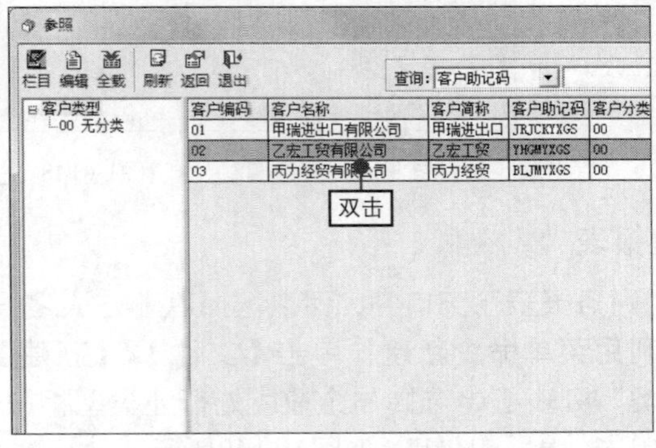

图1-145 指定客户

（3）此时“单据结算”窗口中将显示与该客户有关的所有收款单，利用上方工具栏右侧的“上张”按钮或“下张”按钮找到需要核销的收款单后，单击“核销”按钮，如图1-146所示。

（4）在表体区域的“本次结算”栏中输入需要核销的金额，这里在该栏下的第1个单元格中输入“30000”，表示此张收款单核销的是该销售发票的全部金额，单击“保存”按钮完成核销操作，如图1-147所示。

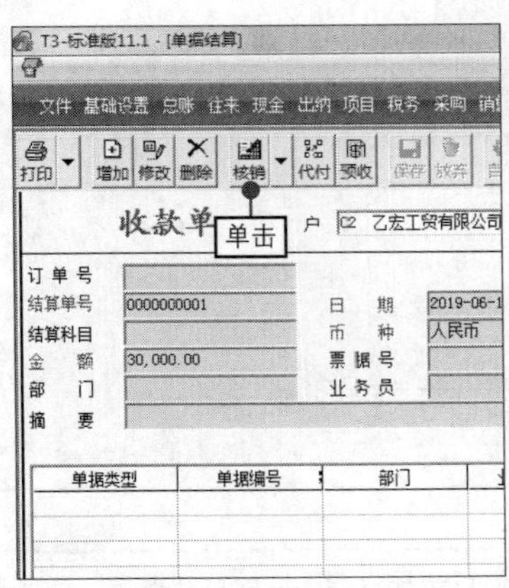

图1-146 核销收款单

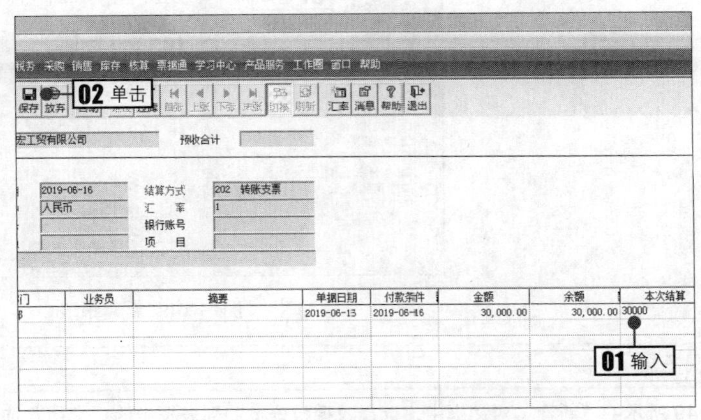

图1-147 输入结算金额并保存操作

1.5 报表基础操作

用友T3具有强大实用的报表管理功能，会计人员利用该功能能够轻松地完成报表的创建、保存、编辑等各种操作，本节将重点对一些报表基础操作进行讲解。

1.5.1 报表的新建与保存

在用友T3主界面左侧的导航栏中选择“财务报表”选项，即可进入财务报表的管理环境，此时将打开“财务报表”窗口，并显示财务报表的一般处理流程，如图1-148所示。下面首先介绍报表的新建与保存操作。

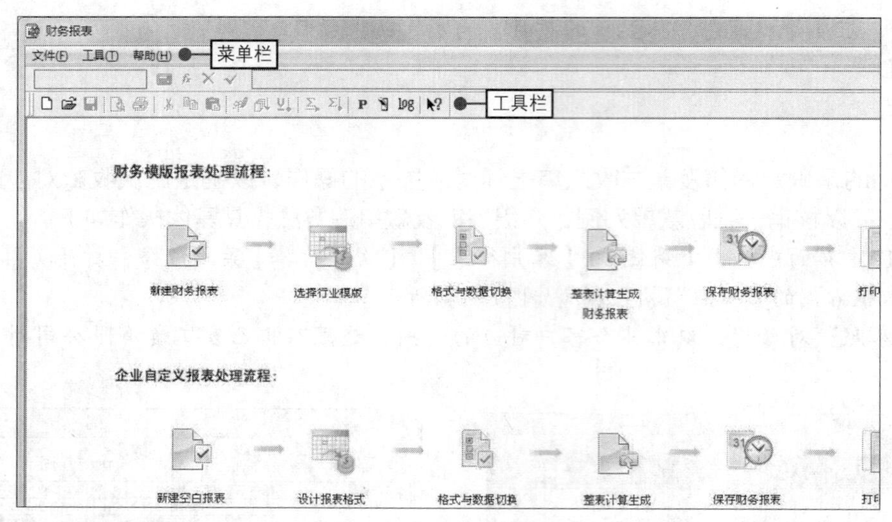

图1－148 进入报表管理环境

1. 新建报表

在“财务报表”窗口中，可以选择以下方法之一来新建报表。

◆ **利用菜单命令新建：**单击【文件】/【新建】菜单命令，打开“新建”对话框，在左侧的“模板分类”列表框中选择与企业所处行业类型相符合的选项，然后在右侧区域选择需要新建的报表模板，单击 确定 按钮，如图1－149所示。

◆ **利用按钮新建：**单击“财务报表”窗口上方工具栏中的“新建”按钮，系统将新建空白财务报表。

◆ **利用快捷键新建：**直接按【Ctrl+N】组合键，系统将新建空白财务报表。

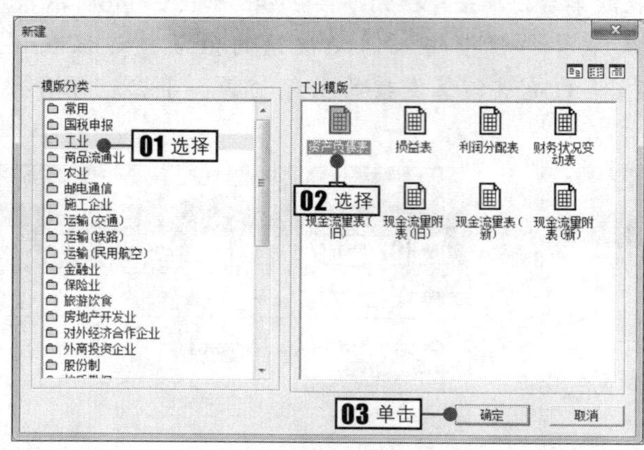

图1－149 新建报表

知识拓展

在图 1-149 所示的“新建”对话框中，选择“模板分类”列表框中的“常用”选项，便可选择右侧区域的“空报表”选项来新建空白报表。换句话说，会计人员若想要通过模板来新建报表，则必须利用菜单命令；若想新建空白报表，则可以任选其中一种方法。

2. 保存报表

新建的或修改过的报表，都需要及时保存以防数据丢失。对于新建的报表，将其保存时，系统会打开“另存为”对话框，会计人员可在此设置保存的名称和位置。对于已有的报表，将其保存时，系统将直接覆盖原有数据，不会打开“另存为”对话框。

就新建的报表而言，保存的方法：打开“另存为”对话框，在“保存在”下拉列表框中设置保存的位置，在“文件名”文本框中输入报表名称，然后单击 保存(S) 按钮，如图1－150所示。打开“另存为”对话框的方法有以下3种。

◆ 单击【文件】/【保存】菜单命令或单击【文件】/【另存为】菜单命令。

◆ 单击“财务报表”窗口上方工具栏中的“保存”按钮。

◆ 按【Ctrl+S】组合键。

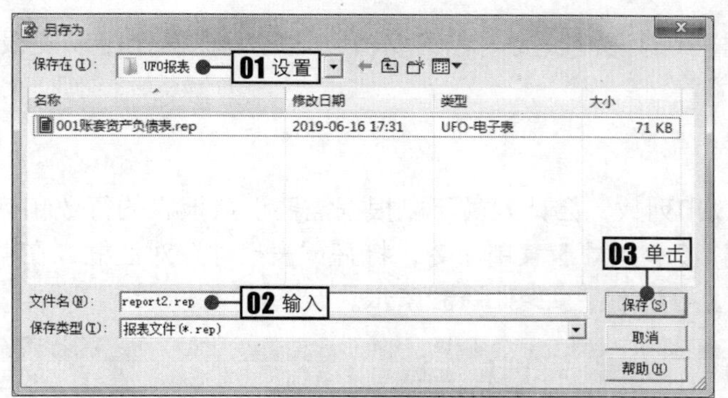

图1-150 保存新建的报表

1.5.2 报表的打开与关闭

对于已保存到计算机上的报表而言，会计人员应掌握将其打开和关闭的操作，以实现对报表的查看、编辑和管理。

1. 打开报表

在"财务报表"窗口中单击【文件】/【打开】菜单命令，或单击工具栏中的"打开"按钮，或按【Ctrl+O】组合键，都将打开"打开"对话框。在"查找范围"下拉列表框中选择报表保存的位置，在下方选择需要打开的报表选项后单击打开按钮，即可实现报表的打开操作，如图1-151所示。

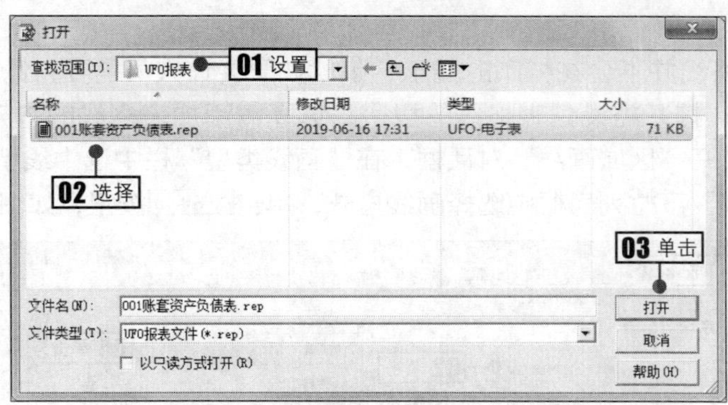

图1-151 打开报表

2. 关闭报表

已完成查看或编辑的报表，在保存后便可将其关闭。会计人员如果不想在关闭报表的同时退出报表管理环境，可在"财务报表"窗口中单击【文件】/【关闭】菜单命令，或单击菜单栏最右侧的"关闭"按钮。

名师点拨

如果会计人员关闭报表前忘记保存报表，系统会打开提示对话框，询问是否保存，单击按钮将保存并关闭报表，单击按钮将不保存并关闭报表，单击按钮将取消关闭操作。

【例题·单选题】在用友T3中，下列关于报表的快捷键操作中，不正确的是（ ）。

A. 按【Ctrl+N】组合键可以新建报表

B. 按【Ctrl+S】组合键可以保存报表

C. 按【Ctrl+O】组合键可以打开报表

D. 按【Ctrl+W】组合键可以关闭报表

【解析】在用友T3中，关闭报表无法通过快捷键实现，D选项错误。

【答案】D

1.5.3 报表的编辑

报表的编辑主要涉及格式的设置以及内容的编辑，这些编辑操作可以使报表的结构和内容更符合要求，从而提升报表的整体质量。

1. 设置报表尺寸

报表尺寸即报表的行数和列数，会计人员可以根据需要设置报表的行数和列数，其方法：打开需设置尺寸的报表，单击【格式】/【表尺寸】菜单命令，打开“表尺寸”对话框，在“行数”和“列数”数值框中输入需要的数据，单击 确认 按钮，如图1-152所示。

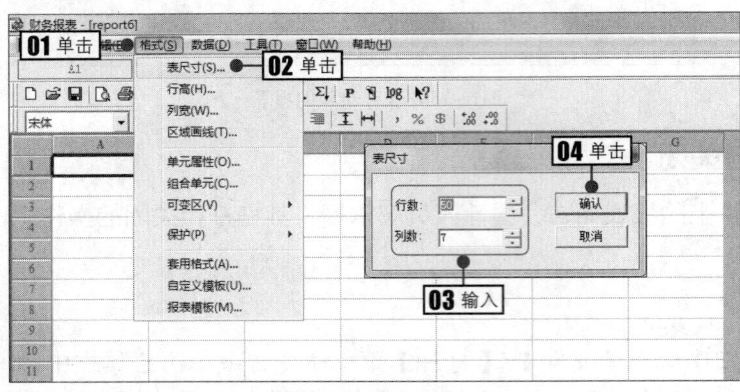

图1-152 设置报表尺寸

2. 添加表格线

报表窗口中显示的网格线并不会在打印时显示，因此如果会计人员需要打印出表格线，则应手动进行添加。添加表格线的方法：打开需设置表格线的报表，选择需添加表格线的单元格区域，单击【格式】/【区域画线】菜单命令，打开“区域画线”对话框，在“画线类型”栏中选中线型对应的单选项，这里选中“网线”单选项，在“样式”下拉列表框中选择画线样式，单击 确认 按钮，如图1-153所示。

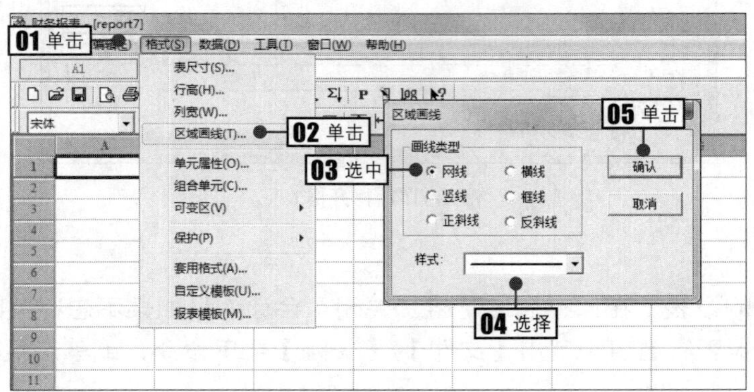

图1-153 设置区域画线

名师点拨

当“财务报表”窗口左下角显示为红色字体的 格式 按钮时，表示此时报表处于格式状态。在此状态下，会计人员可以对报表进行各种编辑操作；单击该按钮后窗口左下角将显示为 数据 按钮，表示此时报表处于数据状态，此状态下会计人员可以浏览报表结果，如查看表格线效果。

3. 输入报表数据

在“财务报表”窗口中输入报表数据的方法：选择需要输入数据的单元格，如选择A1单元格，直接输入需要的数据，或在菜单栏下方的编辑栏中输入数据，按【Enter】键确认即可，如图1-154所示。如果需要修改单元格中的数据，也可选择数据所在的单元格，直接修改或在编辑栏中修改。

需要注意的是，虽然在报表的数据状态下也可以输入数据，但如果在格式状态下重新在相同位置输入

新的数据，用友T3会默认以在后一次格式状态下输入的数据为最终数据。因此会计人员在输入报表数据时，还是应当在格式状态下进行输入或修改。

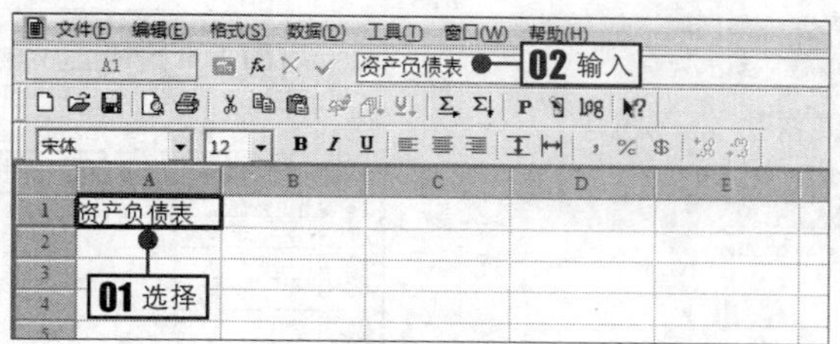

图1–154 输入数据

知识拓展

A1单元格指的是位置处于第1行和第A列的单元格；而A1:B2单元格区域表示从左上角A1单元格开始，到右下角的B2单元格为止的连续单元格区域。

4. 设置并录入关键字

关键字指的是唯一可以标识报表页面中一个单元格的数据，如定位名称、编号、年、月、季、日等，因此在报表中设置并录入了关键字以后，用友T3系统便能快速选择并识别该报表页面中相应的单元格。关键字的设置需要在格式状态下进行，而关键字的录入则需要在数据状态下进行，其具体操作如下。

（1）打开需设置关键字的报表，选择需设置关键字的单元格，这里选择A1单元格，在格式状态下单击【数据】/【关键字】/【设置】菜单命令，如图1–155所示。

（2）打开“设置关键字”对话框，选中关键字对应的选项，这里选中“单位名称”单选项，单击确定按钮，如图1–156所示。

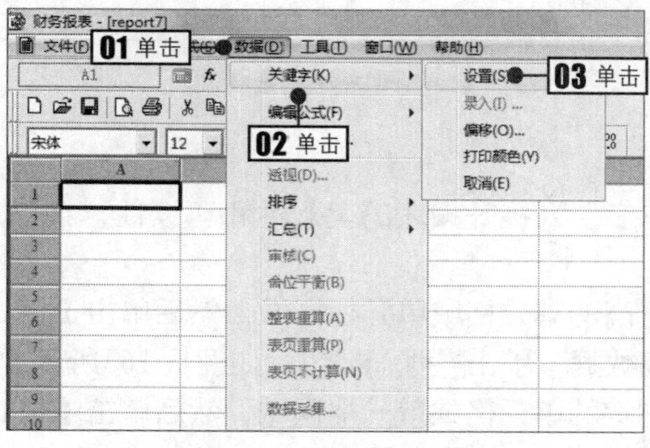

图1–155 设置关键字

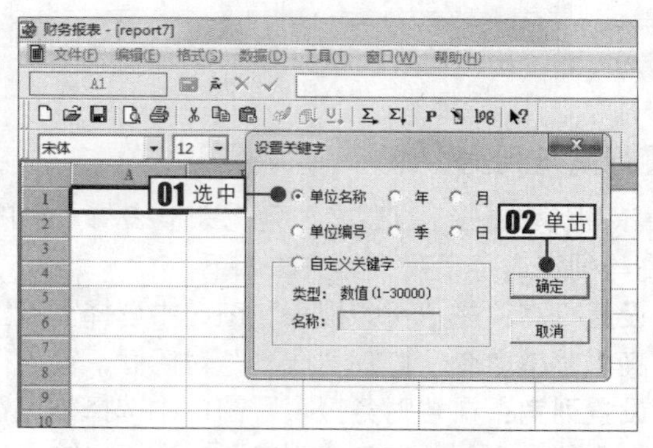

图1–156 指定单位名称

（3）选择A2单元格，继续单击【数据】/【关键字】/【设置】菜单命令，如图1–157所示。

（4）打开“设置关键字”对话框，选中关键字对应的选项，这里选中“年”单选项，单击确定按钮，如图1–158所示。

图1–157 设置关键字

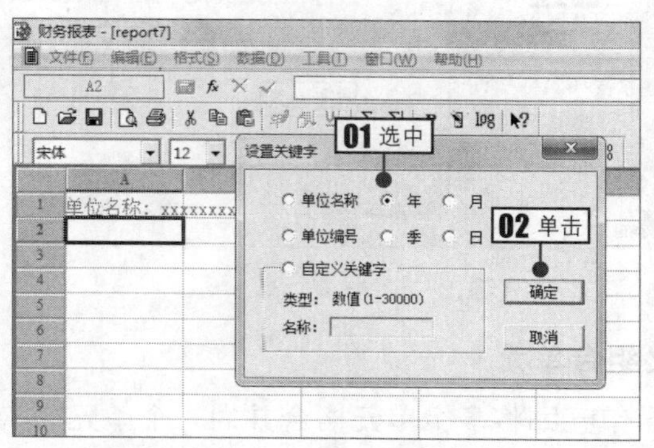

图1–158 指定年份

（5）按相同方法将B2单元格的关键字设置为“月”，如图1–159所示。

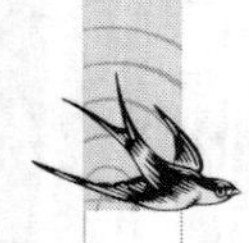

（6）单击报表左下角的[数据]按钮进入数据状态，单击【数据】/【关键字】/【录入】菜单命令，如图1-160所示。

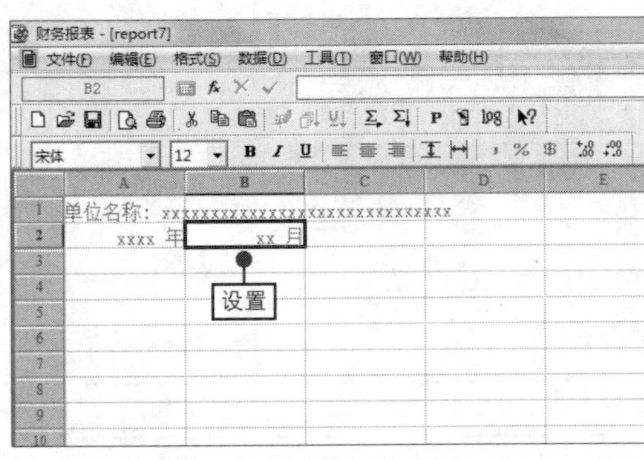

图1-159 设置关键字

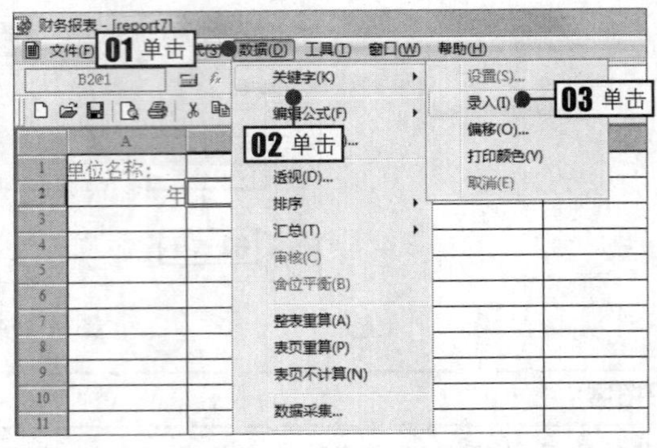

图1-160 录入关键字

（7）打开“录入关键字”对话框，在“单位名称”“年”“月”文本框中输入该报表所需的关键字内容，这里分别输入“A商贸有限责任公司”“2019”和“6”，单击[确认]按钮，如图1-161所示。

（8）此时报表便将显示对应的内容，如图1-162所示。

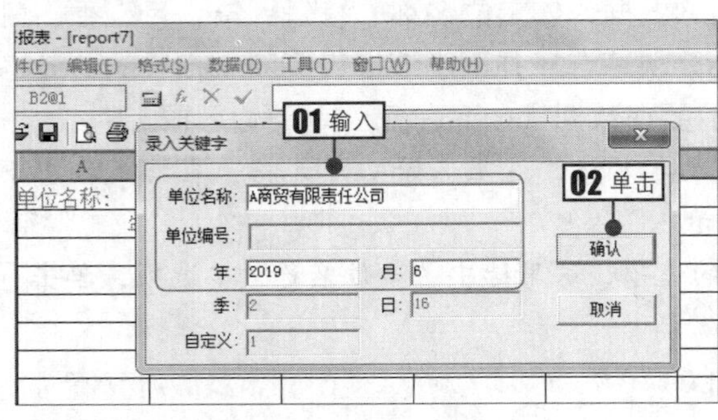

图1-161 输入关键字内容

图1-162 查看效果

5. 设置行高与列宽

行高即报表每一行的高度，列宽即报表每一列的宽度。为提升报表的美观性和可读性，会计人员可以对其行高与列宽进行设置，其方法如下。

- **设置行高**：在“财务报表”窗口中选择需设置行高的单元格或单元格区域，然后单击【格式】/【行高】菜单命令，打开“行高”对话框，输入行高数据，单击[确认]按钮，如图1-163所示。
- **设置列宽**：在“财务报表”窗口中选择需设置列宽的单元格或单元格区域，然后单击【格式】/【列宽】菜单命令，打开“列宽”对话框，输入列宽数据，单击[确认]按钮，如图1-164所示。

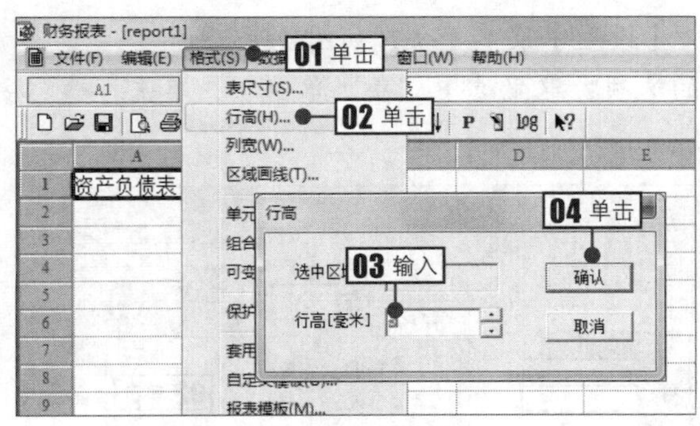

图1-163 设置行高

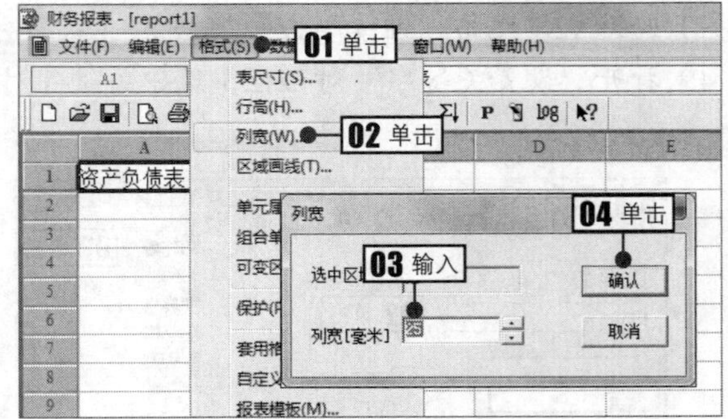

图1-164 设置列宽

6. 定义组合单元

组合单元即将多个单元格合并为一个单元格的操作。定义组合单元的方法：选择需合并的单元格区域，然后单击【格式】/【组合单元】菜单命令，打开“组合单元”对话框，单击相应的组合方式按钮即可。这里单击“整体组合”按钮，如图1-165所示。几个常用按钮的作用如下。

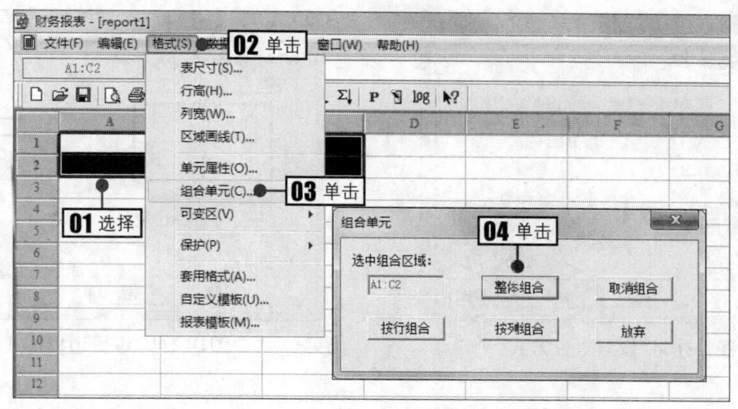

图1-165 组合单元

- 整体组合**按钮**：单击该按钮将把所选单元格区域全部合并为一个单元格。
- 按行组合**按钮**：单击该按钮，将以行为单元把所选单元格区域合并为一个或多个单元格。如果所选的单元格区域为一行，则按行组合与整体组合的结果相同；如果所选的单元格区域为多行，则按行组合的结果为多个单元格。
- 按列组合**按钮**：单击该按钮，将以列为单元把所选单元格区域合并为一个或多个单元格。如果所选的单元格区域为一列，则按列组合与整体组合的结果相同；如果所选的单元格区域为多列，则按列组合的结果为多个单元格。

7. 设置单元格格式

会计人员可以根据存放的数据来设置合适报表中的每个单元格的格式，如设置数据类型、对齐方式、边框等。设置单元格格式的方法：选择需设置格式的单元格或单元格区域，然后单击【格式】/【单元格属性】菜单命令，打开“单元格属性”对话框，在其中便可对所选单元格或单元格区域的格式进行设置。其中不同选项卡可以设置的内容分别如下。

- **“单元类型”选项卡**：该选项卡主要用于设置单元格中的数据类型。在“单元类型”列表框中可选择所需的数据类型选项，并可进一步在右侧的“格式”栏中对所选的数据类型进行设置，如图1-166所示。
- **“字体图案”选项卡**：该选项卡主要用于设置单元格中的字体格式和颜色。在“字体”栏中可对字体、字型和字号进行设置；“颜色图案”栏中的前景色用于设置字体颜色，背景色用于设置单元格的填充颜色，图案则用于设置单元格的填充图案，如图1-167所示。

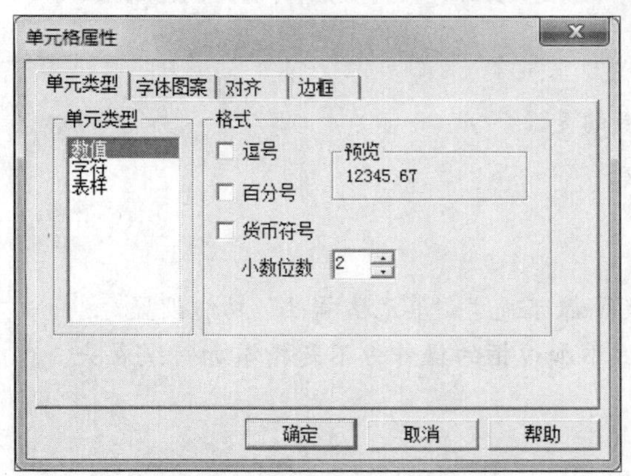

图1-166 设置单元类型

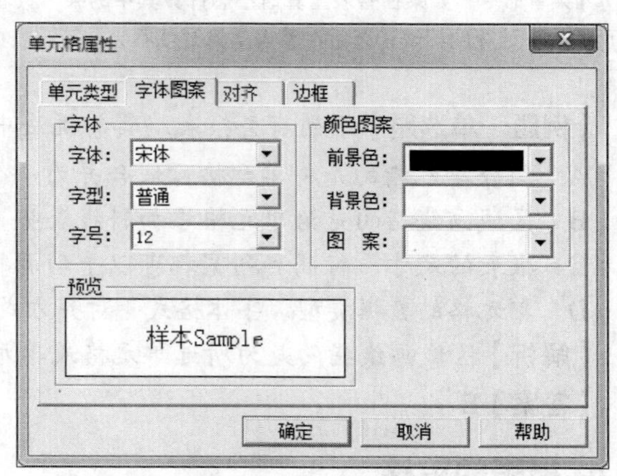

图1-167 设置字体样式

- **“对齐”选项卡**：该选项卡主要用于设置单元格中数据的对齐方式。设置时直接在“对齐”栏中选中相应的对齐方式单选项即可，如图1-168所示。
- **“边框”选项卡**：该选项卡主要用于设置单元格的边框效果。设置时首先在右侧“线型”栏下的“样式”列表框中选择某种边框样式，然后在左侧的“边框”栏中单击添加边框即可，利用下方的各种按钮可以快速完成外边框和内边框的添加以及边框的清除操作，如图1-169所示。

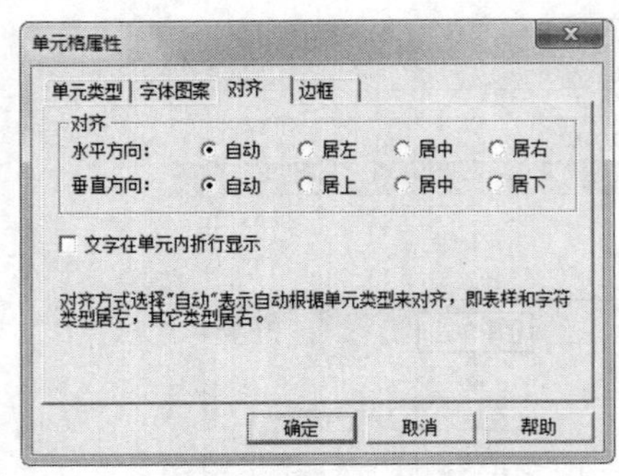

图1－168 设置对齐方式

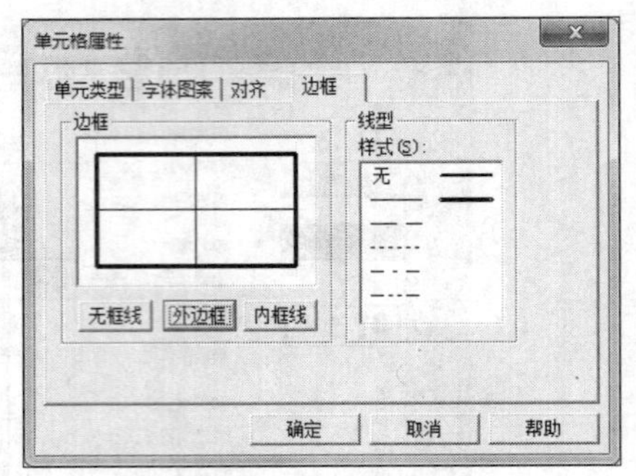

图1－169 设置边框样式

8. 整表重算

会计人员在完成关键字录入、报表格式设置后，便可以计算指定账套和指定会计期间的报表数据了。在用友T3中使用“整表重算”功能就可以完成报表计算工作。整表重算的使用方法：打开需进行计算的报表，进入数据状态，单击【数据】/【整表重算】菜单命令，打开提示对话框，单击 是(Y) 按钮，如图1－170所示。

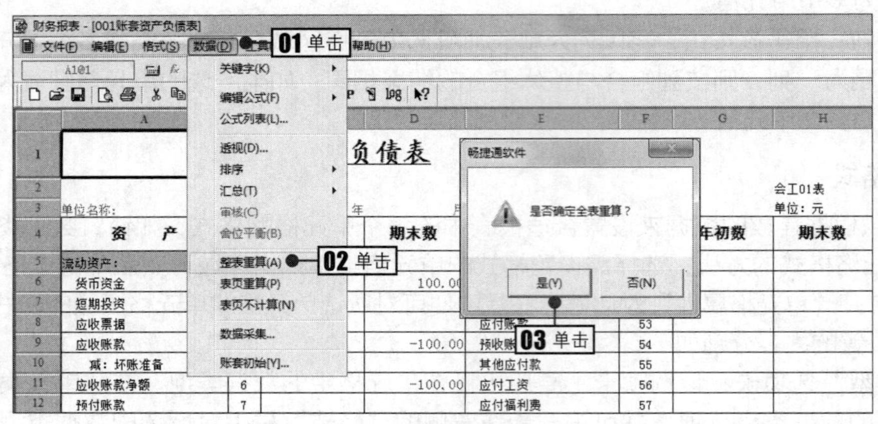

图1－170 整表重算

知识拓展

整表重算针对的是报表中的所有表页（报表下方会显示“第 × 页”字样）。如果只想对当前表页进行计算，则可单击【数据】/【表页重算】菜单命令；如果在整表重算时不想计算其中的某一页表页，则可切换到该页面，单击【数据】/【表页不计算】菜单命令，为该表页添加不计算的标签，以后在整表重算时就不会重算该表页的内容。

【例题·单选题】下列有关报表编辑的说法中，错误的是（　）。

A. 组合单元指的是将单元格区域合并为一个单元格

B. 区域画线指的是为单元格添加斜线表头

C. 报表的尺寸、行高和列宽都可以手动调整

D. 单元格的数据类型、字体格式、对齐方式和边框等都可通过“单元格属性”功能设置

【解析】区域画线指的是为所选单元格或单元格区域添加边框的操作，不是指添加斜线表头。

【答案】B

1.5.4 报表的审核

为确保报表中数据的正确性，会计人员可以利用公式对数据加以约束，当系统审核发现错误时，就能达到及时提醒会计人员进行更正的目的。

1. 建立审核公式

审核报表之前会计人员需要建立相应的审核公式，其方法：选择需要建立审核公式的单元格，在格式状态下单击【数据】/【编辑公式】/【审核公式】菜单命令，打开“审核公式”对话框，在“审核关系”列

表框中输入公式，如“A3=A1+A2”，表示A3单元格中的数值应为A1与A2单元格的数值之和。按【Enter】键，在大写状态下输入“MESS""”，然后在英文引号之间输入审核发现错误时提示的文本信息，如“A3数据错误！！！”，单击确定按钮，如图1-171所示。

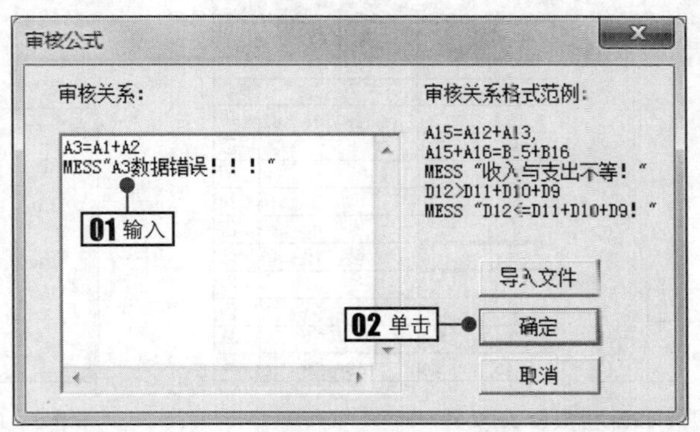

图1-171 输入审核公式

2. 审核报表

为报表中需要建立审核公式的单元格或单元格区域设置好相应的公式后，系统便可对报表进行审核，检查数据是否有误以便更正。审核报表的方法：在数据状态下单击【数据】/【审核】菜单命令，如果设置有审核公式的单元格的数据有误，系统将会打开提示对话框，并提示设置的文本内容。这里系统发现A3单元格的数值并不是A1与A2单元格的数值之和，因此系统将打开提示对话框，提示“A3数据错误！！！”，单击确定按钮重新修正数据即可，如图1-172所示。

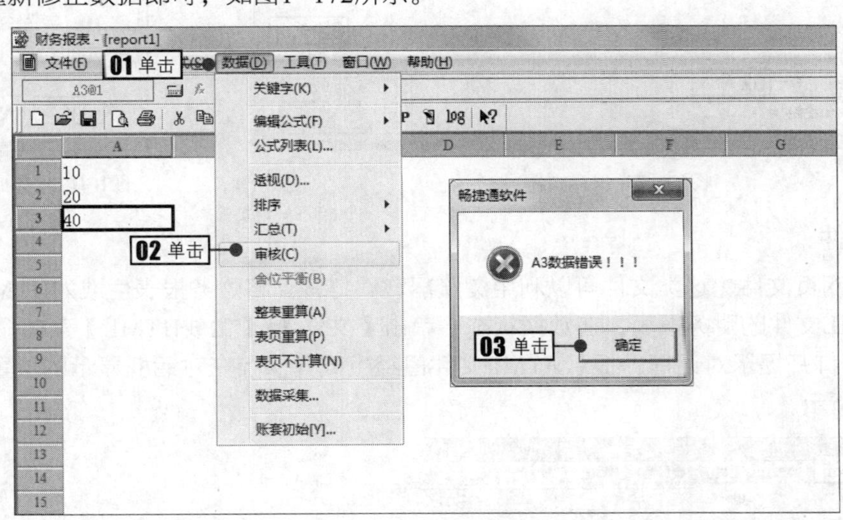

图1-172 审核报表

1.5.5 报表的生成

为方便阅读和使用报表，会计人员可以将报表生成为其他格式的文件，如Excel文件和HTML文件，这样就便于在其他计算机上利用Excel软件或浏览器软件查看报表内容。

1. 生成Excel文件

将财务报表生成为Excel文件的具体操作如下。

（1）打开需要生成为Excel文件的财务报表，在数据状态下单击【文件】/【生成Excel】菜单命令，如图1-173所示。

（2）打开“生成Excel”对话框，在其中可设置报表范围，即从哪一行开始至哪一行结束，这里默认为所有包含数据的行，直接单击生成按钮，如图1-174所示。

（3）打开“另存为”对话框，在“保存在”下拉列表框中设置保存位置，在“文件名”文本框中输入生成的文件名称，这里将文件名设置为“002账套”，单击保存(S)按钮，如图1-175所示。

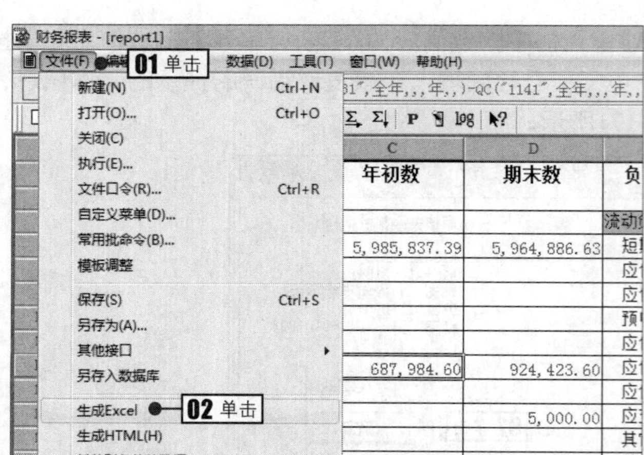

图1－173 生成Excel文件

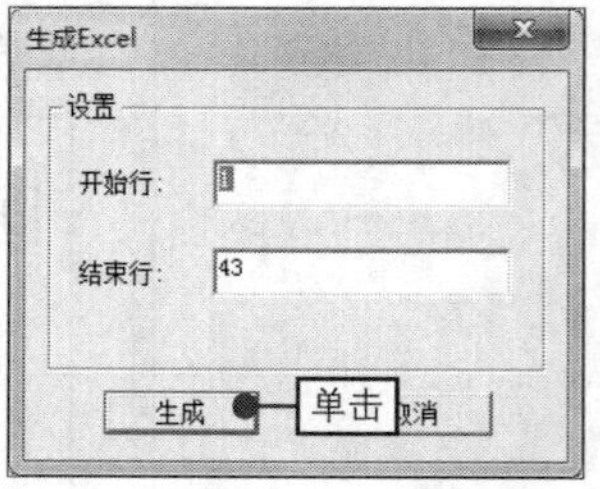

图1－174 设置报表范围

（4）开始生成Excel文件，完成后将打开提示对话框，单击[确定]按钮，如图1－176所示。

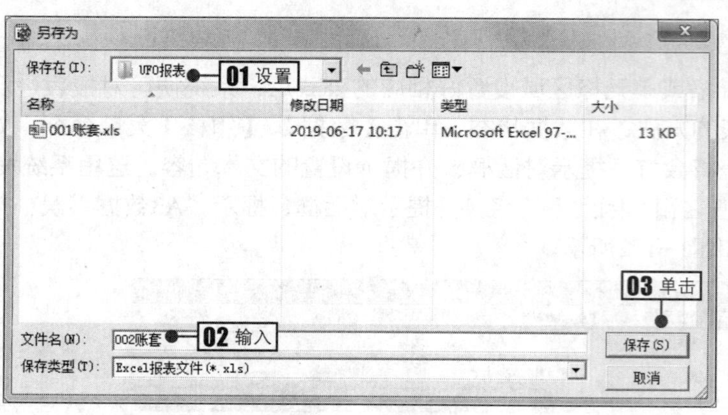

图1－175 保存文件

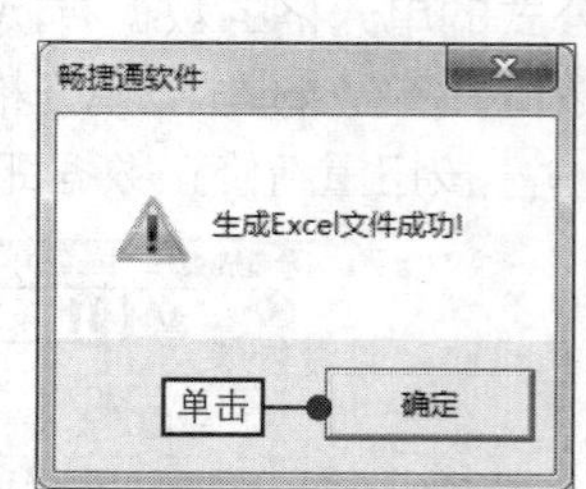

图1－176 完成生成操作

2. 生成HTML文件

HTML文件即网页文件，这类文件可以利用浏览器软件打开。将财务报表生成为HTML文件的方法：打开需要生成为HTML文件的财务报表，在数据状态下单击【文件】/【生成HTML】菜单命令，如图1－177所示。稍后用友T3将打开提示对话框，提示HTML文件已经生成并保存在对话框显示的位置，单击[确定]按钮即可，如图1－178所示。

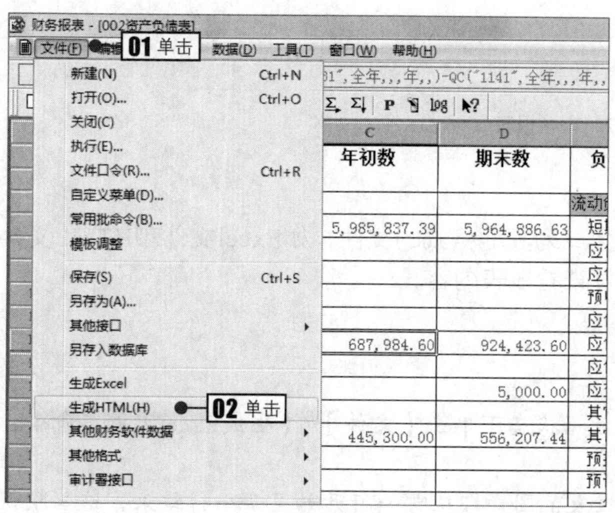

图1－177 生成HTML文件

图1－178 提示已生成文件

在计算机中找到生成的HTML文件，双击即可自动启动计算机中已有的浏览器软件浏览报表内容，如图1－179所示。

UFO报表

资产负债表

							会企01表
编制单位:		2018 年	10 月	31 日			单位:元
资 产	行次	年初数	期末数	负债和所有者权益	行次	年初数	期末数
				(或股东权益)			
流动资产:				流动负债:			
货币资金	1	5985837.39	5964886.63	短期借款	68	368000.00	368000.00
短期投资	2			应付票据	69		
应收票据	3			应付账款	70	237803.33	178414.91
应收股利	4			预收账款	71		
应收利息	5			应付工资	72		
应收账款	6	687984.60	924423.60	应付福利费	73	363798.67	376582.02
其它应收款	7			应付股利	74		
预付账款	8		5000.00	应交税金	75	34009.51	64994.24
应收补贴款	9			其它应交款	80	3924.75	
存货	10	445300.00	556207.44	其它应付款	81		24753.58
待摊费用	11			预提费用	82		
一年内到期的长期债权投资	21			预计负债	83		
其它流动资产	24			一年内到期的长期负债	86		

图1–179 浏览报表内容

1.5.6 报表的导出与导入

为了进一步共享报表数据，会计人员可以将财务报表导出，将报表文件以初始化文件或XML文件的形式存储起来，下次需要使用时再将这些文件导入财务报表中。

1. 导出报表

导出报表的常用方法有以下两种。

◆ **导出为初始化文件**：打开需导出的财务报表，在数据状态下单击【文件】/【其他财务软件数据】/【导出】菜单命令，打开“报表导出”对话框，在“查找范围”下拉列表框中设置保存位置，在“文件名”文本框中输入导出的文件名称，单击 打开(O) 按钮，然后将打开“导出报表”对话框，在其文本框中输入文件名称，最后单击 确定 按钮，如图1–180所示。

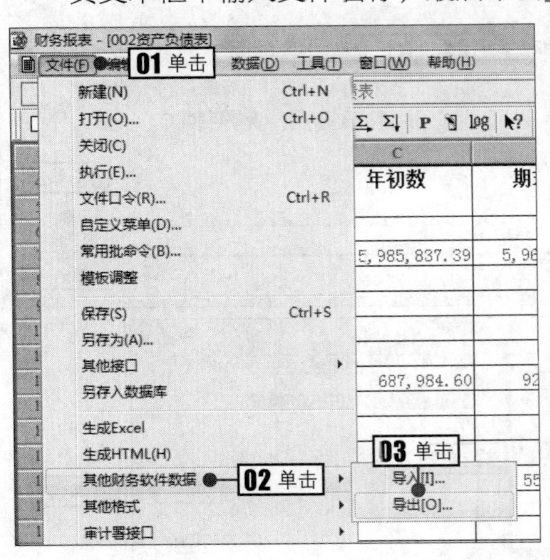

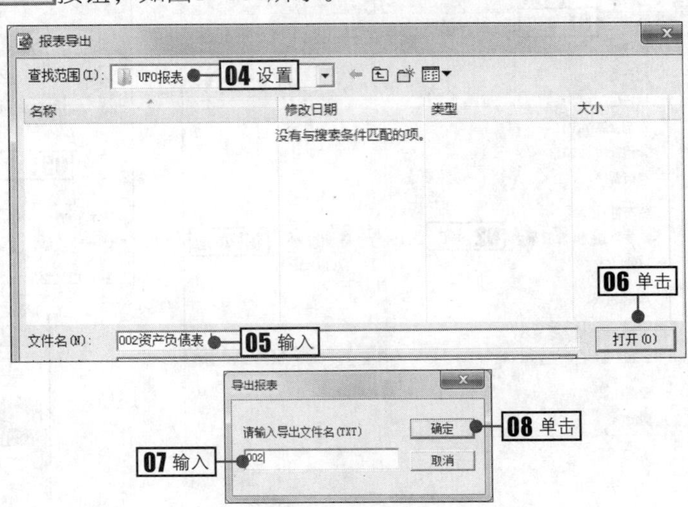

图1–180 将报表导出为初始化文件

◆ **导出为XML文件**：打开需导出的财务报表，在数据状态下单击【文件】/【其他格式】/【导出成XML】菜单命令，打开“另存为”对话框，在“保存在”下拉列表框中设置保存位置，在“文件名”文本框中输入导出的文件名称，单击 保存 按钮，然后将打开“导出设置”对话框，在其中可选择导出的对象，这里默认全部导出，单击 确定 按钮，最后打开提示对话框，单击 确定 按钮，如图1–181所示。

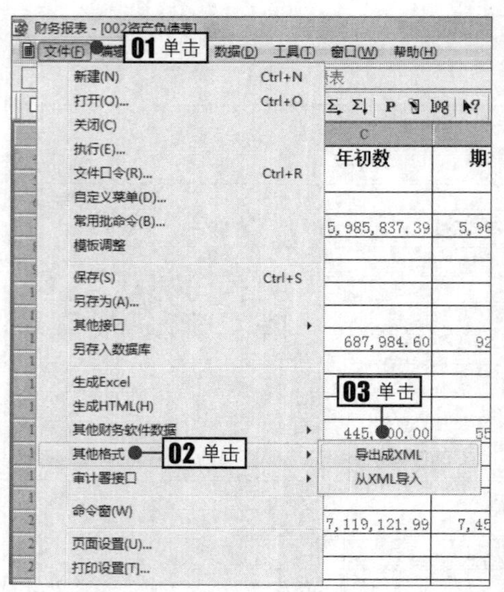

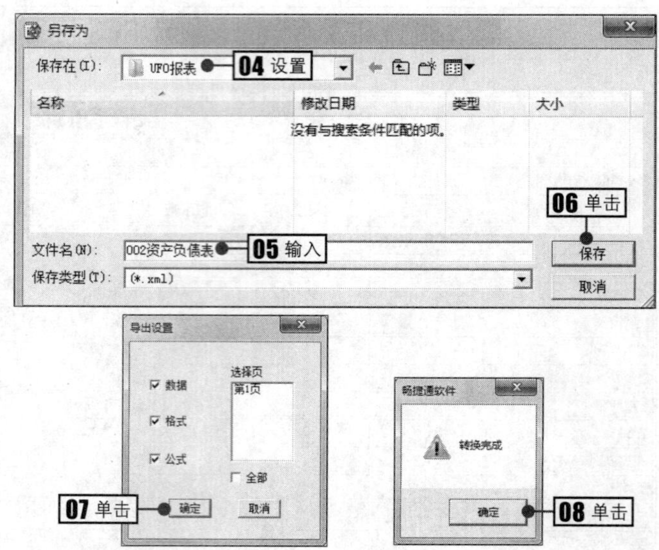

图1-181 将报表导出为XML文件

名师点拨

报表导出为初始化文件后，会形成两个文件，一个是用于存放参数配置信息的ini文件，一个是用于存放数据内容的txt文本文件，在后面导入时这两个文件缺一不可。而报表导出的XML文件，则是一种可扩展标记语言文件，通过这种标记，计算机可以处理包含各种信息的文件，这样就更有利于财务报表的数据共享。

2. 导入报表

与导出报表对应，导入报表的常用方法有以下两种。

◆ **导入初始化文件**：在用友T3主界面中选择左侧导航栏中的“财务报表”选项，打开“财务报表”窗口，单击【文件】/【其他财务软件数据】/【导入】菜单命令，打开“报表导入”对话框，在“查找范围”下拉列表框中设置ini文件的查找范围，选择需要导入的ini文件，单击打开(O)按钮，在打开的对话框中选择ini文件对应的txt文本文件，单击导入按钮，如图1-182所示。

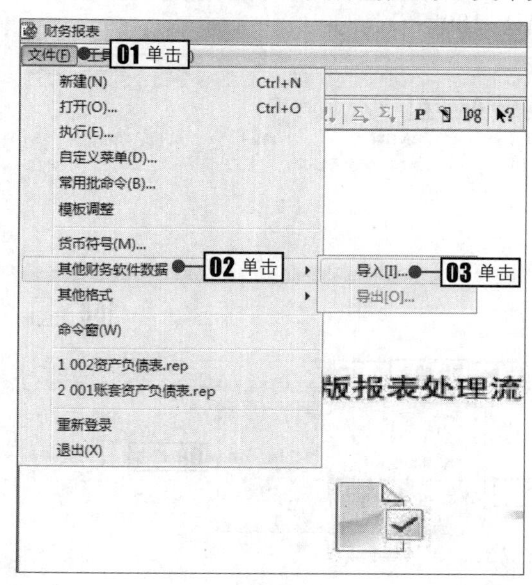

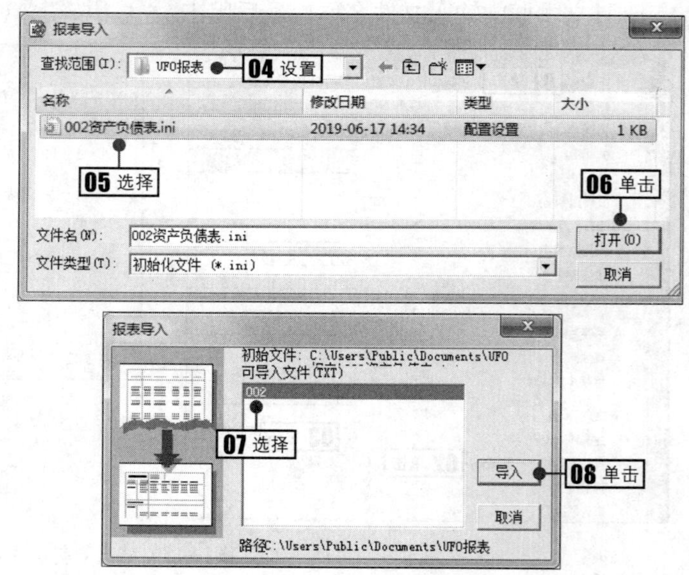

图1-182 导入初始化文件

◆ **导入XML文件**：打开“财务报表”窗口，单击【文件】/【其他格式】/【从XML导入】菜单命令，打开“打开”对话框，在“查找范围”下拉列表框中设置XML文件的查找范围，选择需要导入的XML文件，单击打开(O)按钮，然后打开“另存为”对话框，在“保存在”下拉列表框中设置保存位置，在“文件名”文本框中输入保存的文件名称，单击保存按钮，如图1-183所示。

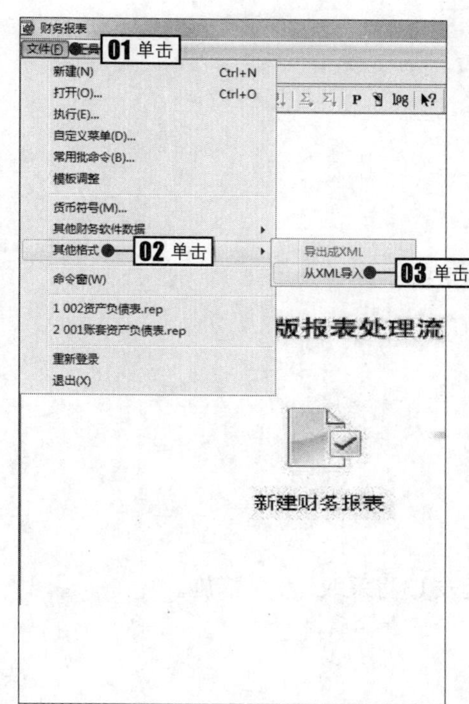

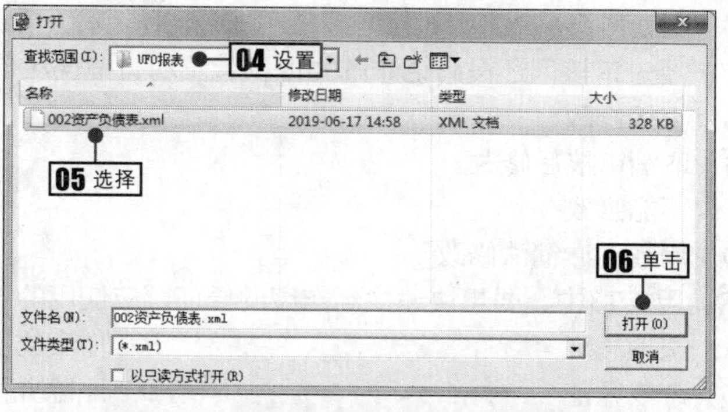

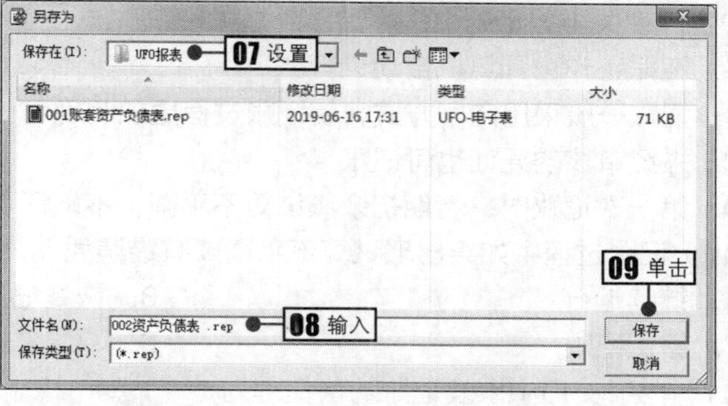

图1-183 导入XML文件

1.6 同步强化练习题

1. 单选题

（1）创建账套时不需要设置的信息是（ ）。

A. 账套名　　B. 会计制度

C. 企业法人　　D. 企业行业性质

（2）下列关于系统初始化的表述中，正确的是（ ）。

A. 系统初始化在系统初次运行时一次性完成，以后使用时不能修改

B. 系统初始化是系统首次使用时，根据企业的实际情况进行参数设置，并录入基础档案与初始数据的过程

C. 系统初始化应根据企业需要进行，与用友T3是否正常运行无关

D. 系统初始化对系统的后续运行无重要影响

（3）设置凭证类别的限制科目时，多个科目之间需输入的符号为（ ）。

A. ;　　B. 、

C. ,　　D. .

（4）录入期初余额后，可以借助用友T3的“试算”功能进行试算平衡检查，而检查的数据主要是（ ）。

A. 期初和年初

B. 期初和累计借方

C. 年初和累计借方

D. 累计借方和累计贷方

（5）在“填制凭证”对话框中，可通过按快捷键来新增空白凭证，该快捷键是（ ）。

A. 【F3】键　　B. 【F4】键

C. 【F5】键　　D. 【F6】键

（6）填制凭证时，输入的会计科目必须是（ ）。

A. 一级科目　　B. 二级科目

C. 明细科目　　D. 末级科目

（7）经过审核但还没有记账的凭证，若发现有错误应该（　）。

A. 直接修改

B. 取消审核后修改

C. 不能修改

D. 用红字冲销法修改

（8）用友T3中，要想快速找到作废的凭证，应使用的功能是（　）。

A. 整理凭证　　B. 作废凭证

C. 审核凭证　　D. 删除凭证

（9）下列关于记账的说法，错误的是（　）。

A. 记账工作由计算机自动进行

B. 记账一般采用向导方式，使记账过程更加明确

C. 未经审核的凭证也可记账

D. 第一次记账时，若期初余额试算不平衡，不能记账

（10）记账过程中如果出现试算不平衡或有错误凭证，用友T3将采取（　）措施。

A. 继续运行　　B. 恢复记账

C. 停止记账　　D. 马上结账

（11）在用友T3中恢复记账的快捷键为（　）。

A. 【Ctrl+H】组合键　　B. 【Ctrl+F】组合键

C. 【Ctrl+S】组合键　　D. 【Ctrl+D】组合键

（12）设置期间损益结转时，最重要的操作是（　）。

A. 生成转账凭证

B. 指定本年利润科目

C. 选择损益类科目

D. 设置损益类型

（13）自动转账生成是指在自动转账定义完成后，会计人员每月月末只需要执行转账生成功能，即可快速生成转账凭证，并将其保存到（　）中。

A. 已记账凭证　　B. 未记账凭证

C. 银行对账单　　D. 数据库

（14）录入采购发票时，下列属于必须录入的选项为（　）。

A. 订单号　　B. 采购类型

C. 付款条件　　D. 发票号

（15）下列选项中，能够实现利用模板新建报表的是（　）。

A. 在“财务报表”窗口中单击【文件】/【新建】菜单命令

B. 在“财务报表”窗口中单击“新建”按钮

C. 在“财务报表”窗口中按【Ctrl+N】组合键

D. 在“财务报表”窗口中双击空白区域

2. 多选题

（1）修改账套属性的单位档案时，可以修改的参数包括（　）。

A. 账套名称　　B. 会计制度

C. 所属行业　　D. 单位法人

E. 纳税人类型

（2）下列选项中，可以进行分类编码设置的有（　）。

A. 会计科目　　B. 部门

C. 职员　　D. 供应商

E. 客户

（3）新增部门档案时，必填的项目包括（　）。

A. 部门编码　　B. 部门名称

C. 助记码　　D. 负责人

E. 部门属性

（4）关于凭证的审核，下列说法中正确的有（　）。

A. 只有具有审核权限的会计人员才能进行凭证审核

B. 审核通过的凭证才能记账

C. 审核人不能修改凭证

D. 审核后发现错误可以取消审核，再进行修改

E. 未审核的凭证同样可以记账

（5）下列操作中，能够在报表格式状态下实现的是（　）。

A. 设置关键字　　B. 录入关键字

C. 修改报表尺寸　　D. 定义组合单元

E. 设置行高与列宽

（6）在用友T3中，报表可以生成或导出的文件有（　）。

A. Excel文件　　B. HTML文件

C. XML文件　　D. ini文件

E. Access文件

第2章 增值税发票税控开票软件的应用

本章主要以金税盘版增值税发票税控开票软件为例，介绍增值税发票税控开票软件的基本应用，重点包括发票的基础知识、使用税控开票软件管理发票，以及税控开票软件的抄报税、发票资料查询与打印、税控开票软件状态查询、发票资料统计等功能。

本章内容在考试中所占分值约为30分，主要考查内容为增值税发票税控开票软件的使用方法。其中，各种增值税发票的填开以及抄税和报税的知识是较为热门的考点。考生应充分掌握增值税发票税控开票软件的使用方法，具备填开增值税发票、抄税与报税的基本能力。

▼ 本章知识体系一览表

增值税发票税控开票软件的应用	发票的基础知识	（1）发票的内容（★） （2）发票的种类（★） （3）发票的领购（★★） （4）发票的开具（★★） （5）发票的管理（★★） （6）发票真伪的辨别（★）
	使用税控开票软件管理发票	（1）税控开票软件概述（★） （2）发票的读入与退回（★★） （3）蓝字增值税发票的填开（★★★） （4）红字增值税发票的填开（★★★） （5）增值税发票的查询（★★★） （6）增值税发票的打印（★★★） （7）增值税发票的作废与修复（★★）
	税控开票软件的其他功能	（1）抄税与报税操作（★★★） （2）发票资料的查询与打印（★★） （3）税控开票软件的状态查询（★） （4）发票资料统计（★）

2.1 发票的基础知识

发票是企业或个人在采购或销售商品、提供或接受服务，以及从事其他经营活动中所开具或收取的业务凭证，是会计核算的原始依据，也是税务、审计等执法机关进行经济业务检查的重要依据。

2.1.1 发票的内容

发票具有统一的式样，由国家税务总局或省、自治区、直辖市税务局确定。下面将介绍发票的内容。

名师点拨

在全国范围内统一式样的发票，由国家税务总局确定；在省、自治区、直辖市范围内统一式样的发票，由省、自治区、直辖市税务局确定。

发票的基本内容包括：发票名称，发票代码和号码，联次及用途，客户名称、开户银行及账号，商品名称或经营项目，计量单位，数量，单价，大小写金额，开票人，开票日期，开票单位（个人）名称（章）等。图2-1所示即为增值税专用发票的记账联，其中包含了发票的基本内容。

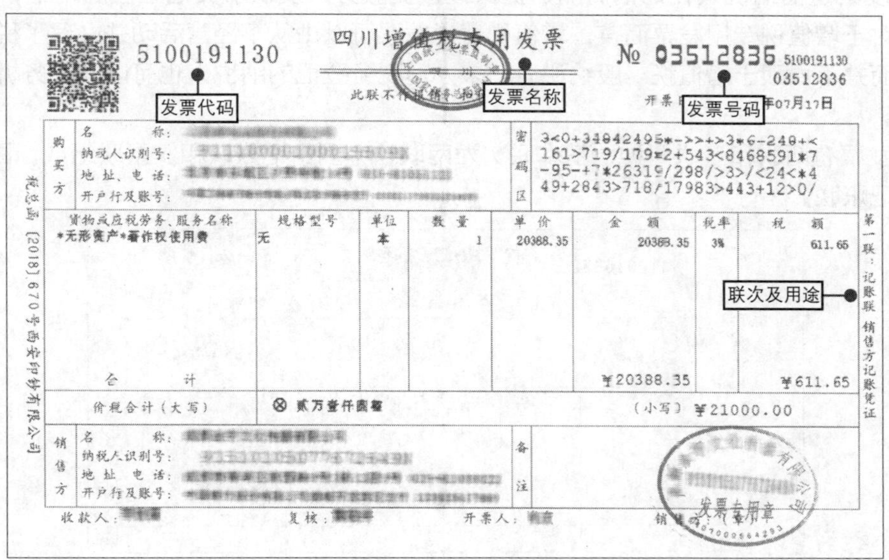

图2-1 增值税专用发票

2.1.2 发票的种类

发票的种类较多，常见的包括增值税专用发票、增值税普通发票和机动车销售统一发票等，其他的还有门票、过路（过桥）费发票、定额发票、二手车销售统一发票等。下面重点介绍增值税专用发票、增值税普通发票和机动车销售统一发票这3种发票。

1. 增值税专用发票

增值税专用发票是发票中的一种，是供增值税一般纳税人生产经营增值税应税项目时使用的一种特殊发票。增值税专用发票不仅是一般的商事凭证，而且是计算抵扣税款的法定凭证。

增值税专用发票通常具有以下几方面的作用。

- **经济责任证书**：增值税专用发票上载明了货物品名、数量、单价、货款、买卖双方名称等内容，因此它就明确了买卖双方在收入和支付上的经济责任，是买卖双方的经济责任证书。
- **会计核算凭证**：会计核算必须以原始凭证作为数据来源。原始凭证是记录经济业务和明确经济责任的书面证明，增值税专用发票显然具备这两方面的特点，因此它也是一种重要的原始凭证。
- **法律证书**：增值税专用发票的使用者如果违反增值税专用发票管理相关规定，将会受到法律法规的惩罚或制裁。从这个角度来看，增值税专用发票具有法律责任证书的作用。
- **扣税凭证**：增值税专用发票记载的增值税税额，是纳税人购进货物时所负担的增值税税款。纳税人可以凭借其取得的增值税专用发票来申报抵扣进项税额，从而减少成本，因此增值税专用发票也是一种扣税凭证。

知识拓展

增值税专用发票由基本联次或基本联次附加其他联次构成。其中，增值税专用发票的基本联次共 3 联，各联次的名称、字体颜色和用途如表 2-1 所示。

表2-1 增值税专用发票的联次

联次	名称	字体颜色	用途
第一联	记账联	黑色	销售方核算销售收入和增值税销项税额的记账凭证
第二联	抵扣联	绿色	购买方报送主管税务机关认证和留存备查的凭证
第三联	发票联	红色	购买方核算采购成本和增值税进项税额的记账凭证

2. 增值税普通发票

增值税普通发票是指纳税人在购销商品、提供或接受服务以及从事其他经营活动中，所开具或收取的收付款凭证。相对于增值税专用发票而言，增值税普通发票可以由从事经营活动并办理了税务登记的各种纳税人领购使用，而并不局限于增值税一般纳税人。未办理税务登记的纳税人也可以向税务机关申请领购使用增值税普通发票。

增值税普通发票有两联和五联两种，基本联次为两联，分别由记账联和发票联组成。图2-2所示即为增值税普通发票的记账联。

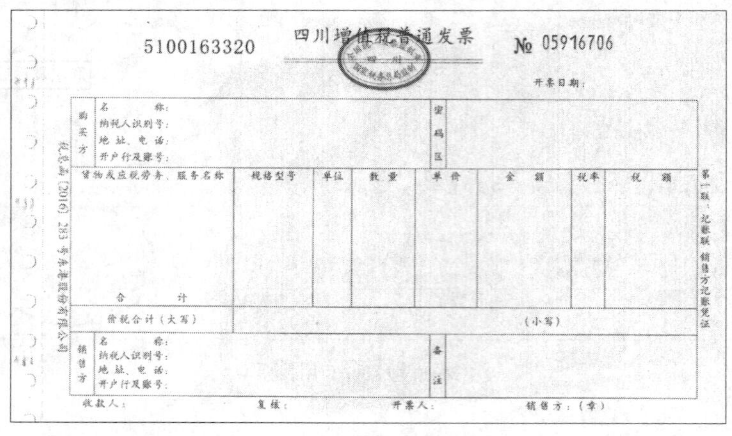
5100163320 四川增值税普通发票 № 05916706
开票日期：
购买方 名称： 纳税人识别号： 地址、电话： 开户行及账号： 密码区
货物或应税劳务、服务名称 | 规格型号 | 单位 | 数量 | 单价 | 金额 | 税率 | 税额
合计
价税合计（大写） （小写）
销售方 名称： 纳税人识别号： 地址、电话： 开户行及账号： 备注
收款人： 复核： 开票人： 销售方：（章）
第一联：记账联 销售方记账凭证

图2-2 增值税普通发票

3. 机动车销售统一发票

从事机动车零售业务的单位和个人，在收取销售机动车的款项时，都必须开具税务机关统一印制的机动车销售统一发票，并在发票联加盖财务专用章或发票专用章，抵扣联和报税联不得加盖印章。

机动车销售统一发票为六联式发票：第一联为发票联，是购货单位的付款凭证；第二联为抵扣联，是购货单位的扣税凭证；第三联为报税联，由车辆购置税征收单位留存；第四联为注册登记联，由车辆登记单位留存；第五联为记账联，是销货单位的记账凭证；第六联为存根联，由销货单位留存。图2-3所示为机动车销售统一发票的发票联。

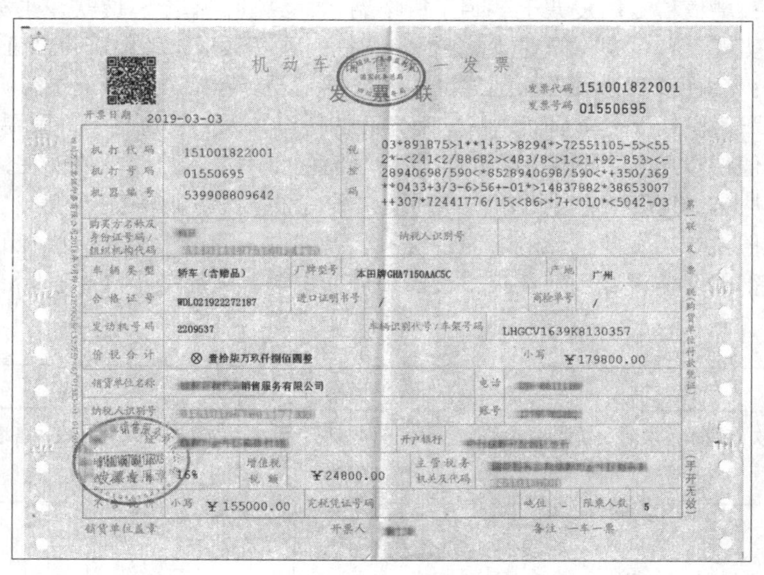
机动车销售统一发票 发票联
发票代码 151001822001
发票号码 01550695
开票日期 2019-03-03
机打代码 151001822001
机打号码 01550695
机器编号 539908809642
税控码 03*891875>1**1+3>>8294*>72551105-5><55
2*-<241<2/88682><483/8<>1<21+92-853><-
28940698/590<*8528940698/590<*+350/369
**0433+3/3-6>56+-01*>14837882*38653007
++307*72441776/15<<86>*7+<010*<5042-03
购买方名称及身份证号码/组织机构代码 纳税人识别号
车辆类型 轿车（含赠品） 厂牌型号 本田牌GHA7150AAC5C 产地 广州
合格证号 WDL021922272187 进口证明书号 / 商检单号 /
发动机号码 2209537 车辆识别代号/车架号码 LHGCV1639K8130357
价税合计 ⊗壹拾柒万玖仟捌佰圆整 小写 ￥179800.00
销货单位名称 销售服务有限公司 电话
纳税人识别号 账号
地址 开户银行
增值税税率或征收率 16% 增值税税额 ￥24800.00 主管税务机关及代码
不含税价 小写 ￥155000.00 完税凭证号码 吨位 - 限乘人数 5
销货单位盖章 开票人 备注 一车一票
第一联 发票联（购货单位付款凭证）（手开无效）

图2-3 机动车销售统一发票

【例题·多选题】下列选项中，属于增值税普通发票基本联次的有（ ）。

A. 记账联　　B. 发票联

C. 抵扣联　　D. 报税联

E. 存根联

【解析】增值税普通发票有两联和五联两种，其中基本联次为两联，分别由记账联和发票联组成。

【答案】AB

2.1.3 发票的领购

领购发票时，纳税人需持税务登记证件、经办人身份证明、符合国务院税务主管部门要求的发票专用章印模；使用税控开票软件的企业，还需持金税盘或报税盘，向主管税务机关办理发票领购手续。主管税务机关根据领购单位和个人的经营范围和规模，确认领购发票的种类、数量以及领购方式。

2.1.4 发票的开具

开具发票的规定，可以从基本规定和特殊规定两个方面来解读。

1. 开具发票的基本规定

开具发票的基本规定如下。

（1）销售商品、提供服务以及从事其他经营活动的单位和个人，对外发生经营业务收取款项，收款方应当向付款方开具发票。

> **知识拓展**
>
> 收购单位和扣缴义务人支付个人款项，或国家税务总局认为其他需要由付款方向收款方开具发票的，应由付款方向收款方开具发票。

（2）所有单位和从事生产、经营活动的个人在购买商品、接受服务以及从事其他经营活动支付款项时，应向收款方取得发票；取得发票时，不得要求变更品名和金额。

（3）开具发票应按照规定的时限、顺序、栏目，全部联次一次性如实开具，并加盖发票专用章。

（4）不符合规定的发票，不得作为财务报销凭证，任何单位和个人有权拒收。

2. 开具发票的特殊规定

开具发票的特殊规定如下。

（1）国家税务总局于2018年1月1日起推行商品和服务税收分类与编码的简称，并在新系统中增加了编码相关功能。增值税纳税人应使用新系统选择相应的编码开具增值税发票。

（2）自2017年7月1日起，购买方为企业（包括公司、非公司制企业法人、企业分支机构、个人独资企业、合伙企业和其他企业）的，索取增值税普通发票时，应在“购买方纳税人识别号”栏填写购买方纳税人识别号或统一社会信用代码。不符合规定的发票，不得作为税收凭证。

（3）销售方开具增值税发票时，发票内容应按照实际销售情况如实开具，不得根据购买方要求填开与实际交易不符的内容。

（4）销售方开具发票时，通过销售平台系统与增值税发票税控系统后台对接，导入相关信息开票的，系统导入的开票数据内容应与实际交易相符。如不符合，应及时修改、完善销售平台系统。

（5）任何单位和个人不得为他人、为自己开具与实际经营业务情况不符的发票；不得让他人为自己开具与实际经营业务情况不符的发票；不得介绍他人开具与实际经营业务情况不符的发票。

2.1.5 发票的管理

单位或个人领购发票后，应按规定使用发票并将其妥善保管。

1. 发票使用中的禁止行为

任何单位和个人应当按照发票管理规定使用发票，不得有下列行为。

（1）转借、转让、介绍他人转让发票、发票监制章和发票防伪专用品。

（2）知道或应当知道是私自印制、伪造、变造、非法取得或者废止的发票而受让、开具、存放、携带、邮寄、运输。

（3）拆本使用发票。

（4）扩大发票使用范围。

（5）以其他凭证代替发票使用。

2. 发票的保管

单位和个人领购的发票应按下列规定妥善保管。

（1）开具发票的单位和个人应建立发票使用登记制度，设置发票登记簿，并定期向主管税务机关报告发票使用情况。

（2）开具发票的单位和个人应当在办理变更或注销税务登记的同时，办理发票和发票领购簿的变更、缴销手续。

（3）开具发票的单位和个人应按照税务机关的规定存放和保管发票，不得擅自损毁。

（4）已经开具的发票存根联和发票登记簿，应当保存5年。

（5）发票保存期满，报经税务机关查验后销毁。

名师点拨

税务机关在发票管理中有权进行下列检查：（1）检查印制、领购、开具、取得、保管和缴销发票的情况；（2）调出发票查验；（3）查阅、复制与发票有关的凭证、资料；（4）向当事各方询问与发票有关的问题和情况；（5）在查处发票案件时，对与案件有关的情况和资料，可以记录、录音、录像、照相和复制。

【例题·单选题】已经开具的发票存根联和发票登记簿，其保存期限为（　）。

A. 4年　　B. 5年

C. 6年　　D. 7年

【解析】已经开具的发票存根联和发票登记簿，应保存5年。

【答案】B

2.1.6 发票真伪的辨别

发票真伪与企业利益息息相关，掌握辨别发票真伪的方法，就能有效避免收到虚假发票。本节将主要从查询验证发票和实际辨别真假发票两个角度出发，介绍鉴别发票真伪的方法。

1. 查询验证

借助于互联网技术的不断发展以及大数据概念的出现，用户可以通过网络查询来辨别发票信息的真伪。国家税务总局官网上就提供有发票查询功能，在其中对发票进行查询验证的具体操作如下。

（1）登录国家税务总局官网，单击网页右侧的“发票查询”按钮，如图2-4所示。

图2-4 国家税务总局官网

（2）进入国家税务总局全国增值税发票查验平台，在“发票代码”“发票号码”“开票日期”和“开具金额（不含税）”文本框中输入所查发票对应的信息，在“验证码”文本框中根据要求输入下方图片中蓝色的文字，完成后单击 查验 按钮，如图2-5所示。

（3）系统将根据输入的数据与数据库中保留的开票数据进行核对，如果数据吻合，则显示该发票的查验次数、查验时间和发票的具体内容（“作废”字样表示本例所查询的发票真实但已经作废），如图2-6所示。

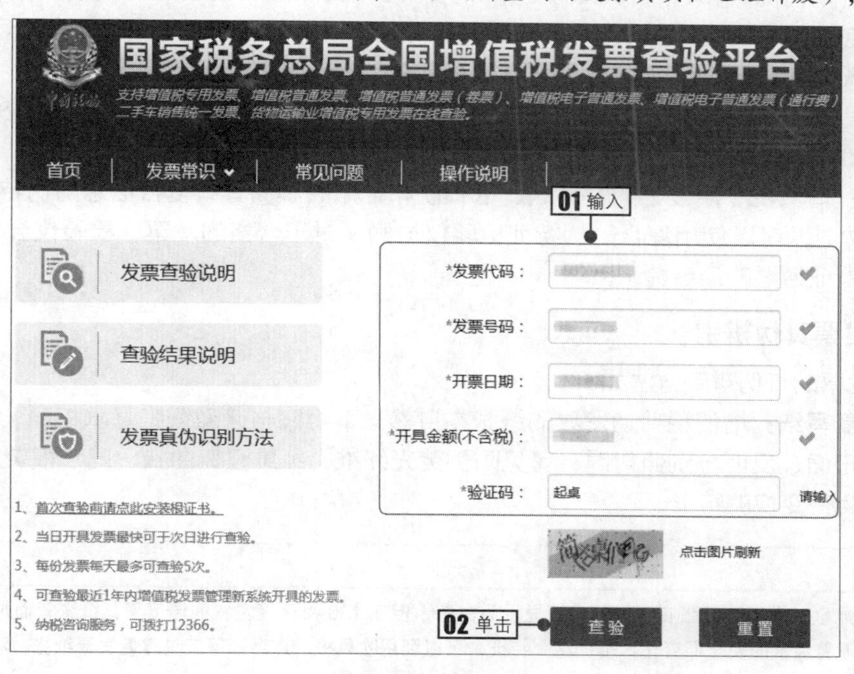

图2-5 输入发票信息

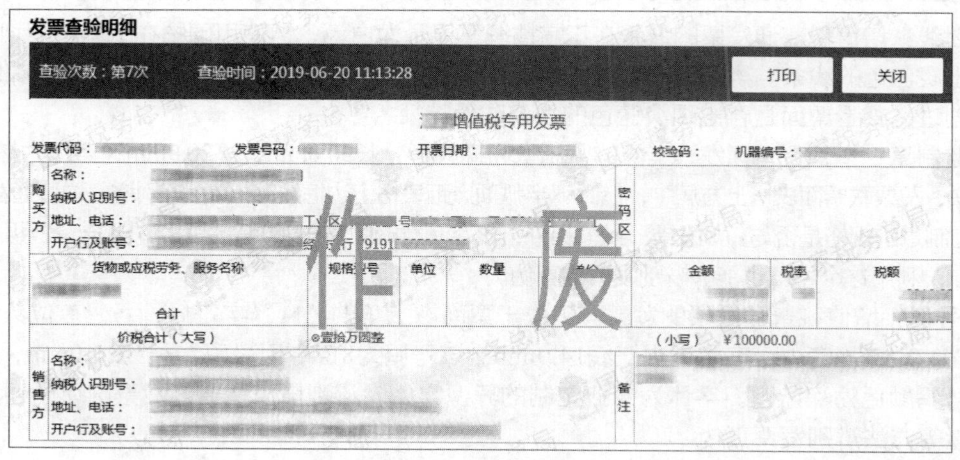

图2-6 查询结果

知识拓展

只要输入的发票信息与税务机关数据库中信息存在一项不一致，查询结果就会显示“查验不一致”的信息；若输入的发票信息无法在税务机关的数据库中查到，则查询结果会显示“查无此票”的信息。

2. 增值税专用发票真伪辨别

增值税专用发票可根据防伪纤维、防伪线、防伪油墨、异型字体和防伪信息等进行辨别。

- **防伪纤维**：防伪纤维的物理形态呈圆环状，随机分布在发票的发票联、抵扣联和记账联专用纸张中。增值税专用发票的纸张在自然光下观察与普通纸张基本相同，但在365nm紫外光照射下，圆环靠近光源的半圆环为红色，远离光源的半圆环为黄绿色。因此辨别增值税专用发票真伪时可以使用标准365nm紫外光源以小于45°的角度照射防伪纤维，查看颜色是否与防伪纤维相符。

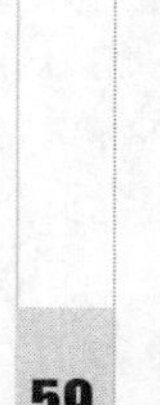

- **防伪线**：增值税专用发票的发票联、抵扣联和记账联专用纸张中均含有防伪线，防伪线在自然光下有黑色线状水印，在365nm紫外光照射下，为红蓝荧光点形成的条状荧光带，防伪线距票面右边缘20~80mm。辨别增值税专用发票真伪时，可以在日光下对光观察防伪线呈现的黑色线状水印，并使用标准365nm紫外光源垂直照射防伪线，查看是否出现由红蓝荧光点形成的条状荧光带。
- **防伪油墨**：增值税专用发票各联次的发票代码使用了防伪油墨印制技术，该油墨印记在外力摩擦作用下可以发生颜色变化，产生红色擦痕。辨别增值税专用发票真伪时，可以使用白纸摩擦票面的发票代码区域，查看在白纸表面以及地区代码的摩擦区域是否会产生红色擦痕。
- **异型字体**：增值税专用发票各联次右上方的发票号码为专用异型号码，字体为专用异型变化字体。辨别增值税专用发票真伪时，可以直接观察发票上的发票号码字体是否与正规发票相同。
- **防伪信息**：增值税专用发票的发票联、抵扣联和记账联票面具有复合信息防伪特征，辨别增值税专用发票真伪时，可以使用复合防伪特征检验仪检测。对于合格的发票，检验仪会自动发出复合信息防伪特征验证通过的语音提示。

3. 增值税普通发票真伪辨别

增值税普通发票的真伪辨别方法如下。

- **防伪无碳复写纸**：增值税普通发票的纸张在自然光下观察与普通纸张基本相同。使用365nm紫外光源在发票正面、反面分别照射时，可见防伪荧光纤维，纤维呈弯曲状，同一根荧光纤维显现黄色、蓝色荧光交替变换的特征。

知识拓展

增值税普通发票的记账联、发票联纸张在正常情况下显示为白色，但在 130 摄氏度左右的温度下，纸张背面加热部位将呈现粉红色，且粉红色不会再随着温度的变化而变化。根据这个特征，可以利用吹风机、点烟器等工具靠近发票纸张，观察纸张背面的加热部位是否由白色变为粉红色，且变为粉红后颜色不再变化。

- **防伪划线**：增值税普通发票的纸张在正常情况下显示为白色，但使用硬物在纸张背面划过后，纸张会呈现出淡蓝色的线条。辨别增值税普通发票时，可以用手指甲、竹签或其他光滑硬物在纸张背面用力快速划过，查看票面是否出现淡蓝色的线条防伪特征。
- **防伪监制章**：增值税普通发票上方的监制章为椭圆形，长30.0mm，高20.0mm，字体为楷体，位于发票记账联、发票联票面表格上方居中，椭圆下半弧顶点距表格上边框线2.5mm。辨别增值税普通发票时，可以测量该监制章的规格是否与正规发票一致。另外，该监制章的图案在960nm专用红外激光笔照射下会显示出红色亮点，利用这个特征也能够辨别发票的真伪。
- **防伪号码**：增值税普通发票的发票号码位于票面右上角的“№”字符后，号码首位数字距“№”字符右端4.0mm，底边距表格上边框线14.0mm。该号码为8位专用号码，长约22.0mm，高约5.0mm。发票号码颜色为深蓝色。字体为专业定制的异型字体。辨别增值税普通发票时可以通过对比、观察和测量等方法辨别发票真伪。
- **防伪代码**：增值税普通发票的发票代码位于票面左上角，数字最右端距双杠线左端10.0mm，底边距表格上边框线14.0mm。发票代码为10位2号宋体阿拉伯数字，字高4.5mm，字长35.0mm。发票代码具有压划变色以及红外非吸收油墨防伪技术，在外力作用下发票代码周围将呈现红色。在自然光下发票代码呈灰黑色，但在红外专用识别仪下发票代码字符不可见。辨别增值税普通发票时，可用白纸或硬币等压划代码，或使用红外专用识别仪来检查发票的真伪。

名师点拨

位于发票号码左侧的“№”字符的字高5.0mm，宽5.5mm。它与发票代码采用了相同的防伪技术，即压划变色以及红外非吸收油墨防伪，辨别增值税普通发票时，可以按照辨别发票代码的方法对“№”字符的真伪进行辨别。

- **防伪文字**：增值税普通发票的发票名称下方的双杠线，以及监制章内圈细线都增加了微缩文字防伪技术，其中双杠线的上一条线的微缩内容由“地区+增值税普通发票”的汉语拼音首位字母按特定规律组合构成；下一条线的缩微内容由“国家税务总局监制”的汉语拼音首位字母循环组成；监制章内圈细线的缩微

内容由“国家税务总局监制”的汉语拼音首位字母循环组成。辨别增值税普通发票时，使用10倍以上放大镜观察防伪文字即可辨真伪。

【例题·单选题】使用外力摩擦增值税专用发票记账联上的发票代码区域，产生的擦痕颜色为（ ）。

A. 红色　　B. 粉红色　　C. 蓝色　　D. 灰黑色

【解析】增值税专用发票各联次左上方的发票代码使用了防伪油墨印制技术，该油墨印记在外力摩擦作用下会产生红色擦痕。

【答案】A

2.2 使用税控开票软件管理发票

税控开票软件中目前被广泛使用的版本有金税盘版和税控盘版两种，本节以金税盘版为例，详细介绍如何使用税控开票软件来管理发票。税控盘版的操作与金税盘版基本相似，可参考学习。

2.2.1 税控开票软件概述

税控开票软件指的是安装在计算机上的，用于增值税发票填开、抄报和管理的一类客户端软件。企业把金税盘连接到计算机上，便可利用税控开票软件进行发票的填开和管理等操作。下面介绍税控开票软件的下载、登录以及基本设置操作。

1. 税控开票软件的下载与登录

企业首先需要将税控开票软件下载并安装到计算机上才能使用。就金税盘版的税控开票软件而言，可以到当地税务局官方网站上的“纳税服务”板块下载，如图2-7所示。也可在航天信息有限公司的当地分公司官方网站上下载。

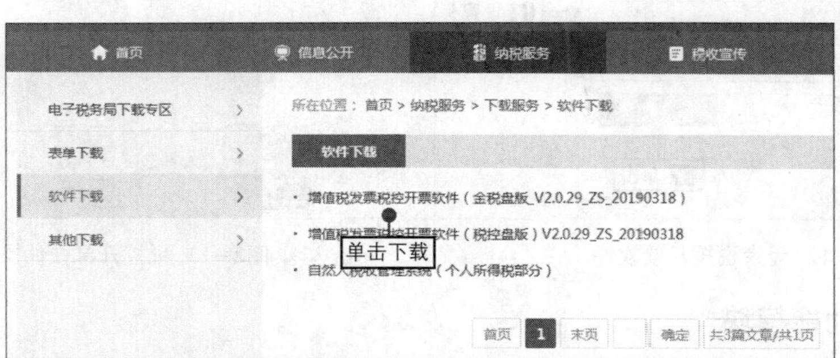

图2-7 软件下载链接

下面以在航天信息有限公司官方网站下载税控开票软件为例，介绍税控开票软件的下载与登录方法，其具体操作如下。

（1）利用搜索或其他方法获取当地航天信息有限公司的官方网站，找到税控开票软件的下载地址，并单击该下载链接，如图2-8所示。

（2）打开税控开票软件的下载界面，单击 下载 按钮，如图2-9所示。

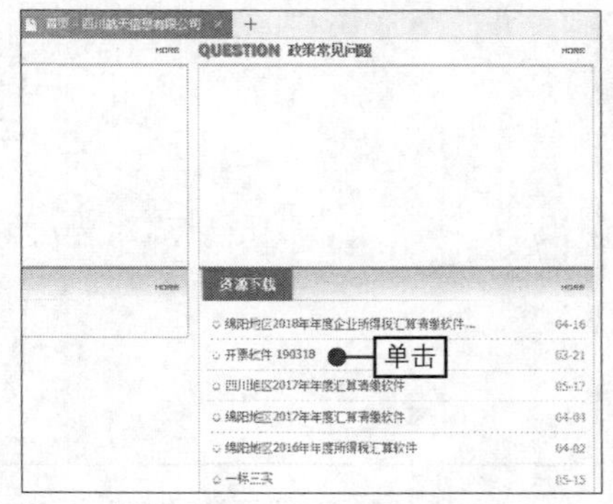

图2-8 软件下载链接

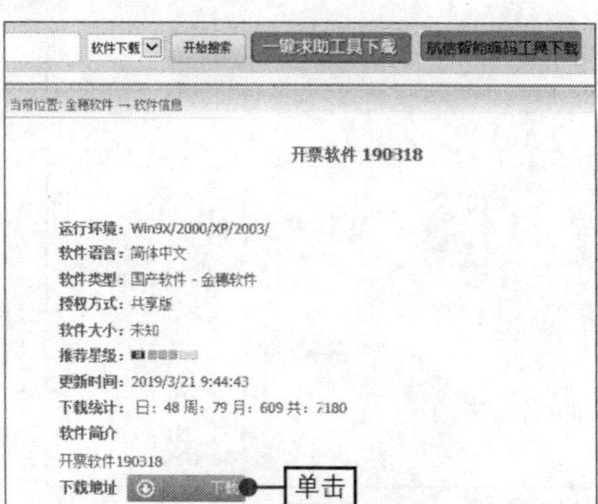

图2-9 软件下载界面

（3）双击下载到计算机上的软件安装程序，根据安装向导将软件安装到计算机上，然后通过USB接口将金税盘连接到计算机上。图2-10所示为金税盘设备的外观效果。

（4）待计算机识别金税盘设备后，双击桌面上自动出现的软件快捷启动图标，启动该软件的服务平台，并单击“开票软件”图标，如图2-11所示。

图2-10 金税盘设备

图2-11 启动税控开票软件

（5）打开税控开票软件的登录界面，在其中选择用户，并输入密码和口令（默认密码为123456，口令为88888888，首次登录后会要求修改口令），单击 登录 按钮，如图2-12所示。

（6）成功登录后，系统将显示税控开票软件的操作界面，如图2-13所示。

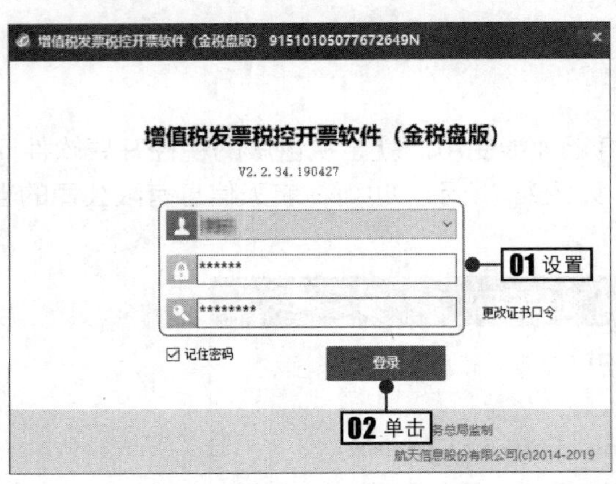

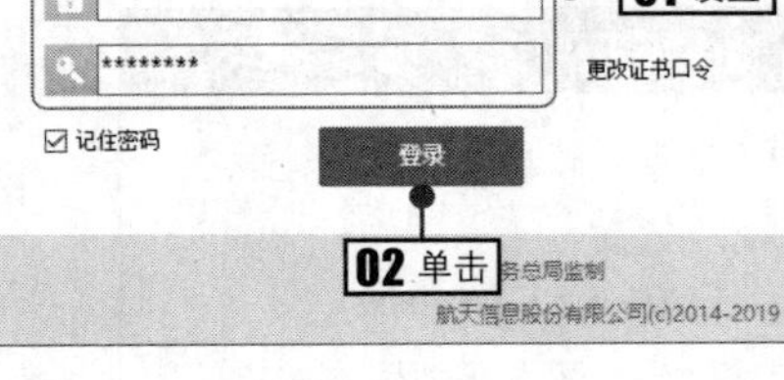

图2-12 登录税控开票软件

图2-13 税控开票软件操作界面

2. 税控开票软件的功能模块

税控开票软件的功能模块简单明了，主要包括系统设置、发票管理、报税处理和系统维护四大方面的功能。

- **系统设置：** 该功能可实现对税控开票软件的系统进行初始化设置、参数设置和各种编码设置，如图2-14所示。
- **发票管理：** 该功能可实现发票的读入、退回、分配，库存查询以及发票的填开、作废、查询等各种操作，如图2-15所示。

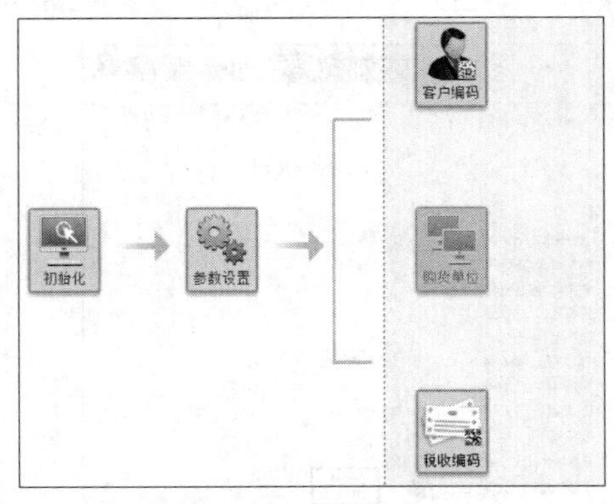

图2-14 系统设置功能

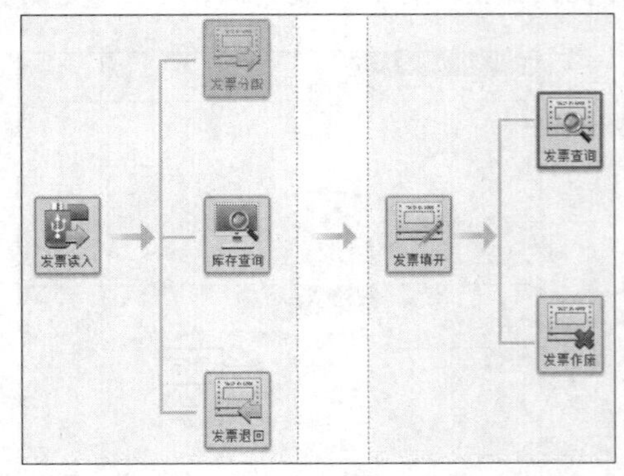

图2-15 发票管理功能

◆ **报税处理**：该功能可实现远程抄报税、远程清卡、状态查询、统计、资料管理等与抄报税相关的操作，如图2-16所示。

◆ **系统维护**：该功能可实现数据备份、数据恢复、税号变更以及用户管理等操作，如图2-17所示。

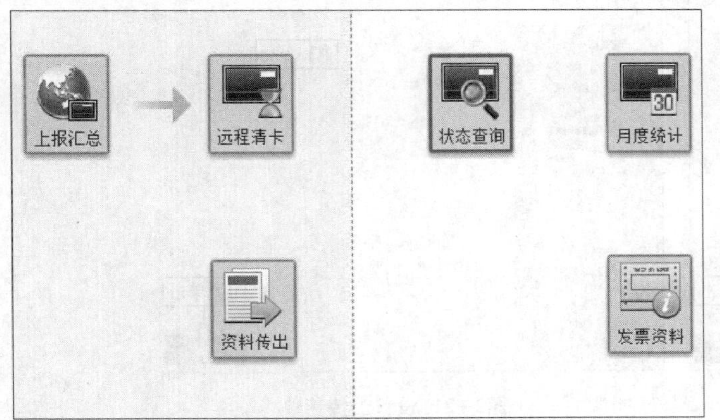

图2-16 报税处理功能

图2-17 系统维护功能

【例题·单选题】在税控开票软件中，能够实现用户管理操作的是（　）功能。

A. 系统设置　　B. 发票管理　　C. 报税处理　　D. 系统维护

【解析】税控开票软件的系统维护功能够实现数据备份、数据恢复、税号变更以及用户管理等操作。

【答案】D

3. 税控开票软件的系统初始化

第一次登录税控开票软件后，系统会自动打开"系统参数设置"对话框，用户根据向导提示进行操作即可完成系统的初始化工作，其具体操作如下。

（1）在自动打开的"系统参数设置"对话框中单击 下一步 按钮，如图2-18所示。

（2）进入基本信息设置界面，根据自身情况输入企业的营业地址、电话号码、开户行及账号等参数信息，单击 确定 按钮，如图2-19所示。

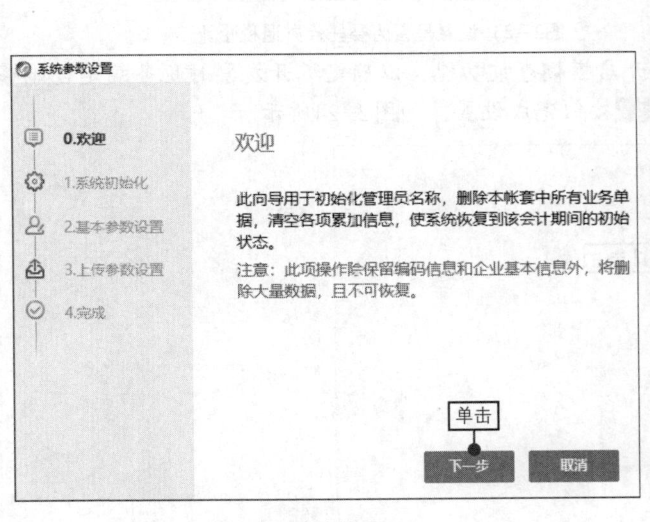

图2-18 欢迎界面

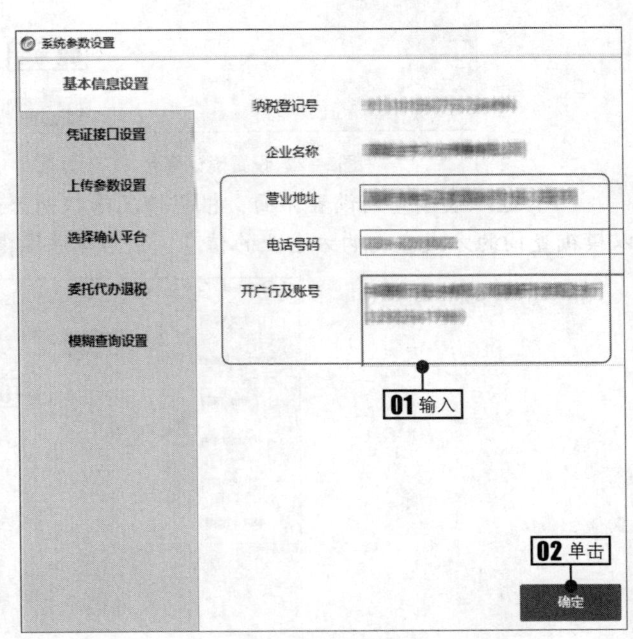

图2-19 输入基本信息

（3）进入凭证接口设置界面，根据需要设置启用或停用凭证接口，单击 确定 按钮，如图2-20所示。

（4）进入上传参数设置界面，在"安全接入服务器地址"文本框中输入服务器地址，然后单击 确定 按钮，如图2-21所示。

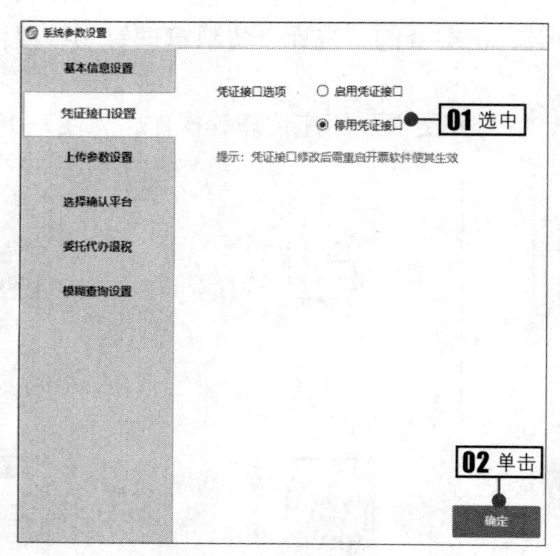

图2–20 设置凭证接口

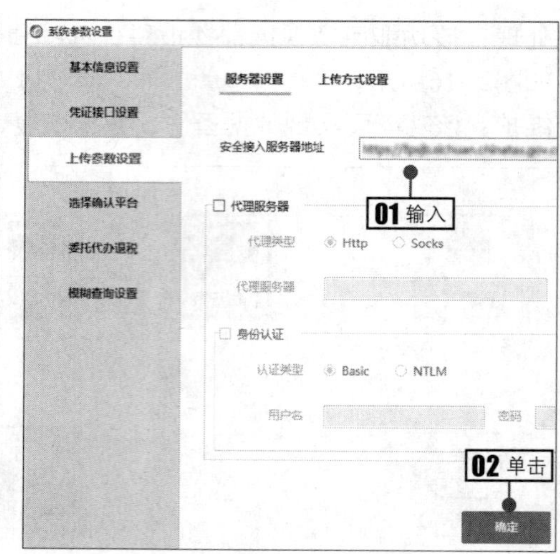

图2–21 设置上传参数

（5）进入选择确认平台的设置界面，在“登录增值税发票选择确认平台地址”文本框中输入发票确认平台的网址，然后单击确定按钮，如图2–22所示。

（6）进入委托代办退税的设置界面，根据情况选择是否为委托代办退税企业，然后单击确定按钮，如图2–23所示。

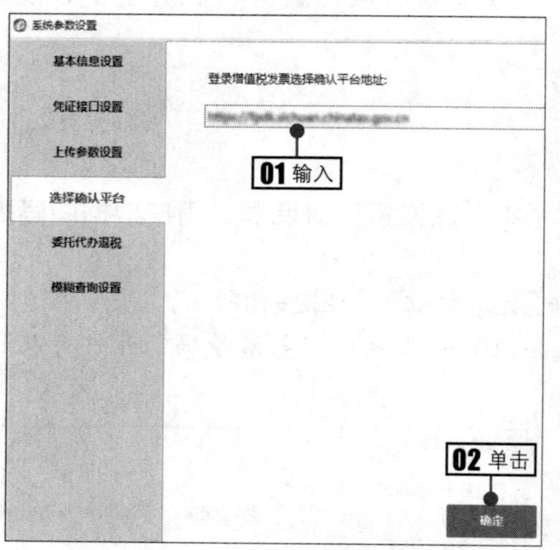

图2–22 设置确认平台

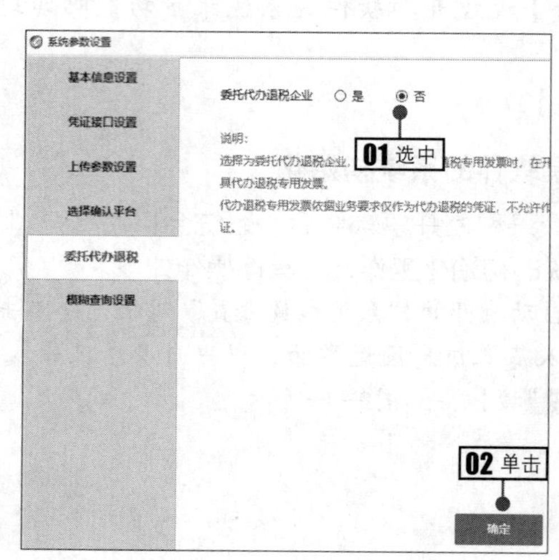

图2–23 设置是否为委托代办退税企业

（7）进入模糊查询设置界面，根据情况选择是否开启模糊查询功能，以确定填开发票时税务端是否能够以模糊查询的方式查询购方企业的信息，最后单击确定按钮完成设置，如图2–24所示。

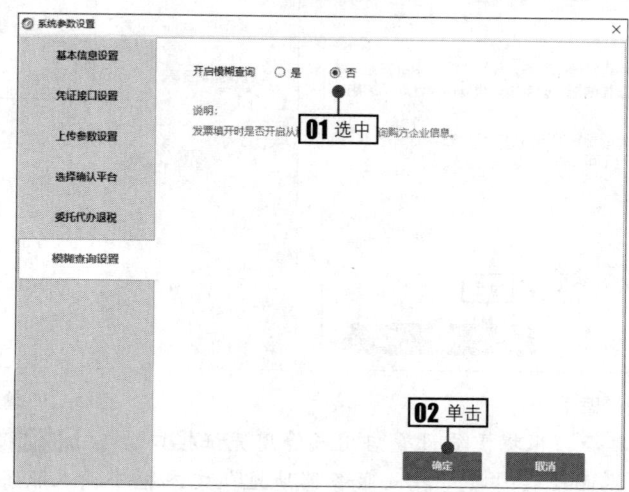

图2–24 设置模糊查询

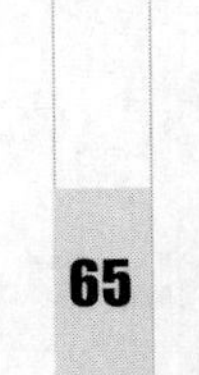

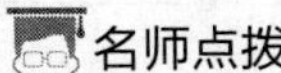

名师点拨

重新修改参数的方法：在税控开票软件的操作界面中单击“系统设置”按钮，然后单击“参数设置”按钮或单击【系统设置】/【参数设置】菜单命令进行操作。

4. 客户编码设置

系统初始化时，企业可以通过对客户编码设置，将所有与本企业发生过业务的客户都存储到客户编码库中，这样在填开发票时，可以直接通过编码库来输入购买方信息。当然，企业也可以通过客户编码数据库随时调整客户信息。

下面以增加客户编码为例，介绍客户编码设置的方法，其具体操作如下。

（1）单击“系统设置”按钮进入系统设置功能模块，单击“客户编码”按钮或单击【编码管理】/【客户编码】菜单命令，如图2–25所示。

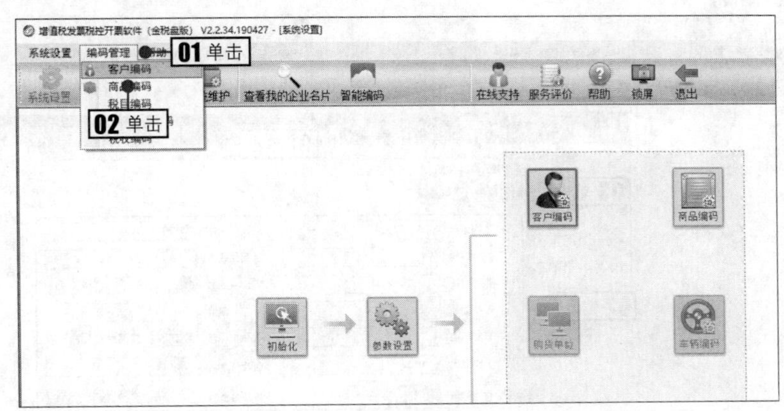

图2–25 启用客户编码功能

（2）打开“客户编码设置”窗口，单击增加按钮，如图2–26所示。

图2–26 单击“增加”按钮

（3）打开“客户编码添加”对话框，其中标记有“*”号的项目表示必填项目，输入新客户的名称、编码等信息后，单击保存按钮即可完成客户编码的添加操作，如图2–27所示。

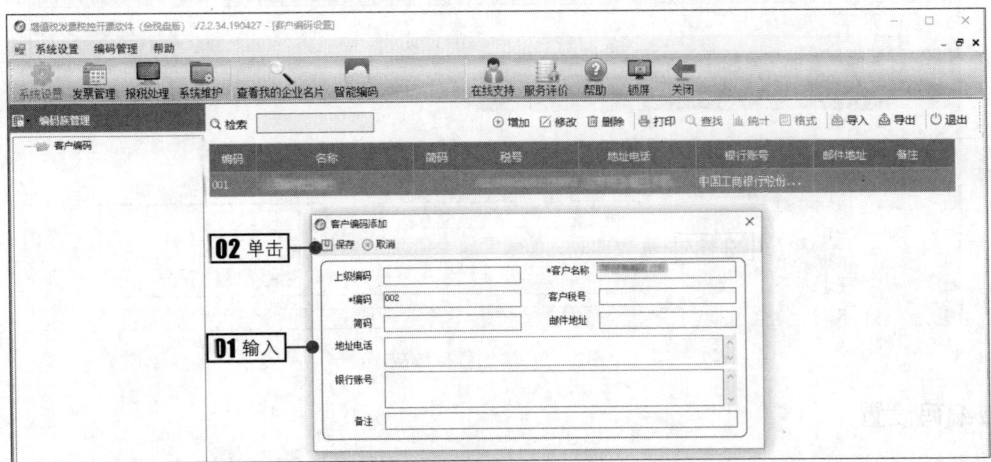

图2–27 添加客户编码

知识拓展

在“客户编码设置”窗口中单击修改按钮，可在打开的“客户编码修改”对话框中对所选的客户信息进行修改操作；单击删除按钮，则可删除所选的客户信息。

5. 商品编码设置

商品编码设置可以实现增加、修改或删除企业所销售的商品信息操作。会计人员在填开发票时就可以通过商品编码库快速选择“商品信息”数据。在系统设置功能模块中单击“商品编码”按钮或单击【编码管理】/【商品编码】菜单命令，打开“商品编码设置”窗口，单击增加按钮。打开“商品编码添加”对话框，在其中输入商品的名称、编码、税收分类编码等信息，确认信息无误后单击保存按钮完成商品编码的添加，如图2-28所示。

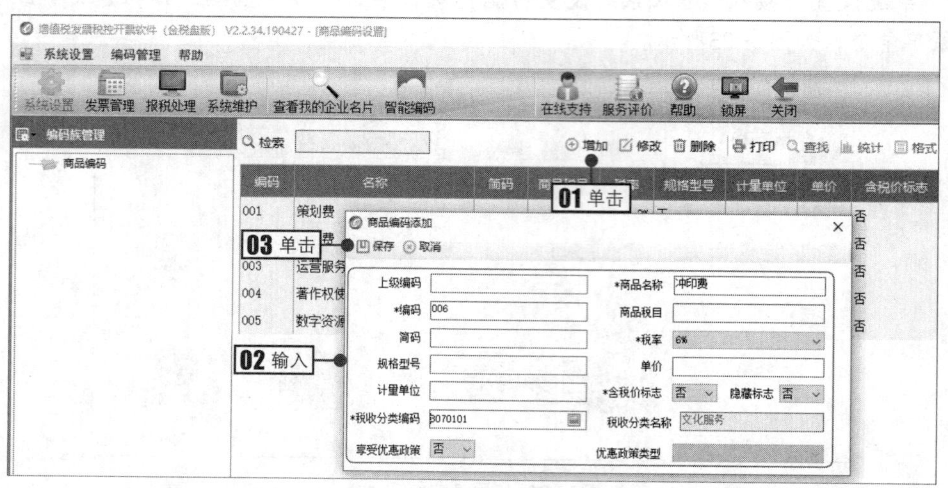

图2-28 添加商品编码

6. 税目编码设置

税目编码设置可以实现增加、修改或删除商品的税目信息操作，以保证税目编码库中的商品税目与当前国家税务总局规定的税目一致，进而保证所填开发票的正确性。在系统设置功能模块中单击【编码管理】/【税目编码】菜单命令，打开“税目编码设置”窗口，单击增加按钮。打开“税目编码添加”对话框，在其中输入税种、编码、名称、税率、征收率等信息，确认信息无误后单击保存按钮完成税目编码的添加，如图2-29所示。

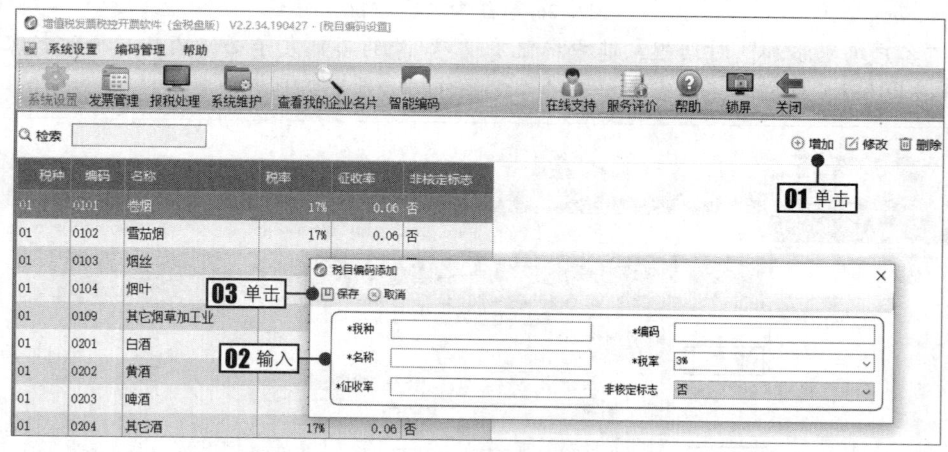

图2-29 添加税目编码

7. 行政区域编码设置

设置行政区域编码可以检验企业的税务登记号与发票类别编码是否合法。在系统设置功能模块中单击【编码管理】/【行政区域编码】菜单命令，打开“行政区域编码设置”窗口，单击增加按钮。打开“行政

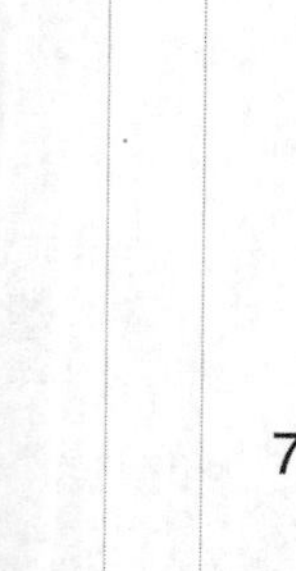

区域编码添加”对话框，在其中输入行政区域的编码和名称，确认信息无误后单击 保存 按钮完成行政区域编码的添加，如图2-30所示。

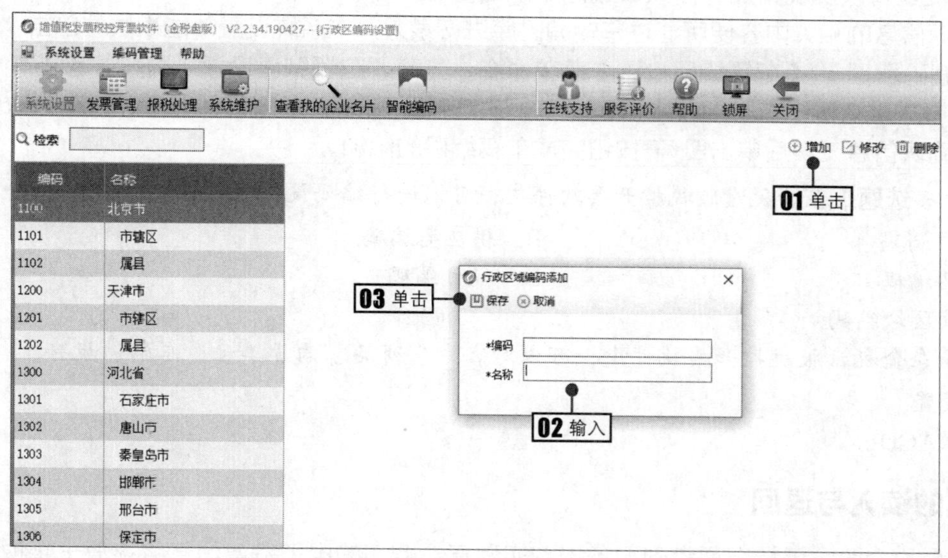

图2-30 添加行政区域编码

8. 税收编码设置

税收编码应及时更新、修改，以保证税收分类与法律法规的要求一致。在系统设置功能模块中单击“税收编码”按钮或单击【编码管理】/【税收编码】菜单命令，打开“税收分类编码设置”窗口，单击 更新 按钮可在线自动更新税收分类信息。在“税收分类编码设置”窗口中双击某个税收分类信息或选择某个税收分类选项后单击 修改 按钮，则可打开“税收分类编码设置”对话框，在其中手动对该项税收分类数据进行修改，确认信息无误后单击 保存 按钮完成操作，如图2-31所示。

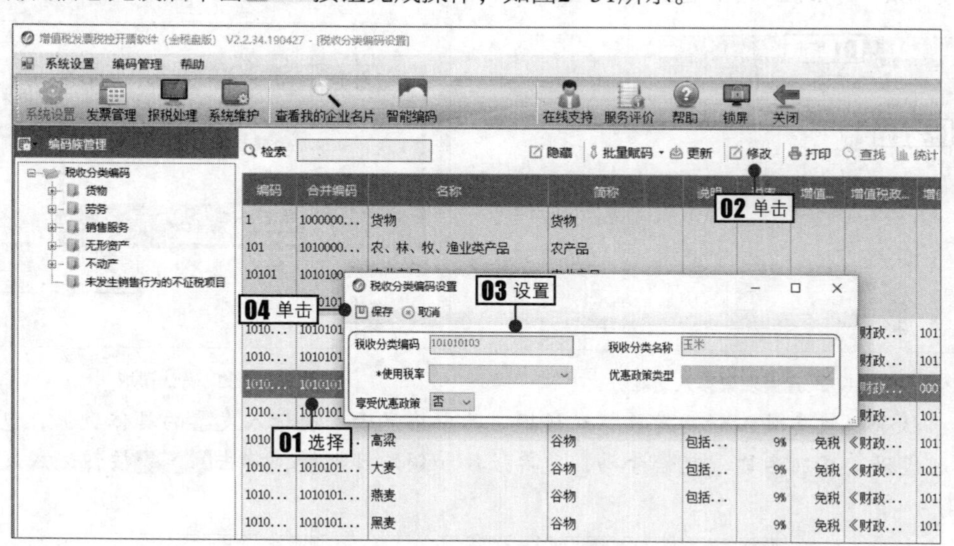

图2-31 设置税收分类编码

9. 购货单位编码设置

购货单位编码设置可以实现增加、修改或删除购货单位的信息等操作，这里的购货单位针对的是填开机动车销售统一发票时的购货单位。设置好购货单位编码后，以后输入时便可以直接通过购货单位编码库进行录入。在系统设置功能模块中单击“购货单位”按钮或单击【编码管理】/【购货单位编码】菜单命令，打开“购货单位编码设置”窗口，单击 增加 按钮。打开“购货单位编码添加”对话框，在其中输入购货单位的名称、编码、身份证号码或统一社会信用代码等信息。确认信息无误后，单击 保存 按钮即可完成购货单位编码的添加。

10. 车辆编码设置

车辆编码设置可以实现增加、修改或删除车辆信息等操作。设置好车辆编码后，在填开机动车销售统一发票时，车辆信息的相关内容便可通过车辆编码库进行录入。在系统设置功能模块中单击“车辆编码”按钮或单击【编码管理】/【车辆编码设置】菜单命令，打开“车辆编码设置”窗口，单击增加按钮。打开“车辆编码添加”对话框，在其中输入编码、车辆类型（即汽车、摩托车、电车、挂车、农用运输车等类型）等信息，确认信息无误后单击保存按钮完成车辆编码的添加。

【例题·多选题】在金税盘版税控开票软件中，可以进行编码设置的项目有（　）。

A. 客户编码　　B. 供应商编码

C. 商品编码　　D. 税目编码

E. 行政区域编码

【解析】在金税盘版税控开票软件中，可以对客户、商品、购货单位、车辆、税目、行政区域等项目进行编码设置。

【答案】ACDE

2.2.2 发票的读入与退回

使用金税盘的企业，需持金税盘到税务局购买发票，购买的电子发票信息将存放于金税盘中。读入与退回发票，便是将金税盘中的电子发票数据读入税控开票软件，以及将税控开票软件中的电子发票数据退回到金税盘。

1. 读入发票

将金税盘连接到计算机并登录税控开票软件后，便可读入发票，其具体操作如下。

（1）在税控开票软件主界面中单击“发票管理”按钮进入发票管理功能模块，单击【发票领用管理】/【读入新购发票】菜单命令，或单击“发票读入”按钮，如图2-32所示。

（2）打开“确认”对话框，提示是否确认从金税盘中读取发票，单击是按钮，如图2-33所示。

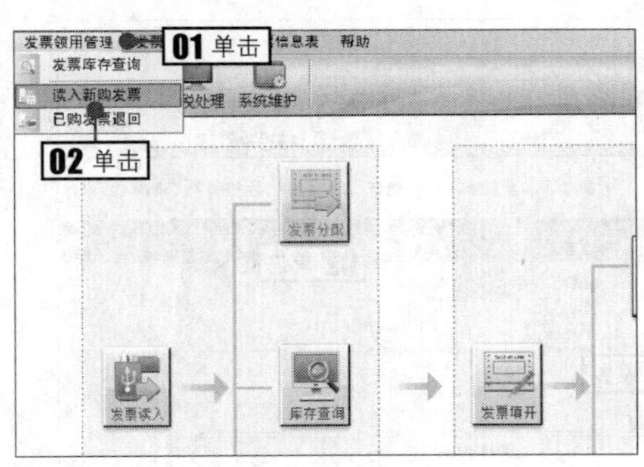

图2-32 启用发票读入功能

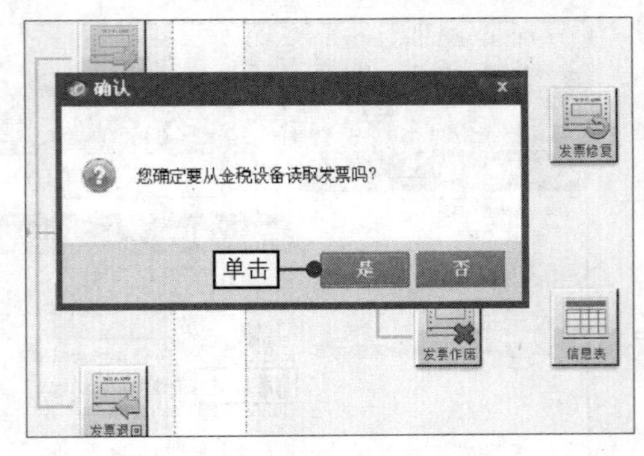

图2-33 确认读取

（3）打开“从金税设备读入新购发票”对话框，其中将显示本次读入发票的具体数据，包括发票种类、开票限额、类别代码、类别名称、起始号码、发票张数和领购日期等，单击确定按钮完成发票读入操作，如图2-34所示。

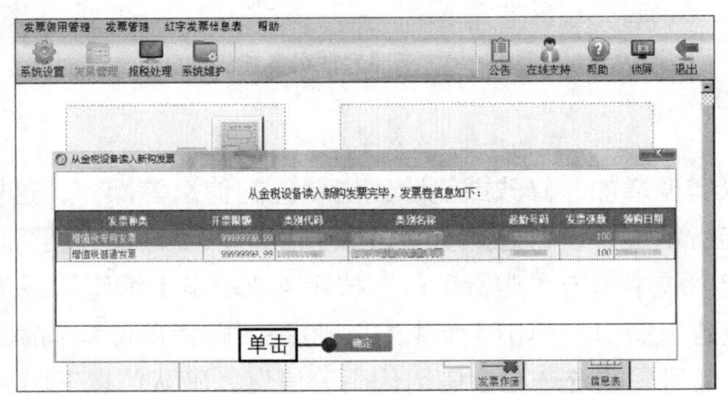

图2-34 读取成功

知识拓展

在读入发票后，可以查看发票的库存情况，其方法：在发票管理功能模块中单击【发票领用管理】/【发票库存查询】菜单命令，或单击“库存查询”按钮，即可在打开的窗口中查看金税盘内各种发票的库存数据。

2. 退回发票

企业只有在以下3种情况下可以退回发票：一是由于税务机关的原因造成企业所购电子发票的代码或号码与实际拿到的纸质发票的代码或号码不符；二是企业需要更改纳税号或更换金税盘等；三是当地税务机关要求将剩余发票退回。退回发票的具体操作如下。

（1）在税控开票软件主界面的发票管理功能模块中单击【发票领用管理】/【已购发票退回】菜单命令，或单击“发票退回”按钮，如图2-35所示。

（2）在显示的界面中选择需要退回的发票，单击退回按钮，如图2-36所示。

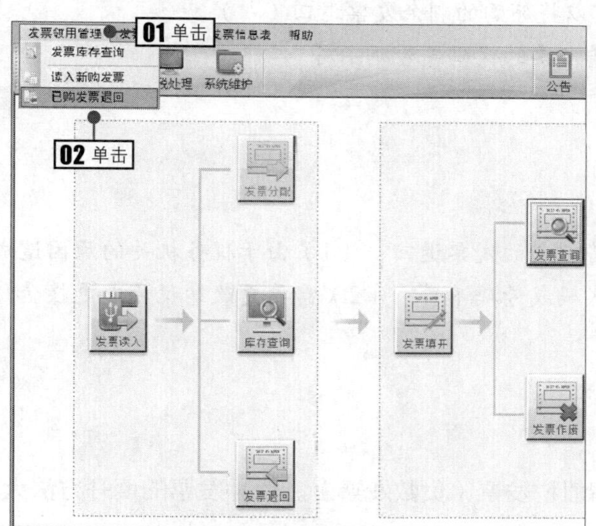

图2-35 启用发票退回功能

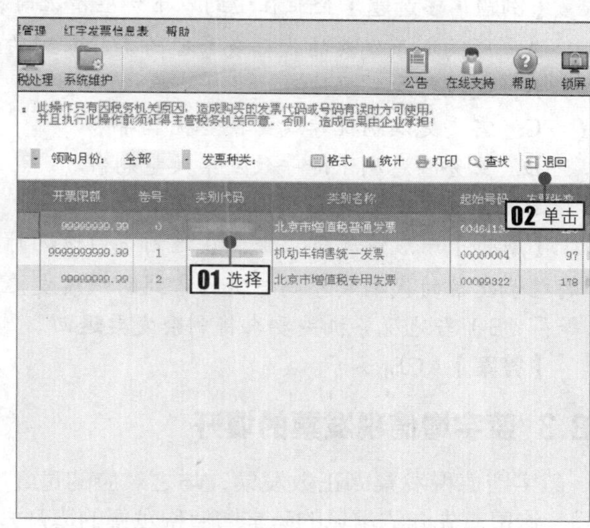

图2-36 选择需要退回的发票

（3）打开“警告”对话框，单击是按钮，如图2-37所示。

（4）打开“确认将发票卷退回金税设备”对话框，单击确定按钮，如图2-38所示。

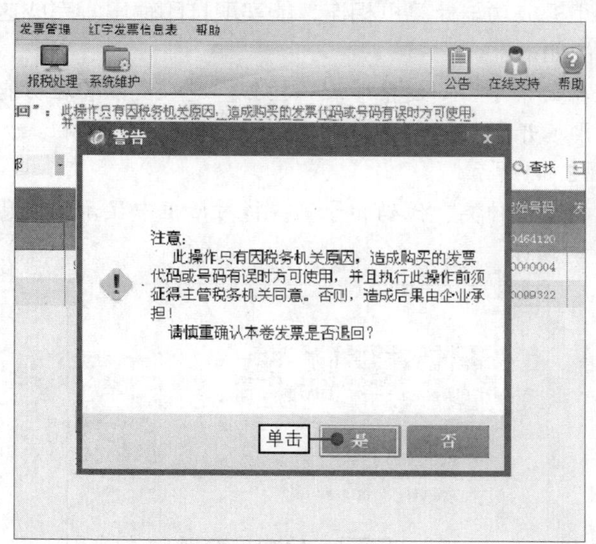

图2-37 确认退回

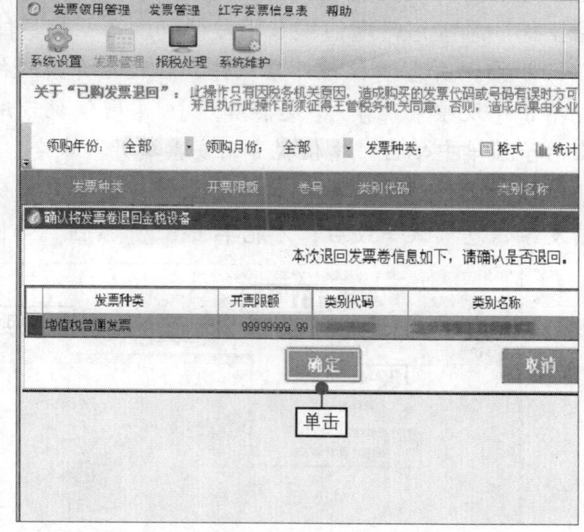

图2-38 确认退回

（5）如果企业同时配备了报税盘，则将打开“退回介质选择”对话框，选中“金税盘”单选项，然后单击确定按钮，如图2-39所示。

（6）打开“信息”对话框，提示发票退回成功，单击确认按钮，如图2-40所示。

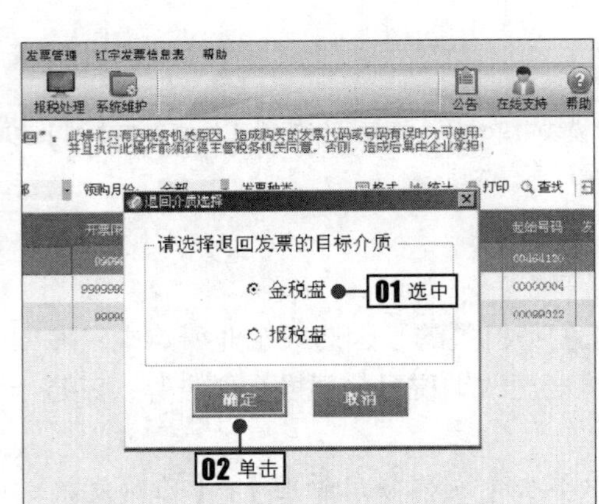

图2−39 选择退回介质

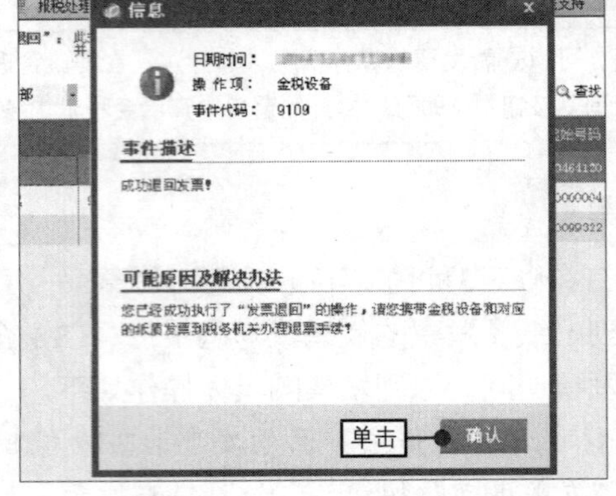

图2−40 退回成功

【例题·多选题】企业在遇到以下哪些情况时，可以将领购的剩余发票退回（　）。

A. 所购电子发票的代码或号码与实际拿到的纸质发票的代码或号码不符

B. 发现所购发票过多

C. 需要更改纳税号或更换金税盘等

D. 业务量急剧下降导致发票大量剩余

E. 当地税务机关要求将剩余发票退回

【解析】一般情况下，企业在遇到下列情况时应将剩余的发票退回：（1）由于税务机关的原因造成所购电子发票的代码或号码与实际拿到的纸质发票的代码或号码不符；（2）需要更改纳税号或更换金税盘等；（3）当地税务机关要求将剩余发票退回。

【答案】ACE

2.2.3 蓝字增值税发票的填开

蓝字增值税发票即正数发票，与之对应的是红字增值税发票（负数发票）。两种发票的填开方法大不相同，这里首先介绍常见的蓝字增值税发票的填开方法。

1. 增值税专用发票（常规）的填开

增值税专用发票的填开涉及发票内容的填写和发票打印，因此会计人员在操作之前不仅要连接金税盘设备，还需要将购买的纸质发票装入打印机，并保证打印机成功与计算机相连，能实现打印输出。完成这些准备工作后才能进行增值税专用发票的填开，其具体操作如下。

（1）启动并登录税控开票软件，在税控开票软件主界面中单击“发票管理”按钮进入发票管理功能模块。单击【发票管理】/【发票填开】/【增值税专用发票填开】菜单命令，或单击“发票填开”按钮，在弹出的子菜单中单击“增值税专用发票填开”命令，如图2-41所示。

（2）打开“发票号码确认”对话框，提示需要确认的发票种类、代码和号码，将对话框中显示的信息与纸质发票信息确认一致后，才能单击确认按钮，如图2-42所示。

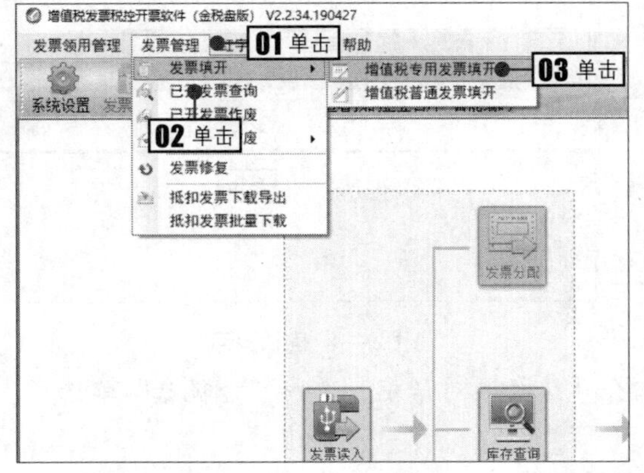

图2−41 发票填开

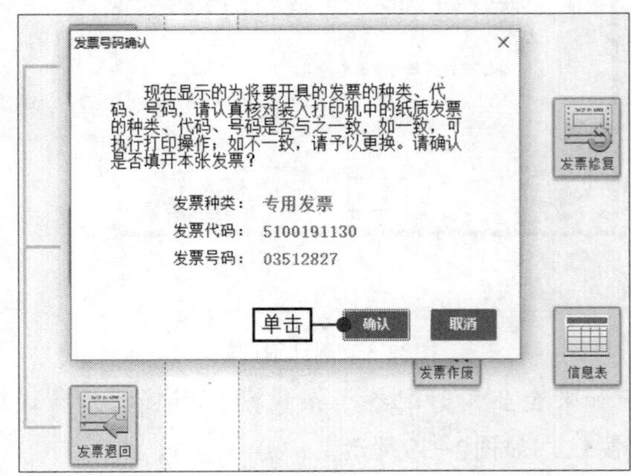

图2−42 确认发票信息

（3）打开“开具增值税专用发票”窗口，在这里便可进行发票的填写与打印操作。整个界面由购买方信息区、密码区、商品信息区、销售方信息区和备注区组成，其中销方信息默认为本企业信息。下面首先填写购买方信息区内容。单击“名称”文本框，并单击右侧出现的“编码库”按钮▤，如图2-43所示。

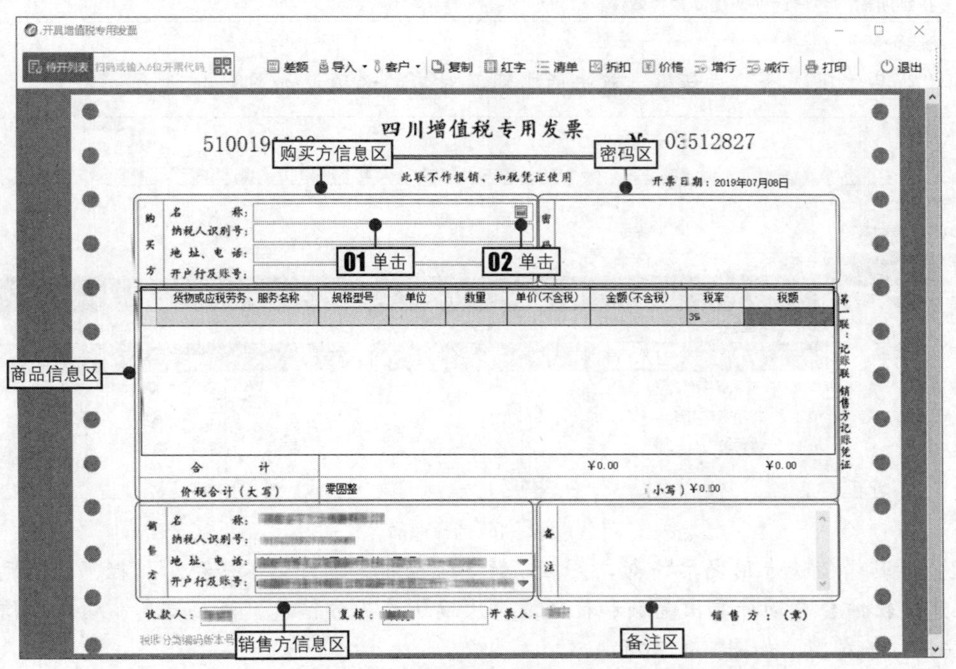

图2-43 增值税专用发票填开界面

（4）打开“客户选择”对话框，双击所需客户对应的选项，如图2-44所示。

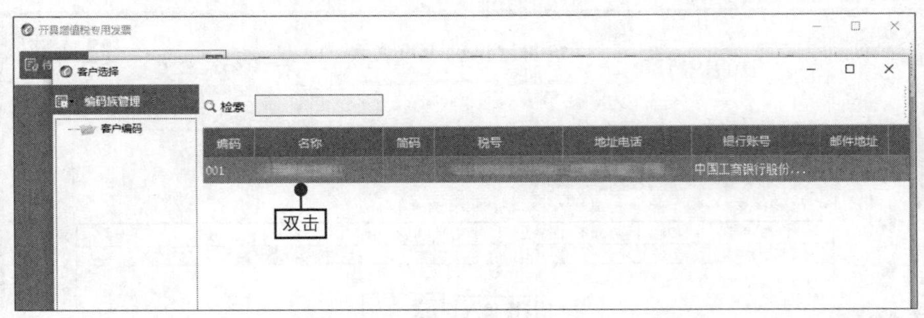

图2-44 选择客户

（5）此时购买方信息区中的所有内容将自动完成录入。在“货物或应税劳务、服务名称”栏下的单元格中单击“编码库”按钮▤，如图2-45所示。

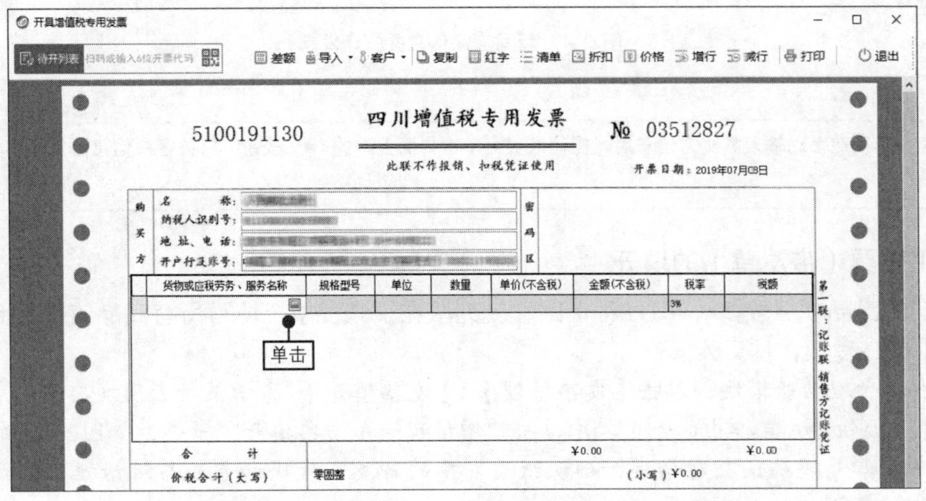

图2-45 设置商品信息

名师点拨

如果“客户编码设置”对话框中的客户信息较多，不能快速找到所需客户选项，操作人员可在“检索”文本框中通过输入客户名称的方法快速搜索并找到所需的客户选项，提高操作效率。

（6）打开“商品编码选择”对话框，双击所需商品对应的选项，如图2-46所示。

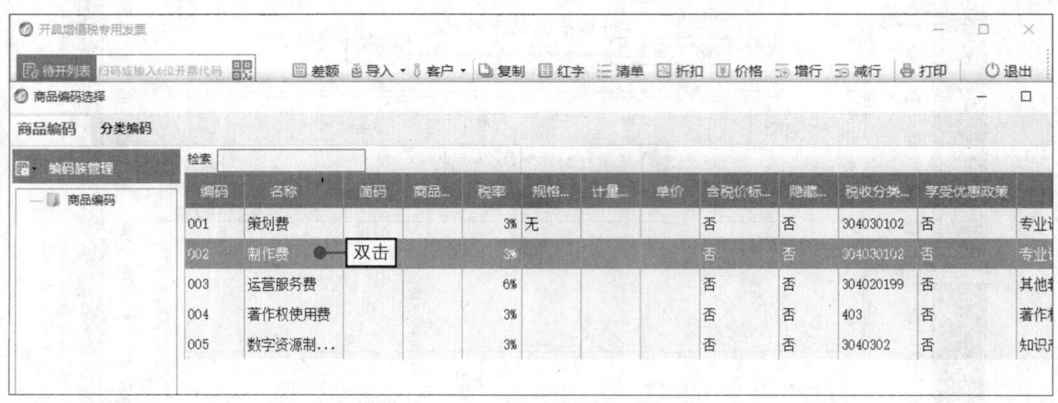

编码	名称	简码	商品...	税率	规格...	计量...	单价	含税价标...	隐藏...	税收分类...	享受优惠政策	
001	策划费			3%	无			否	否	304030102	否	专业
002	制作费			3%				否	否	304030102	否	专业
003	运营服务费			6%				否	否	304020199	否	其他
004	著作权使用费			3%				否	否	403	否	著作
005	数字资源制...			3%				否	否	3040302	否	知识

图2-46 选择商品

（7）返回“开具增值税专用发票”窗口，在“数量”栏和“单价（不含税）”栏下的单元格中输入相应的数据，税控开票软件会自动计算出金额和税额。再次确认购买方信息、商品信息、销售方信息无误后，便可单击打印按钮打印发票，如图2-47所示。

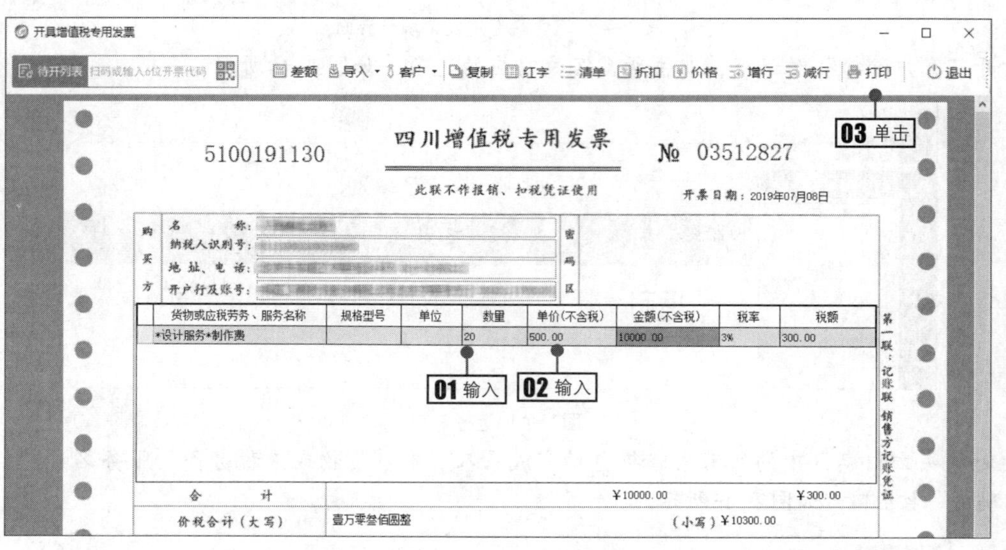

货物或应税劳务、服务名称	规格型号	单位	数量	单价(不含税)	金额(不含税)	税率	税额
*设计服务*制作费			20	500.00	10000.00	3%	300.00
合计					¥10000.00		¥300.00
价税合计（大写）	壹万零叁佰圆整				（小写）¥10300.00		

图2-47 填写商品信息并打印发票

知识拓展

如果购买方是新客户，则在手动输入购买方信息后，操作人员可单击界面上方的客户按钮，将该客户信息添加到客户编码库中，以便以后使用。

2. 增值税专用发票（带清单）的填开

当客户购买的商品项目较多（超过8种）时，就无法在一张发票上填写所有商品信息，此时便需要使用销货清单功能来填开发票，其具体操作如下。

（1）进入发票管理功能模块，单击【发票管理】/【发票填开】/【增值税专用发票填开】菜单命令，或单击“发票填开”按钮，在弹出的子菜单中单击“增值税专用发票填开”命令，如图2-48所示。

（2）打开“发票号码确认”对话框，确认纸质发票的种类、代码和号码与对话框中显示的信息是否一致，若一致则单击确认按钮，如图2-49所示。

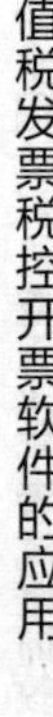

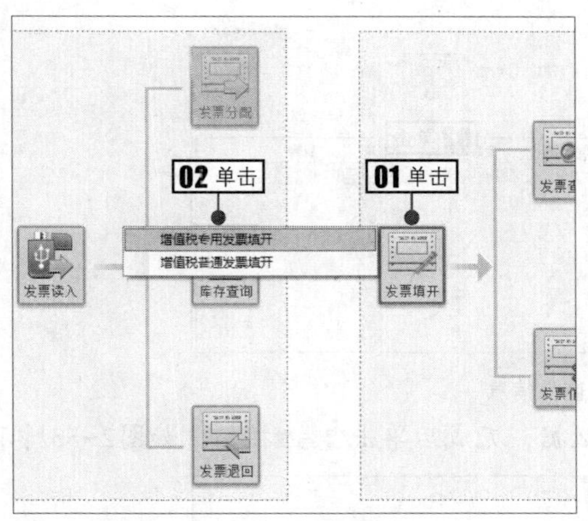

图2-48 发票填开

图2-49 确认发票信息

（3）打开“开具增值税专用发票”窗口，利用“编码库”按钮或手动输入的方式输入购买方信息，然后单击界面上方的清单按钮，如图2-50所示。

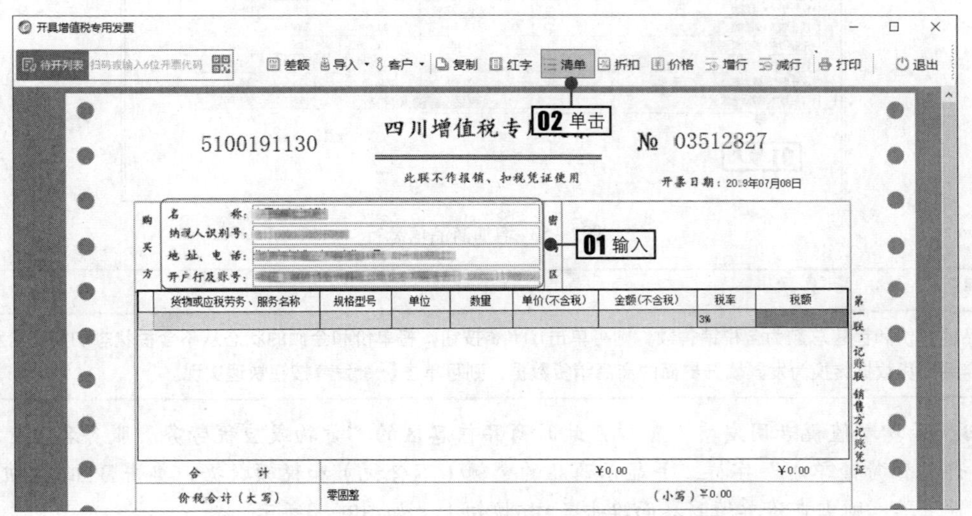

图2-50 单击“清单”按钮

（4）打开“清单填开”对话框，单击“货物或应税劳务名称”栏下方的空白单元格，并单击右侧出现的“编码库”按钮，如图2-51所示。

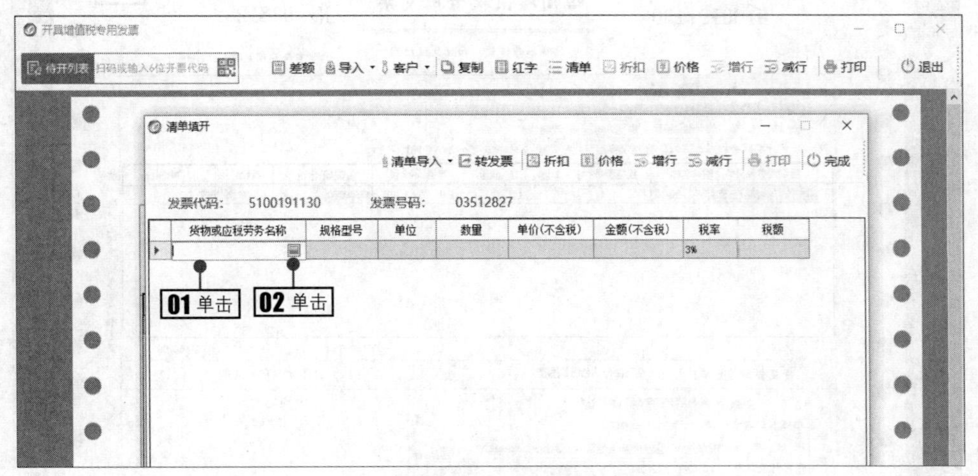

图2-51 进入清单界面

（5）在打开的“商品编码选择”对话框中双击对应的商品选项，返回“清单填开”对话框，输入该商品对应的数量和单价数据，完成后单击增行按钮，如图2-52所示。

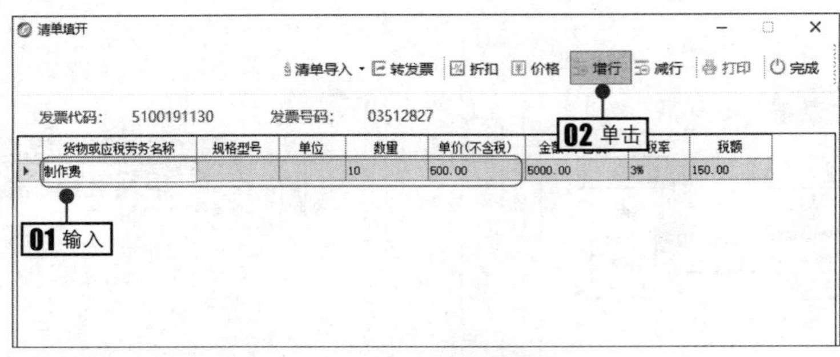

图2-52 输入商品信息

（6）按相同方法继续添加并输入清单中其他商品的数据，完成后单击完成按钮，如图2-53所示。

图2-53 增加商品信息行

知识拓展

如果所销售商品的单价和销售总额为含税销售额，则可单击价格按钮，将单价和金额的状态从不含税状态切换为含税状态；如果要将清单中的商品销货数据转换为发票填开界面的商品销货数据，则可单击转发票按钮快速实现。

（7）返回“开具增值税专用发票”窗口，此时商品信息区的“货物或应税劳务、服务名称”栏下的单元格将显示为“（详见销货清单）”字样，并显示商品的金额（不含税）和税额数据，单击打印按钮即可打印发票（若要打印销货清单，则需在清单填写界面单击打印按钮），如图2-54所示。

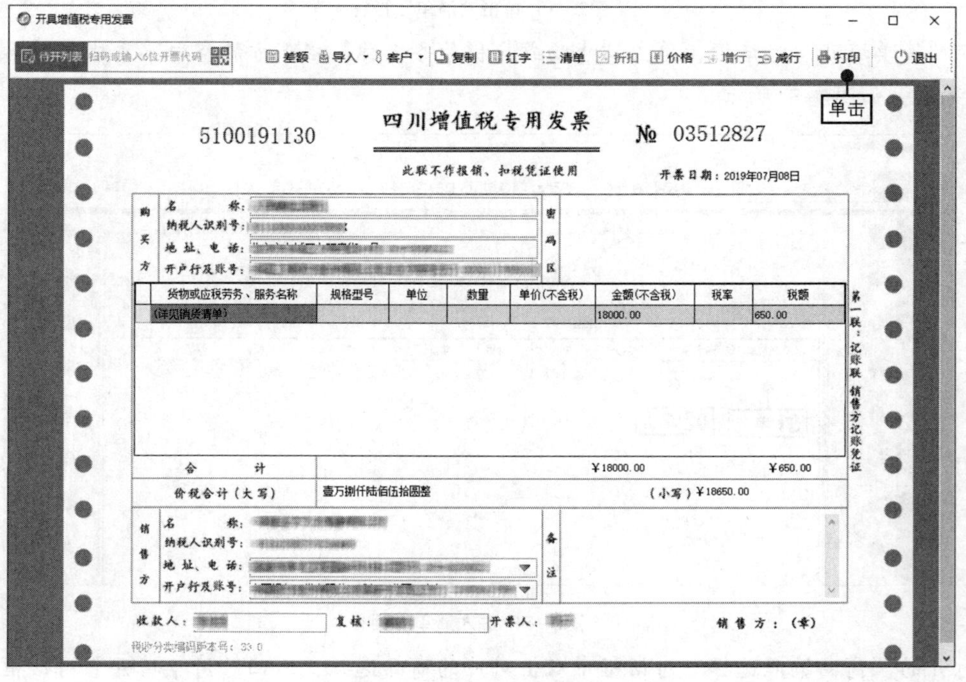

图2-54 打印发票

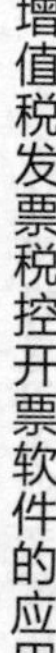

3. 增值税专用发票（带折扣）的填开

企业如果在销货时需要进行折扣处理，则可以使用折扣销售功能，为需要打折的商品添加折扣行，显示出详细的折扣情况，并打印到发票上，其具体操作如下。

（1）进入发票管理功能模块，执行“增值税专用发票填开”命令，确认发票信息后，依次填写购买方信息和商品信息，如果需要增加商品项目，可单击 增行 按钮，如图2-55所示。

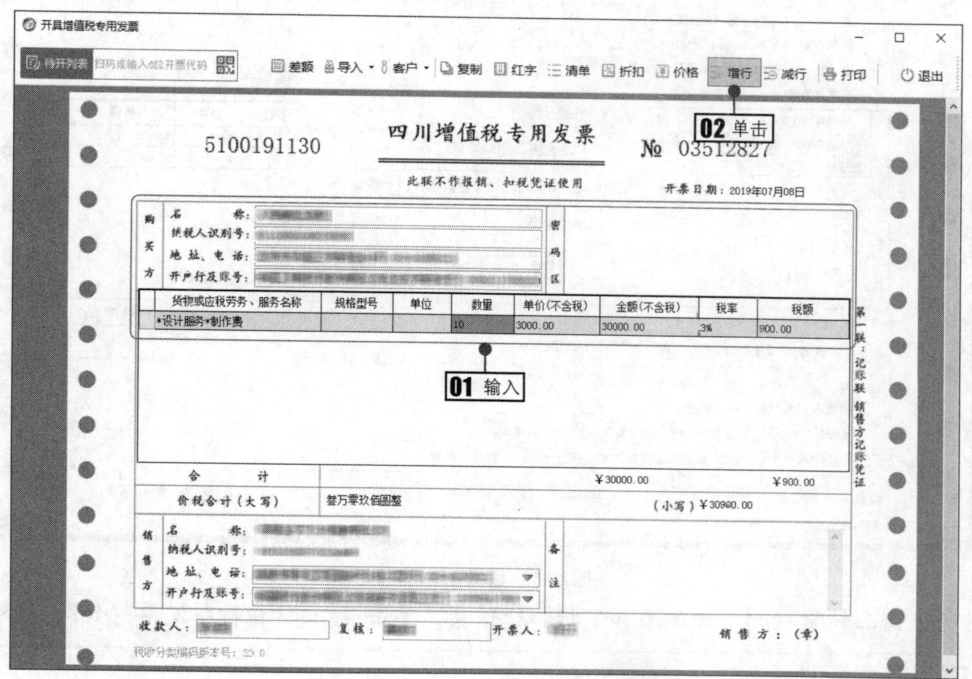

图2-55 单击“增行”按钮

（2）在增加的空行中输入对应的商品信息，然后选择需要进行折扣处理的商品所在行，单击 折扣 按钮，如图2-56所示。

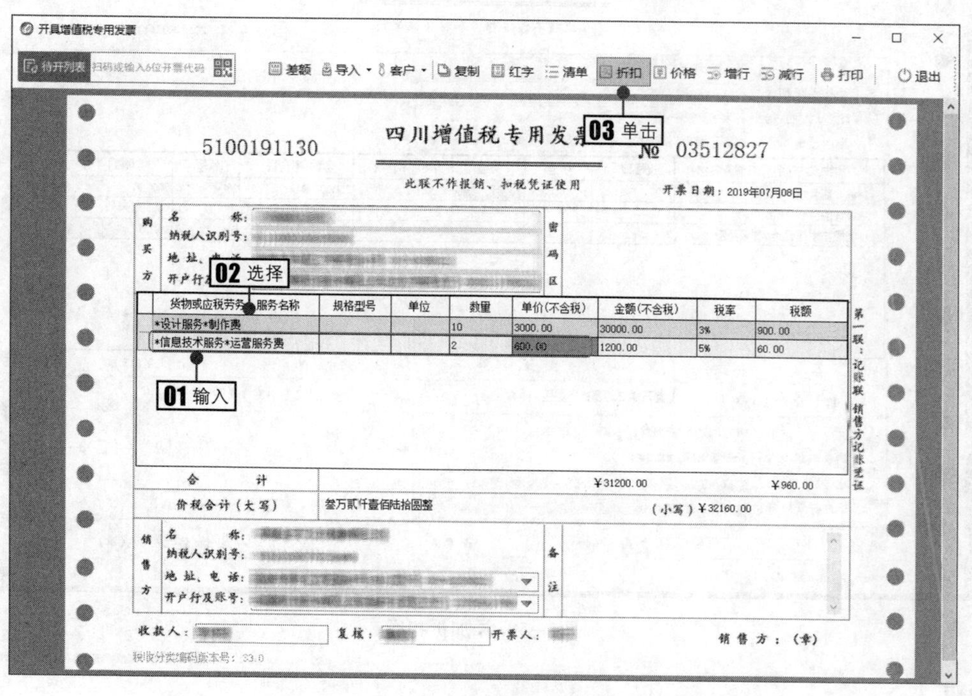

图2-56 选择折扣商品

（3）打开“添加折扣行”对话框，在“折扣率”文本框中输入具体的折扣率，系统会自动计算出折扣金额，单击 确认 按钮，如图2-57所示。

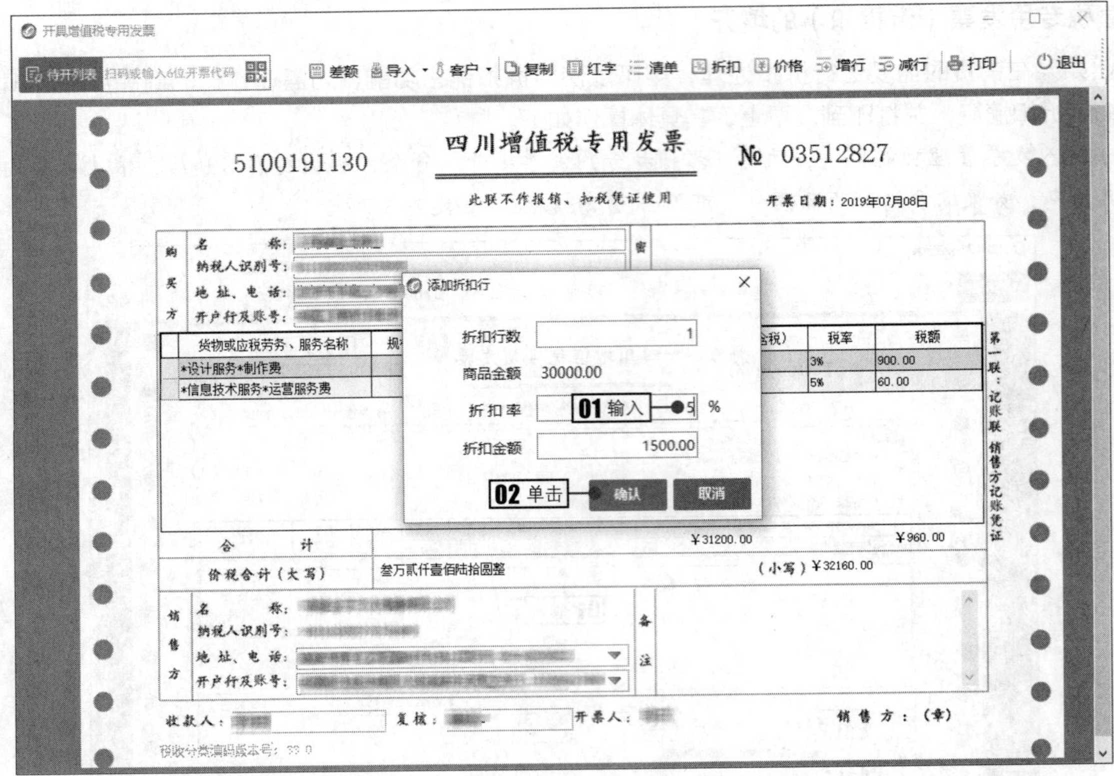

图2–57 设置折扣信息

（4）此时所选商品销货行的下方便添加了折扣行信息，单击打印按钮打印发票，如图2–58所示。

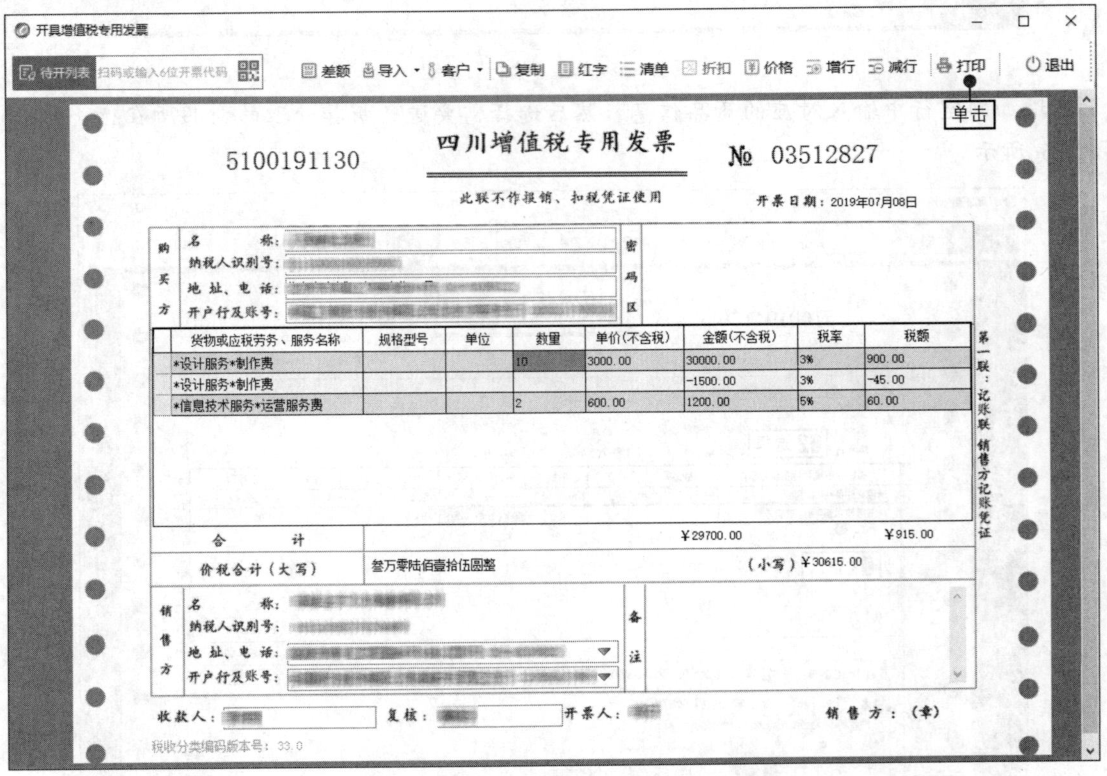

图2–58 添加折扣行

名师点拨

如果所开具的发票包含清单，且部分商品涉及折扣，则操作人员可以进入销货清单的填写界面，选择需进行折扣处理的商品销货行，按相同方法添加折扣行即可，如图2–59所示。

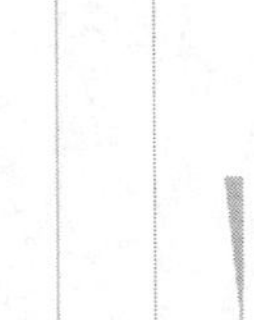

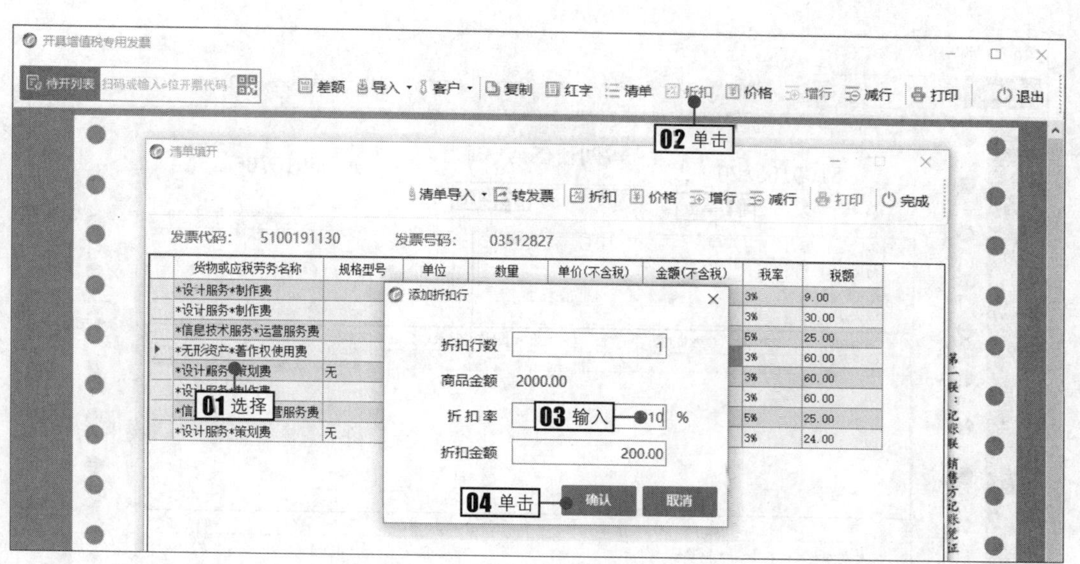

图2-59 在清单填写界面添加折扣行

在填开带有折扣处理的增值税专用发票时，还需注意以下几点。

（1）折扣行只能删除不能修改，删除时只需选择折扣行，然后单击减行按钮即可。

（2）商品销货行与其对应的折扣行之间不能加入其他商品销货行。

（3）操作时可以给每个商品行都添加折扣行，也可以对多行商品添加统一折扣行，但不能对合计金额添加折扣行。

【例题·单选题】选择需要删除的折扣行后，正确删除的操作是（ ）。

A. 按【Delete】键

B. 按【BackSpace】键

C. 单击“删除”按钮

D. 单击“减行”按钮

【解析】删除折扣行的方法：选择需要删除的折扣行后，单击减行按钮。

【答案】D

4. 增值税普通发票的填开

增值税普通发票的填开方式与增值税专用发票的填开方式相似，当需要填开增值税普通发票时，可按以下方法进行，其具体操作如下。

（1）进入发票管理功能模块，单击【发票管理】/【发票填开】/【增值税普通发票填开】菜单命令，或单击“发票填开”按钮，在弹出的子菜单中单击“增值税普通发票填开”命令。打开“发票卷选择”对话框，选择对应的选项后单击选择按钮，如图2-60所示。

（2）打开“发票号码确认”对话框，确认纸质发票的种类、代码和号码与对话框中显示的信息一致后，单击确认按钮，如图2-61所示。

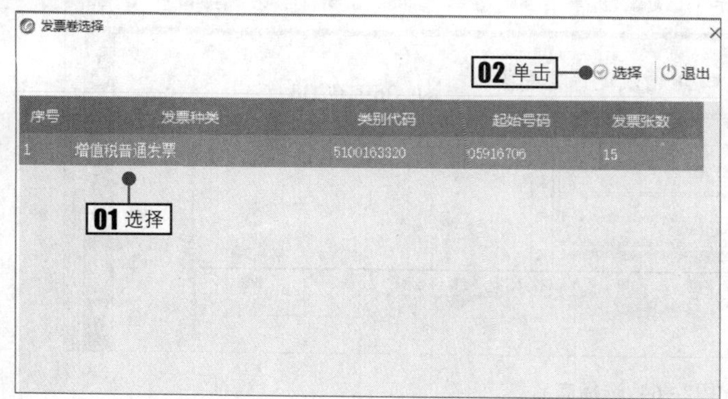

图2-60 选择发票卷

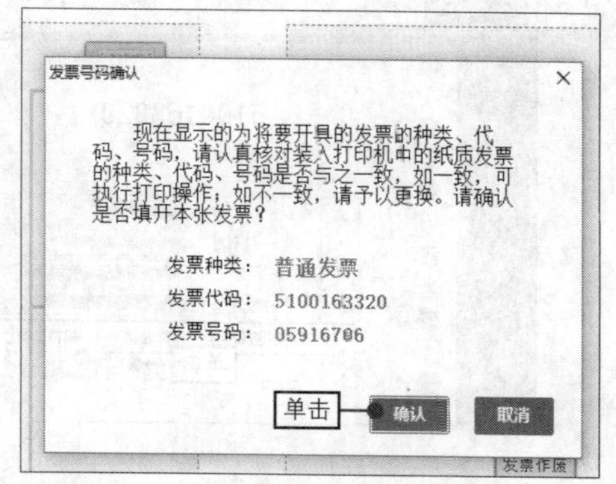

图2-61 确认发票信息

（3）打开“开具增值税普通发票”窗口，整个界面与开具增值税专用发票的界面相似。在购买方信息区中单击“名称”文本框，并单击右侧出现的“编码库”按钮，如图2-62所示。

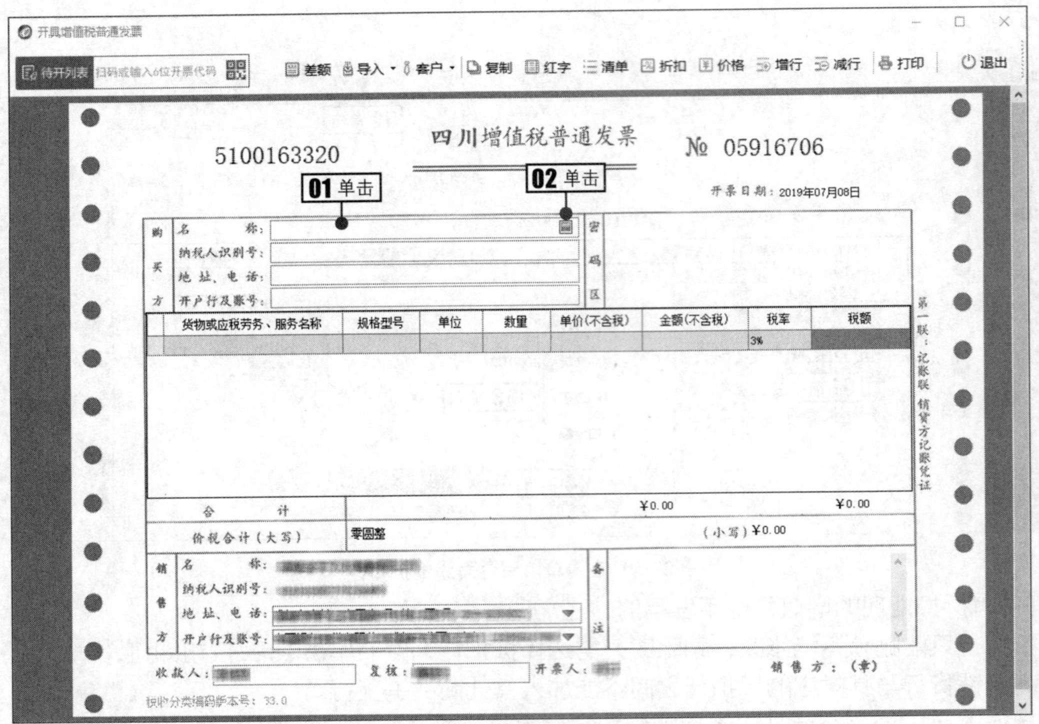

图2-62 增值税普通发票填开界面

（4）打开“客户选择”对话框，双击所需客户对应的选项，如图2-63所示。

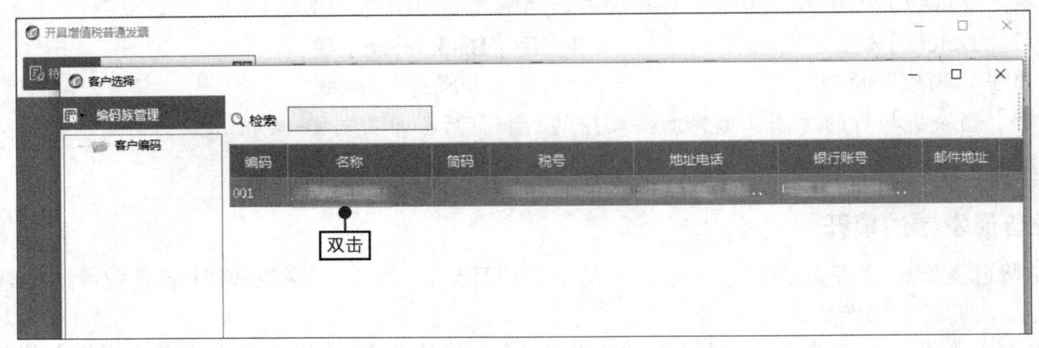

图2-63 选择客户

（5）完成购买方信息的录入操作后，在“货物或应税劳务、服务名称”栏下的单元格中单击“编码库”按钮▤，如图2-64所示。打开“商品编码选择”对话框，双击所需商品对应的选项。

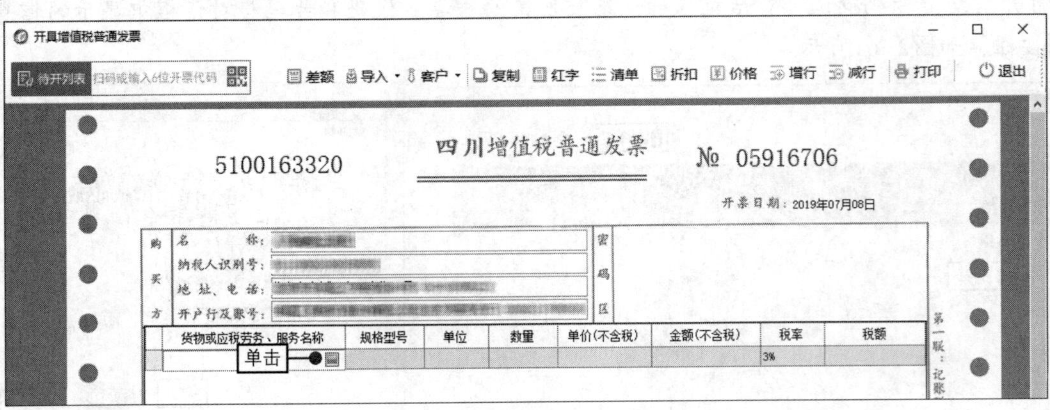

图2-64 选择商品

（6）返回“开具增值税普通发票”窗口，在“数量”和“单价（不含税）”栏下的单元格中输入相应数据，税控开票软件会自动计算出金额和税额。确认购买方信息、商品信息、销售方信息无误后，便可单击🖨打印按钮打印增值税普通发票，如图2-65所示。

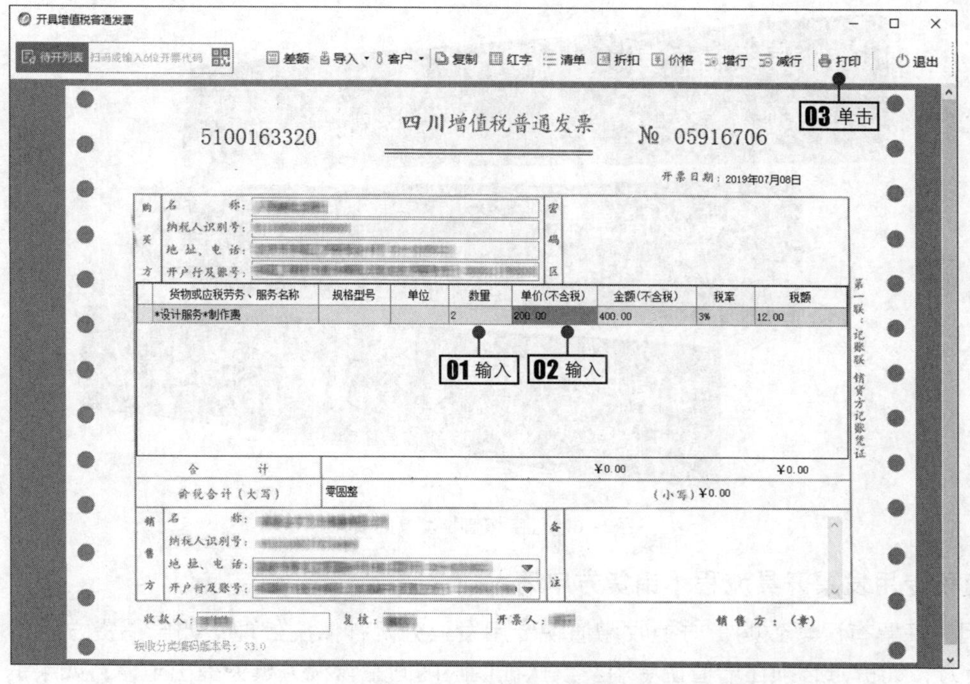

图2-65 填写商品信息并打印发票

5. 机动车销售统一发票的填开

销售机动车的企业需要填开机动车销售统一发票，其方法与填开增值税发票的方法相似。进入发票管理功能模块，单击【发票管理】/【发票填开】/【机动车销售统一发票填开】菜单命令，核对发票信息无误后，即可在如图2-66所示的界面中进行填开操作。

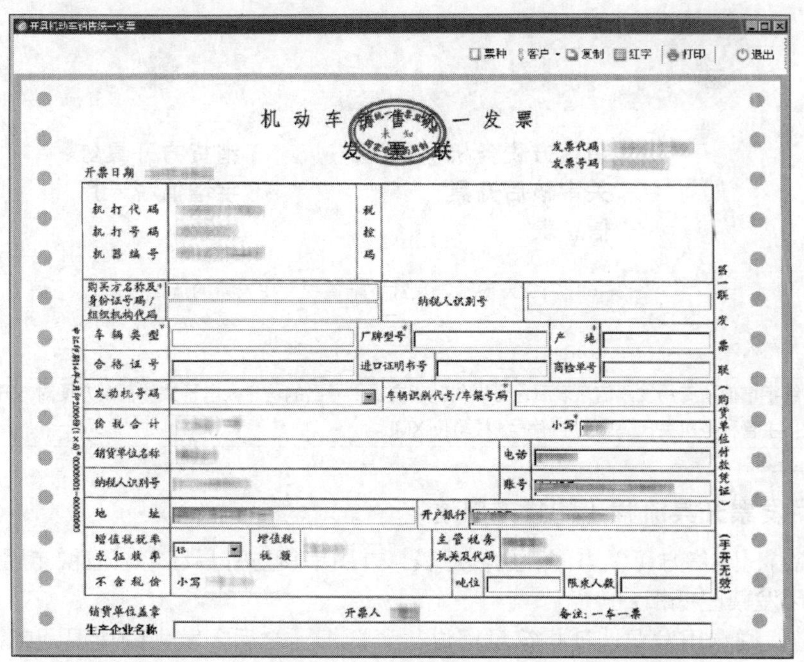

图2-66 机动车销售统一发票填开界面

2.2.4 红字增值税发票的填开

企业在发生销货退回、开票有误、应税服务终止等情形但不符合发票作废条件时，就需要填开红字发票，用于冲销对应的蓝字发票。相较于蓝字发票的填开，红字发票的填开会涉及更多的环节。总体而言，红字增值税发票的填开主要包含图2-67所示的三大环节。下面以红字增值税专用发票为例，详细介绍红字发票的填开操作。

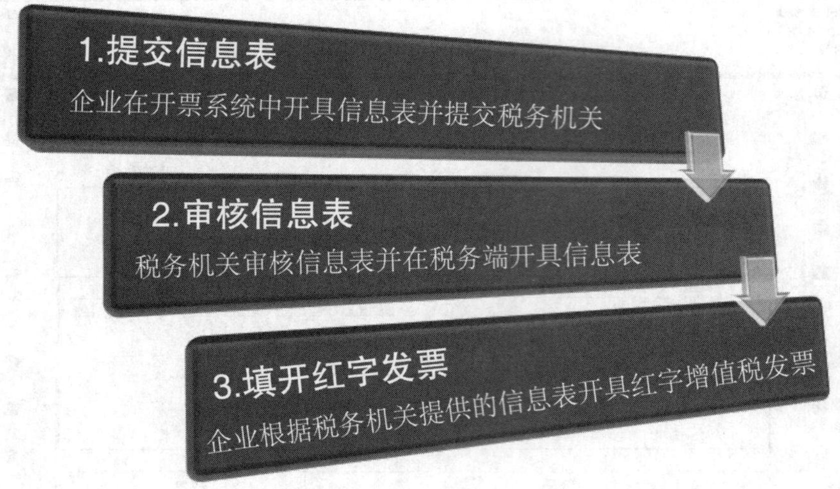

图2-67 红字增值税发票的填开

1. 红字增值税专用发票开具流程（销货方申请）

销货方因为开票有误导致购货方拒收增值税专用发票分两种情况处理：如果销货方已将增值税专用发票交付给购货方，销货方必须在增值税专用发票认证期限内向主管税务机关提出申请；如果销货方尚未将增值税专用发票交付给购货方，销货方必须在开具蓝字增值税专用发票的次月内向主管税务机关提出申请。具体开具流程如图2-68所示。

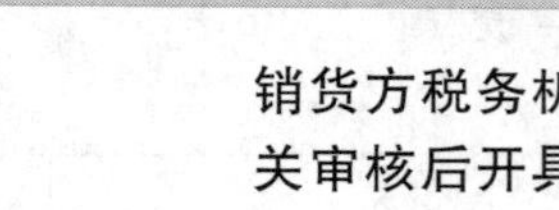

图2-68 销货方申请开具红字增值税专用发票的流程

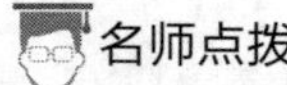
名师点拨

销货方税务机关在开具红字增值税专用发票信息表后，可以向销货方提供导出的信息表电子文件，以方便对方开具红字增值税专用发票。该文件的编码格式：主管税务机关代码+年月+序号+校验位.XML。

2. 红字增值税专用发票开具流程（购货方申请）

当发生以下情况时，购货方可以申请开具信息表，并由销货方开具红字增值税专用发票。

（1）增值税专用发票已抵扣。

购货方获得的增值税专用发票认证相符且已进行了抵扣，之后因发生销货退回或销售折让需要进行进项税额转出时。

（2）因以下情况导致增值税专用发票未抵扣。

◆ 抵扣联、发票联均无法认证的。

◆ 认证结果为纳税人识别号认证不符的。

◆ 认证结果为发票代码、号码认证不符的。

◆ 购货方所购货物不属于增值税扣税项目范围，取得的增值税专用发票未经认证的。

购货方申请开具红字增值税专用发票的流程如图2-69所示。

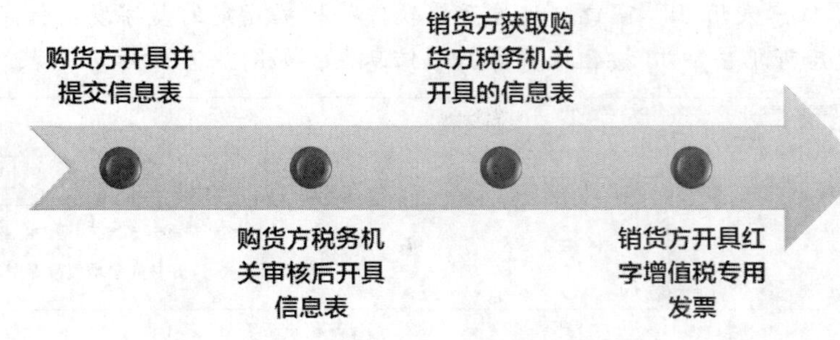

图2-69 购货方申请开具红字增值税专用发票的流程

【例题·单选题】购货方提出开具红字增值税专用发票的申请后，最终需要开具红字增值税专用发票的是（　）。

A. 购货方　　B. 销货方

C. 购货方税务机关　　D. 销货方税务机关

【解析】无论是购货方还是销货方提出申请，最终开具红字增值税专用发票的都是销货方。

【答案】B

3. 红字增值税专用发票信息表的填开（销货方申请）

当销货方申请填开红字增值税专用发票时，销货方可按以下方法执行，其具体操作如下。

（1）进入发票管理功能模块，单击【红字发票信息表】/【红字增值税专用发票信息表填开】菜单命令，如图2-70所示。

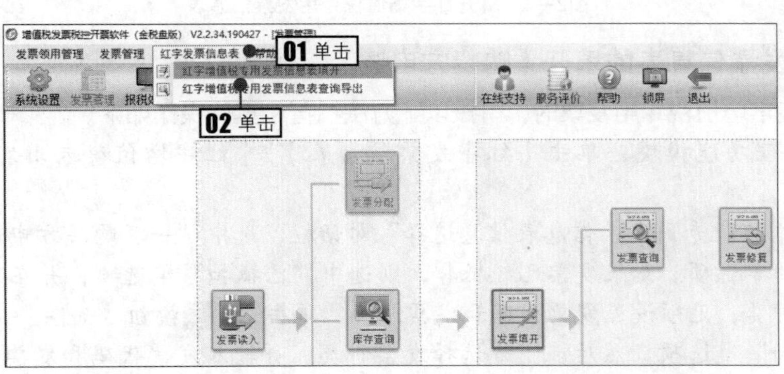

图2-70 执行红字增值税专用发票信息表填开操作

（2）打开“红字增值税专用发票信息表信息选择”对话框，选中“二、销售方申请”单选项，在“对应蓝字增值税专用发票信息”栏的“发票种类”下拉列表框中选择“增值税专用发票”选项，在“发票代码”文本框和“发票号码”文本框中分别输入对应的蓝字增值税专用发票的代码和号码，单击下一步按钮，如图2-71所示。

（3）在打开的对话框中将显示所输入蓝字发票的具体内容，确认无误后单击确定按钮，如图2-72所示。

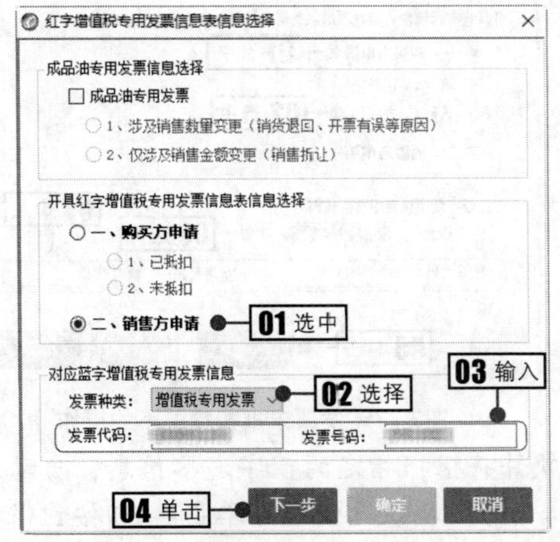

图2-71 设置申请方式和蓝字发票信息

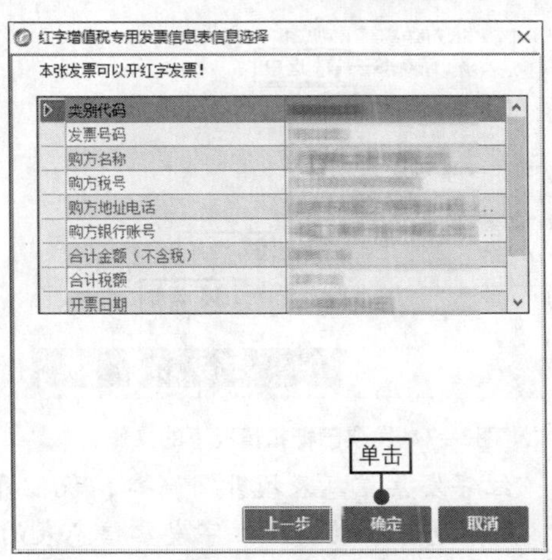

图2-72 确认蓝字发票信息

（4）打开“红字发票信息表填开”窗口，税控开票软件将根据指定的蓝字发票信息，自动设置购买方信息和商品信息，确认无误后可单击打印按钮保存并打印信息表，如图2-73所示。

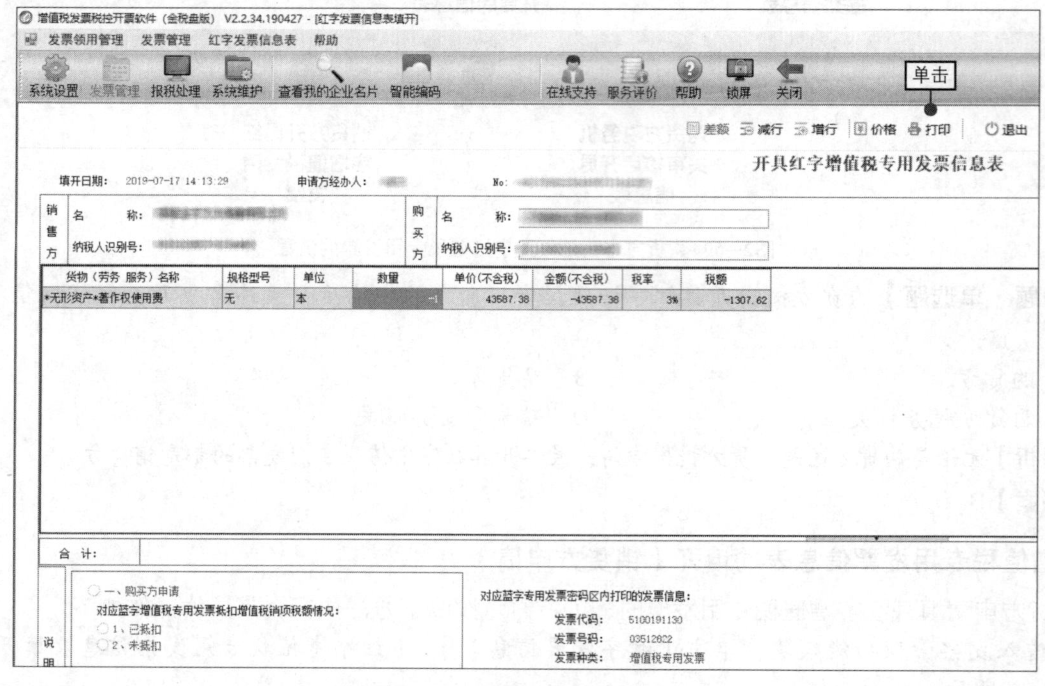

图2-73 填开红字增值税专用发票信息表

4. 红字增值税专用发票信息表的填开（购货方申请）

购货方申请填开红字增值税专用发票时，可按以下方法执行，具体操作如下。

（1）进入发票管理功能模块，单击【红字发票信息表】/【红字增值税专用发票信息表填开】菜单命令。

（2）打开“红字增值税专用发票信息表信息选择”对话框，选中“一、购买方申请”单选项，并根据发票是否抵扣选中对应的单选项。如果发票已经抵扣，则选中“已抵扣”单选项，并在下方的“发票种类”下拉列表框中选择发票种类，无须设置发票代码和发票号码，单击确定按钮，如图2-74所示；如果发票尚未抵扣，则选中“未抵扣”单选项，然后在下方选择发票种类，并输入发票代码和发票号码，单击下一步按钮可进一步确认发票信息，单击确定按钮可直接进入“红字发票信息表填开”窗口，如图2-75所示。

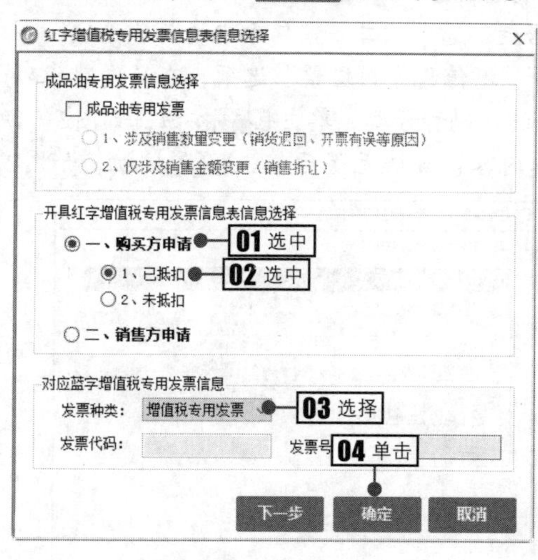

图2-74 发票已抵扣情况下的操作

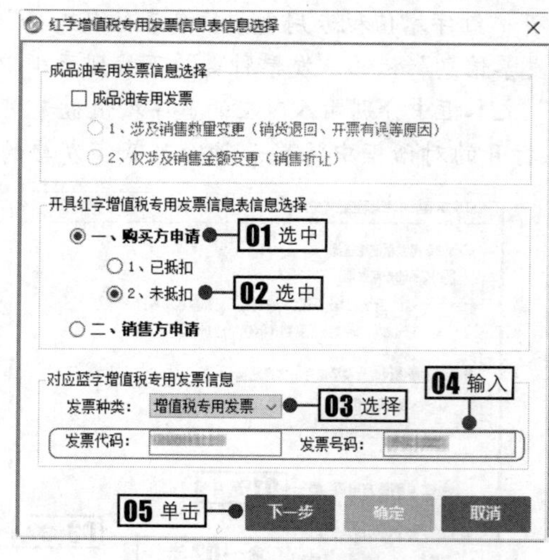

图2-75 发票未抵扣情况下的操作

（3）打开“红字发票信息表填开”窗口，税控开票软件将根据指定的蓝字发票信息，自动设置购买方信息和商品信息，用户也可手动输入红字发票信息表的具体内容。确认无误后可单击打印按钮保存并打印信息表，如图2-76所示。

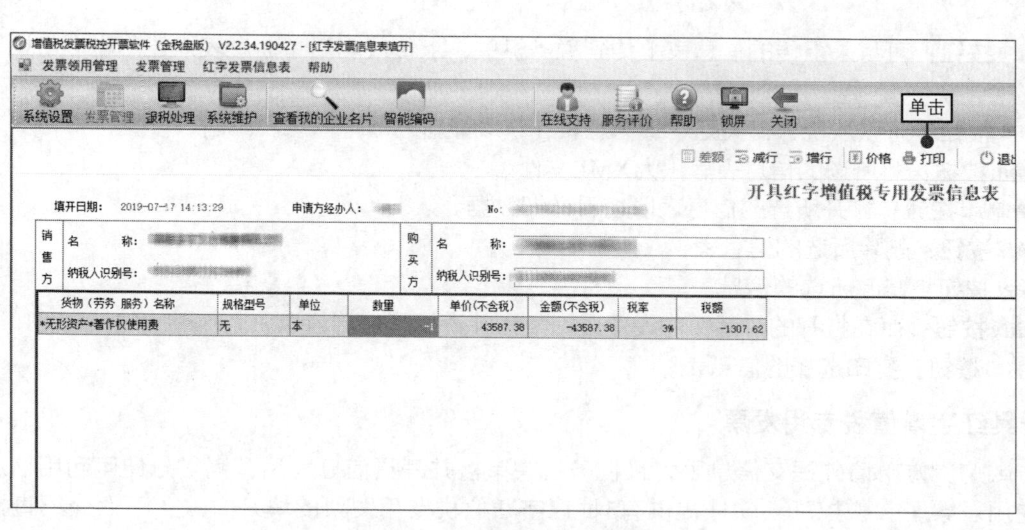

图2-76 填开红字增值税专用发票信息表

5. 红字增值税专用发票信息表的查询与管理

填开红字增值税专用发票信息表后，还可以对信息表进行进一步的操作，如查询、导出、上传、下载、修改等，具体方法：进入发票管理功能模块，单击【红字发票信息表】/【红字增值税专用发票信息表查询导出】菜单命令，如图2-77所示。

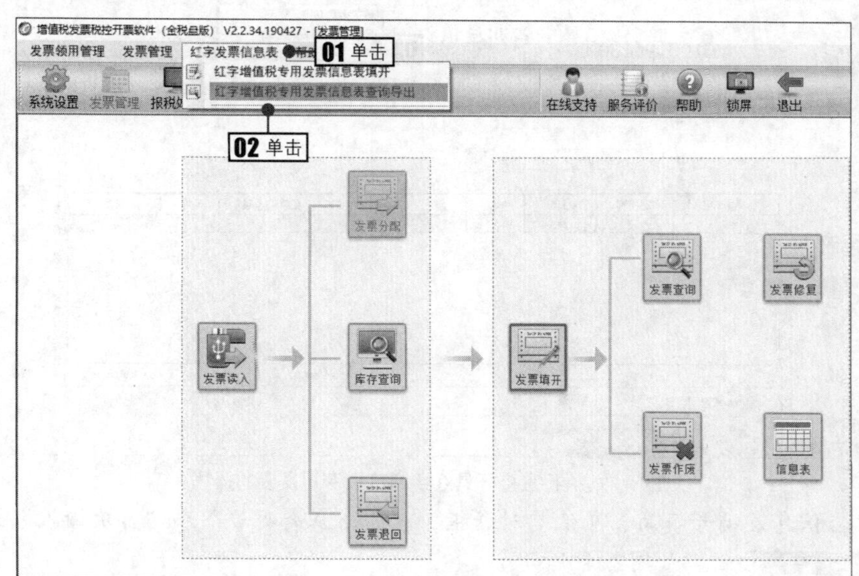

图2-77 红字增值税专用发票查询导出操作

此时窗口中将显示填写的所有信息表情况，如图2-78所示。利用该界面中的各种功能按钮便能实现对信息表的各种管理操作，部分按钮的作用分别如下。

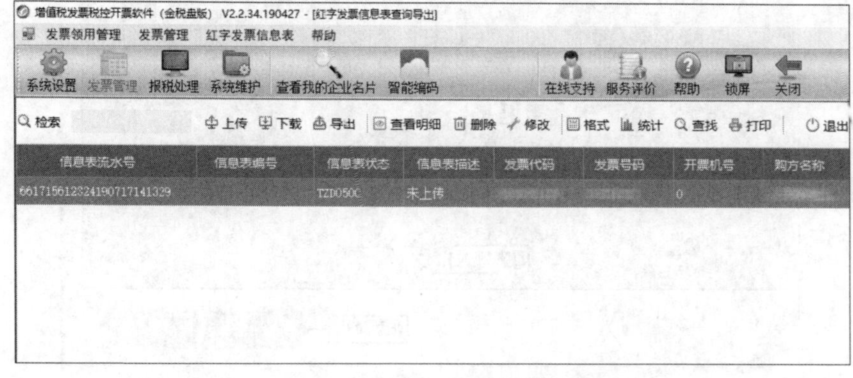

图2-78 信息表管理界面

- 上传按钮：可将未上传的信息表上传到税务机关，上传成功后“信息表描述”栏中将显示“审核通过”字样。
- 下载按钮：可以从税务机关处下载信息表，获取最新的数据信息。
- 导出按钮：将所选的信息表导出为XML文件。
- 查看明细按钮：打开所选的信息表以查看详细数据。
- 删除按钮：删除所选的信息表。
- 修改按钮：修改所选的信息表。
- 查找按钮：可在打开的对话框中设置查询条件并查找指定的信息表。
- 打印按钮：打印选择的信息表。

6. 直接开具红字增值税专用发票

销货方或购货方申请并提交信息表，且税务机关审核并开具信息表后，销货方便可利用信息表填开红字增值税专用发票了。税控开票软件提供有3种红字增值税专用发票的填开方法，下面介绍直接开具的方法，其具体操作如下。

（1）进入发票管理功能模块，执行“增值税专用发票填开”命令，确认发票信息后，在打开的“开具增值税专用发票”窗口中单击红字按钮，在弹出的子菜单中单击“直接开具”命令，如图2-79所示。

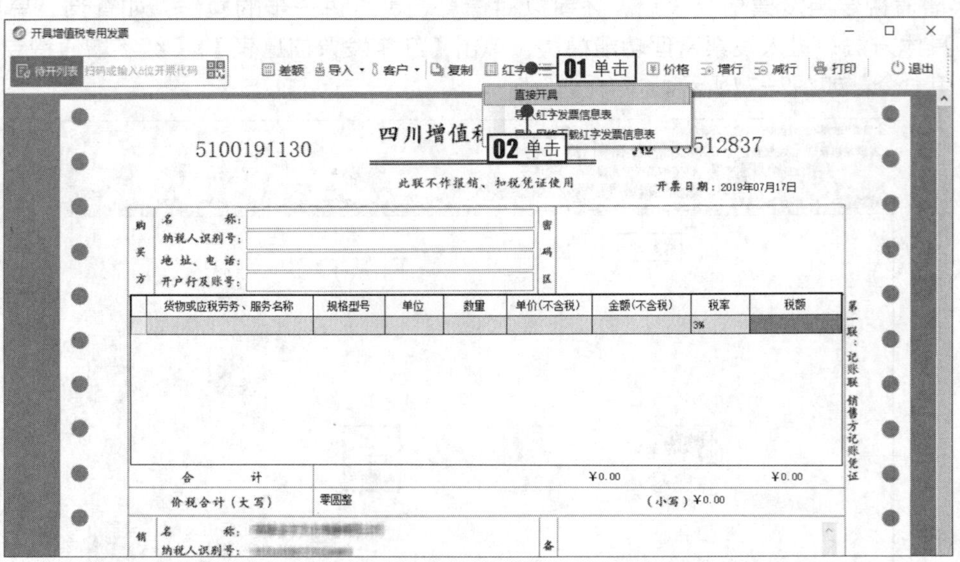

图2-79 执行直接开具红字增值税专用发票的操作

（2）打开“对应信息表编号填写、确认”对话框，在“信息表编号”和“再次输入”文本框中输入信息表的正确编号，单击下一步按钮，如图2-80所示。

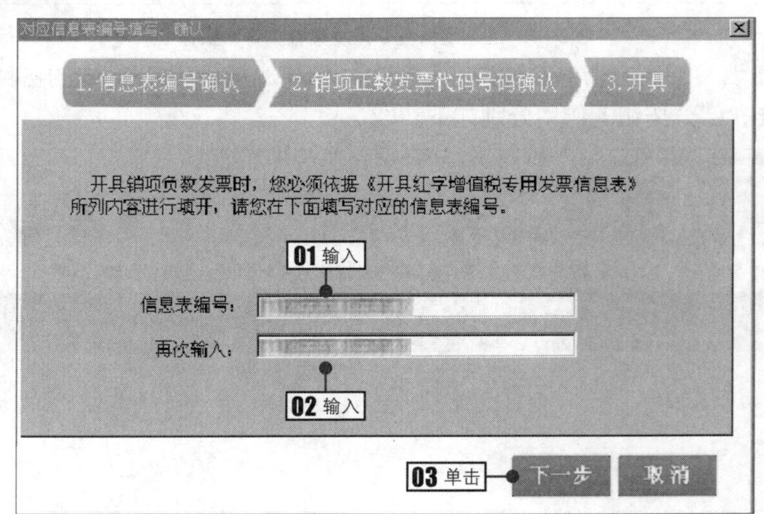

图2-80 输入信息表编号

知识拓展

税务机关审核并开具信息表后，系统会自动生成信息表编号，该编号对应唯一一张红字增值税专用发票，共包含16位数字，其中第1~6位代表主管税务机关代码，第7~10位代表年份和月份，第11~15位代表开具的顺序号，第16位为校验位。

（3）打开输入发票代码和号码的对话框，如果信息表上没有对应的蓝字增值税专用发票的代码和号码，则直接单击 下一步 按钮；如果有对应的蓝字增值税专用发票的代码和号码，则需要输入相应内容，再单击 下一步 按钮，如图2-81所示。

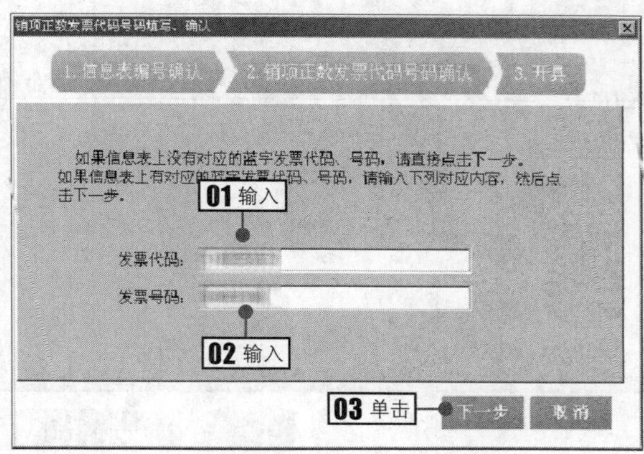

图2-81 输入发票代码和号码

（4）打开确认能否开具红字增值税专用发票的界面，其中将显示是否能开具红字发票的提示信息，单击 确定 按钮，如图2-82所示。

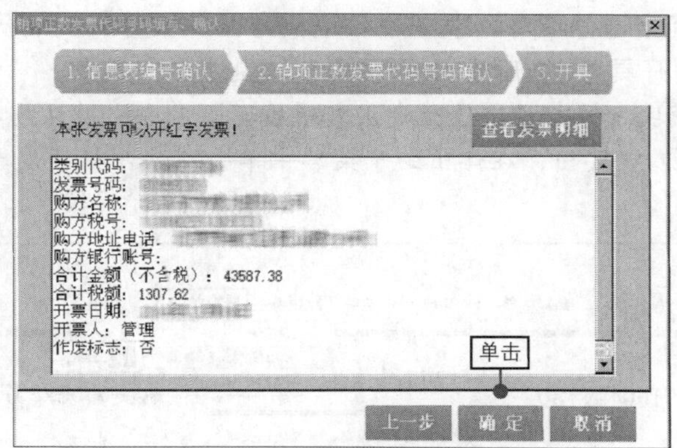

图2-82 提示能否开具红字发票

（5）返回“开具增值税专用发票”窗口，其中的内容将自动根据信息表内容显示，确认无误后单击 打印按钮，如图2-83所示。

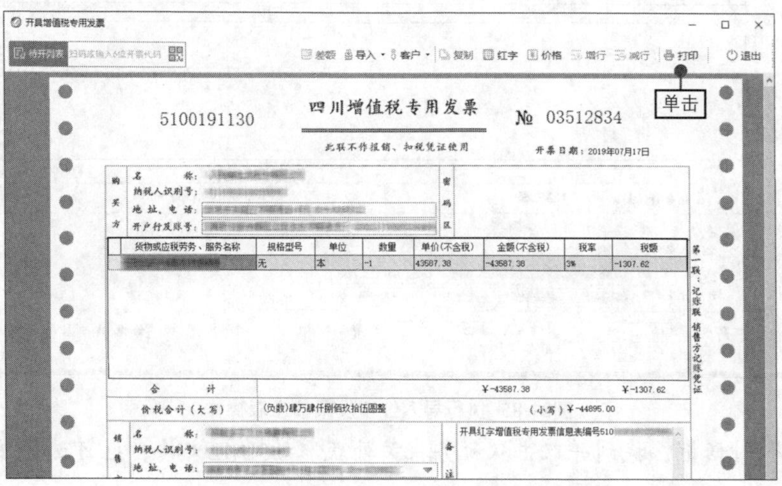

图2-83 填开红字增值税专用发票

名师点拨

如果在输入蓝字增值税专用发票的代码和号码后，税控开票软件的发票库中无法找到对应的发票信息，或没有输入蓝字增值税专用发票的代码和号码，则下一步显示的界面如图2-84所示，单击确定按钮后需要手动填写红字增值税专用发票的内容，然后执行打印操作。

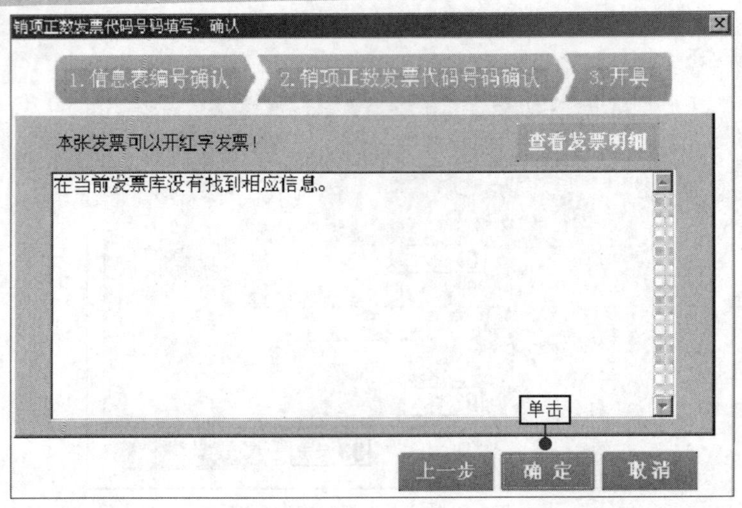

图2-84 在发票库中无法找到对应的蓝字增值税专用发票信息

7. 通过导入信息表开具红字增值税专用发票

如果是销货方申请开具红字增值税专用发票，且销货方已从税务机关处获得了信息表的XML文件，则可通过导入信息表的方式快速开具红字增值税专用发票，其具体操作如下。

（1）进入发票管理功能模块，执行“增值税专用发票填开”命令，确认发票信息后，在打开的“开具增值税专用发票”窗口中单击红字按钮，在弹出的子菜单中单击“导入红字发票信息表”命令，如图2-85所示。

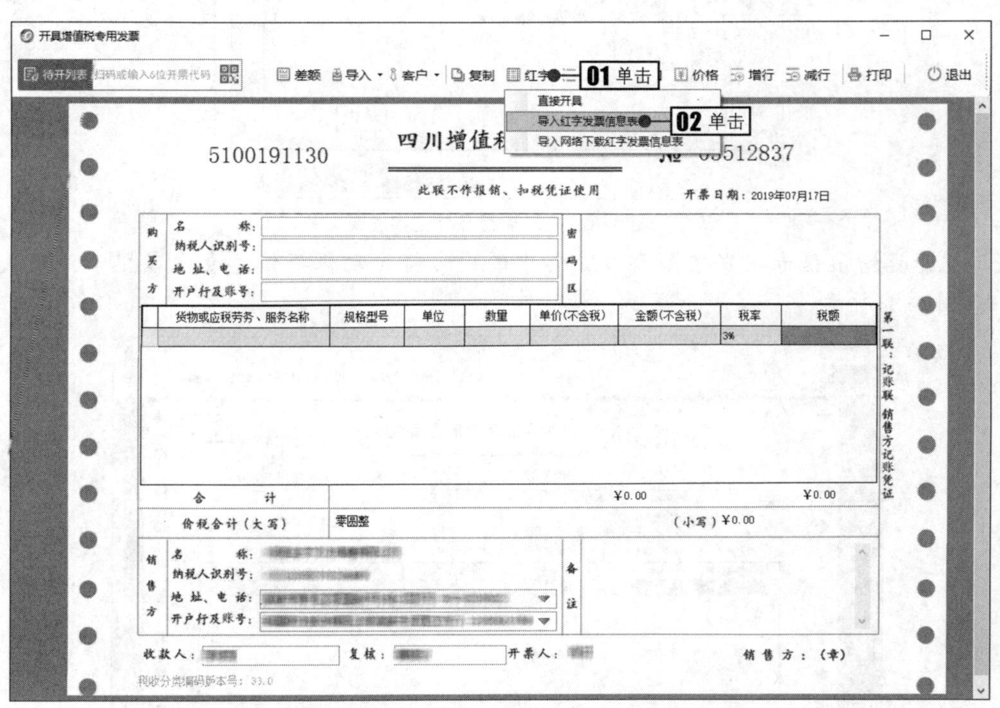

图2-85 执行导入红字发票信息表操作

（2）打开“打开”对话框，找到并双击从税务机关处获取的XML文件，也可选择该文件后单击打开(O)按钮，如图2-86所示。

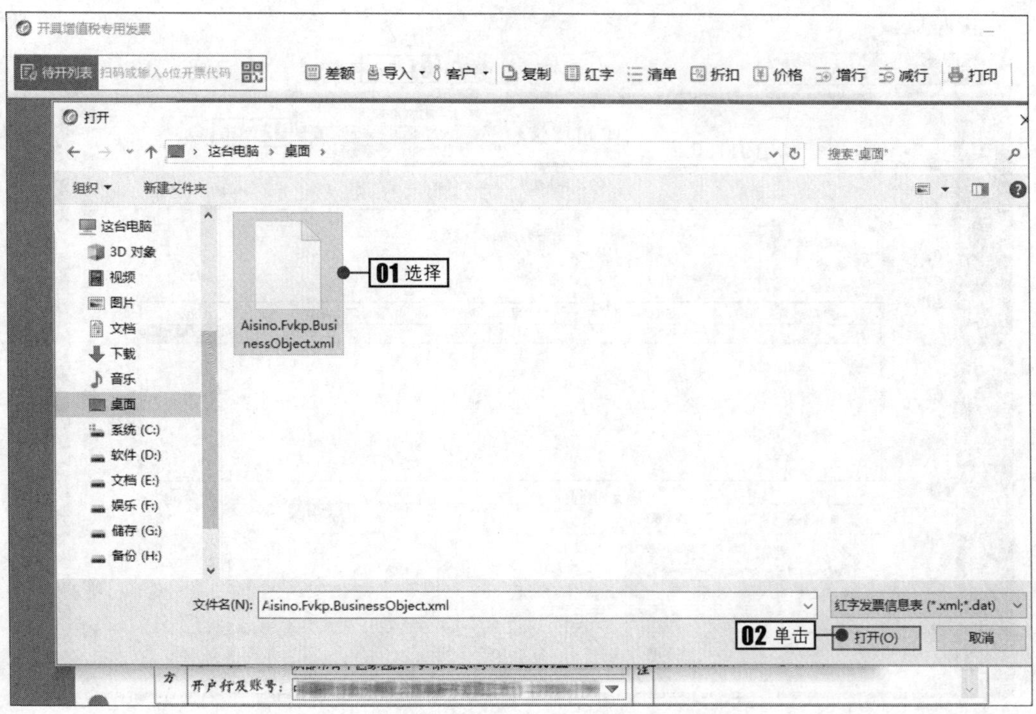

图2-86 导入红字发票信息表

（3）返回“开具增值税专用发票”窗口，系统将自动根据信息表的内容显示相关信息，确认无误后单击打印按钮，如图2-87所示。

图2-87 开具红字增值税专用发票

8. 通过网络下载信息表开具红字增值税专用发票

如果是销货方申请开具红字增值税专用发票，且税务机关已将信息表上传到网络中，则销货方可通过网络下载信息表的方式快速开具红字增值税专用发票，其具体操作如下。

（1）进入发票管理功能模块，执行“增值税专用发票填开”命令，确认发票号码后，在打开的“开具增值税专用发票”窗口中单击红字按钮，在弹出的子菜单中单击“导入网络下载红字发票信息表”命令，如图2-88所示。

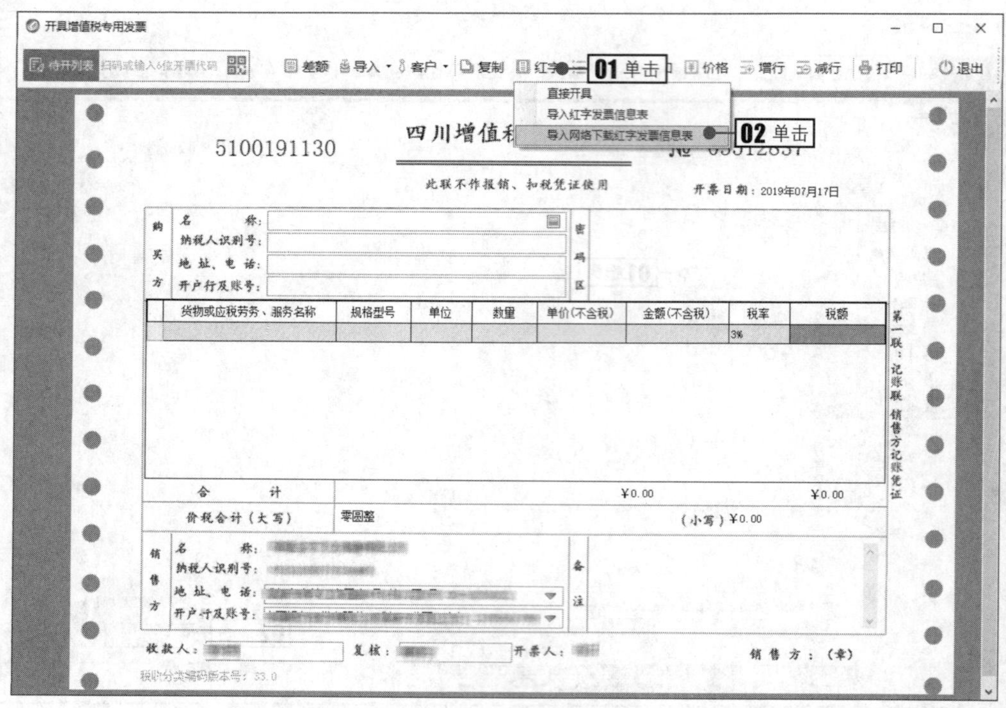

图2-88 执行导入网络下载红字发票信息表操作

（2）打开“信息表选择”窗口，单击下载按钮，如图2-89所示。

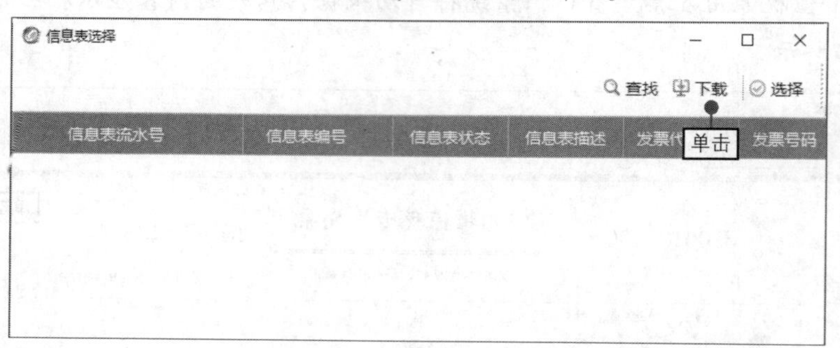

图2-89 下载信息表

（3）打开“红字发票信息表审核结果下载条件设置”对话框，在其中可设置信息表的填开日期、信息表信息等条件，以便精确地下载所需的信息表资源，设置完成后单击确定按钮，如图2-90所示。

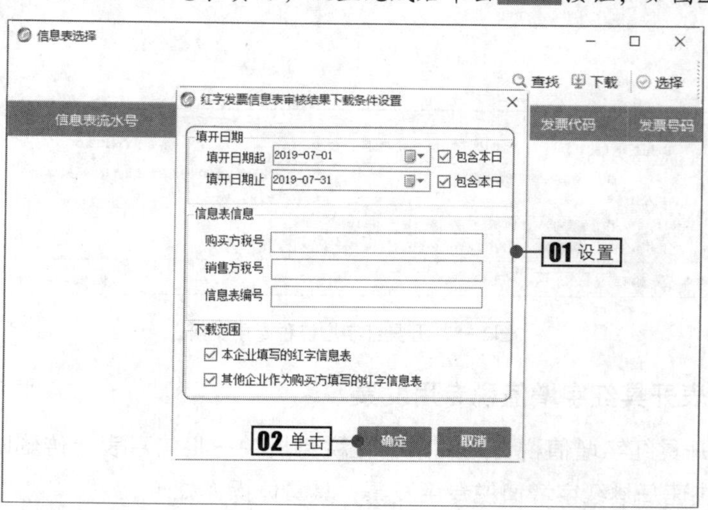

图2-90 设置下载条件

（4）返回“信息表选择”窗口，双击所需下载的信息表选项，或选择该信息表选项后，单击选择按钮，如图2-91所示。

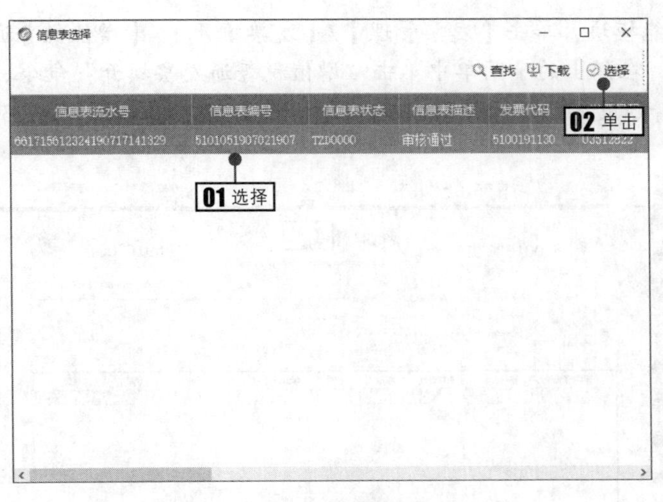

图2–91 选择信息表

（5）返回“开具增值税专用发票”窗口，系统将自动根据信息表内容显示相关信息，确认无误后单击打印按钮，如图2–92所示。

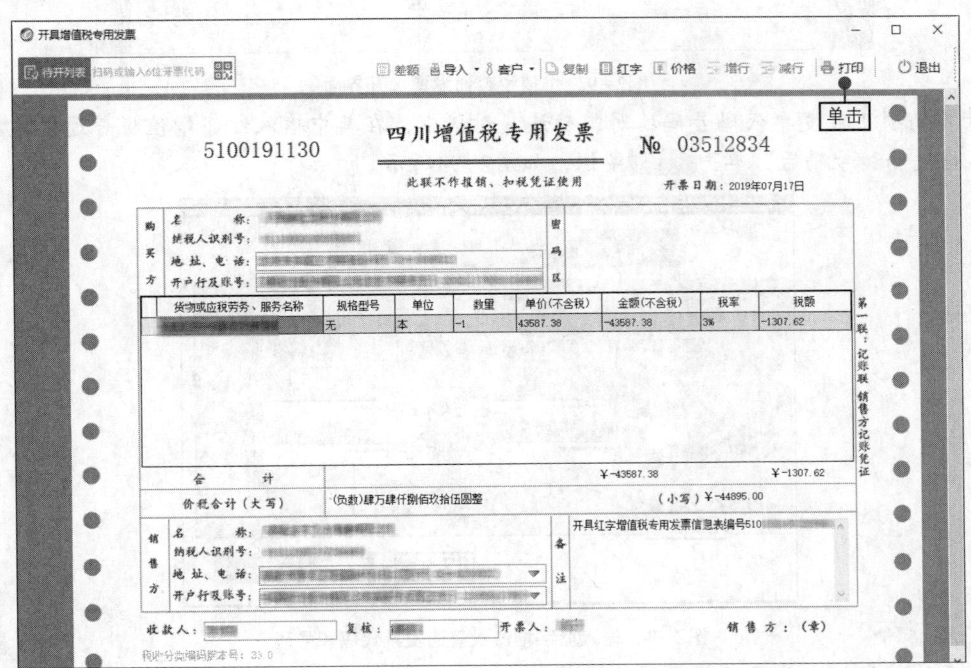

图2–92 开具红字增值税专用发票

【例题·单选题】直接开具红字增值税专用发票时，以下属于必须执行的操作是（　）。

A．输入信息表编号

B．输入发票代码和号码

C．查看对应的蓝字增值税专用发票数据

D．输入红字增值税专用发票的内容

【解析】上述选项中，只有信息表编号是必须输入的，A选项正确。B选项，如果信息表中没有发票代码和号码，则可以不必输入；C选项，并不是必须查看蓝字增值税专用发票数据；D选项，只有在发票库中无法找到对应的蓝字增值税专用发票信息，或没有输入蓝字增值税专用发票信息时，才需要手动输入红字增值税专用发票的内容。

【答案】A

9. 红字增值税普通发票的填开

红字增值税普通发票的填开不受信息表管理的限制。当企业所填开的增值税普通发票有误或由于商品质量等问题购货方需要退货，但蓝字增值税普通发票已抄税不能作废时，便可开具红字增值税普通发票进行冲抵。红字增值税普通发票的填开方法与直接开具红字增值税专用发票的方法类似，其具体操作如下。

（1）进入发票管理功能模块，单击【发票管理】/【发票填开】/【增值税普通发票填开】菜单命令，或单击“发票填开”按钮，在弹出的子菜单中单击“增值税普通发票填开”命令，选择发票卷并确认发票代码与号码后，进入增值税普通发票的填开界面，单击上方的红字按钮，如图2-93所示。

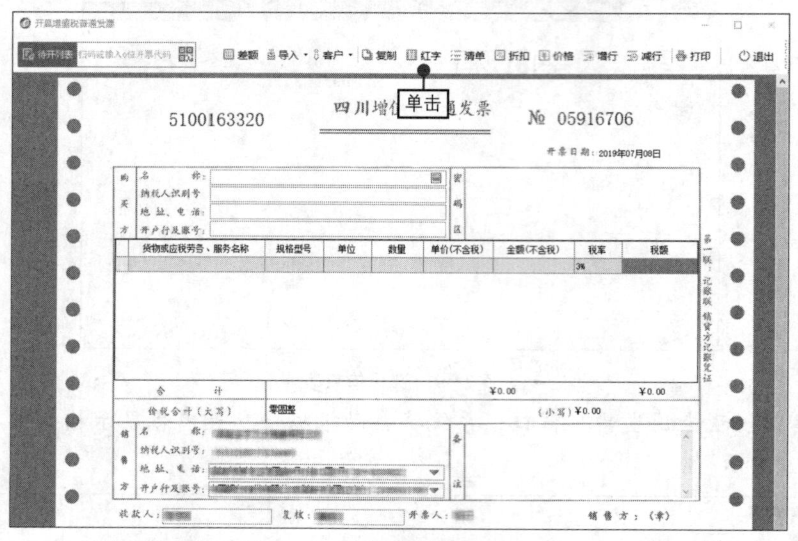

图2-93 增值税普通发票填开界面

（2）打开“销项正数发票代码号码填写、确认”对话框，在其中输入红字增值税普通发票对应的蓝字增值税普通发票的代码和号码后，单击下一步按钮，如图2-94所示。

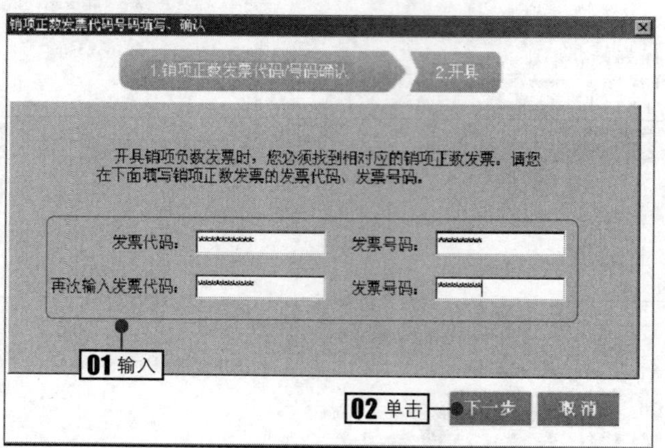

图2-94 输入蓝字增值税普通发票代码和号码

（3）在打开的对话框中将显示蓝字增值税普通发票的相关信息，确认无误后单击确定按钮，如图2-95所示。此后税控开票软件会自动录入红字增值税普通发票的信息，检查后单击打印按钮即可。

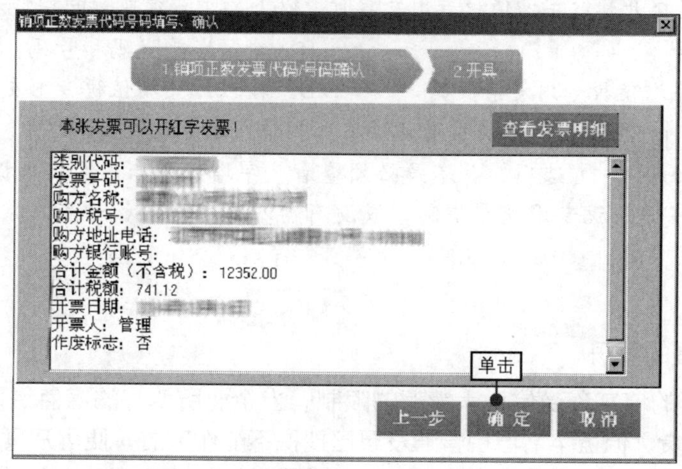

图2-95 提示能否开具红字发票

2.2.5 增值税发票的查询

企业填开的增值税发票数据会保留到税控开票软件的数据库中，方便企业后期进行查询和管理，下面介绍已开发票的查询，以及通过设置条件查询并导出发票的操作方法。

1. 已开发票查询

利用已开发票查询功能，可以查询指定期间和指定类型的增值税发票开具情况，其具体操作如下。

（1）进入发票管理功能模块，单击【发票管理】/【已开发票查询】菜单命令，或单击“发票查询”按钮，如图2-96所示。

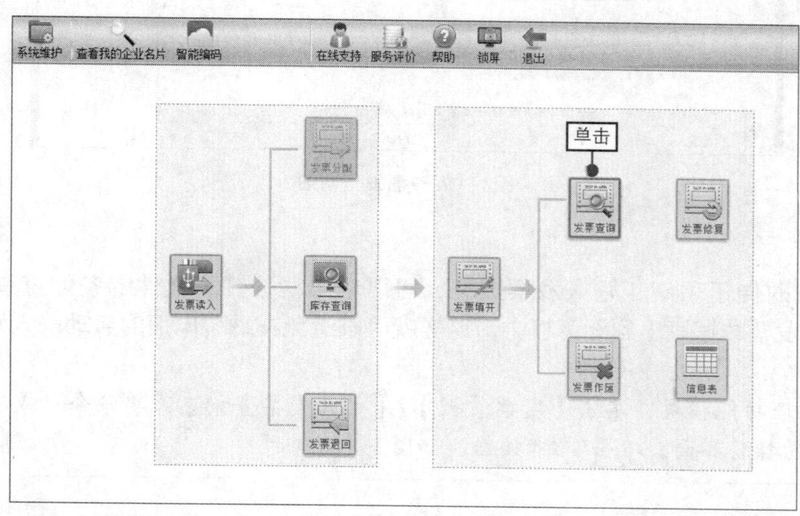

图2-96 执行发票查询操作

（2）进入发票查询的操作界面，在其中可以通过选择年份、月份、发票类型、报送状态等来查看发票情况。这里选择查看的是2019年5月填开的增值税专用发票，如图2-97所示。

图2-97 显示2019年5月填开的增值税专用发票

（3）如需查看某张发票的详细内容，则可选择该张发票对应的选项，然后单击查看明细按钮，如图2-98所示。

图2-98 选择发票

（4）此时将打开“增值税专用发票查询”窗口，在其中将显示所选发票的填开信息，如图2-99所示。

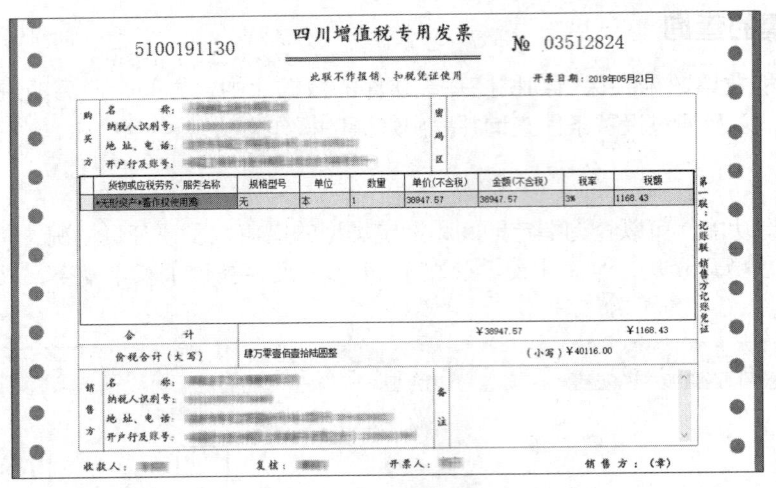

图2-99 查看发票明细

2. 条件查询与导出

为了在纳税申报时便于采集和导入发票数据，可以利用税控开票软件的条件查询和销项发票导出功能，将指定的增值税发票数据导出到计算机中，这样就可以避免在纳税申报时手动录入发票信息。其具体操作如下。

（1）进入发票管理功能模块，单击【发票管理】/【已开发票查询】菜单命令，或单击“发票查询”按钮。进入发票查询的操作界面，单击查找按钮，如图2-100所示。

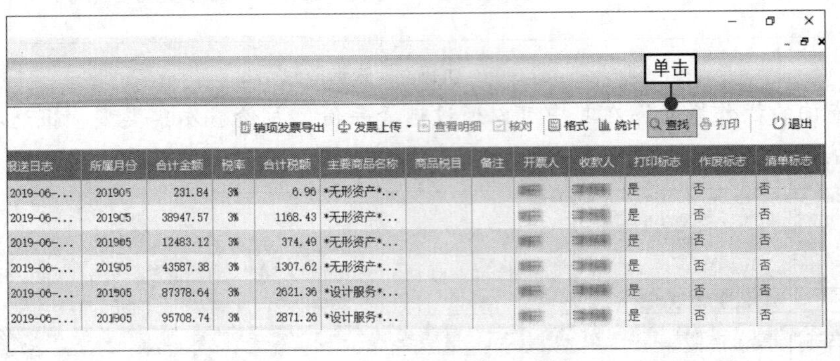

图2-100 执行查找发票操作

（2）打开“查询条件”对话框，在其中可设置查询条件，这里设置为查询企业在2019年5月的开票情况，完成后单击确定按钮，如图2-101所示。

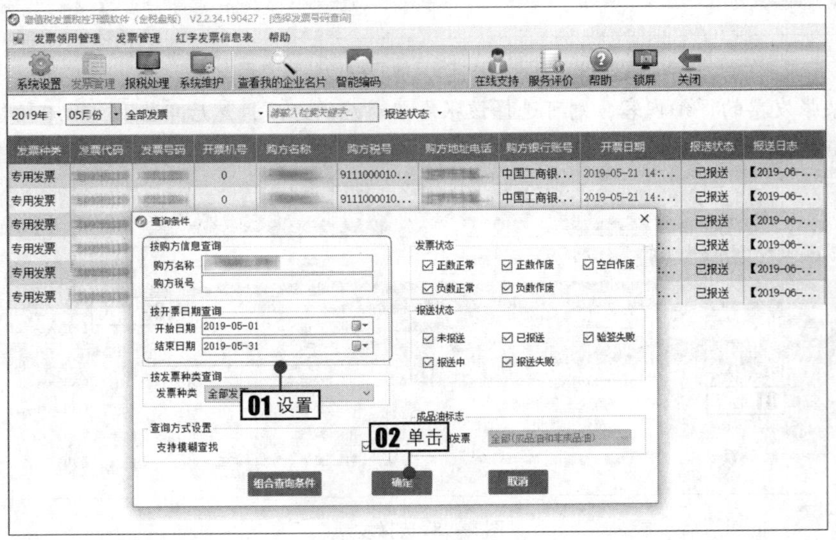

图2-101 设置查询条件

（3）此时在发票查询的操作界面中将显示对应的发票填开情况。如果还需要执行销项发票导出操作，则可以继续单击 销项发票导出 按钮，如图2−102所示。

支持 服务评价 帮助 锁屏 关闭

单击 销项发票导出 发票上传 查看明细 核对 格式 统计 查找

购方银行账号	开票日期	报送状态	报送日志	所属月份	合计金额	税率	合计税额	主要商品名称	商品税目	备注	开票人	收款人	打印标志
中国工商银...	2019-05-21 14:...	已报送	【2019-06-...	201905	231.84	3%	6.96	*无形资产*...					是
中国工商银...	2019-05-21 14:...	已报送	【2019-06-...	201905	38947.57	3%	1168.43	*无形资产*...					是
中国工商银...	2019-05-18 10:...	已报送	【2019-06-...	201905	12483.12	3%	374.49	*无形资产*...					是
中国工商银...	2019-05-16 11:...	已报送	【2019-06-...	201905	43587.38	3%	1307.62	*无形资产*...					是
中国工商银...	2019-05-09 10:...	已报送	【2019-06-...	201905	87378.64	3%	2621.36	*设计服务*...					是
中国工商银...	2019-05-09 10:...	已报送	【2019-06-...	201905	95708.74	3%	2871.26	*设计服务*...					是

图2−102 导出销项发票

（4）打开“销项发票导出”对话框，在其中可以重新设置需要导出销项发票的所属期间，这里设置为2019年4月至6月填开的发票，单击 确定 按钮，如图2−103所示。

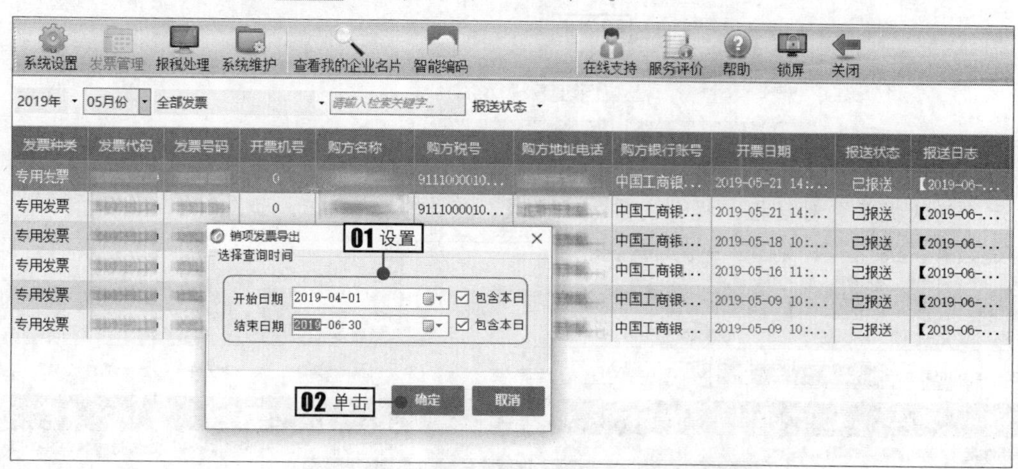

图2−103 设置发票所属期间

（5）打开“选择所属期”对话框，在其中可以设置填报日期和申报所属期，完成设置后单击 导出 按钮，如图2−104所示。

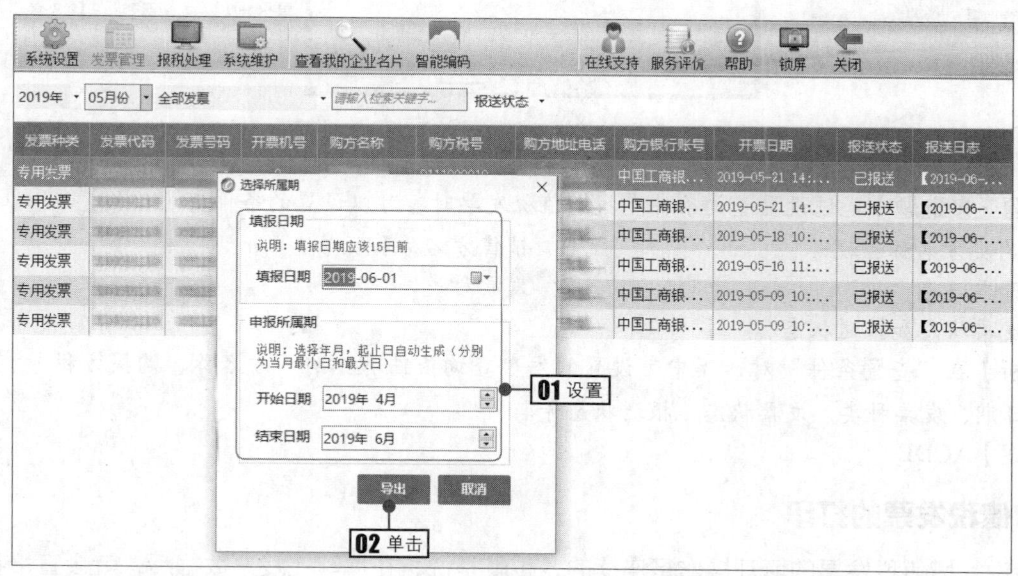

图2−104 选择所属期间

（6）打开“浏览文件夹”对话框，在其中可以设置发票导出后保存的位置，然后单击 确定 按钮，如图2−105所示。

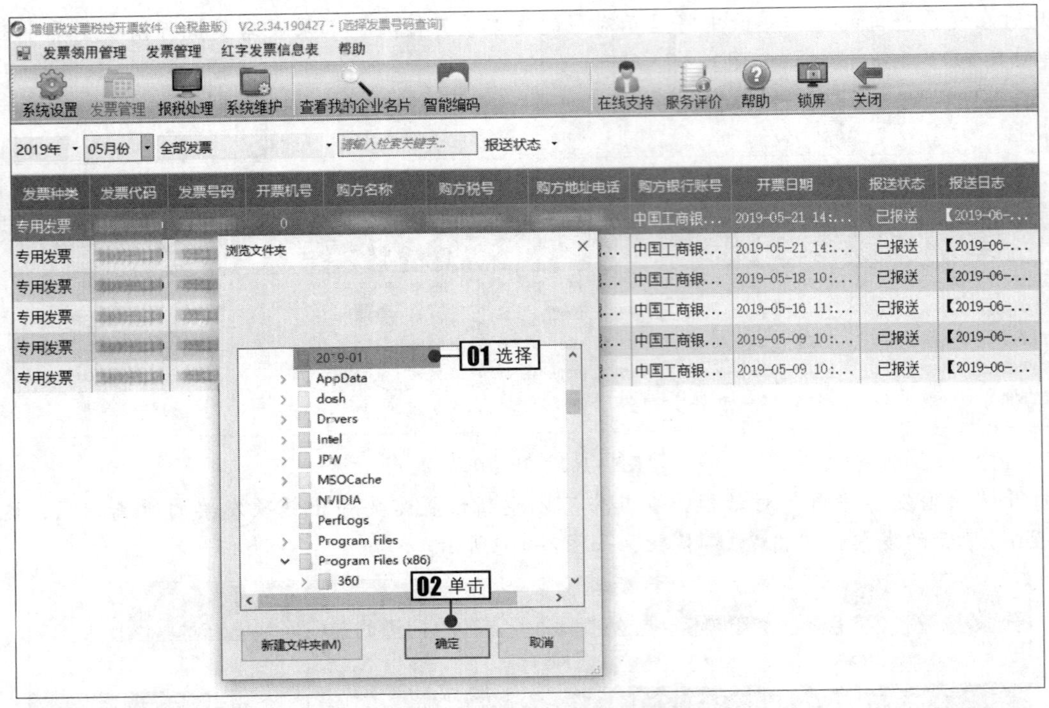

图2-105 设置导出位置

（7）打开“确认提示”对话框，提示发票导出完成，单击确认按钮，如图2-106所示。

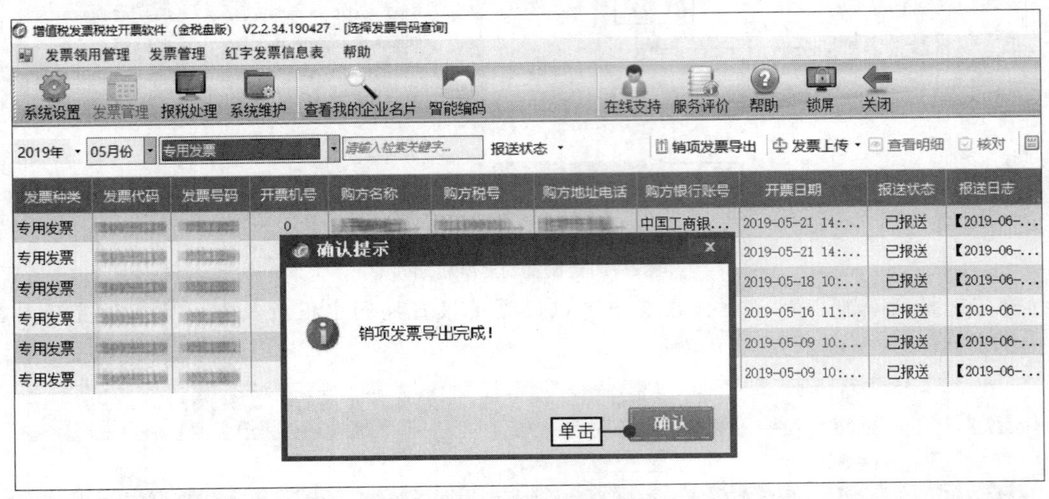

图2-106 完成导出操作

【例题·多选题】通过设置查询条件查找增值税发票时，可以设置的条件有（ ）。

A. 购买方名称和税号　　B. 销售方名称和税号

C. 开票日期　　D. 发票种类

E. 发票状态和报送状态

【解析】在“查询条件”对话框中可设置的发票查询条件有：购买方名称、购买方税号、开票的开始和结束日期、发票种类、发票状态、报送状态等。

【答案】ACDE

2.2.6 增值税发票的打印

一般来说，增值税发票的填开操作是连续的，也就是说，在填写完发票数据后，就会直接打印发票。在“开具增值税专用发票”窗口中单击打印按钮，便会打开“打印”对话框，其中会显示与计算机连接的发票打印机，用户可以通过设置边距来控制打印内容在纸质发票上的显示位置。完成设置后单击打印按钮即可实现打印操作，如图2-107所示，单击不打印按钮则会取消打印但将保存发票数据。

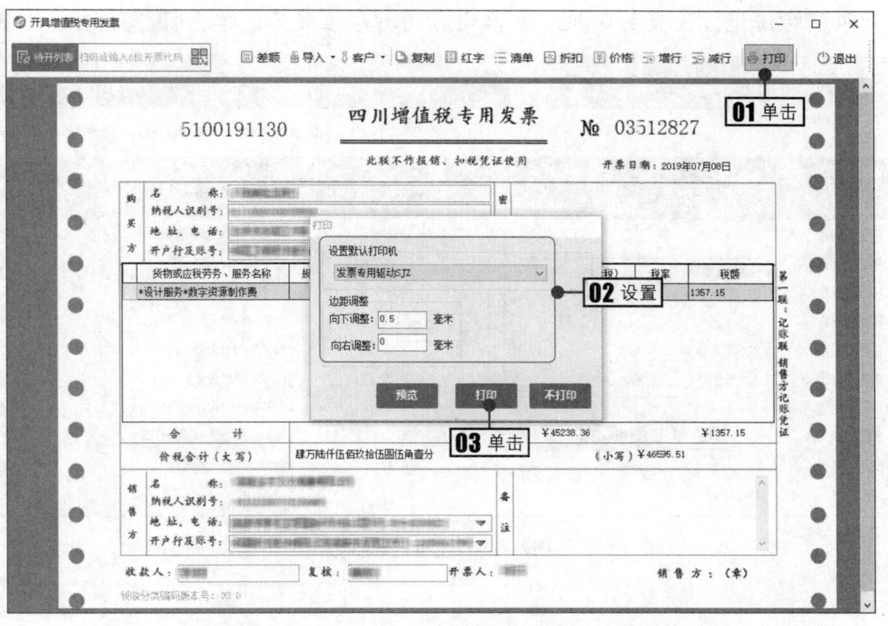

图2-107 打印发票

操作人员如果需要打印已经填写好的发票，则可以通过查找的方式找到该张发票，然后执行打印操作，其具体操作如下。

（1）进入发票管理功能模块，单击【发票管理】/【已开发票查询】菜单命令，或单击“发票查询”按钮，打开发票查询的操作界面，找到并选择需要打印的发票选项，单击打印按钮，在弹出的子菜单中单击“发票”命令，如图2-108所示。

图2-108 执行打印操作

（2）打开“发票号码确认”对话框，确认当前发票种类、代码和号码与打印机中的纸质发票的种类、代码和号码是否一致，确认无误后单击确认按钮，如图2-109所示。

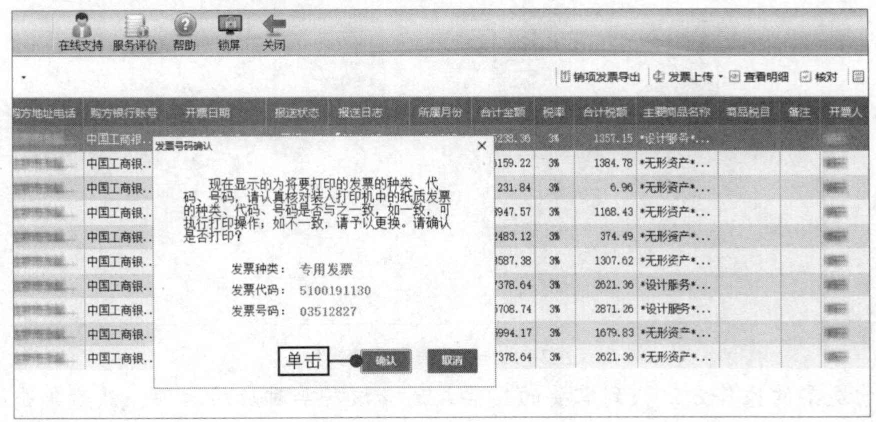

图2-109 确认发票

（3）打开“打印”对话框，设置打印机和发票内容的打印位置后，单击 打印 按钮，如图2-110所示。

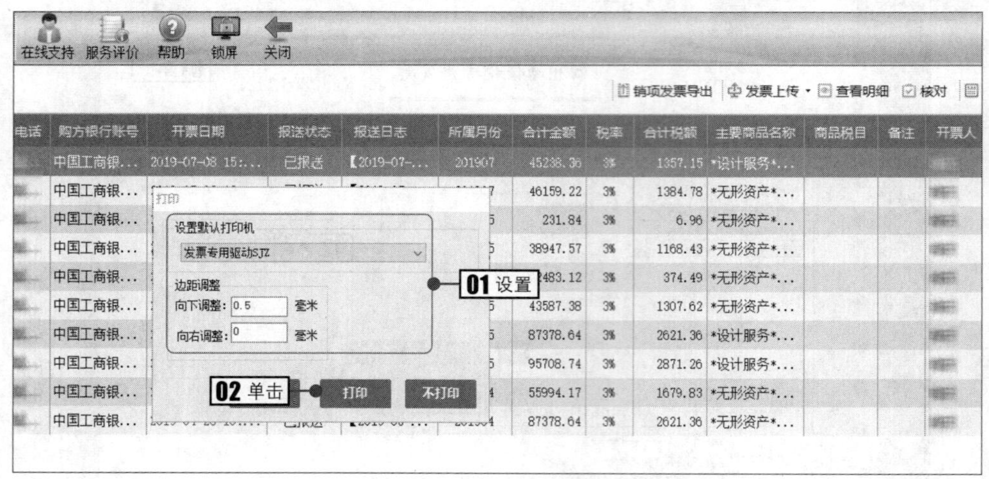

图2-110 设置打印参数

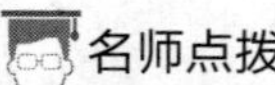

名师点拨

操作人员如果需要打印发票中的销货清单，可以通过查找的方式找到该张发票，单击 打印按钮，在弹出的子菜单中单击“销货清单”命令进行打印。

2.2.7 增值税发票的作废与修复

税控开票软件提供的作废与修复功能，可以纠正发票填开错误或避免开票系统数据与金税盘数据不一致等情况，能够帮助操作人员解决发票填开过程中遇到的错漏。

1. 已开发票作废

当操作人员所开发票有误或由于商品质量等问题致使购货方退回，且已经开具的发票尚未抄税时，可以利用已开发票作废的功能作废发票，其具体操作如下。

（1）进入发票管理功能模块，单击【发票管理】/【已开发票作废】菜单命令，或单击“发票作废”按钮，如图2-111所示。

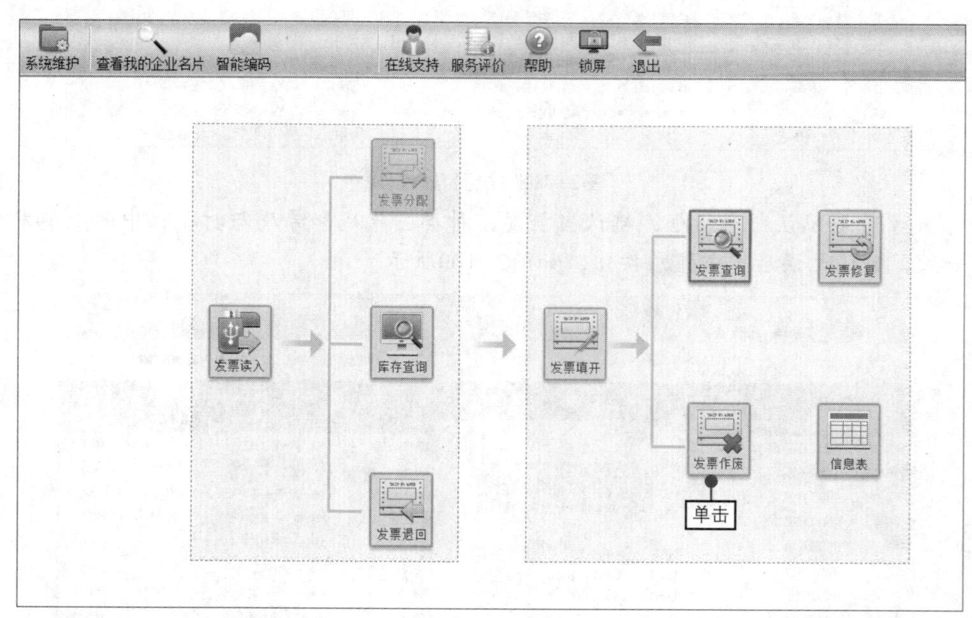

图2-111 执行发票作废操作

（2）按照查询发票的操作方法找到需要的发票，选择该发票对应的选项，然后单击 作废 按钮，如图2-112所示。

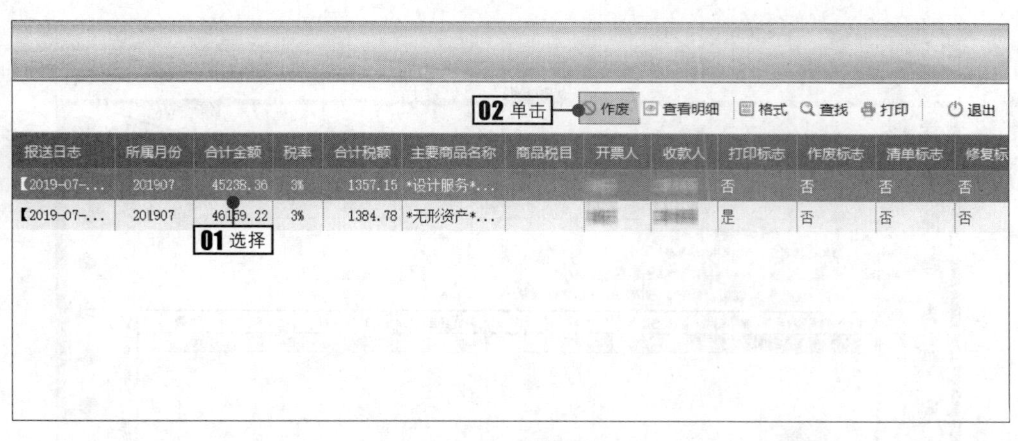

图2-112 选择发票

（3）打开“发票作废”对话框，提示需要作废的发票数量，单击确认按钮，如图2-113所示。

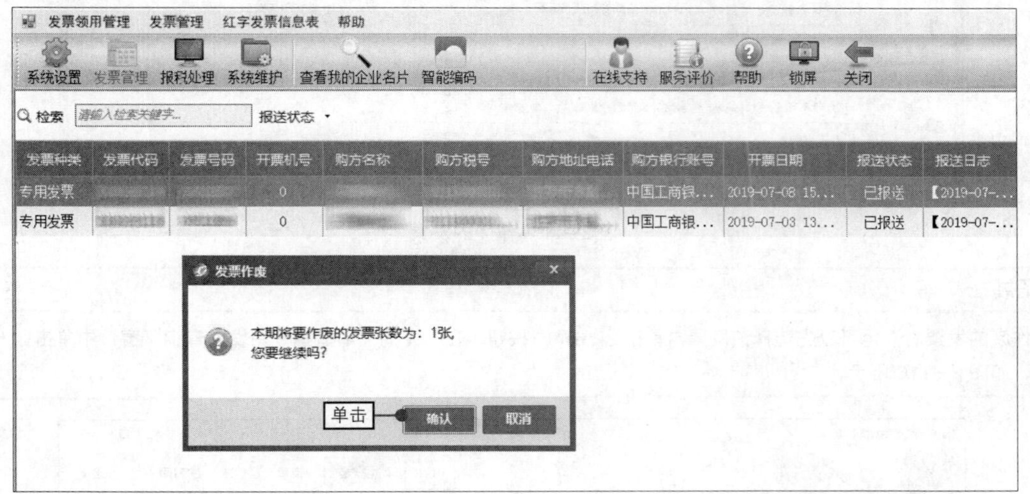

图2-113 确认作废

（4）打开“提示”对话框，提示本期作废发票成功和失败的数量，单击确认按钮，如图2-114所示。

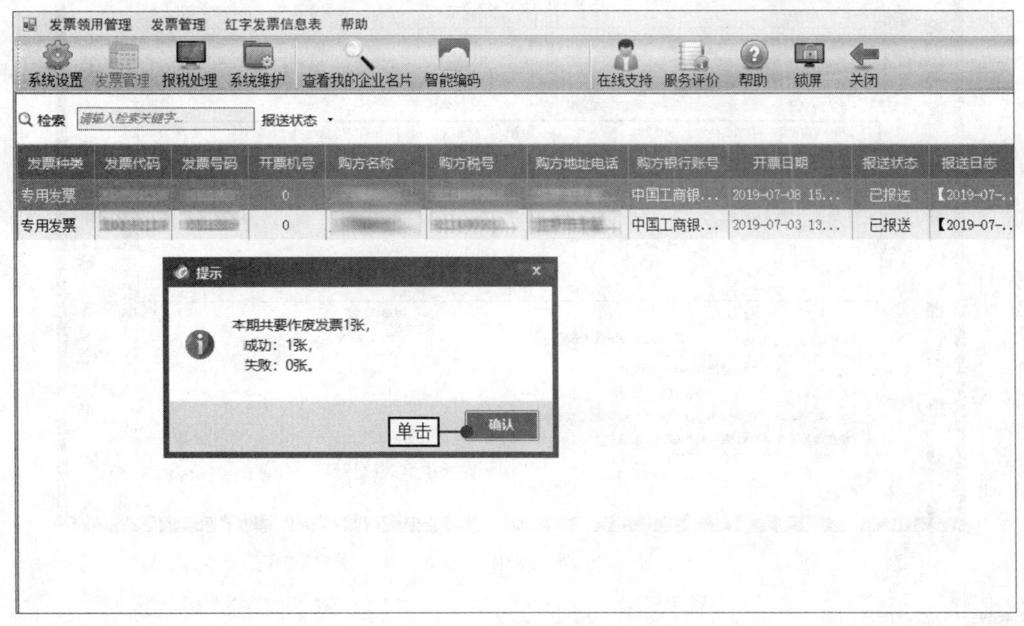

图2-114 作废成功

（5）单击查看明细按钮，打开“增值税专用发票查询”窗口，可看到所选发票的右上角显示的“作废”字样，表示已经对该张发票进行了作废处理，如图2-115所示。

图2－115 作废的发票

知识拓展

查询到需要作废的发票后，也可以先选择该发票再单击 查看明细 按钮，在打开的“增值税专用发票查询”窗口中单击 作废 按钮作废当前发票，如图 2－116 所示。

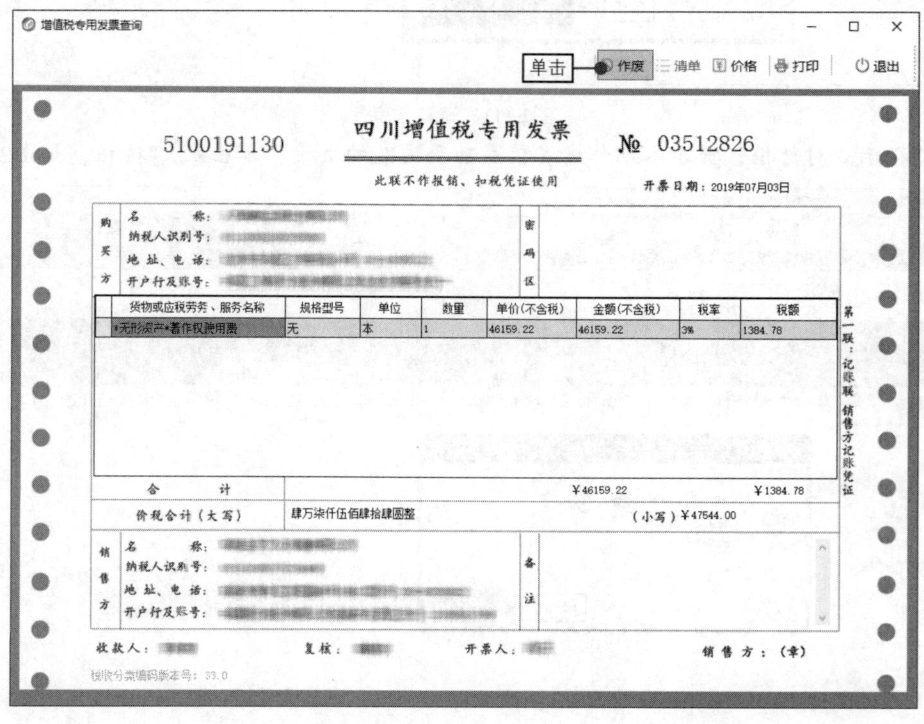

图2－116 作废发票

名师点拨

除系统管理员可以作废任何操作人员开具的发票外，其他操作人员需遵守“谁开具，谁作废”的发票作废原则。另外，已经抄税的发票不能进行作废处理，只能开具红字发票进行冲抵。

2. 未开发票作废

当企业尚未使用的纸质发票遗失或损毁时，操作人员可以利用未开发票作废这一功能进行作废处理，其具体操作如下。

（1）进入发票管理功能模块，单击【发票管理】/【未开发票作废】/【增值税专用发票作废】菜单命令，如图2-117所示。

（2）打开确认发票种类、代码、号码等信息的对话框，在其中的文本框中输入需要作废的发票数量，这里输入“10”，单击确定按钮，如图2-118所示。

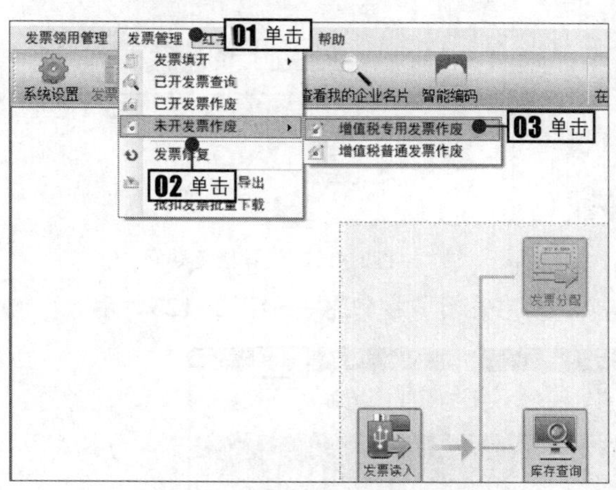

图2-117 执行未开发票作废操作

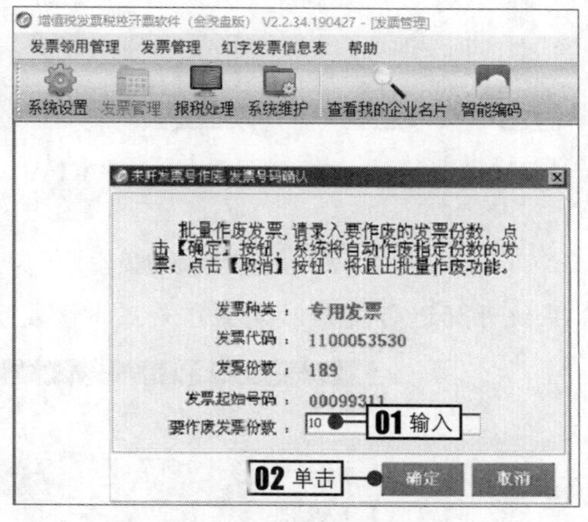

图2-118 输入作废发票的数量

（3）打开“确认”对话框，提示本次作废发票的情况，确认无误后单击确认按钮，如图2-119所示。

（4）打开“确认提示”对话框，提示本次作废发票成功和失败的数量，单击确认按钮，如图2-120所示。

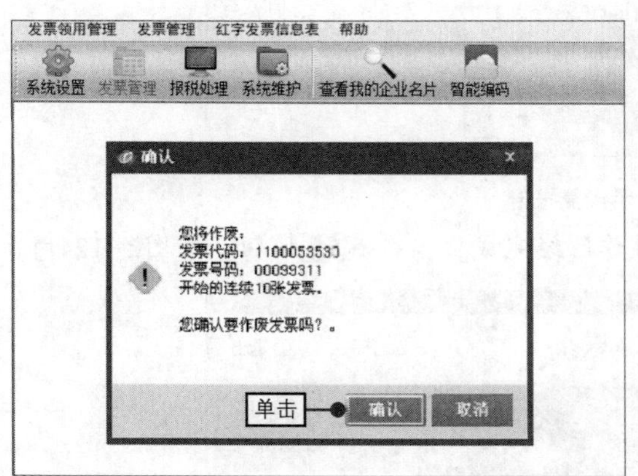

图2-119 确认作废

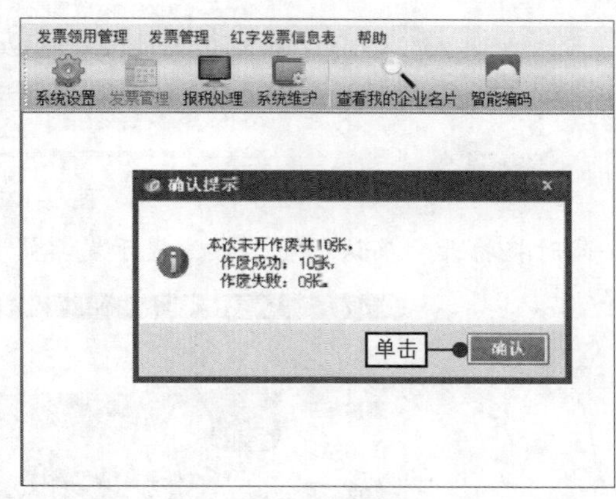

图2-120 作废成功

【例题·单选题】执行增值税专用发票的未开发票作废操作后，首先执行的是（　）。

A. 确认作废操作　　　　B. 输入作废发票数量

C. 提示是否继续　　　　D. 显示作废结果

【解析】在发票管理界面单击【发票管理】/【未开发票作废】/【增值税专用发票作废】菜单命令后，将打开核对发票种类、代码和号码的对话框，在其中需要输入作废发票的数量。

【答案】B

3. 修复发票

如果税控开票软件中的发票数据与金税盘中记录的数据不一致，那么操作人员可以利用发票修复的功能，以金税盘中的发票数据为依据，修复税控开票软件中的发票数据，其具体操作如下。

（1）进入发票管理功能模块，单击【发票管理】/【发票修复】菜单命令，或单击“发票修复”按钮，如图2-121所示。

（2）打开“发票修复”对话框，在“年份”和“月份”下拉列表框中分别设置需要修复的期间，单击 确定 按钮，如图2–122所示。

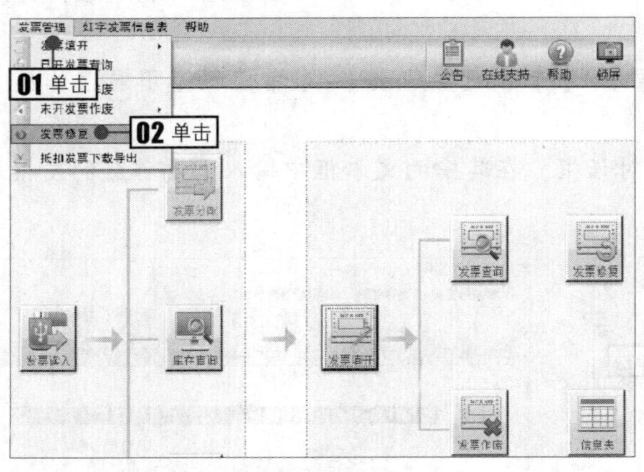

图2–121 执行发票修复操作

图2–122 设置修复期间

（3）系统开始进行发票修复操作并显示修复情况，单击“关闭”按钮☒，如图2–123所示。

图2–123 显示修复报告

（4）此时将打开“确认”对话框，提示发票修复操作已经完成，单击 确认 按钮，如图2–124所示。

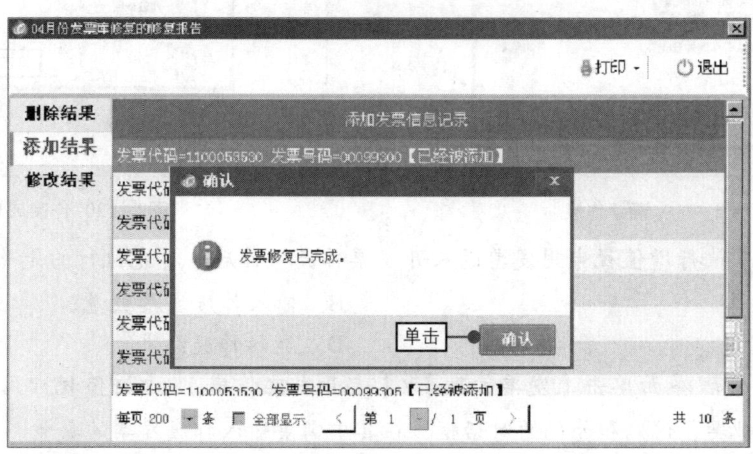

图2–124 修复完成

2.3 税控开票软件的其他功能

税控开票软件除具有增值税发票的填开操作外，还具有抄报税、发票资料查询与打印、税控开票软件状态查询、发票资料统计等多种实用功能，下面分别进行介绍。

2.3.1 抄税与报税操作

使用税控开票软件的企业，在完成发票的填开后，都会涉及抄税、报税和清卡等规定操作。

1. 抄报税概述

使用金税盘等税控开票软件的企业，需要理解以下几个概念的含义，才能更好地进行抄报税操作。

- **征期抄税**：征期抄税指的是企业在每月月初纳税申报期内（1~15日内）正常抄报税的操作，即在当月对上一月度填开发票的信息进行收集并对增值税进行抄报税处理。企业必须在报税期内进行抄报税操作，否则开票系统将自动锁死。
- **非征期抄税**：非征期抄税指的是企业该月申报期截止日后至月末非纳税申报期的期间进行抄税处理，此时必须打印纸质报表到主管税务机关处清卡，才能进行以后的其他操作。
- **锁卡**：锁卡即没有在申报期进行抄报税操作而导致开票系统被锁死，无法正常开票的情形。锁卡后企业需持金税盘和营业执照到主管税务机关解锁。
- **清卡**：金税盘每个月会上报前一个月的开票信息，企业在申报纳税后，需要手动清除数据，即清卡。

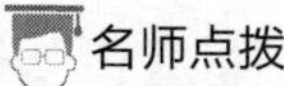

企业通过网络远程报税并清卡时，必须保证授权票种均未进行征期报税，同时确保所有离线开具的发票都已经上传到税务机关的服务器上。

2. 远程抄报与清卡

税控开票软件有远程抄报管理功能，可以轻松实现网上抄报和清卡，其具体操作如下。

（1）单击“报税处理”按钮进入报税处理功能模块，单击【报税管理】/【远程抄报管理】/【远程抄报】菜单命令，或单击“上报汇总”按钮，如图2-125所示。

（2）系统将自动进行抄税和报税操作，稍后会打开“提示”对话框，提示抄报操作成功，单击确认按钮，如图2-126所示。

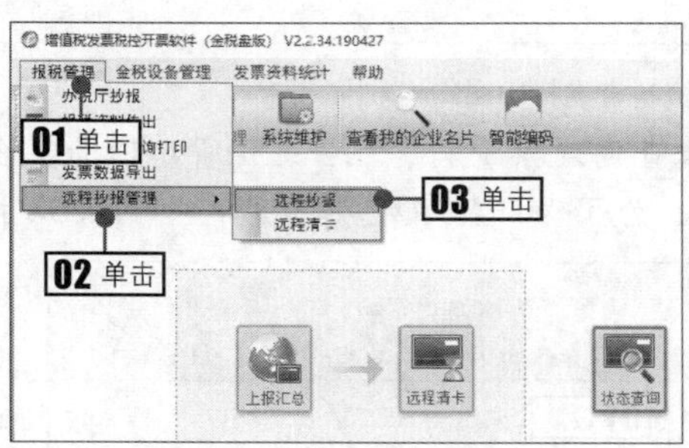

图2-125 远程抄报

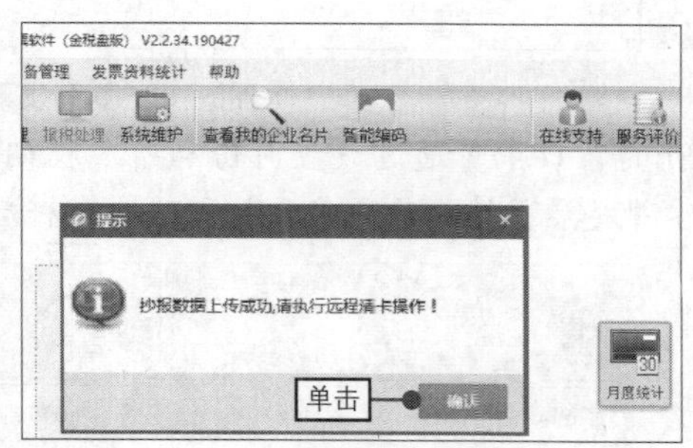

图2-126 抄报成功

（3）单击【报税管理】/【远程抄报管理】/【远程清卡】菜单命令，或单击“远程清卡”按钮，如图2-127所示。

（4）系统同样会自动进行清卡，稍后也会打开“提示”对话框，提示清卡操作成功，单击确认按钮，如图2-128所示。

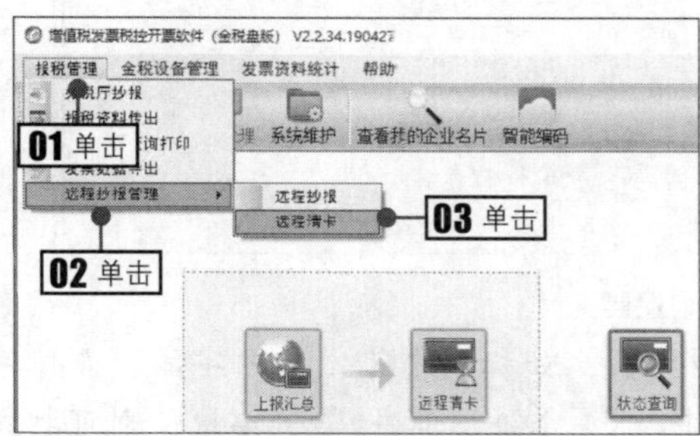

图2-127 远程清卡

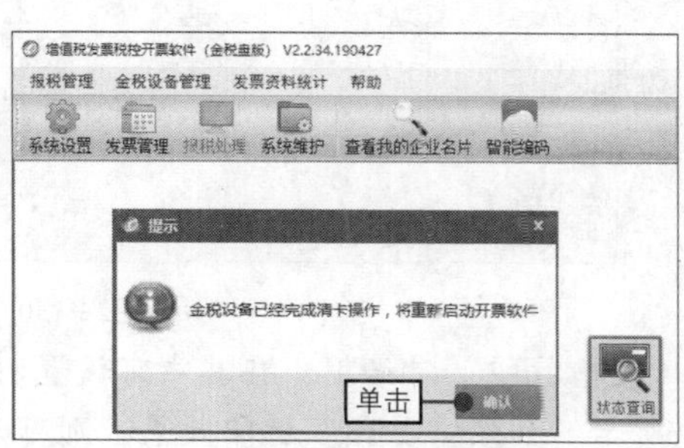

图2-128 清卡成功

【例题·单选题】使用税控开票软件抄报税时，锁卡表示（　）。

A. 锁定抄报税结果　　　　B. 清除开票信息

C. 开票系统被锁死　　　　D. 锁定开票数据

【解析】锁卡的意思是企业在申报期没有进行抄报税操作，之后开票系统会被锁死，导致后期无法正常开票。

【答案】C

2.3.2 发票资料的查询与打印

企业若选择到税务机关办税大厅报税，则会计人员需要携带相应的报表资料，此时便可利用税控开票软件的发票资料查询打印功能，按照当地税务机关的要求打印各种报表，其具体操作如下。

（1）单击“报税处理”按钮进入报税处理功能模块，单击【报税管理】/【发票资料查询打印】菜单命令，或单击“发票资料”按钮，如图2-129所示。

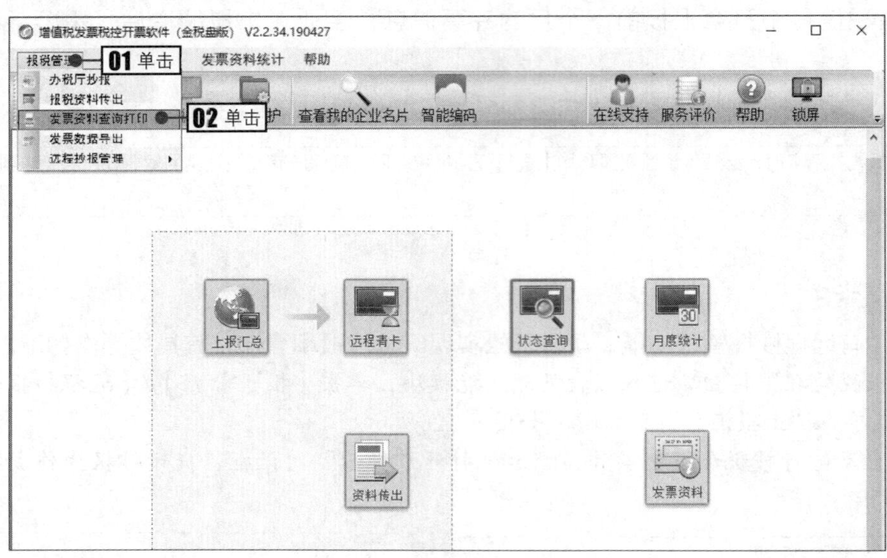

图2-129 执行发票资料查询打印操作

（2）在打开的窗口中可通过设置月份和所属税期来查询发票资料，图2-130所示即为某企业查询的2018年12月累计的各种发票资料。确认需要打印这些资料后，为了保证打印效果，可单击预览打印按钮。

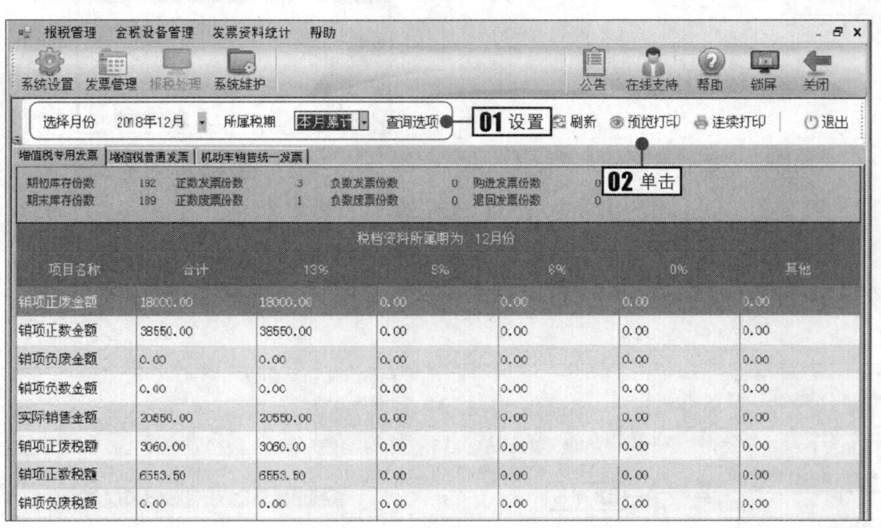

项目名称	合计	13%	5%	6%	0%	其他
销项正废金额	18000.00	18000.00	0.00	0.00	0.00	0.00
销项正数金额	38550.00	38550.00	0.00	0.00	0.00	0.00
销项负废金额	0.00	0.00	0.00	0.00	0.00	0.00
销项负数金额	0.00	0.00	0.00	0.00	0.00	0.00
实际销售金额	20550.00	20550.00	0.00	0.00	0.00	0.00
销项正废税额	3060.00	3060.00	0.00	0.00	0.00	0.00
销项正数税额	6553.50	6553.50	0.00	0.00	0.00	0.00
销项负废税额	0.00	0.00	0.00	0.00	0.00	0.00

图2-130 查询发票资料

（3）打开“表格打印”对话框，在其中可设置打印参数，如标题内容、标题字体、表体字体和表体参数等，如图2-131所示。如果需要预览打印效果，则可单击预览按钮。单击打印按钮，则可打印当前显示的发票种类对应的发票。

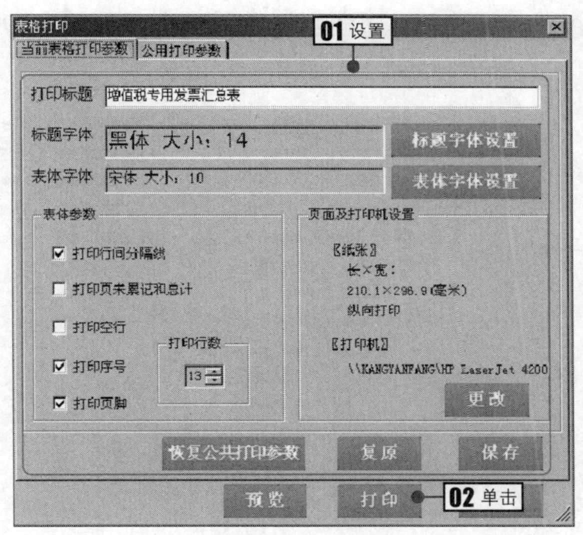

图2-131 打印设置

（4）若需要连续打印多种发票种类，则可单击连续打印按钮，打开“连续打印”对话框，在其中设置需要打印的发票种类，单击确定按钮，如图2-132所示。

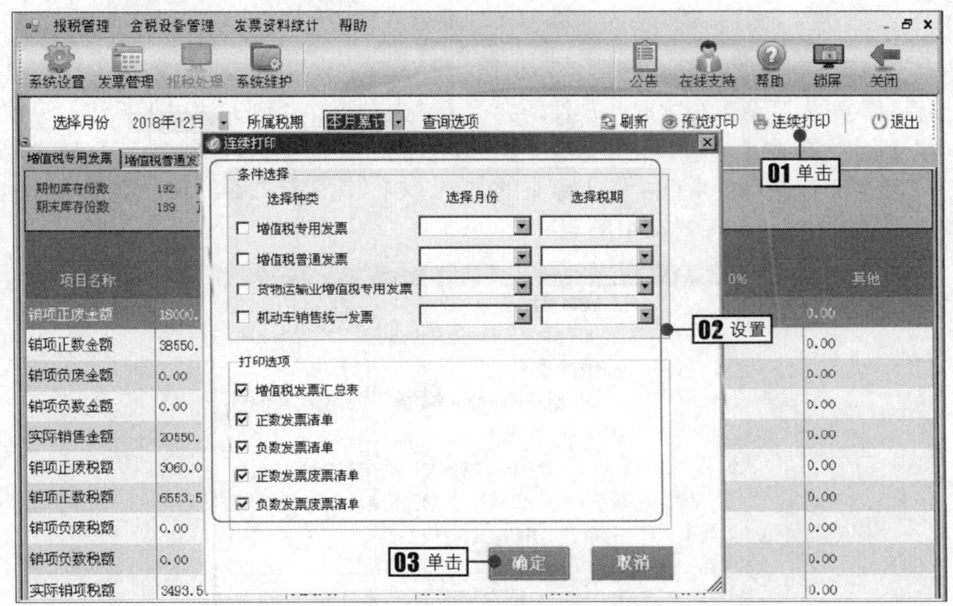

图2-132 连续打印

2.3.3 税控开票软件的状态查询

对税控开票软件进行状态查询和口令设置，可以让操作人员更清楚软件的使用情况，并能提高软件的安全性。

1. 状态查询

状态查询功能可以查询开票机类型、机号、是否到抄税期、是否到锁死期、金税盘内是否还有库存发票等各种信息。状态查询方法：进入报税处理功能模块，单击【金税设备管理】/【金税设备状态查询】菜单命令，或单击“状态查询”按钮，打开“金税设备状态查询”对话框，其中的不同选项卡中将显示金税设备信息、增值税专用发票及增值税普通发票信息、机动车销售统一发票信息，单击某个选项卡对应的标签，即可查看该部分的详细信息，如图2-133所示。

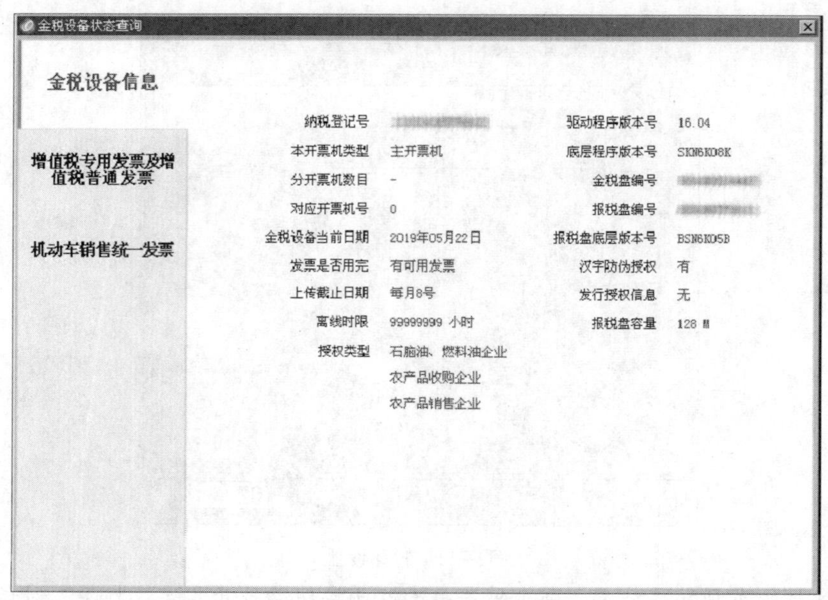

图2-133 查看金税设备状态

2. 口令设置

金税盘的一级默认口令为“23456789”，为防止他人随意进入开票系统，操作人员可以对该默认口令进行修改。修改后每次进入开票系统之前，软件均会提示输入口令，否则无法进入系统。设置口令的方法：进入报税处理功能模块，单击【金税设备管理】/【金税设备口令设置】菜单命令，打开“金税设备口令设置”对话框，在“核对原口令”文本框中输入原来的口令，在“输入新口令”和“重新输一遍”文本框中输入新的口令，单击确认按钮，如图2-134所示。

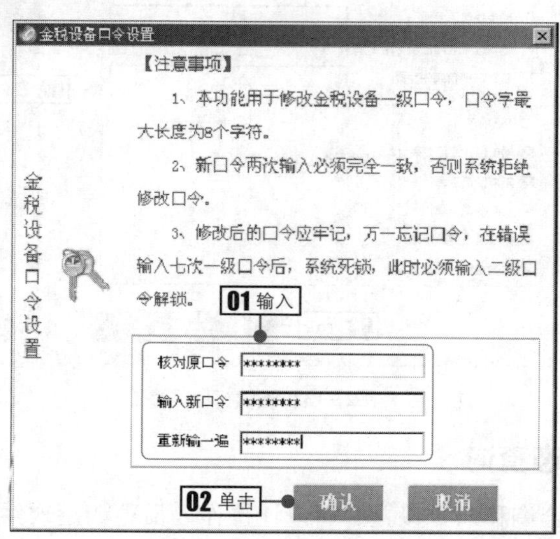

图2-134 更改口令

2.3.4 发票资料统计

税控开票软件提供有月度统计和年度统计的功能，可以实现对企业发票资料的数据统计，下面分别介绍这两种统计的操作方法。

1. 月度统计

税控开票软件的月度资料统计功能可以统计企业金税盘中某一个会计月份各种发票的领用、库存以及税额等方面的数据，其具体操作如下。

（1）进入报税处理功能模块，单击【发票资料统计】/【金税设备月度资料统计】菜单命令，或单击“月度统计”按钮，打开“指定汇总范围”对话框，在其中设置需要统计的发票种类、年份、月份和所属

税期，单击 确定 按钮，如图2-135所示。

（2）此时将打开相应的月度资料统计窗口，其中将显示该月份下各种发票的统计结果，如图2-136所示。

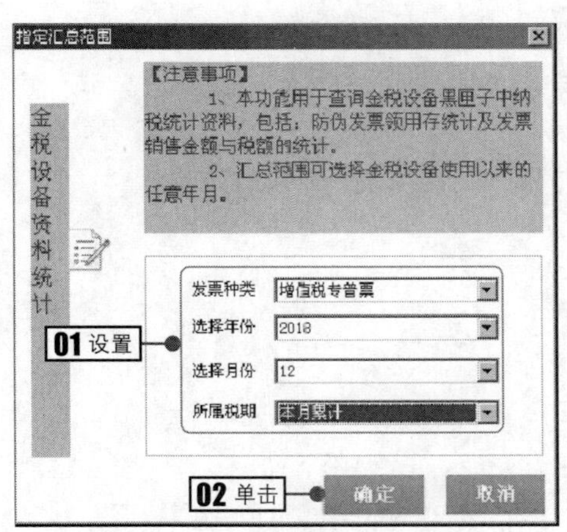

图2-135 指定汇总范围

金税设备2018年12月资料统计

格式 打印 退出

专用发票 普通发票

期初库存份数	199	正数发票份数	3	负数发票份数	0
购进发票份数	0	正数废票份数	2	负数废票份数	0
退回发票份数	0	期末库存份数	196		

税档资料所属期为 12月份

项目名称	合计	13%	3%	6%	0%	其他
销项正废金额	0.00	0.00	0.00	0.00	0.00	0.00
销项正数金额	12352.00	0.00	0.00	12352.00	0.00	0.00
销项负废金额	0.00	0.00	0.00	0.00	0.00	0.00
销项负数金额	0.00	0.00	0.00	0.00	0.00	0.00
实际销售金额	12352.00	0.00	0.00	12352.00	0.00	0.00
销项正废税额	0.00	0.00	0.00	0.00	0.00	0.00
销项正数税额	741.12	0.00	0.00	741.12	0.00	0.00
销项负废税额	0.00	0.00	0.00	0.00	0.00	0.00
销项负数税额	0.00	0.00	0.00	0.00	0.00	0.00
实际销项税额	741.12	0.00	0.00	741.12	0.00	0.00

图2-136 显示统计结果

2. 年度统计

税控开票软件的年度资料统计功能可以统计企业金税盘中本年度内各种发票的领用、库存以及税额等方面的数据，统计范围只能选择在本年度内且当前报税期之前的任意连续月份，其具体操作如下。

（1）进入报税处理功能模块，单击【发票资料统计】/【金税设备年度资料统计】菜单命令，打开“指定汇总范围”对话框，在其中设置需要统计的发票种类、起始月份和结束月份，单击 确定 按钮，如图2-137所示。

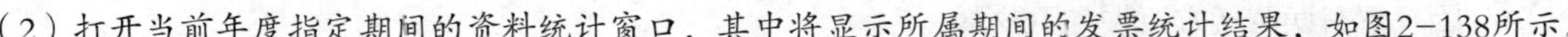

（2）打开当前年度指定期间的资料统计窗口，其中将显示所属期间的发票统计结果，如图2-138所示。

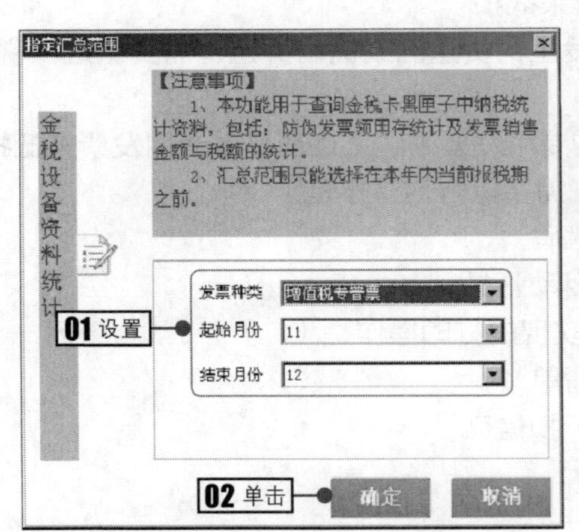

图2-137 设置汇总范围

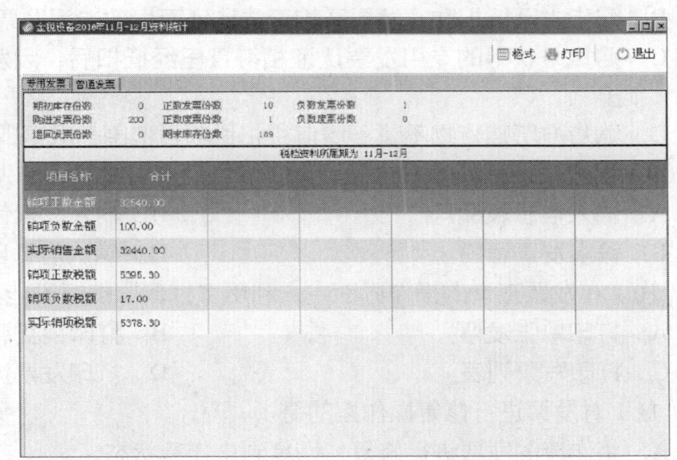

图2-138 显示统计结果

2.4 同步强化练习题

1. 单选题

（1）增值税专用发票中，字体颜色为绿色的联次是（ ）。

A. 存根联　　B. 记账联　　C. 抵扣联　　D. 发票联

（2）下列关于发票使用和保管的说法中，错误的是（ ）。

A. 允许拆本使用发票

B. 不能扩大发票使用范围

C. 已经开具的发票存根联和发票登记簿，应保存5年

D. 发票保存期满，需报经税务机关查验后销毁

（3）在填开增值税专用发票时，为了实现通过编码库来快速输入购买方信息，需要事先进行编码设置的对象是（　）。

A. 商品编码　　B. 客户编码
C. 购货单位编码　　D. 行政区编码

（4）税控开票软件的一般工作流程为（　）。

A. 购买发票→读入发票→填开发票→抄税报税
B. 读入发票→购买发票→填开发票→抄税报税
C. 购买发票→填开发票→读入发票→抄税报税
D. 填开发票→购买发票→读入发票→抄税报税

（5）首次登录金税盘开票系统后，无须设置的内容为（　）。

A. 主管用户
B. 企业纳税登记号
C. 企业地址、电话和银行账号
D. 安全接入服务器地址

（6）填开发票时，购买方信息可以从（　）选取。

A. 商品编码库　　B. 费用项目库
C. 客户编码库　　D. 购货单位库

（7）下列不属于常规蓝字增值税发票填开操作环节的是（　）。

A. 填写购买方信息　　B. 填写销售方信息
C. 填写商品信息　　D. 打印发票

（8）下列不属于需要购货方申请开具信息表的情形的是（　）。

A. 因开票有误购货方拒收专用发票
B. 购货方因抵扣联、发票联均无法认证而导致专用发票未抵扣
C. 购货方获得的专用发票认证相符且已经抵扣后，因发生销货退回或销售折让，需要做进项税额转出
D. 购货方所购货物不属于增值税扣税项目范围，取得的专用发票未经认证而导致专用发票未抵扣

（9）通过直接开具的方式开具红字增值税专用发票，首先需要执行的操作是（　）。

A. 输入信息表编号　　B. 输入发票代码
C. 输入发票号码　　D. 确认信息自动开具

（10）在发票查询的操作界面中，利用“打印”按钮不能实现的打印操作是（　）。

A. 打印单张发票　　B. 打印销货清单
C. 打印发票列表　　D. 打印发票折扣信息

（11）对发票进行修复操作指的是（　）。

A. 将作废的发票进行修复，恢复到未作废状态
B. 修复发票中填写错误的数据
C. 以金税盘中的数据为准，重新核对税控开票软件的发票数据，使二者数据一致
D. 将已经抄报税的发票修复为未抄报税之前的状态

2. 多选题

（1）增值税专用发票可以作为（　）。

A. 免税凭证　　B. 扣税凭证
C. 经济责任证书　　D. 会计核算凭证
E. 法律证书

（2）下列选项中，属于税控开票软件能够实现的功能有（　）。

A. 填开蓝字与红字增值税发票
B. 远程抄报税

C. 税务登记与管理

D. 远程清卡

E. 数据迁移与备份

（3）开具红字增值税专用发票的方式包括（　）。

A. 直接开具红字增值税专用发票

B. 通过复制信息表内容开具红字增值税专用发票

C. 通过扫码开具红字增值税专用发票

D. 通过导入信息表开具红字增值税专用发票

E. 通过网络下载信息表开具红字增值税专用发票

（4）利用税控开票软件对增值税发票进行作废处理时，可以作废的发票是（　）。

A. 已开具但尚未抄税的增值税专用发票

B. 未开具的增值税专用发票

C. 已开具且已抄税的发票

D. 未开具的增值税普通发票

E. 已开具但尚未抄税的增值税普通发票

（5）利用金税盘的发票资料统计功能，可以对发票实现的统计操作有（　）。

A. 月度统计　　B. 季度统计

C. 本年度统计　　D. 年度统计

E. 随机统计

金税三期报税系统的应用

本章主要介绍金税三期报税系统的应用，主要包括金税三期报税系统概述、涉税事项办理、金税三期报税系统的基本应用以及个人所得税申报操作等内容。

本章内容属于考试重点，所占分值约为30分，需要考生具备网上报税、系统报税、涉税处理等各方面的操作能力。其中，增值税申报、企业所得税申报、个人所得税申报、财务报表的填写以及各种与申报相关的基本操作，属于本章考试的热门考点，考生需要特别注意并加强练习。

▼ 本章知识体系一览表

金税三期报税系统的应用	金税三期报税系统概述	（1）认识金税工程（★） （2）金税三期报税系统的登录方式（★）
	涉税事项办理	（1）税务登记（★★） （2）认定管理（★★） （3）跨区域涉税（★★） （4）发票使用管理（★★）
	金税三期报税系统的基本应用	（1）增值税申报（★★★） （2）企业所得税申报（★★★） （3）财务报表报送（★★★） （4）申报查询、打印与更正（★★★）
	个人所得税申报操作	（1）自然人税收管理系统扣缴客户端的下载（★★★） （2）人员信息的采集（★★★） （3）扣缴个人所得税报表的填写（★★★） （4）个人所得税申报表的报送与缴款（★★★） （5）个人所得税申报查询（★★★）

3.1 金税三期报税系统概述

金税工程是国家电子政务“十二金”工程之一，金税三期则是指金税工程的第三期工程。本节介绍金税工程的建设历程，以及金税三期的建设原则和目标。

3.1.1 认识金税工程

金税工程是国家信息化重点工程之一，其实质是一种将纳税人认定、发票领购、纳税申报、税款、缴纳全过程实现网络运行，以加强增值税征收管理的信息化系统工程。

1. 金税工程的建设历程

金税工程从1994年开始，经历了一期工程和二期工程的建设阶段，于2002年开始继续金税三期工程的建设。下面简要地对金税工程的建设历程进行归纳汇总，如图3-1所示。

1994—2001年

- 金税一期和二期建设阶段
  - 建成了“增值税发票防伪税控”“增值税交叉稽核”等关键业务系统，业务覆盖国税系统的增值税发票管理工作

2001年5月14日

- 国家税务总局向国务院提出金税三期建设设想

2002年

- 金税三期拉开序幕
  - 中共中央办公厅和国务院办公厅联合下发《国家信息化领导小组关于我国电子政务建设指导意见》，其中提出要大力推进金税三期工程建设

2009—2014年

- 金税三期第一阶段建设工作
  - 2009年：开发与测试应用软件、组织实施全国广域网及试点单位计算存储和安全等基础设施建设工作
  - 2013年2月：主要征管应用系统在重庆市国税局和地税局实现单轨运行
  - 2013年10月：核心征管系统、个人税收管理系统等应用在山西、山东国税局、地税局单轨上线运行
  - 2014年10月至年底：主要应用系统在广东、河南、内蒙古国税局、地税局正式上线运行
  - 2014年年底：金税三期工程第一阶段完成工程综合验收

2015—2017年

- 金税三期第二阶段建设工作
  - 2015年起：主要应用系统在全国范围内开展推广，至2015年年底，完成河北、宁夏、贵州、云南、广西、湖南、青海、海南、西藏、甘肃、安徽、新疆、四川、吉林等14省、自治区推广
  - 2016年7月：辽宁、江西、福建、上海、青岛、厦门6省市完成正式上线运行
  - 2016年8月和10月：北京、天津、黑龙江、湖北、陕西、大连、江苏、浙江、宁波和深圳10省市分两批完成正式上线运行
  - 2017年年底：金税三期第二阶段建设工作全面完成

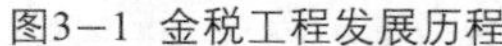
图3－1 金税工程发展历程

2. 金税三期的建设原则

金税三期的建设原则主要体现在以下几个方面。

◆ **把握趋势**：把握信息技术的发展趋势，富有前瞻意识，注重技术开放性和技术先进性，同时要考虑信息技术发展对税收征管以及行政管理的作用和要求，推进税收业务以及行政管理业务的重组和工作规程的优化。总体技术设计以应用为主导，以税收业务流为主线，以两级集中处理为技术关键，充分考虑强化执法和优化服务相结合。

◆ **兼顾现实**：经过多年建设，我国税收信息化建设已初具规模，而且金税三期建设过程还支撑着大量的税务工作，但缺乏统一规划、信息无法共享的矛盾突出。因此金税三期必须兼顾税收信息化的现状，注意对现有应用系统进行改造和完善，不片面追求最新技术和产品，最大程度利用现有的设备资源和信息资源。

◆ **统一规划**：金税三期建设是一项整体性、系统性极强的工作，必须科学地进行规划，把税收管理信息系统作为一个整体，打破项目壁垒，对系统的软硬件平台和应用系统等制定统一的标准规范和安全策略，使税收管理信息系统形成一个统一协调的整体。

◆ **逐步实施**：金税三期建设是一个庞大、复杂、艰巨的系统工程，要按照一体化建设思路，区分轻重缓急，分步实施。在整个建设过程中坚持“统一设计，分步实施，重点突破，整体推进”的原则。

3. 金税三期的总体目标

金税三期的总体建设目标就是要建成基于统一规范的应用系统平台，实现征管业务、行政管理、外部信息、决策支持等功能齐全、协调高效、信息共享、监控严密、安全稳定、保障有力的税收管理信息系统。简言之，就是要建立“一个平台、两级处理、三个覆盖、四个系统”的高度信息化工程。

◆ **一个平台**：包含网络硬件和基础软件的统一的技术基础平台。

◆ **两级处理**：依托统一的技术基础平台，逐步实现税务系统的数据信息在总局和省局集中处理。

◆ **三个覆盖**：应用内容逐步覆盖所有税种，覆盖所有工作环节，覆盖所有税务机关并与相关部门联网。

◆ **四个系统**：通过业务重组、优化和规范，逐步形成一个以征管业务系统为主，包括行政管理、外部信息和决策支持在内的四大应用系统软件。

3.1.2 金税三期报税系统的登录方式

使用金税三期报税系统进行网上报税时，需要登录当地电子税务局的官方网站，然后选择其中一种登录方式进行登录操作即可。

以四川省的企业为例，利用搜索引擎搜索关键词“四川省电子税务局”后，单击“国家税务总局四川省电子税务局”超链接，即可进入四川省电子税务局的官方网站，并自动显示登录界面，如图3-2所示。其中为多类用户主体提供了不同的登录方式，如采用用户名登录，可选择动态口令登录和CA登录等。

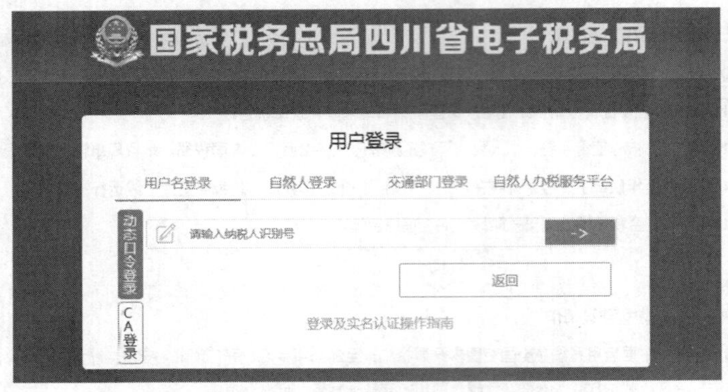

图3-2 四川省电子税务局登录界面

名师点拨

不同地区的电子税务局登录界面和功能会有所不同，如广东省电子税务局的登录功能主要包括用户名登录、手机号码登录、证件号码登录；浙江省电子税务局的登录功能则包括用户名登录、CA登录、税控设备登录、报验户登录、社保代征户登录等。登录时根据自身情况选择适合的登录方式进行操作即可。

1. 用户名登录

用户名登录功能中包含动态口令登录和CA登录两种方式，其中使用动态口令登录电子税务局的具体操作如下。

（1）访问电子税务局的登录界面后，单击“用户名登录”选项卡，在“请输入纳税人识别号”文本框中输入企业的纳税人识别号，然后单击右侧的“确认”按钮 ->，此时下方的“用户名”下拉列表框中会自动显示已登记的用户名选项，选择某个用户名选项，如图3-3所示。

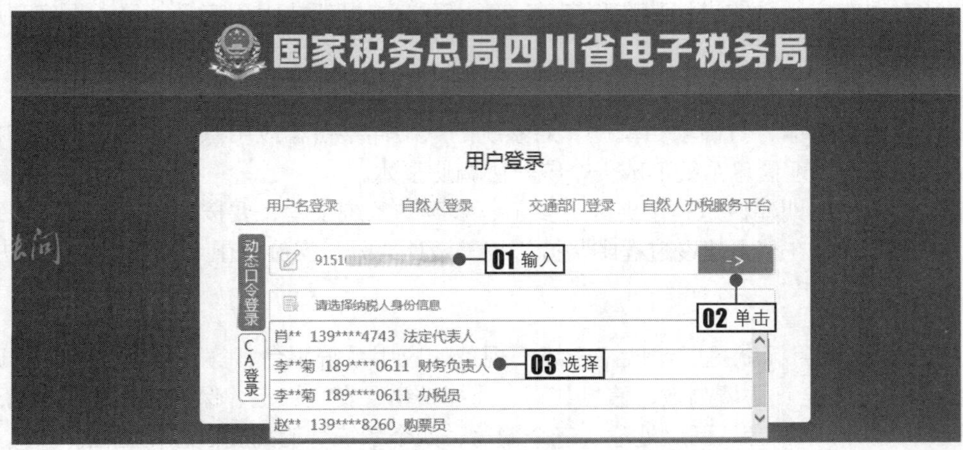

图3-3 输入纳税人识别号并选择用户

（2）拖曳下方的滑块将验证图片的拼图拼接完整，如图3-4所示。

（3）单击下方右侧的“发送动态密码”超链接，如图3-5所示。

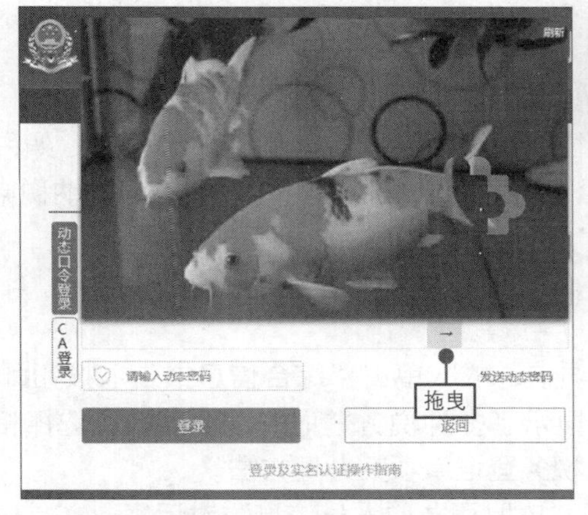

图3–4 验证图片

国家税务总局四川省电子税务

图3–5 发送动态密码

（4）此后所选中用户的手机会收到发送的动态密码，输入该动态密码并单击 登录 按钮即可完成登录操作，如图3–6所示。

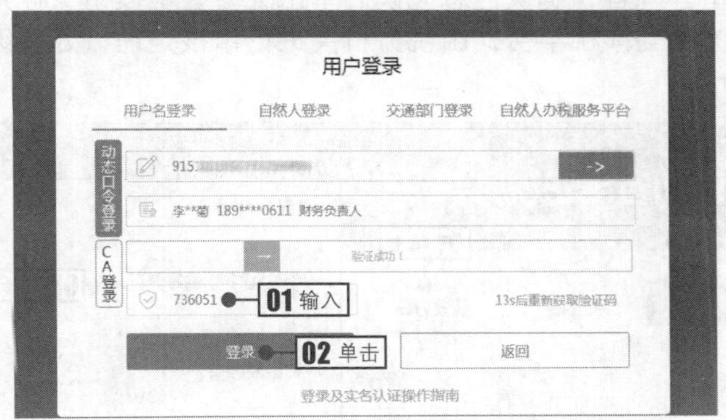

图3–6 输入动态密码并登录电子税务局

2. CA登录

CA登录指的是通过证书颁发机构（Certificate Authority）为企业发放的数字证书进行登录的方式。数字证书会存放在类似U盘的设备中，将其连接在计算机上后，就可以登录当地的电子税务局。选择CA登录方式，当计算机识别到USBKEY设备后，便可输入密码实现登录操作。

3. 自然人登录

自然人登录方式可以选择税务用户登录或社保用户登录等操作来实现，登录时需要选择自然人的证件类型，输入对应的证件号码、姓名、手机号码，单击“发送动态密码”超链接，然后输入接收到的动态密码完成登录操作，如图3–7所示。

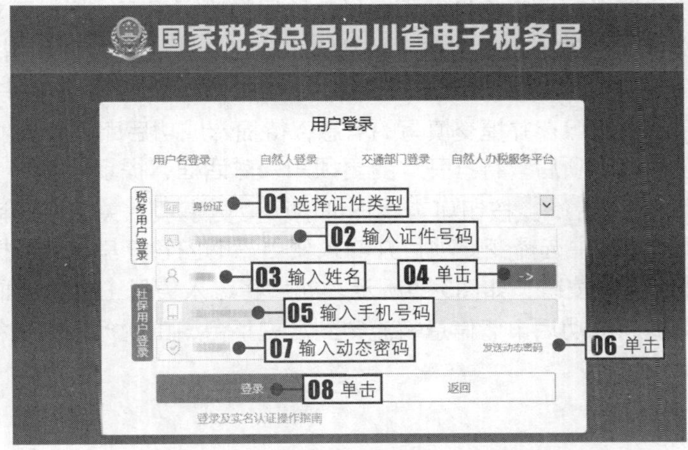

图3–7 自然人登录界面

3.2 涉税事项办理

企业使用金税三期报税系统办理报税事宜之前，往往还会涉及一些涉税事项的办理，如税务登记、认定管理、跨区域涉税处理、发票使用管理等。设置并处理好这些涉税事项，可以使后面的纳税申报工作更加高效与准确。

3.2.1 税务登记

登录电子税务局的首页后，单击“我要办税”选项卡，依次单击“综合信息报告”按钮和“身份信息报告”按钮，打开“请选择业务”对话框，其中显示了多种税务登记的涉税事项，选择相应的选项即可进行对应的税务登记，如图3-8所示。下面介绍部分税务登记事项的办理方法。

- **单位和个体税务登记**：选择该选项后，将打开“请填写办税人员信息”对话框，在其中需要输入办税人姓名、办税人移动电话，选择办税人身份证件类型并输入对应的证件号码，然后需要输入从业人数，最后保存设置。此时将进入申请信息的填写界面，按照要求填写统一社会信用代码、纳税人姓名、登记注册类型等内容，确认信息无误后单击保存并提交按钮保存并提交申请信息，待提示成功后填写的信息将流转到涉税平台，由税务机关进行审核处理，处理结果将通过短信方式通知纳税人。

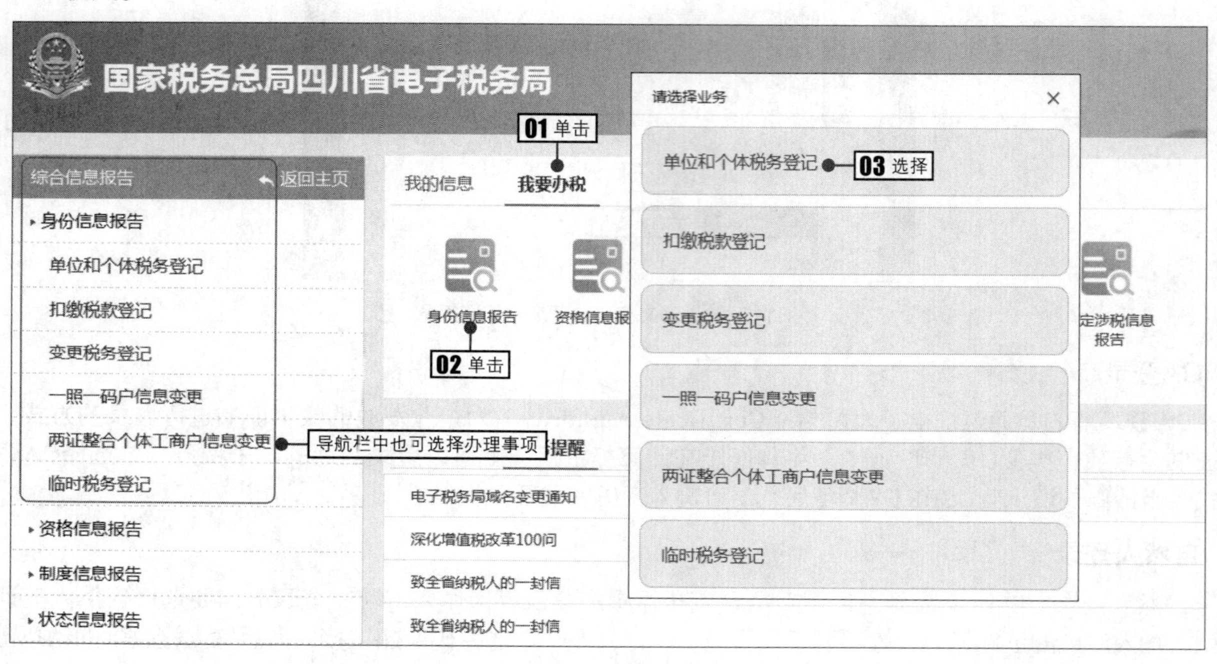

图3-8 选择税务登记事项

- **扣缴税款登记**：选择该选项后，将打开扣缴税款登记的填写界面，根据要求需要依次填写扣缴义务人纳税号、扣缴义务人名称等基本信息，以及代扣代缴、代收代缴税款信息；然后单击下一步按钮，在打开的界面中单击“本地上传”按钮，上传办理扣缴税款登记相关的附列资料；确认信息无误后单击保存并提交按钮保存并提交填写的信息，待提示成功后即完成该项登记。
- **变更税务登记**：选择该选项后，将打开“变更须知”对话框，提示只有24个项目可以在电子税务局进行变更，单击点击查看《变更项目清册》按钮可查看详细的可变更事项。关闭该对话框，便可在“变更税务登记-变更登记事项”栏中选择变更项目并输入变更后的内容，单击添加按钮可增加需要变更的事项，完成后单击下一步按钮，如图3-9所示。此后将进入信息上传的界面，确认信息无误后单击保存并提交按钮，待提示成功后申请信息将流转到涉税平台，由税务机关进行审核处理，处理结果将通过短信方式通知纳税人。

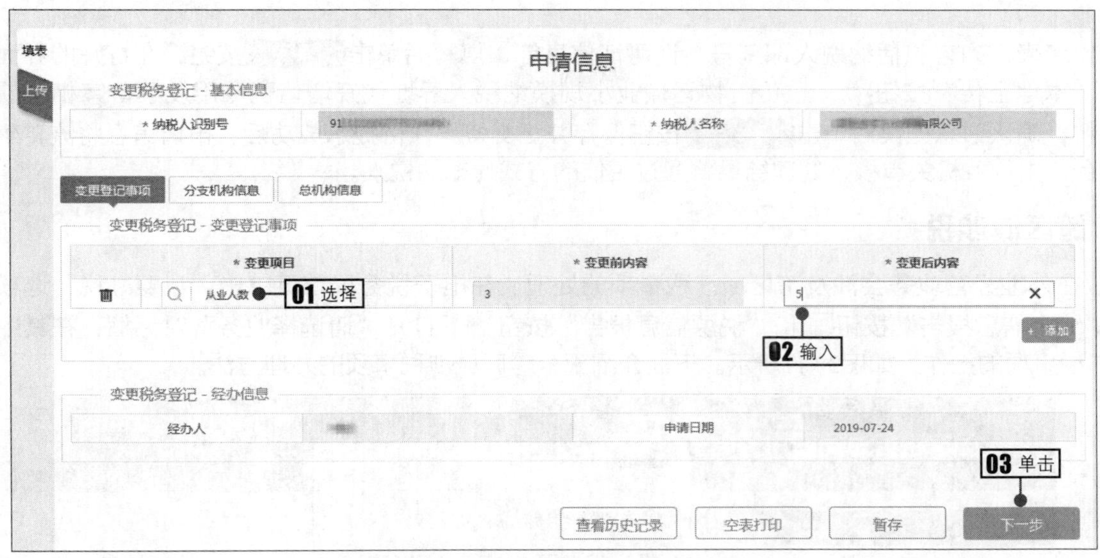

图3−9 变更税务登记的信息填写界面

◆ **临时税务登记：** 当纳税人登录电子税务局，无法检测到登记信息和工商信息时，可通过临时税务登记模块，完成临时税务登记。选择该选项后，根据要求填写临时税务登记纳税人的各种信息，单击 下一步 按钮，进入信息上传的界面，确认信息无误后单击 保存并提交 按钮，待提示成功后申请信息将流转到涉税平台，由税务机关进行审核处理，并最终将处理结果通过短信的方式通知纳税人。

3.2.2 认定管理

在电子税务局首页单击“我要办税”选项卡，依次单击“综合信息报告”按钮和“资格信息报告”按钮，打开“请选择业务”对话框，在其中可进行增值税一般纳税人、小规模纳税人等的认定管理操作，如图3−10所示。下面介绍部分认定管理事项的办理方法。

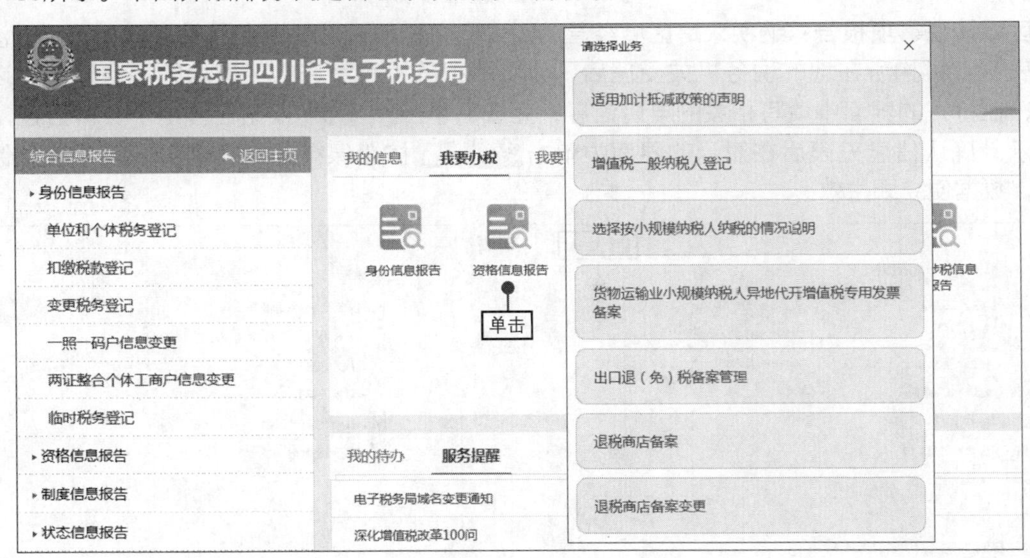

图3−10 认定管理事项

◆ **增值税一般纳税人登记：** 选择该选项后，页面将自动显示纳税人的基本信息，如果发现信息不符，可以进行变更税务登记操作修改信息。如果信息无误，可单击 下一步 按钮上传电子资料，然后在显示的界面中单击 保存并提交 按钮保存并提交资料，之后一般纳税人资格认定便会立即生效。

◆ **选择按小规模纳税人纳税的情况说明：** 选择该选项后，需在打开的界面中填写申请表，需要填写的信息主要包括说明表和声明等内容。确认信息无误后单击 保存并提交 按钮保存并提交资料，待提示成功后，申请信息将流转到涉税平台，由税务机关审核，审核结果会以短信的方式告知纳税人。

◆ **货物运输业小规模纳税人异地代开增值税专用发票备案：** 选择该选项后，需在打开的界面中填写

申请表，内容包括纳税人识别号、许可证信息等，填写后单击下一步按钮，在打开的界面中单击“本地上传”按钮，上传货物运输业小规模纳税人异地代开增值税专用发票备案相关的附列资料，确认信息无误后单击保存并提交按钮保存并提交资料，待提示成功后，申请信息将流转到涉税平台，由税务机关审核，处理结果将通过短信的方式通知纳税人。

3.2.3 跨区域涉税

企业在外地经营业务会涉及跨区域涉税事项的处理。在电子税务局首页单击“我要办税”选项卡，依次单击“综合信息报告”按钮和“税源信息报告”按钮，打开“请选择业务”对话框，在其中可进行跨区域涉税事项的操作，如图3-11所示。下面介绍部分跨区域涉税事项的办理方法。

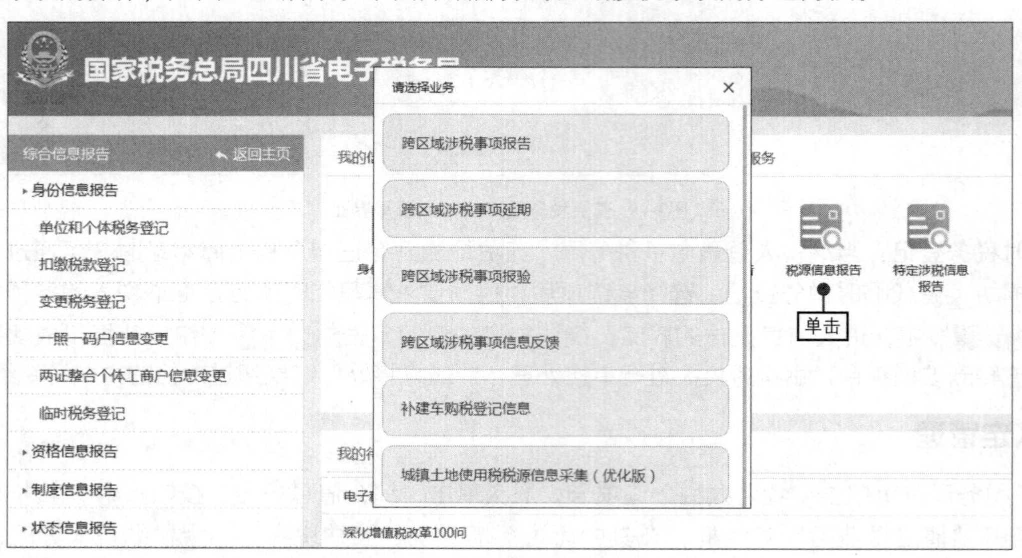

图3-11 跨区域涉税事项

◆ **跨区域涉税事项报告**：纳税人跨区域经营前需要向机构所在地的税务机关填报《跨区域涉税事项报告表》，机构所在地的税务机关受理后，会将填报的资料发送给经营地的税务机关。选择该选项后，在打开的界面中填写相关的申请信息，完成后单击下一步按钮上传电子资料信息，如图3-12所示。确认信息无误后在显示的界面中单击保存并提交按钮保存并提交资料，该项业务保存并提交后，数据便立即生效。

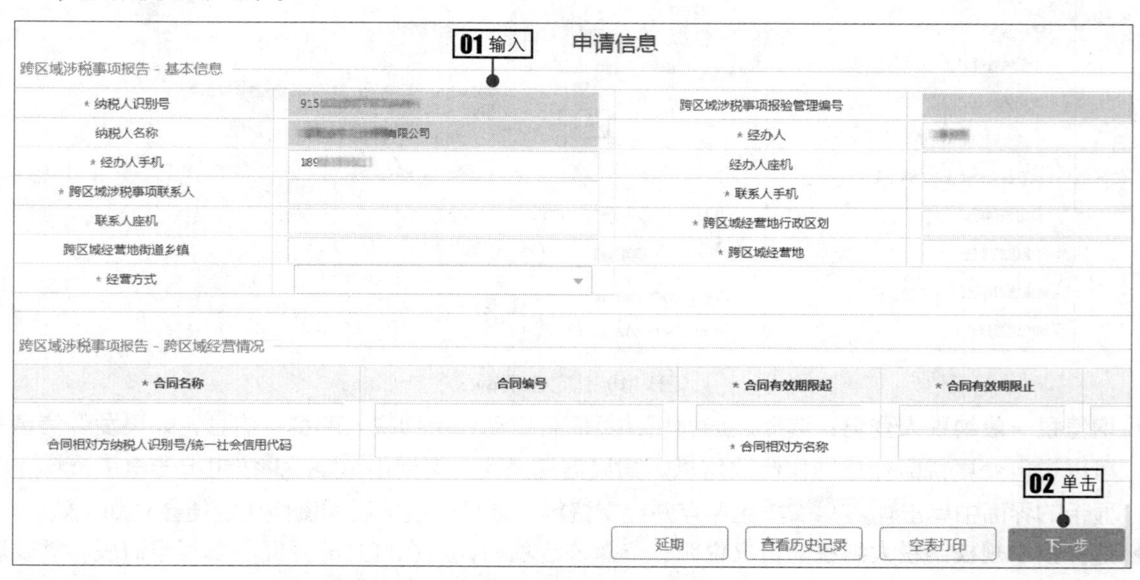

图3-12 跨区域涉税事项报告的填写界面

◆ **跨区域涉税事项延期**：当纳税人因实际经营情况需要延期处理跨区域涉税事项时，可使用该功能进行延期处理。选择该选项后，在打开的界面中会自动显示纳税人的基本信息，纳税人只需要选

择最新的有效日期即可，该日期应大于合同有效日期。确认信息无误后单击下一步按钮上传资料，确认信息无误后在显示的界面中单击保存并提交按钮保存并提交资料，等待税务机关审核，审核通过与否会以短信的方式告知纳税人。

◆ **跨区域涉税事项报验：**纳税人填报《跨区域涉税事项报告表》后，应在经营地税务机关进行报验登记。选择该选项后，在打开的界面中会自动显示纳税人的基本信息，纳税人只需要确认信息是否正确，确认无误后单击下一步按钮上传资料，然后在显示的界面中单击保存并提交按钮保存并提交资料，等待税务机关审核，审核通过与否会以短信的方式告知纳税人。

◆ **跨区域涉税事项信息反馈：**纳税人跨区域经营活动结束后，应结清经营地的税务机关的应纳税款以及其他涉税事项，向经营地的税务机关填报《经营地涉税事项反馈表》。选择该选项后，在打开的界面中会自动显示纳税人的基本信息，纳税人只需要确认信息是否正确，确认无误后单击下一步按钮上传资料，然后在显示的界面中单击保存并提交按钮保存并提交资料，等待税务机关审核，审核通过与否会以短信的方式告知纳税人。

【例题·单选题】企业办理跨区域涉税事项时，在“我要办税”界面中需要（　）。

A. 依次单击“综合信息报告”按钮和“身份信息报告”按钮

B. 依次单击“综合信息报告”按钮和“资格信息报告”按钮

C. 依次单击“综合信息报告”按钮和“税源信息报告”按钮

D. 依次单击“综合信息报告”按钮和“特定涉税信息报告”按钮

【解析】处理跨区域涉税事项时，应在电子税务局首页单击“我要办税”选项卡，然后依次单击“综合信息报告”按钮和“税源信息报告”按钮，在打开的“请选择业务”对话框中选择需要办理的跨区域涉税事项进行操作即可。

【答案】C

3.2.4 发票使用管理

在电子税务局首页单击“我要办税”选项卡，然后单击“发票使用”按钮，在显示的界面中便可通过单击相应按钮或在左侧导航栏中选择相应选项来处理发票事项，如图3-13所示。下面介绍部分发票使用管理事项的办理方法。

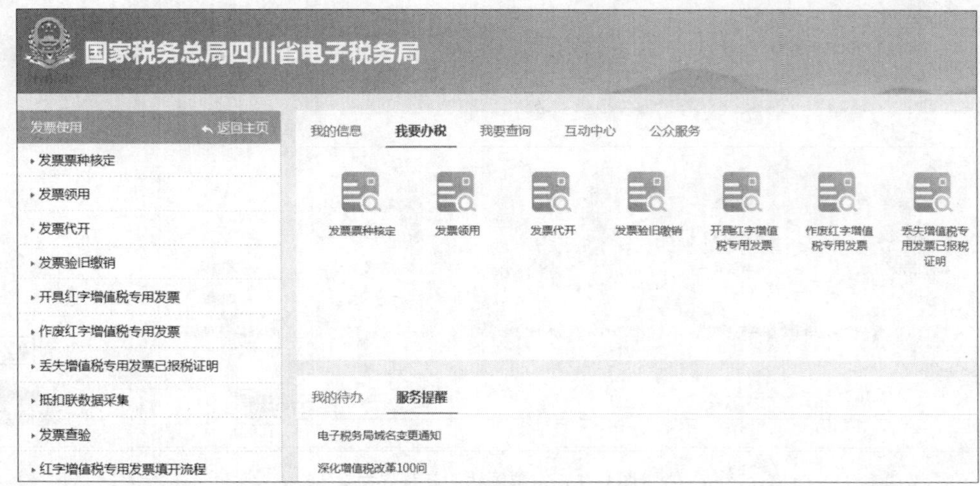

图3—13 发票使用事项

◆ **发票票种核定：**纳税人可以利用此操作添加、修改或删除票种信息。选择该选项后，在打开的界面中填写相关的申请信息，完成后单击下一步按钮上传电子资料信息。完成后在显示的界面中单击保存并提交按钮保存并提交资料，如图3-14所示，然后等待税务机关审核，审核结果会以短信的方式告知纳税人。

01 设置
申请信息
纳税人基本信息
* 纳税人识别号 915
* 纳税人名称 有限公司
累计购票金额 0.0
领票人信息
操作类型 | * 领票人 | * 联系电话 | * 身份证件类型 | * 身份证件号码
变更 | | 1398 | 居民身份证 | 510
+ 添加
核定票种信息
操作类型 | * 委托代开标志 | * 发票种类 | * 单份发票最高开票限额 | * 单位
变更 | 否 | 2008版增值税普通发票（二联无金额限制版 | 十万元 | 份 | 20
变更 | 否 | 2016版增值税普通发票（二联折叠票） | 十万元 | 本 | 20
变更 | 否 | 增值税专用发票（中文三联无金额限制版） | 十万元 | 份 | 30
+ 添加
02 单击
查看历史记录
暂存
保存并提交

图3－14 发票票种核定的申请界面

◆ **发票领用：**纳税人可以利用此操作在线申领发票。选择该选项后，在打开的界面中系统会自动显示纳税人基本信息、已核定发票、结存、是否支持网上领用等信息。纳税人需要填写领取方式和税务机关地址，本次领用的发票种类和数量，收票人信息等资料。确认信息无误后单击保存并提交按钮保存并提交资料，如图3-15所示，然后等待税务机关审核，审核通过后即可领用发票。

图3－15 发票领用的申请界面

名师点拨

发票领取可以选择税务机关大厅领取、自助取票柜和邮寄等方式。选择税务机关大厅领取、自助取票柜方式的，需选择税务机关地址，收件地址会自动屏蔽；选择邮寄方式的，税务机关地址不可选。另外，选择邮寄方式且支付方式为在线支付的，申请办结后可在缴款通道中支付运费；选择货到付款的，申请办结后等待税务机关发货，待快递员送达后支付运费。

- **发票代开**：小规模纳税人、个体工商户等可以使用此操作进行增值税专用发票代开在线申请。选择该选项后，在打开的界面中需要填写购货单位信息、设置领取方式与税务机关、填写货物或应税劳务信息、填写销货单位信息和收票人信息，然后提交填写的申请并进行缴款。
- **开具红字增值税专用发票**：纳税人可以利用此操作开具红字增值税专用发票。选择该选项后，在打开的界面中填写企业基本信息、红字增值税专用发票信息、说明等资料，完成后单击保存并提交按钮，如图3-16所示，待提示成功后申请信息将流转到涉税平台，由税务机关审核，处理结果将通过短信的方式通知纳税人。

图3-16 开具红字增值税专用发票的申请界面

- **作废红字增值税专用发票**：纳税人可以使用此操作作废已申请但未开具红字发票的红字增值税专用发票信息表。选择该选项后，在打开的界面中填写基本信息，完成后单击下一步按钮上传电子资料信息。接着单击保存并提交按钮，如图3-17所示。待提示成功后申请信息将流转到涉税平台，由税务机关审核，处理结果将通过短信的方式通知纳税人。

图3－17 作废红字增值税专用发票信息表的申请界面

【例题·多选题】下列发票使用管理操作中，涉及缴款操作的有（　）。

A. 发票领用　　B. 开具红字增值税专用发票

C. 作废红字增值税专用发票　　D. 发票票种核定

E. 发票代开

【解析】申请领用发票时，选择邮寄方式且支付方式为在线支付的，申请办结后可在缴款通道中支付运费；申请代开发票时，需要在填写完相应资料后提交申请并进行缴款操作。

【答案】AE

3.3 金税三期报税系统的基本应用

金税三期报税系统具备完善的报税功能，纳税人可以轻松、高效地完成一系列报税操作，极大地提高了纳税人与税务机关的工作效率。本节将介绍该报税系统的各种基本应用，主要包括增值税申报、企业所得税申报、财务报表的填写等内容。

3.3.1 增值税申报

根据《增值税暂行条例》及其实施细则的规定，增值税纳税期限分别为1日、3日、5日、10日、15日、1个月或者1个季度。纳税人以1个月或者1个季度为1个纳税期的，自期满之日起15日内申报纳税；以1日、3日、5日、10日或者15日为1个纳税期的，自期满之日起5日内预缴税款，于次月1日起15日内申报纳税并结清上月应纳税款。

企业在申报期内，可登录当地电子税务局进行增值税申报，其具体操作如下。

（1）登录当地电子税务局，单击“我要办税”选项卡，单击“税费申报及缴纳”按钮，在显示的界面中单击“增值税及附加税费申报”按钮，打开“请选择业务”对话框，选择“增值税申报”选项，如图3-18所示。

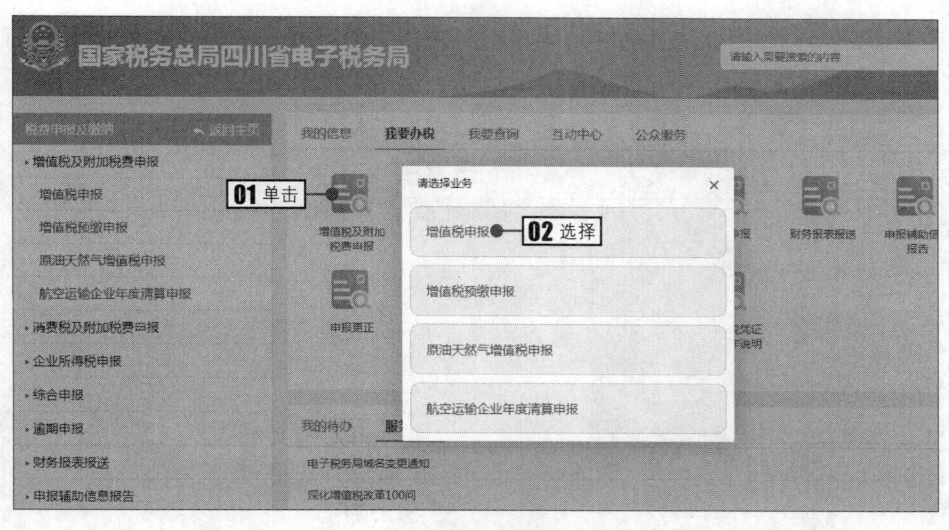

图3-18 增值税申报

（2）打开增值税申报页面，根据企业发生的业务，填写增值税纳税申报表包含的主表和附表内容，如图3-19所示。

首页 | 增值税小规模纳税人申报

保存 → 校验 → 预览打印 → 提交 → 重置 | 更多

主表 | 附表一 | 增值税减免税申报明细表

增值税纳税申报表（小规模纳税人适用）

税款所属期：2019 年 04 月 01 日 至 2019 年 06 月 30 日

填写

纳税人识别号：915

纳税人名称（公章）：有限公司

本期销售不动产的销售额：					0.00	
	项目	栏次	本期数		本年累计	
			货物及劳务	服务、不动产和无形资产	货物及劳务	
一、计税依据	（一）应征增值税不含税销售额（3%征收率）	1	0.00	0.00	0.00	
	税务机关代开的增值税专用发票不含税销售额	2	0.00	0.00	0.00	
	税控器具开具的普通发票不含税销售额	3	0.00	0.00	0.00	
	（二）应征增值税不含税销售额（5%征收率）	4	---	0.00	---	
	税务机关代开的增值税专用发票不含税销售额	5	---	0.00	---	
	税控器具开具的普通发票不含税销售额	6	---	0.00	---	
	（三）销售使用过的固定资产不含税销售额	7(7≥8)	0.00	---	0.00	
	其中：税控器具开具的普通发票不含税销售额	8	0.00	---	0.00	
	（四）免税销售额	9=10+11+12	0.00	0.00	0.00	
	其中：小微企业免税销售额	10	0.00	0.00	0.00	
	未达起征点销售额	11	0.00	0.00	0.00	
	其他免税销售额	12	0.00	0.00	0.00	
	（五）出口免税销售额	13(13≥14)	0.00	0.00	0.00	
	其中：税控器具开具的普通发票销售额	14	0.00	0.00	0.00	
	核定销售额	15	0.00	0.00	0.00	

图3-19 填写申报表数据

（3）填写完申报表数据，确认无误后单击 保存 按钮，打开“保存-提示”对话框，提示申报表保存成功，单击 确定 按钮，如图3-20所示。

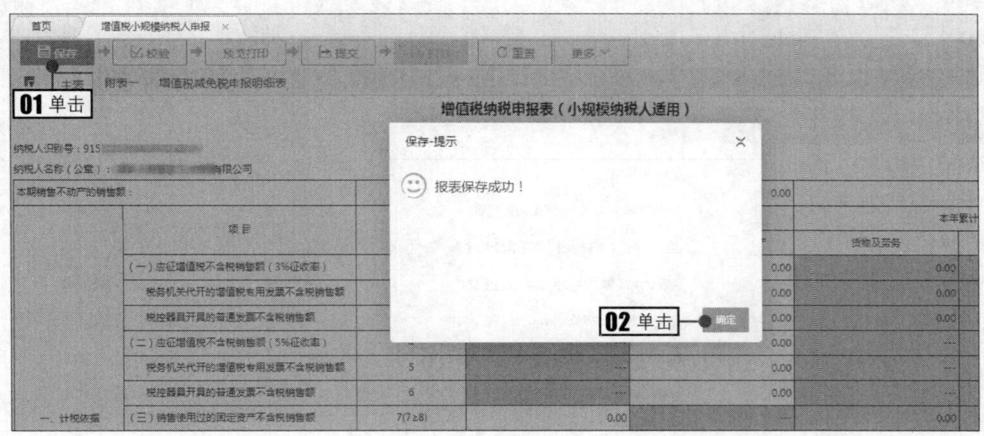

图3-20 保存报表

（4）继续单击 校验 按钮，打开“保存-提示”对话框，提示报表保存成功并通过校验，单击 确定 按钮，如图3-21所示。

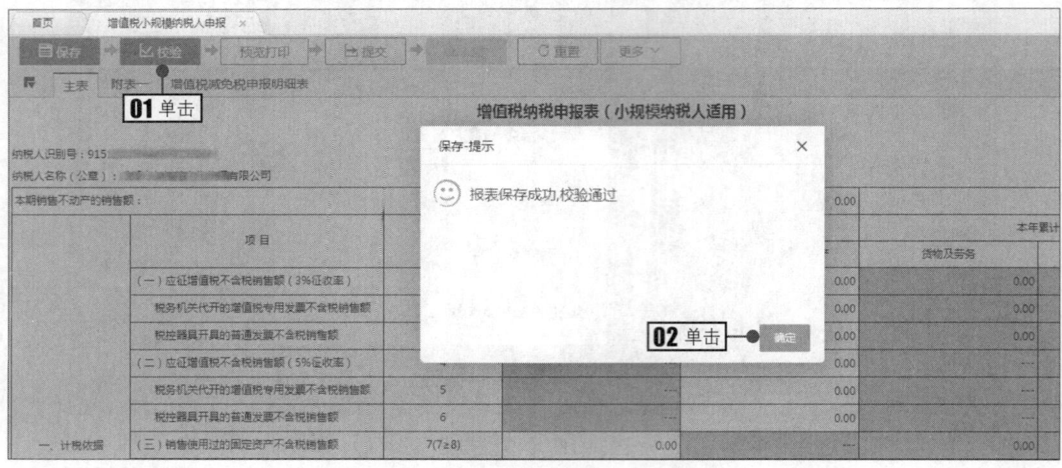

图3-21 校验申报表

（5）保存并校验申报表后，单击 提交 按钮，打开“信息”对话框，提示本期纳税数额情况，单击 确认 按钮，如图3-22所示。

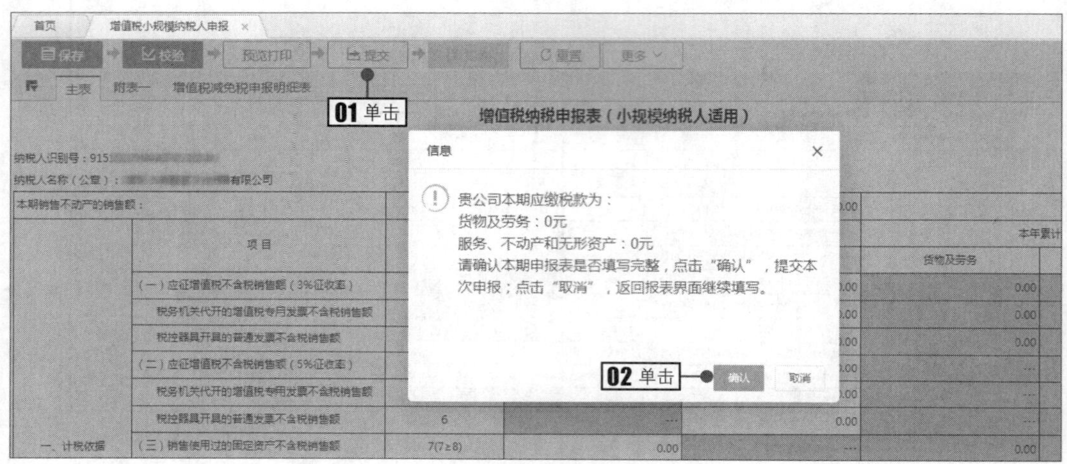

图3-22 确认申报

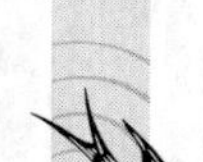

知识拓展

登录当地电子税务局后，选择左侧导航栏中的“应申报套餐”选项，此时报税系统将根据纳税人的信息自动显示该企业本期需要申报的税种，如图 3-23 所示。利用套餐申报的方式就可以准确进行纳税申报，避免遗漏或错报。

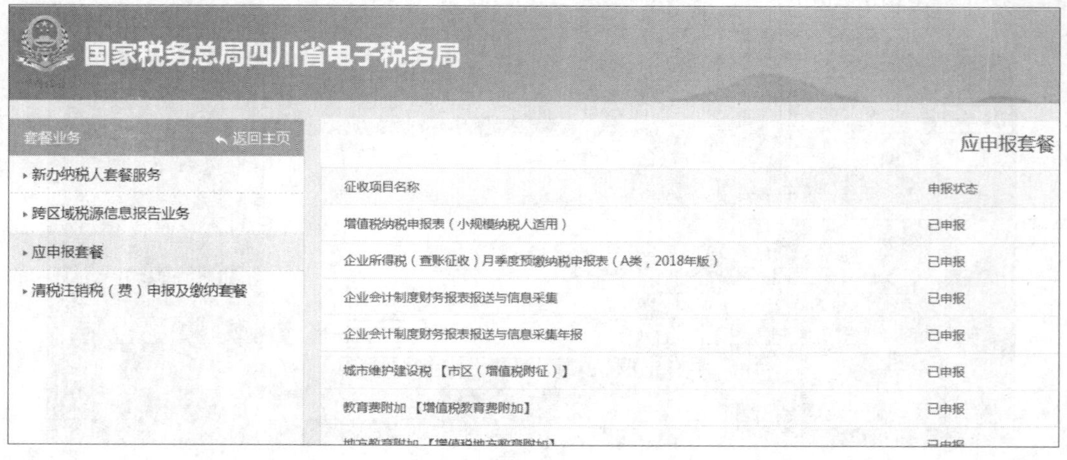

图3-23 应申报套餐

3.3.2 企业所得税申报

企业所得税申报的方法与增值税申报的方法相似，同样涉及申报表数据的填写、保存、校验和提交等环节，其具体操作如下。

（1）登录当地电子税务局，单击“我要办税”选项卡，单击“税费申报及缴纳”按钮，在显示的界面中单击“企业所得税申报”按钮，打开“请选择业务”对话框，根据企业情况选择对应的选项，这里选择第一个选项，即按查账征收月度申报的方式申报，如图3-24所示。

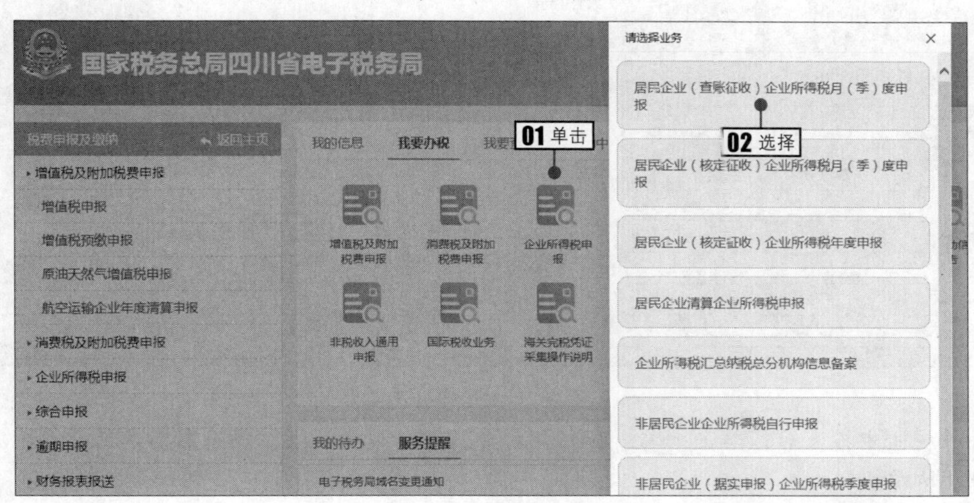

图3-24 企业所得税申报

（2）打开企业所得税申报页面，根据企业发生的业务，填写企业所得税纳税申报表包含的各张报表数据，如图3-25所示。

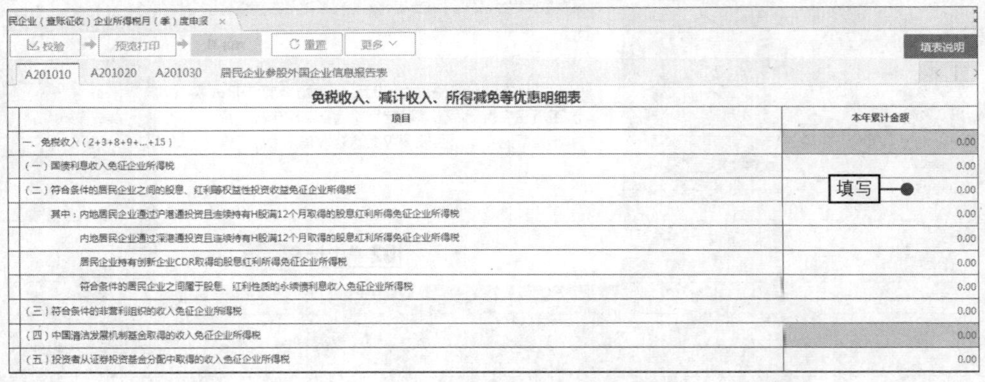

图3-25 填写申报表数据

（3）填写完申报表数据，确认无误后单击保存按钮，打开“保存-提示”对话框，提示申报表保存成功，单击确定按钮，如图3-26所示。

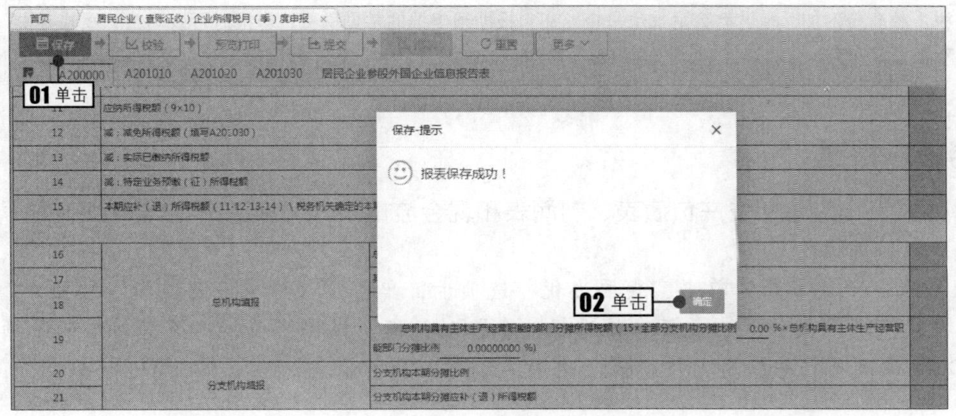

图3-26 保存申报表

（4）继续单击校验按钮，打开“检验-提示”对话框，提示校验通过，单击确定按钮，如图3-27所示。

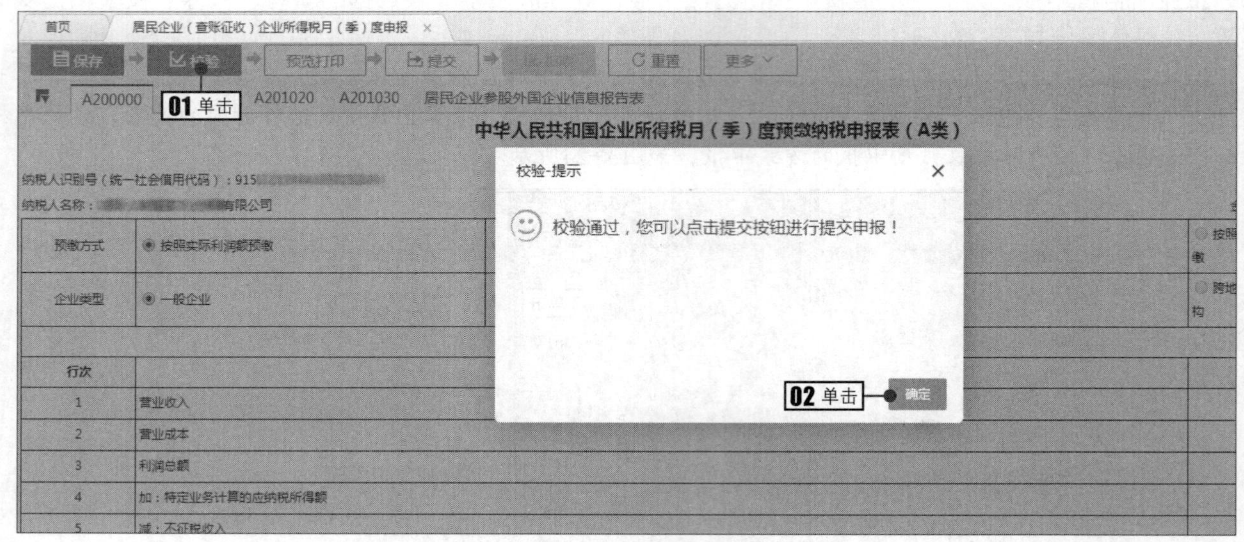

图3-27 校验申报表

（5）保存并校验申报表后，单击提交按钮，打开“信息”对话框，提示本期纳税数额情况，单击确定按钮，如图3-28所示。

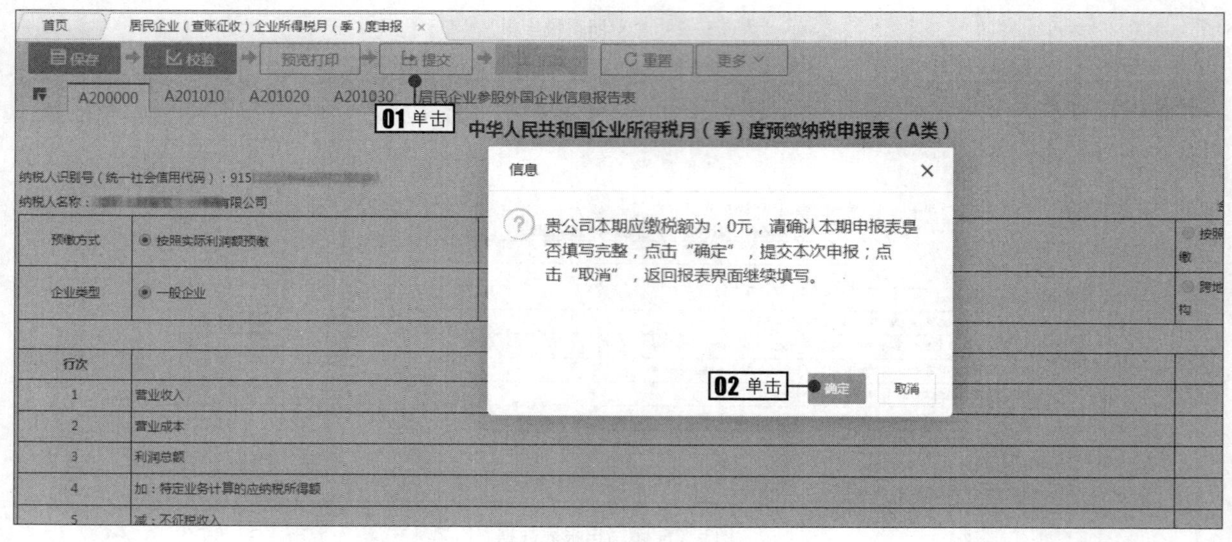

图3-28 确认税额

名师点拨

城市维护建设税、教育费附加、地方教育附加也是企业在申报期须申报的常见税费，申报时可以单击“我要办税”选项卡，然后依次单击“税费申报及缴纳”按钮和“综合申报”按钮，在打开的对话框中找到相应税种进行申报即可。

3.3.3 财务报表报送

企业的财务报表一般包括资产负债表、利润表和现金流量表等，报送时也需要依次填写报表数据，然后保存并提交，其具体操作如下。

（1）登录当地电子税务局，单击“我要办税”选项卡，单击“税费申报及缴纳”按钮，在显示的界面中单击“财务报表报送”按钮，打开“请选择业务”对话框，根据企业情况选择对应的选项，这里选择适用小企业会计准则的财务报告报送与信息采集选项，如图3-29所示。

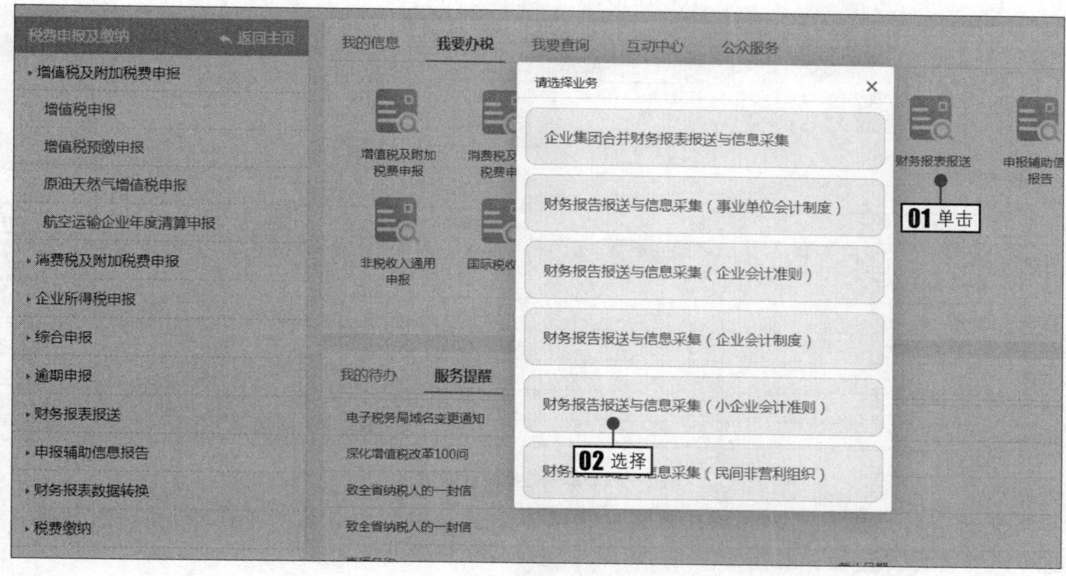

图3-29 财务报表报送

（2）打开财务报表的填写页面（默认为资产负债表），根据企业发生的业务，填写相关数据，如图3-30所示。

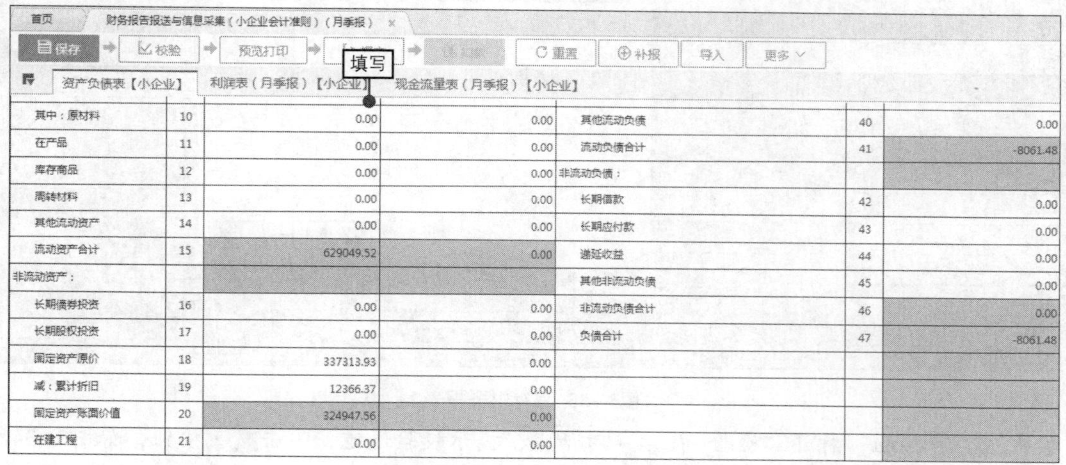

其中：原材料	10	0.00	0.00	其他流动负债	40	0.00
在产品	11	0.00	0.00	流动负债合计	41	-8061.48
库存商品	12	0.00	0.00	非流动负债：		
周转材料	13	0.00	0.00	长期借款	42	0.00
其他流动资产	14	0.00	0.00	长期应付款	43	0.00
流动资产合计	15	629049.52	0.00	递延收益	44	0.00
非流动资产：				其他非流动负债	45	0.00
长期债券投资	16	0.00	0.00	非流动负债合计	46	0.00
长期股权投资	17	0.00	0.00	负债合计	47	-8061.48
固定资产原价	18	337313.93	0.00			
减：累计折旧	19	12366.37	0.00			
固定资产账面价值	20	324947.56	0.00			
在建工程	21	0.00	0.00			

图3-30 填写资产负债表数据

（3）单击利润表对应的选项卡，在打开的页面中填写利润表各项目的数据，如图3-31所示。

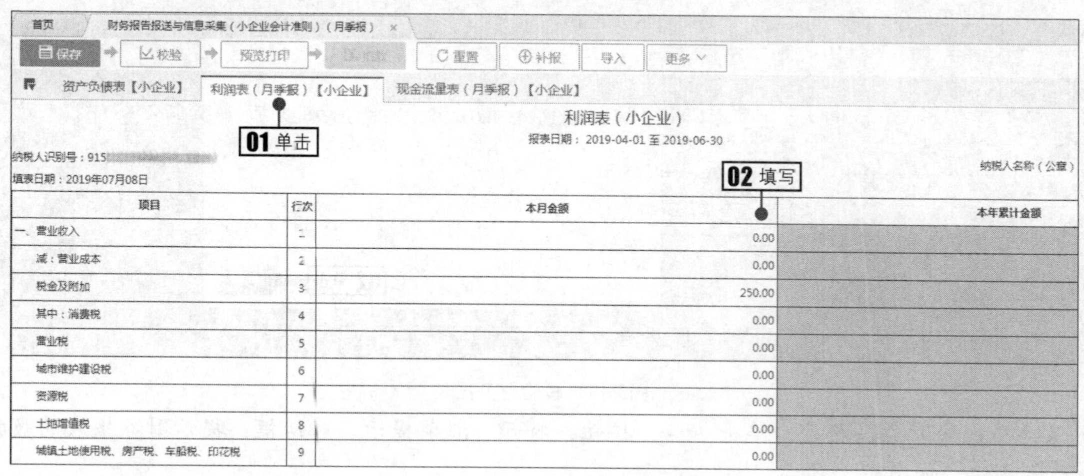

项目	行次	本月金额	本年累计金额
一、营业收入	1	0.00	
减：营业成本	2	0.00	
税金及附加	3	250.00	
其中：消费税	4	0.00	
营业税	5	0.00	
城市维护建设税	6	0.00	
资源税	7	0.00	
土地增值税	8	0.00	
城镇土地使用税、房产税、车船税、印花税	9	0.00	

图3-31 填写利润表数据

（4）单击现金流量表对应的选项卡，在打开的页面中填写现金流量表各项目的数据，如图3-32所示。

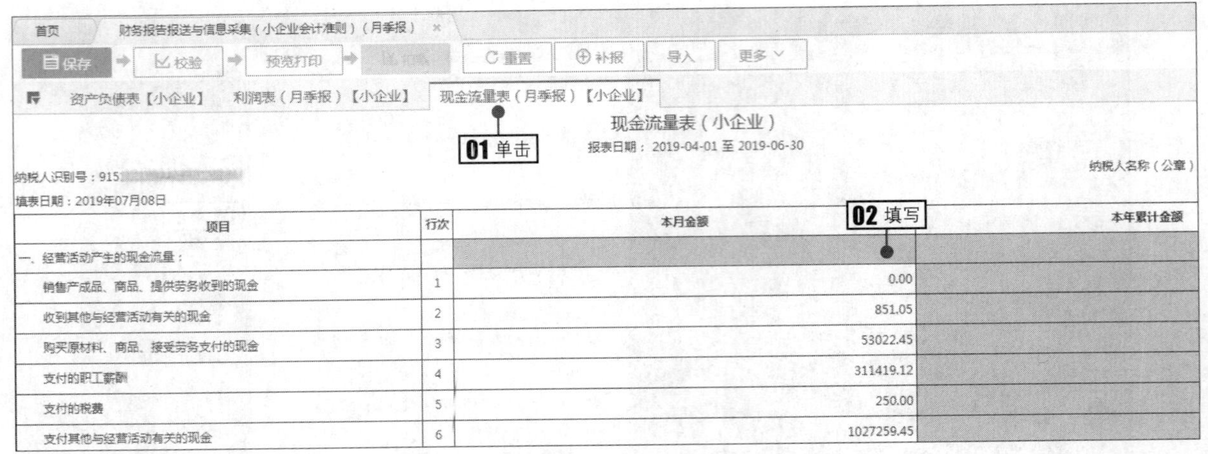

图3-32 填写现金流量表数据

（5）填写完所有财务报表数据并确认无误后，单击保存按钮，打开“保存-提示”对话框，提示财务报表保存成功，单击确定按钮，如图3-33所示。

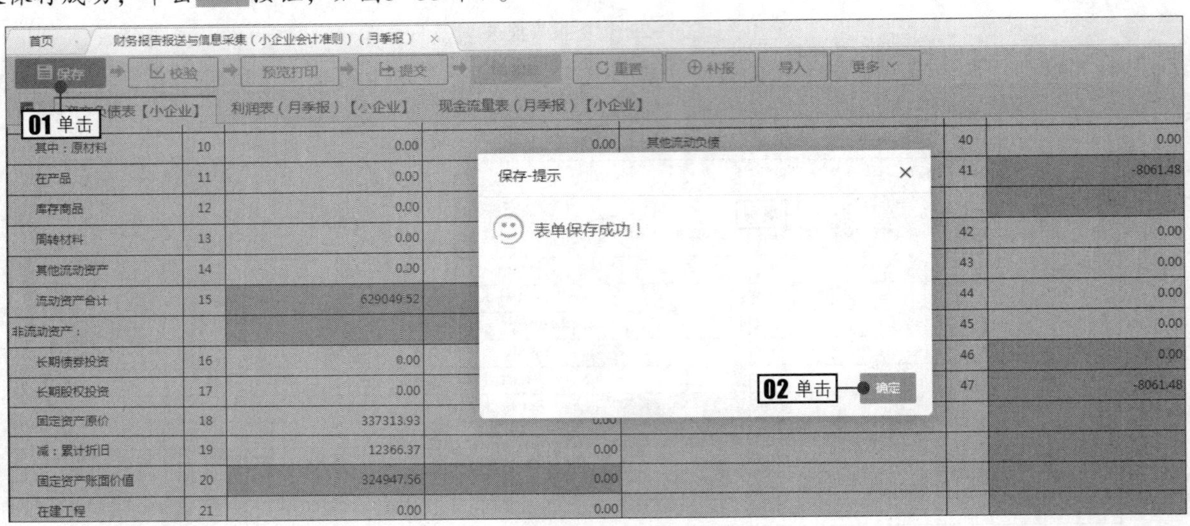

图3-33 保存财务报表

（6）单击校验按钮，打开“检验-提示”对话框，提示校验通过，单击确定按钮，如图3-34所示。

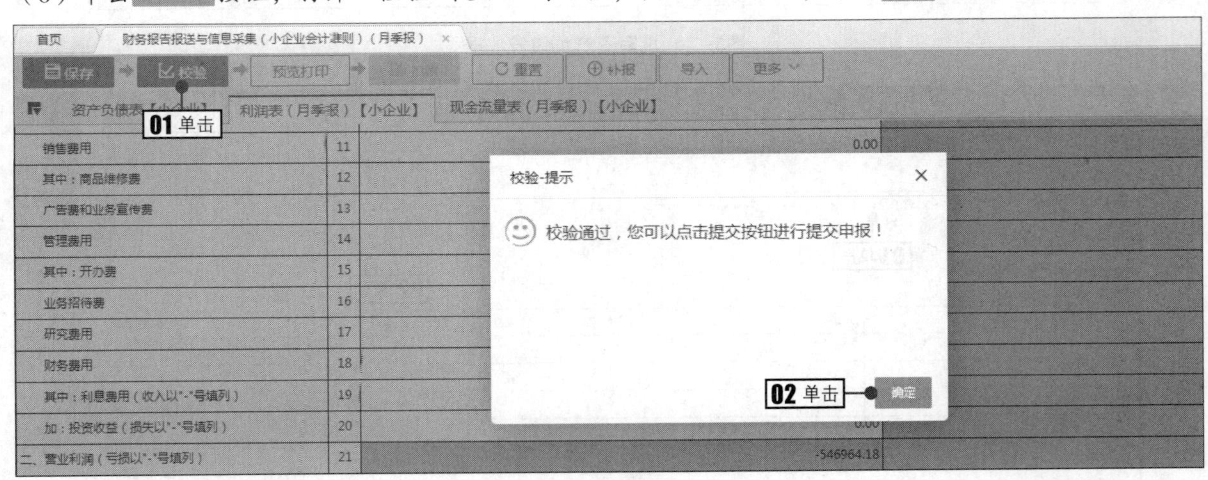

图3-34 校验财务报表

（7）保存并校验财务报表后，单击提交按钮，打开“温馨提示”对话框，提示财务报表的数据申报成功，单击确定按钮，如图3-35所示。

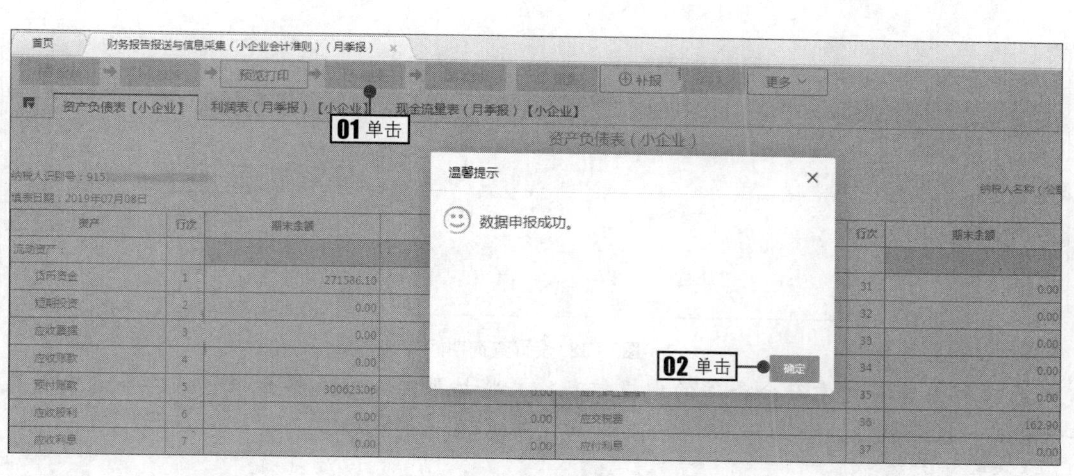

图3-35 申报成功

3.3.4 申报查询、打印与更正

企业按规定进行纳税申报后，可以随时查询申报信息，并可对申报情况进行打印或更正处理。

1. 申报查询与打印

金税三期报税系统允许查询指定税种和指定期间的申报信息，并可快速生成报表内容以便纳税人打印输出，其具体操作如下。

（1）登录当地电子税务局，单击“我要查询”选项卡，单击“申报信息查询”按钮，打开“请选择业务”对话框，选择“申报信息查询”选项，如图3-36所示。

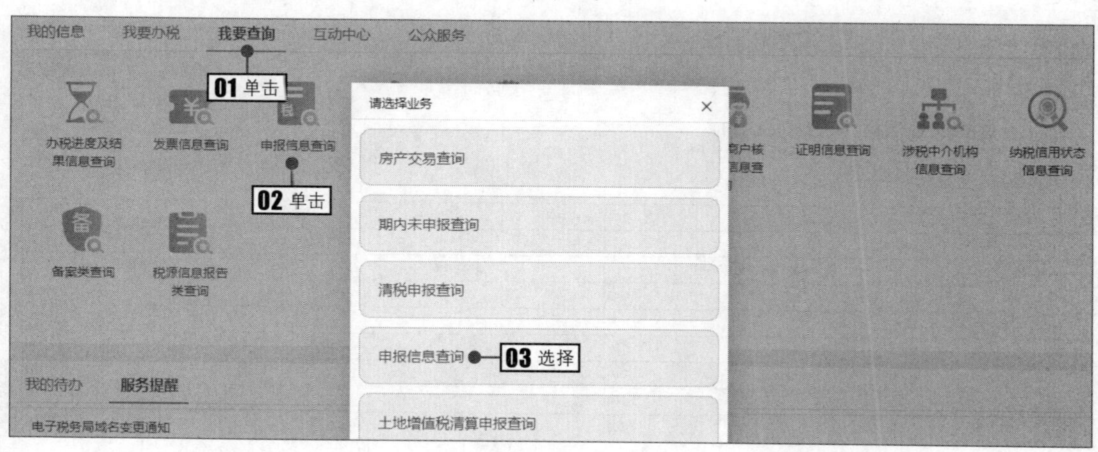

图3-36 申报信息查询

（2）显示已申报信息查询界面，在“征收项目”下拉列表框中可选择需查询的税种，这里选择“增值税”选项，如图3-37所示。

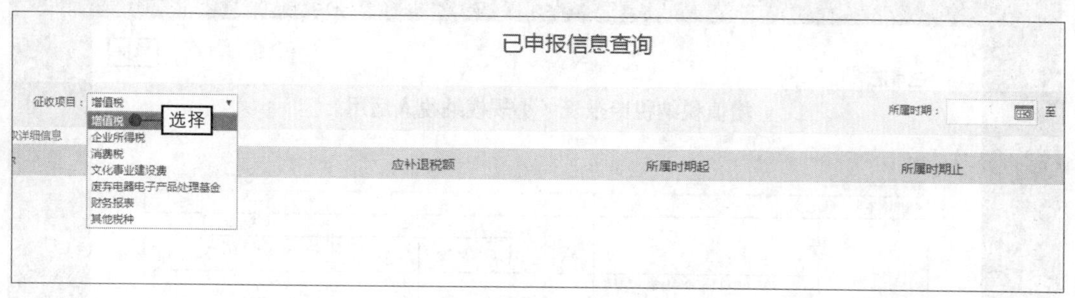

图3-37 选择税种

（3）在该界面右侧“所属时期”栏中可通过单击“日期”按钮设置查询的起始日期和终止日期，这里设置为2019年1月1日至2019年7月4日，然后单击 查询 按钮，如图3-38所示。

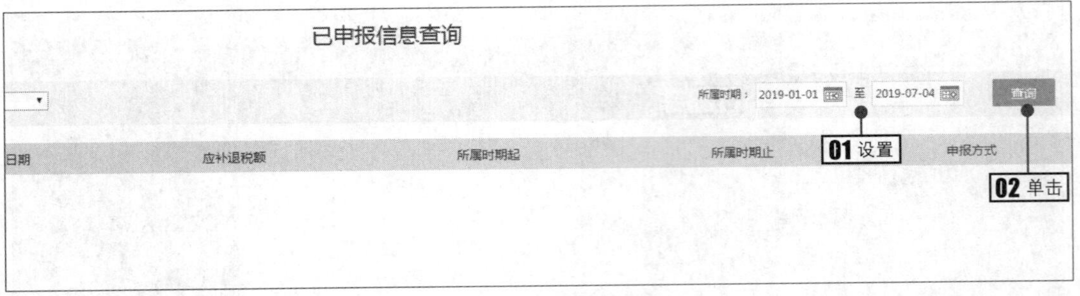

图3-38 设置查询期间

（4）稍后报税系统将搜索符合条件的申报信息，并将结果显示在该界面中。若要查看申报表的具体数据，可单击对应的报表名称，如图3-39所示。

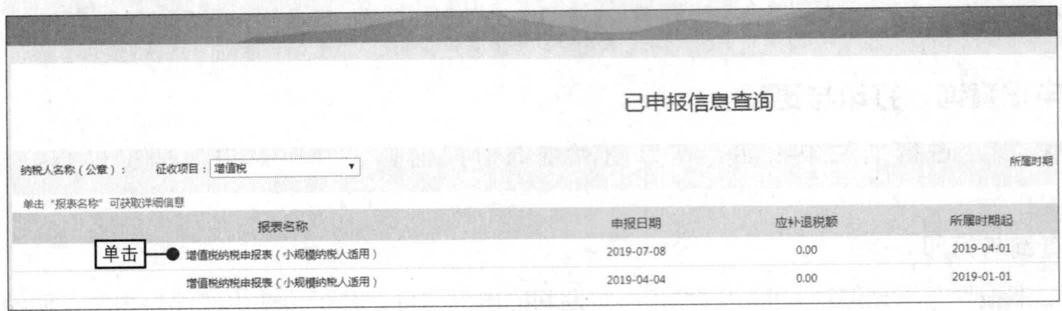

图3-39 查询结果

（5）所选申报表内容将完整显示在页面中，如果需要进行打印操作，则可继续单击 报表打印 按钮，如图3-40所示。

已申报信息查询　增值税纳税申报表（小规模纳…

报表打印　导出EXCEL

单击

增值税纳税申报表（小规模纳税人适用）

税款所属期： 2019 年 04 月 01 日 至 2019 年 06 月 30 日

填表日期： 2019 年 07 月 08 日

金额单位：元至角分

	0.00		
本期数		本年累计	
货物及劳务	服务、不动产和无形资产	货物及劳务	服务、不动产和无形资产
0.00	0.00	0.00	0.00
0.00	0.00	0.00	0.00
0.00	0.00	0.00	0.00
---	0.00	---	0.00
---	0.00	---	0.00
---	0.00	---	0.00

图3-40 申报表完整内容

（6）此时将显示申报表的打印效果，确认无误后，单击“打印”按钮执行打印操作，如图3-41所示。

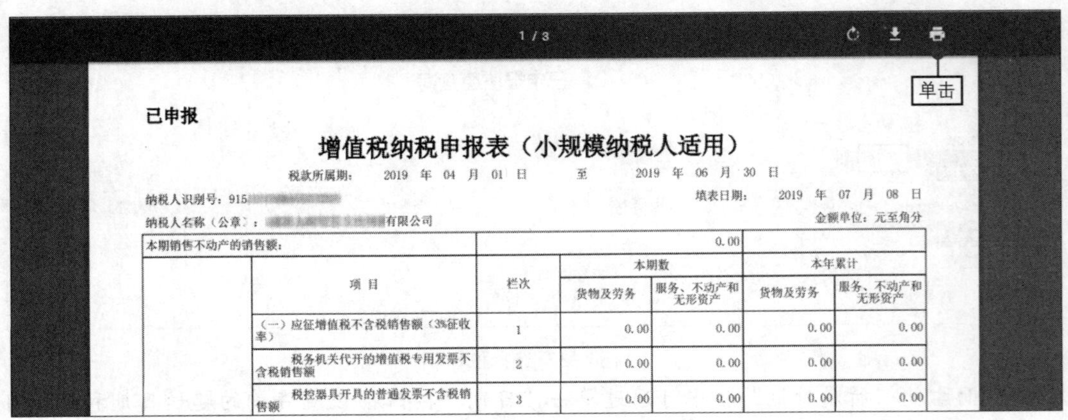

已申报

增值税纳税申报表（小规模纳税人适用）

税款所属期： 2019 年 04 月 01 日 至 2019 年 06 月 30 日

纳税人识别号：915

填表日期： 2019 年 07 月 08 日

纳税人名称（公章）：有限公司

金额单位：元至角分

本期销售不动产的销售额：		0.00			
项 目	栏次	本期数		本年累计	
		货物及劳务	服务、不动产和无形资产	货物及劳务	服务、不动产和无形资产
（一）应征增值税不含税销售额（3%征收率）	1	0.00	0.00	0.00	0.00
税务机关代开的增值税专用发票不含税销售额	2	0.00	0.00	0.00	0.00
税控器具开具的普通发票不含税销售额	3	0.00	0.00	0.00	0.00

图3-41 打印效果

2. 申报更正

当企业发现已申报的数据有误时，可以通过申报更正功能进行修改，重新提交更正后的申报表数据，其具体操作如下。

（1）登录当地电子税务局，单击“我要办税”选项卡，单击“税费申报及缴纳”按钮，在显示的界面中单击“申报更正”按钮，打开“请选择业务”对话框，选择所需的申报更正选项，这里选择第一个选项，如图3-42所示。

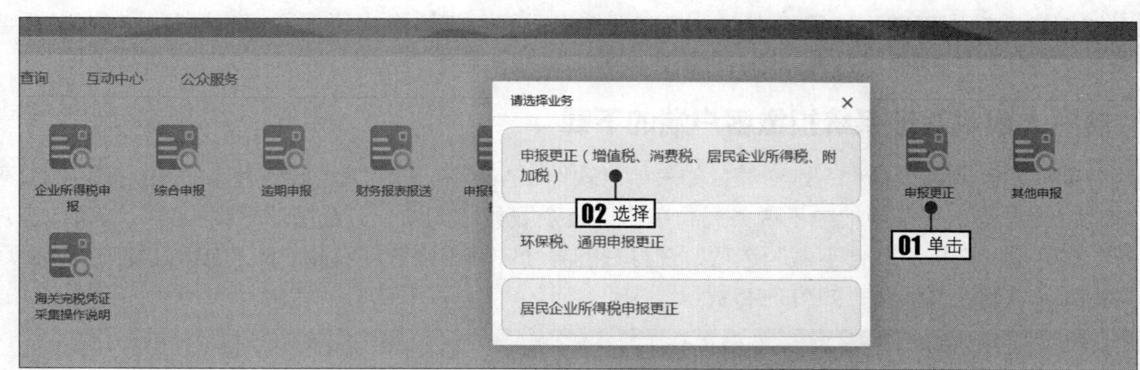

图3-42 申报更正

（2）在所显示界面的“征收项目”下拉列表框中选择需更正报表对应的税种，这里选择“增值税”选项，单击查询按钮搜索结果，然后单击该报表右侧对应的申报更正按钮，如图3-43所示。

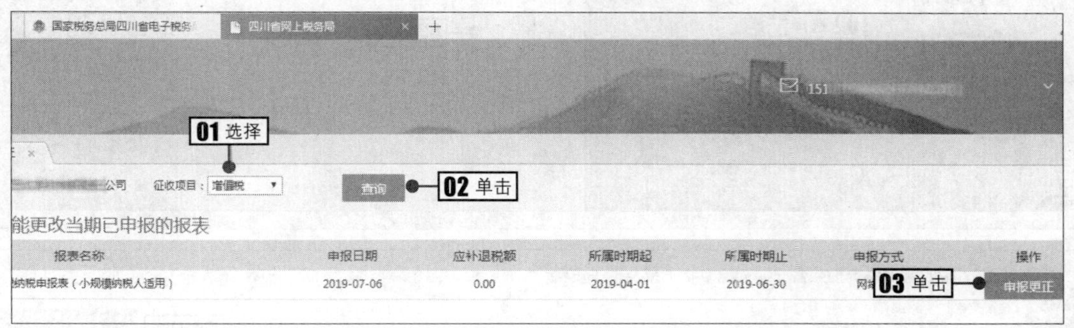

图3-43 选择需要更正的报表

（3）此时只需在打开的界面中更改报表数据，然后执行保存、校验、提交等操作即可，如图3-44所示。

首页 | 申报更正 | 增值税纳税申报表（小规模纳税人适用）更正

保存 | 校验 | 预览打印 | 提交 | 重置 | 更多

主表 | 附表一 | 增值税减免税申报明细表

增值税纳税申报表（小规模纳税人适用）

税款所属期：2019 年 04 月 01 日 至 2019 年 06 月 30 日

纳税人识别号：915

纳税人名称（公章）：公司

本期销售不动产的销售额：0.00

项目	栏次	本期数		本年
		货物及劳务	服务、不动产和无形资产	货物及劳务
（一）应征增值税不含税销售额（3%征收率）	1	0.00	0.00	4368.94
税务机关代开的增值税专用发票不含税销售额	2	0.00	0.00	4368.94
税控器具开具的普通发票不含税销售额	3	0.00	0.00	0.00
（二）应征增值税不含税销售额（5%征收率）	4	---	0.00	---
税务机关代开的增值税专用发票不含税销售额	5	---	0.00	---

图3-44 更正报表数据

【例题·多选题】对于已申报的数据，企业可以在报税系统中执行的操作有（　）。

A. 查询申报数据　　B. 打印申报表

C. 删除申报表　　D. 更正申报数据

E. 复制申报表

【解析】对已申报的数据，纳税人可以进行查询、打印等操作，也可对申报有误的数据进行更正并

重新申报。

【答案】ABD

3.4 个人所得税申报操作

金税三期个人所得税申报系统需要在客户端进行操作，因此纳税人首先应当在报税系统中将自然人税收管理系统扣缴客户端下载到计算机中，才能实现信息采集、扣缴个人所得税报表填写、申报以及查询等操作。

3.4.1 自然人税收管理系统扣缴客户端的下载

金税三期报税系统提供各种下载资源，如表单、软件、App等。自然人税收管理系统扣缴客户端属于软件资源，下载它的方法：登录当地电子税务局，单击“公众服务”选项卡，选择“下载服务”选项，打开“请选择业务”对话框，选择“软件下载”选项，在打开的界面中单击该软件右侧对应的 下载 按钮，即可启动下载工具将其下载到计算机中，如图3-45所示。

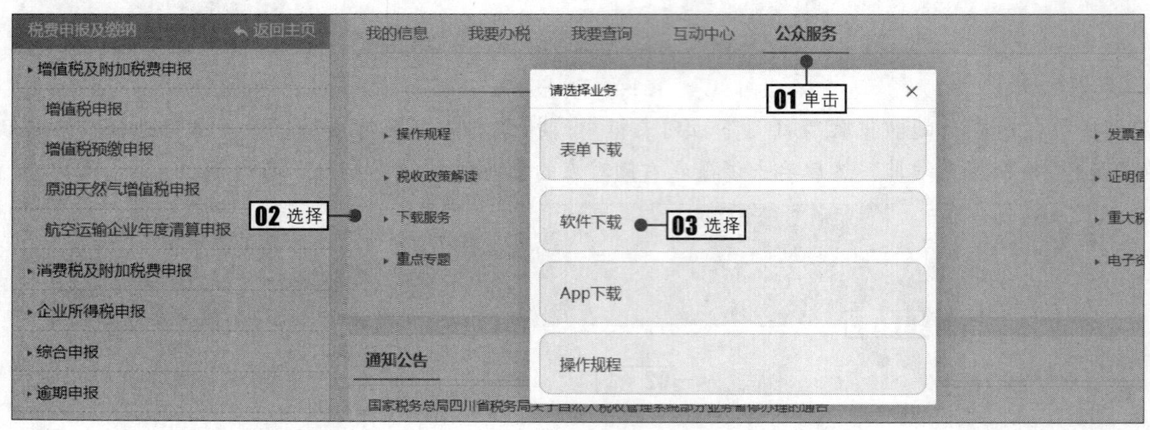

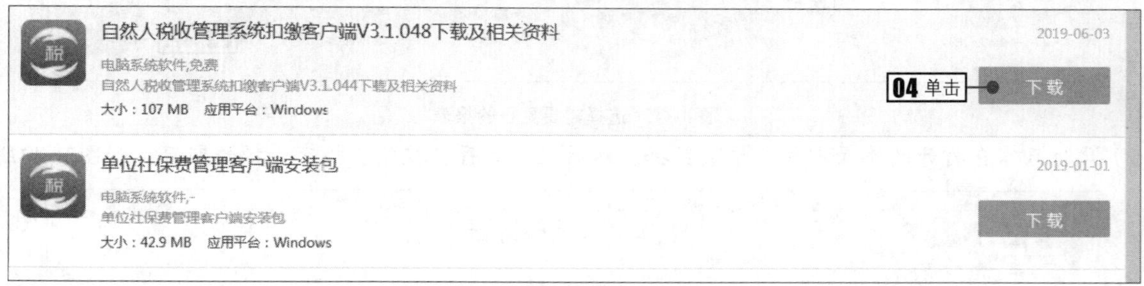

图3-45 软件下载

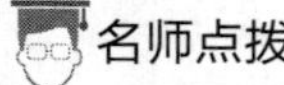

名师点拨

将自然人税收管理系统扣缴客户端下载到计算机后，首先需要安装，第一次运行时需要录入企业信息，包括纳税人识别号、纳税人名称、办税人信息等，之后才可以登录软件进行个人所得税报税操作。

3.4.2 人员信息的采集

人员信息的采集指的是将企业的员工信息添加到自然人税收管理系统，方便以后对个人所得税进行代扣代缴等处理。对一般企业而言，人员信息的采集包括基本信息的采集和专项附加扣除信息的采集。

1. 基本信息采集

基本信息采集的具体操作如下。

（1）双击桌面上的“自然人税收管理系统扣缴客户端”快捷启动图标，打开登录界面，输入设置的密码后单击 登录 按钮，如图3-46所示。

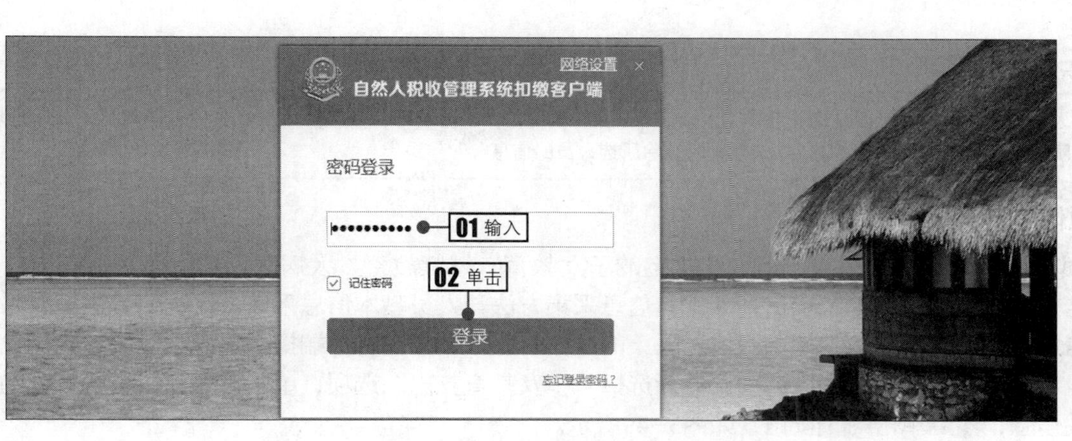

图3–46 登录扣缴客户端

（2）在界面左侧的“代扣代缴”栏中选择“人员信息采集”选项，此时将显示已经采集好的人员信息情况，如果需要采集新的信息，可单击添加按钮，如图3–47所示。

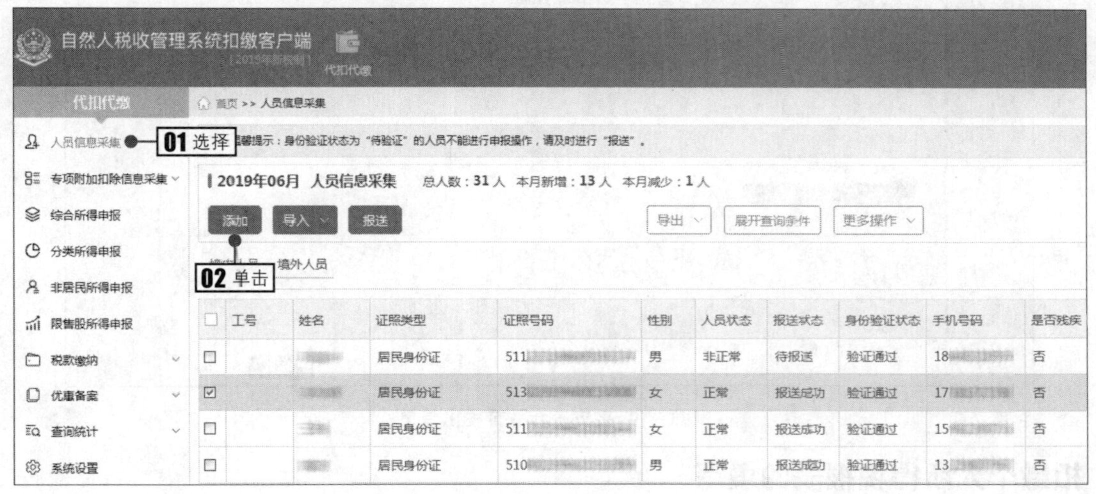

图3–47 添加人员信息

（3）在打开的对话框中输入相应的人员信息，其中带“*”号的项目为必填项目，完成后单击保存按钮即可完成人员信息采集的操作，如图3–48所示。

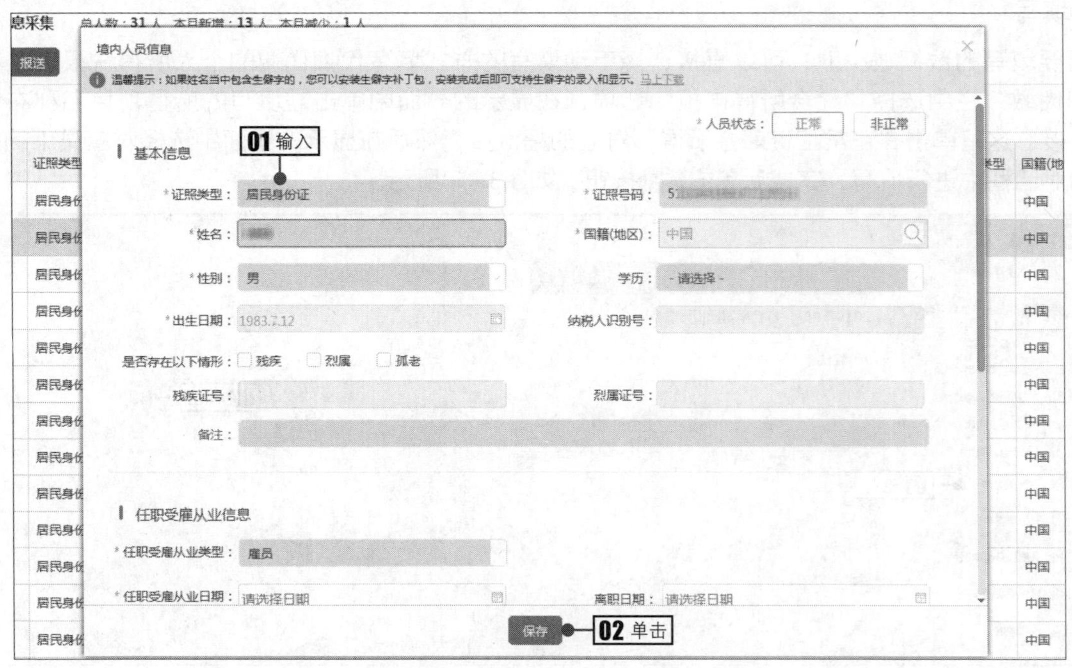

图3–48 输入并保存信息

知识拓展

登录自然人税收管理系统扣缴客户端并选择“人员信息采集”选项后，单击更多操作按钮，在弹出的下拉列表框中选择“修改”选项可修改所选人员的信息；选择“删除”选项则可删除所选人员的信息。

2. 专项附加扣除信息采集

专项附加扣除指的是个人所得税法规定的子女教育、继续教育、大病医疗、住房贷款利息、住房租金和赡养老人等企业员工的指定项目扣除。其信息采集方法与人员基本信息采集方法类似，这里以采集子女教育支出信息为例，讲解专项附加扣除信息采集的操作步骤。在扣缴客户端操作界面左侧的“代扣代缴”栏中选择“专项附加扣除信息采集”选项，然后选择“子女教育支出”选项，单击新增按钮，在打开的对话框中输入相关信息，然后单击保存按钮，如图3-49所示。

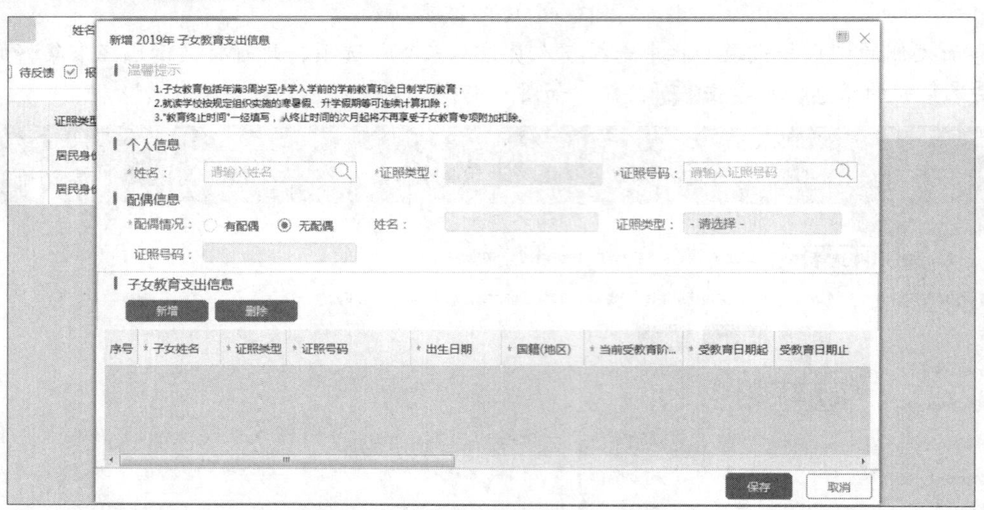

图3-49 采集子女教育支出信息

3.4.3 扣缴个人所得税报表的填写

员工个人所得税由企业代扣代缴，而企业财务人员在填写代扣代缴的个人所得税报表时，可以采取手动填写或数据导入的方式来实现。

1. 手动填写

当需要填写的数据较少时，可以直接选择手动填写的方式填写代扣代缴的个人所得税报表，其方法：在“代扣代缴”栏中选择“综合所得申报”选项，在显示的界面中单击需填写的所得项目名称右侧的“填写”超链接，这里单击“正常工资薪金所得”对应的超链接，然后在显示的界面中选择对应员工的选项，并在打开的对话框中进行填写，完成后单击保存按钮，如图3-50所示。

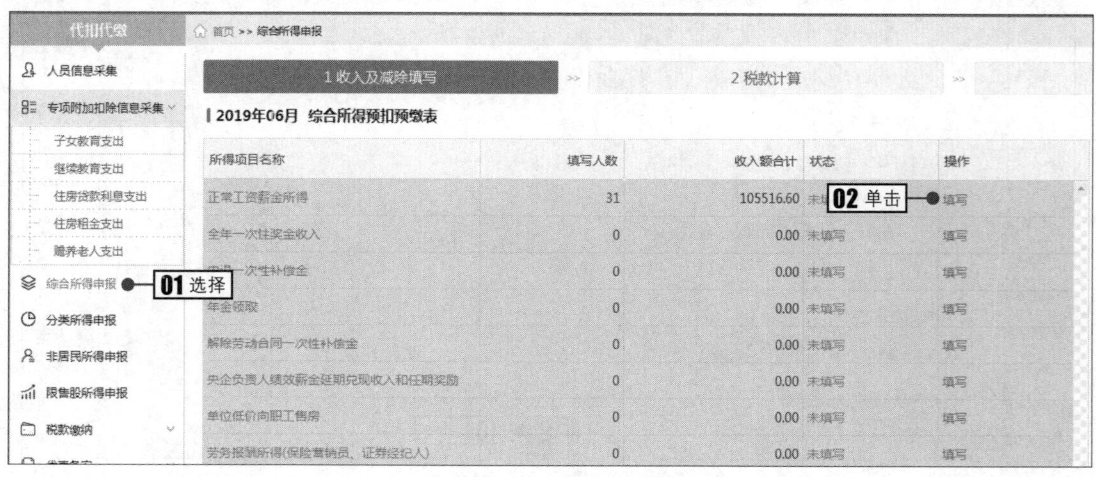

图3-50 填写员工个人所得税的数据

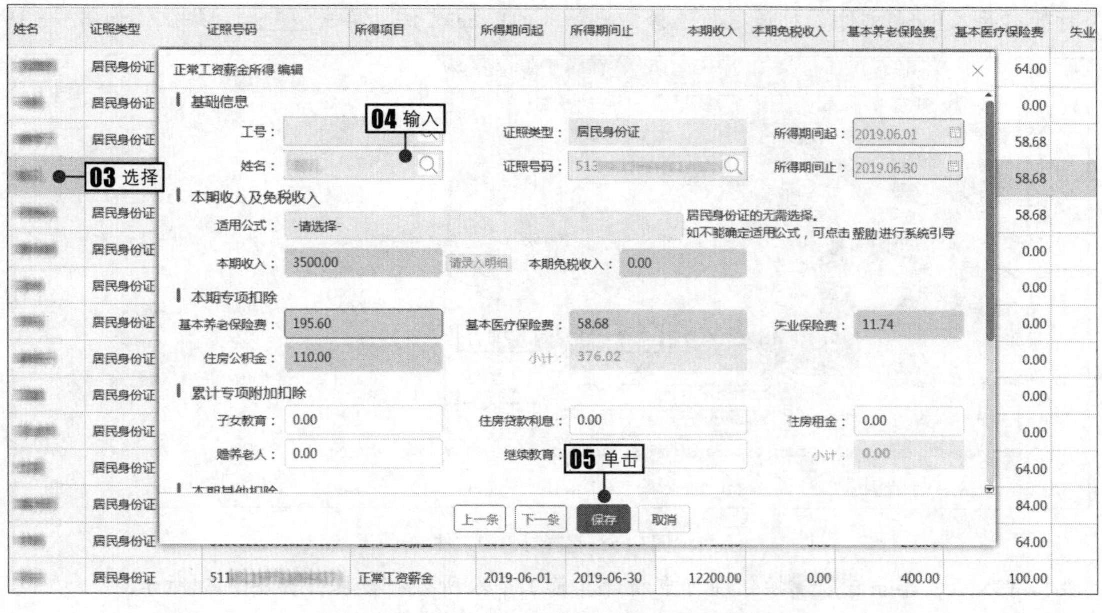

图3-50 填写员工个人所得税的数据（续）

2. 导入数据

如果需要填写的数据较多，则可通过导入计算机中员工工资所得数据的方式快速实现数据的填写，其具体操作如下。

（1）进入某个个人所得项目的填写界面后，单击 导入 按钮，在弹出的下拉列表框中选择“导入数据”选项，如图3-51所示。

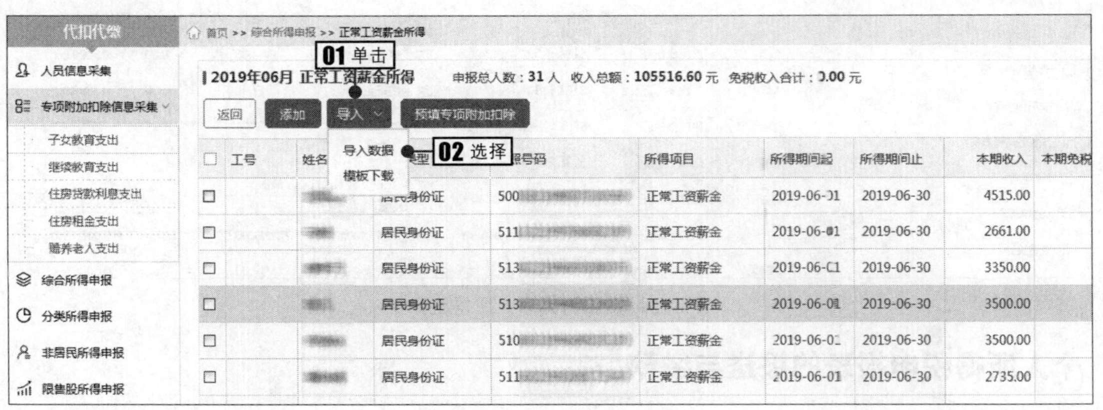

图3-51 执行导入数据操作

（2）打开选择导入方式的对话框，选中“标准模板导入”单选项，单击 导入 按钮，如图3-52所示。

姓名	证照类型	证照号码	所得项目	所得期间起	所得期间止	本期收入	本期免税收入	基本养老保险费	基本医疗保险费	失
	居民身份证	500	正常工资薪金	2019-06-01	2019-06-30	4515.00	0.00	256.00	64.00	
	居民身份证	511	正常工资薪金	2019-06-01	2019-06-30	2661.00	0.00	0.00	0.00	
	居民身份证	513	正常工资薪金	2019-06-01	2019-06-30	3350.00	0.00	195.60	58.68	
	居民身份证	513	正常工资薪金	2019-06-01	2019-06-30	3500.00	0.00	195.60	58.68	
	居民身份证	510						195.60	58.68	
	居民身份证	511						0.00	0.00	
	居民身份证	510						0.00	0.00	
	居民身份证	500						0.00	0.00	
	居民身份证	513						0.00	0.00	
	居民身份证	511						0.00	0.00	
	居民身份证	511	正常工资薪金	2019-06-01	2019-06-30	2661.00	0.00	0.00	0.00	

正常工资薪金所得

复制上月当期数据（不包含专项附加扣除数据，用户需手工补充）

标准模板导入 01 选中

生成零工资记录，用户手工修改

02 单击 导入 取消

图3-52 选择导入方式

（3）打开“导入Excel文件”对话框，选择需要导入的Excel文件，单击打开(O)按钮，如图3-53所示。

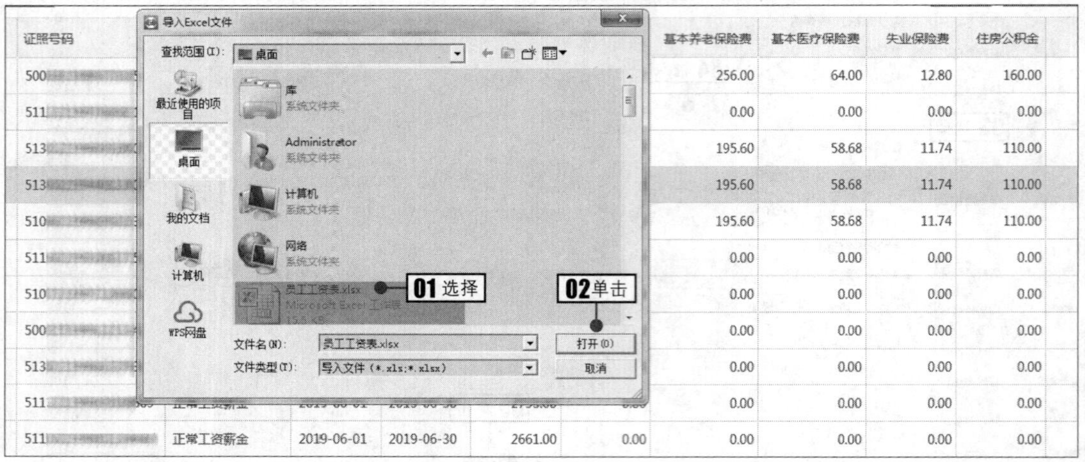

图3-53 选择导入的文件

（4）数据导入后，单击重新计算按钮即可重新计算员工个人所得税数据，如图3-54所示。

图3-54 重新计算个人所得税数据

3.4.4 个人所得税申报表的报送与缴款

在完成扣缴个人所得税的数据填写后，便可继续进行个人所得税申报表的报送与缴款，其具体操作如下。

（1）在综合所得申报界面单击“3.附表填写”选项卡，根据需要选择是否填写相关附表数据，如图3-55所示。

首页 >> 综合所得申报

1 收入及减除填写 >> 2 税款计算 >> 3 附表填写

单击

2019年06月 其他附表

1、综合所得申报表中填写了“减免税额”的需填写减免事项附表。
2、在本期其他扣除中填写了“商业健康保险”的需填写商业健康保险附表。

附表名称	填写人数	金额合计	填写状态	操作
减免事项附表	0	0.00	无需填写	填写
商业健康保险附表	0	0.00	无需填写	填写
税延养老保险附表	0	0.00	无需填写	填写

图3-55 填写附表

（2）附表填写完成，单击“4.申报表报送”选项卡，单击发送申报按钮，如图3-56所示。

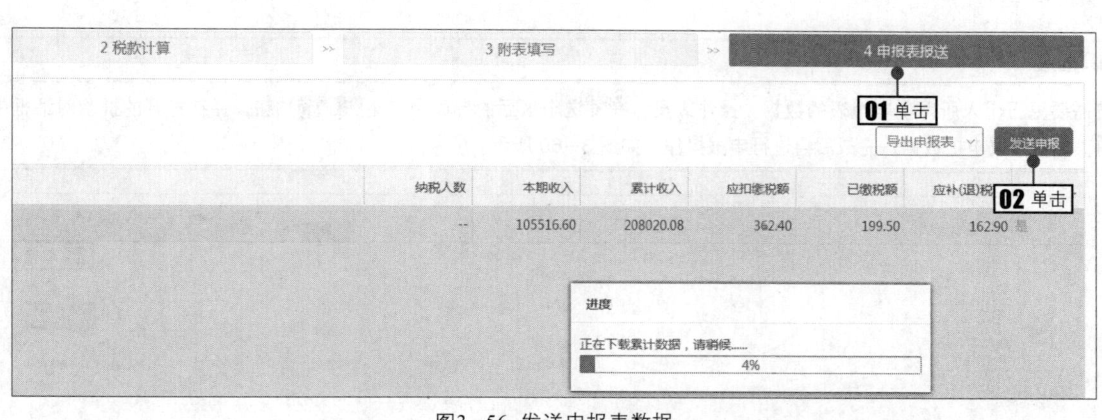

图3–56 发送申报表数据

（3）当申报状态显示为“申报成功，待缴款”字样时，选择左侧导航栏中“税款缴纳”栏下的“三方协议缴税”选项，并单击立即缴款按钮，如图3–57所示。

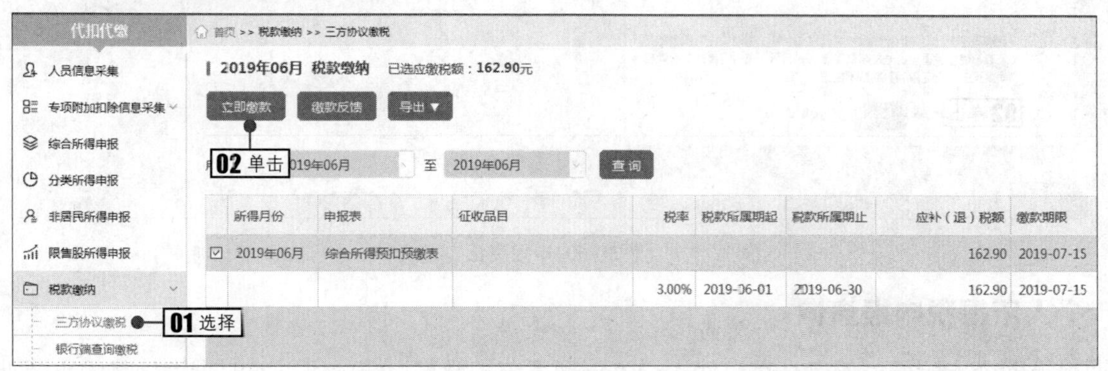

图3–57 缴款

（4）打开“请选择三方协议”对话框，确认信息无误后单击确认扣款按钮，如图3–58所示。

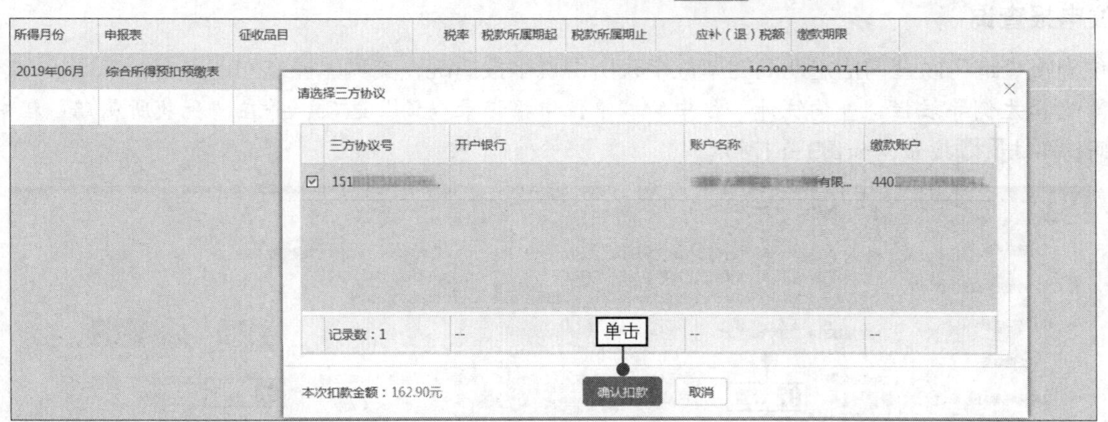

图3–58 确认扣款

（5）稍后将打开“提示信息”对话框，提示缴款成功，单击确定按钮，如图3–59所示。

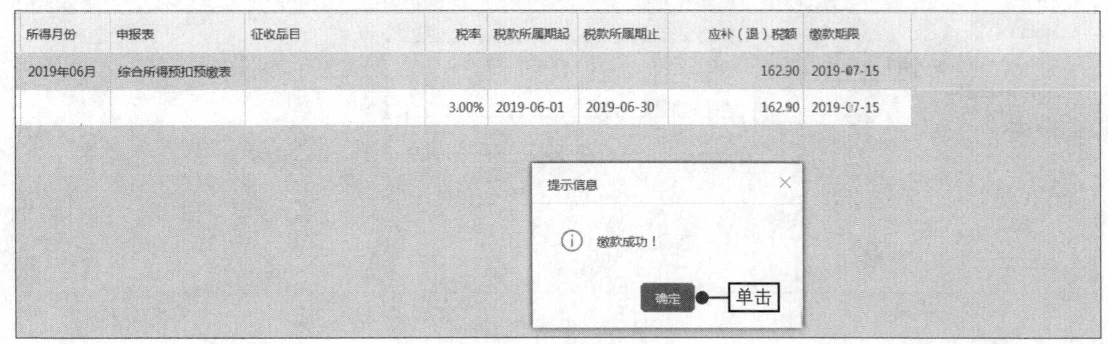

图3–59 缴款成功

知识拓展

缴款前若需要更正个人所得税申报表的数据，操作人员可在发送申报后的界面中单击【更正申报】按钮，并在打开的提示对话框中单击【确定】按钮，重新修改申报数据，完成后再进行申报操作，如图 3-60 所示。

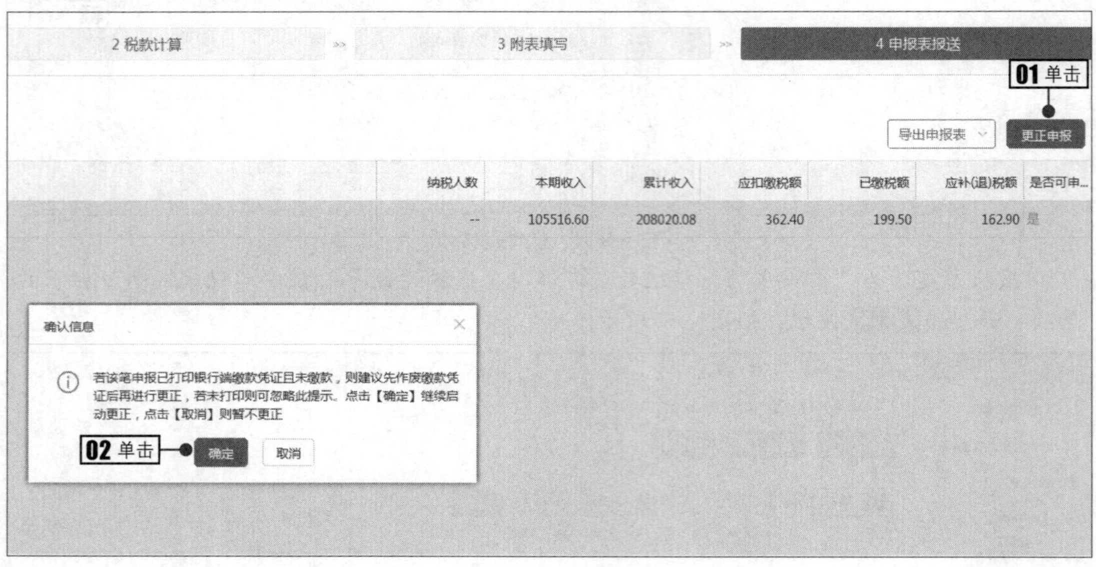

图3-60 申报更正

3.4.5 个人所得税申报查询

往期申报的个人所得税信息，在自然人税收管理系统扣缴客户端中可以随时查询，其中主要涉及单位申报查询和个人申报查询两种情况。

1. 单位申报查询

单位申报查询可以查询指定期间的单位个人所得税申报情况，其具体操作如下。

（1）选择左侧导航栏“查询统计”栏中的“单位申报记录查询”选项，并在“税款所属期”栏中设置查询的期间，单击【查询】按钮，如图3-61所示。

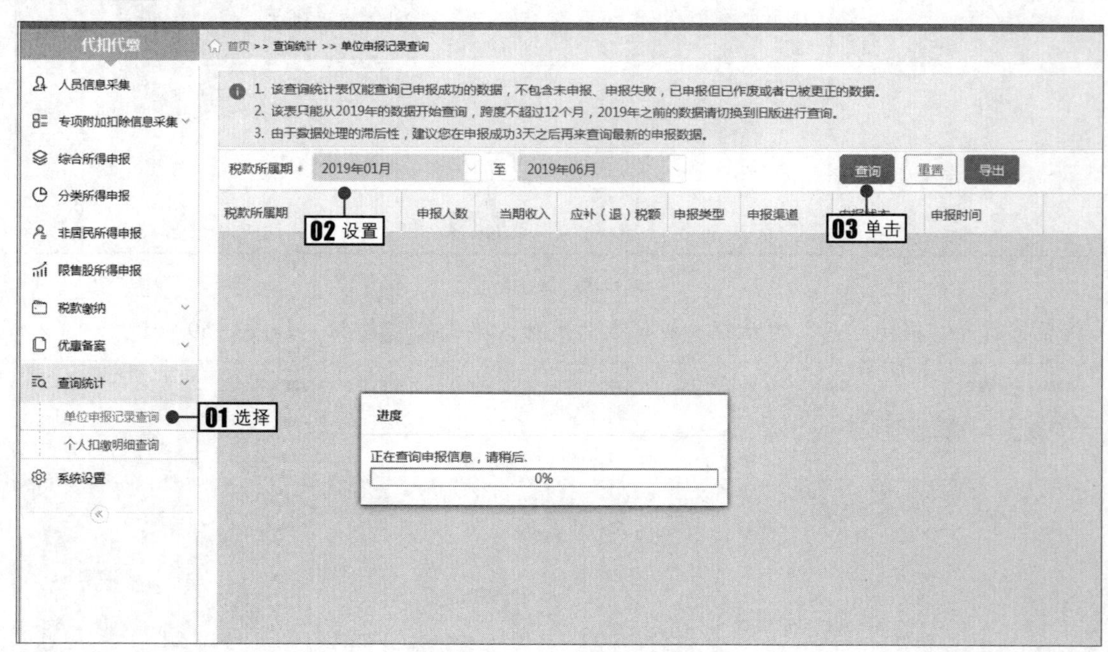

图3-61 设置查询期间

（2）稍后便将显示所设置税款所属期的单位申报记录，如图3-62所示。

图3−62 查询结果

2. 个人申报查询

个人申报查询与单位申报查询的操作相似，其方法：选择左侧导航栏中的“个人扣缴明细查询”选项，在右侧界面中设置税款所属期、人员姓名、国籍/地区和证照号码，然后单击查询按钮，如图3−63所示。

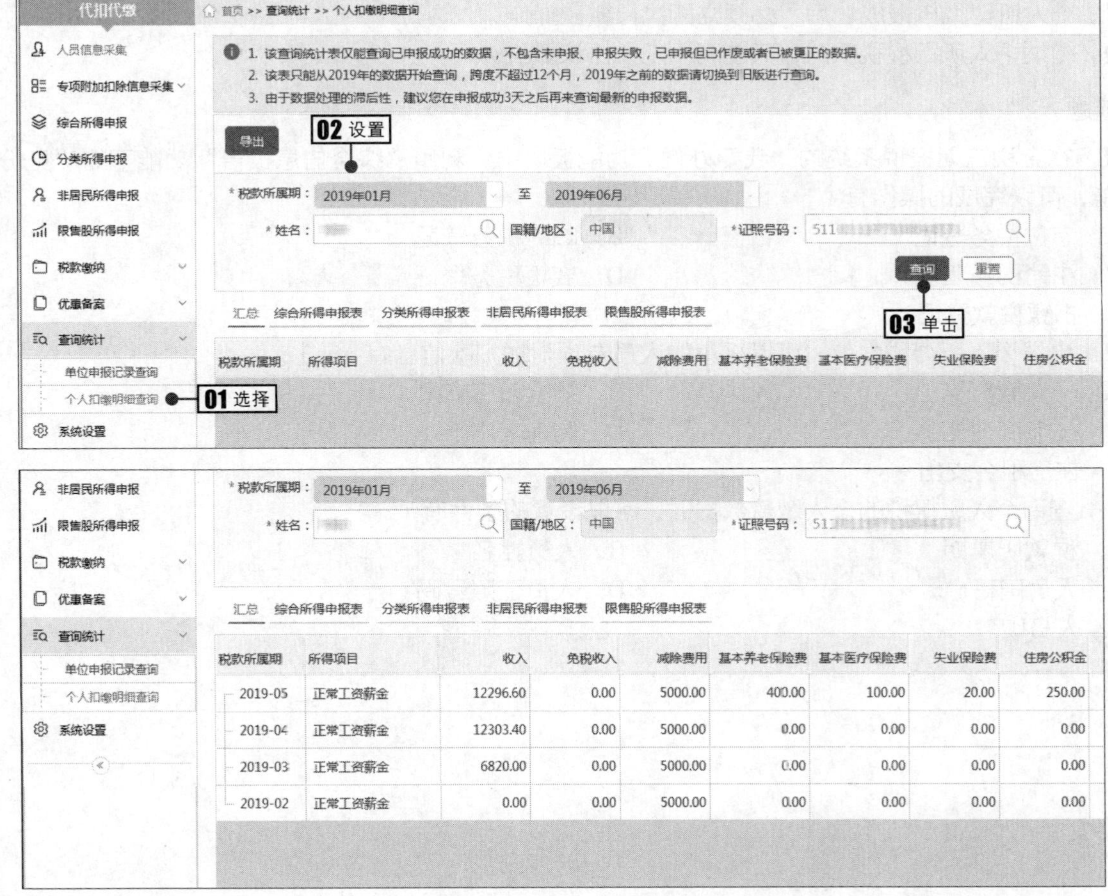

图3−63 查询个人扣缴情况

3.5 同步强化练习题

1. 单选题

（1）金税三期的总体建设目标可以概括为（　）。

A. 一个系统、两级平台、三个处理、四个覆盖
B. 一个平台、两级系统、三个处理、四个覆盖
C. 一个系统、两级覆盖、三个平台、四个处理
D. 一个平台、两级处理、三个覆盖、四个系统

（2）使用用户名登录方式登录金税三期报税系统进行网上报税时，首先需要输入的是（ ）。
A. 纳税人识别号
B. 法定代表人姓名
C. 法定代表人证照号码
D. 纳税人信用代码

（3）在金税三期报税系统中进行增值税申报时，单击“校验”按钮表示（ ）。
A. 保存申报数据　　B. 校验申报数据
C. 数据正式提交　　D. 数据申报成功

（4）纳税人利用网上报税系统进行申报查询时，不能设置的查询条件是（ ）。
A. 税种　　B. 起始日期
C. 终止日期　　D. 税务机关

（5）下列个人所得税申报表的相关操作中，说法正确的是（ ）。
A. 申报个人所得税之前，必须填写相关的附表数据
B. 导入个人所得税相关的数据后，可以单击“重新计算”按钮更新数据
C. 个人所得税申报成功后，必须立即执行缴款操作
D. 缴纳个人所得税税款时，只能利用三方协议缴税

2. 多选题

（1）在金税三期报税系统的“我要办税”功能板块中，利用“综合信息报告”功能下的“身份信息报告”功能，可以完成的操作有（ ）。
A. 单位税务登记　　B. 临时税务登记
C. 注销税务登记　　D. 变更税务登记
E. 扣缴税款登记

（2）申报个人所得税之前，可以采集的人员专项附加扣除信息有（ ）。
A. 子女教育支出　　B. 继续教育支出
C. 技能培训支出　　D. 购房支出
E. 住房租金支出

（3）查询个人所得税的个人缴款数据时，可以设置的条件有（ ）。
A. 税款所属期　　B. 人员姓名
C. 人员国籍　　D. 人员证照号码
E. 人员职务

第4章 Excel的基础应用

本章主要以Excel 2010（以下简称“Excel”）为例，介绍在会计处理中如何利用该软件对数据进行编辑、计算和管理等操作，重点包括Excel的基本操作，数据的输入与编辑，公式与函数的应用，数据的排序、筛选与分类汇总，以及常用快捷键等内容。

本章内容不属于考试重点，所占分值约为15分，但涉及的内容较多，知识点较为分散，考点并不固定，要求考生对Excel的基本知识和常见操作进行全方位的了解与熟悉。

▼ 本章知识体系一览表

Excel的基础应用	Excel的基本操作	（1）Excel的启动与退出（★） （2）Excel操作界面概述（★） （3）工作簿的基本操作（★★） （4）工作表的基本操作（★★） （5）单元格的基本操作（★★）
	数据的输入与编辑	（1）数据的输入（★★★） （2）特殊符号的插入（★★） （3）数据的修改与删除（★★★） （4）撤销与恢复（★★★） （5）数据的移动与复制（★★★） （6）选择性粘贴的应用（★） （7）数据的填充（★★） （8）表格数据的美化（★★）
	公式与函数的应用	（1）公式的应用（★★★） （2）函数的应用（★★★） （3）Excel常见函数的应用（★★★）
	数据的排序、筛选与分类汇总	（1）数据的排序（★★★） （2）数据的筛选（★★★） （3）数据的分类汇总（★★）
	Excel常用快捷键汇总（★★）	

4.1 Excel的基本操作

Excel是使用较为广泛的电子表格软件之一，是微软公司开发的Office办公软件中的一大组件，专用于处理表格数据，包括对表格数据的输入、编辑、计算和管理等，功能十分强大，操作简单易学。

4.1.1 Excel的启动与退出

启动或退出Excel都有多种方法可供选择，下面进行具体介绍。

1. 启动Excel

利用“开始”菜单、桌面快捷图标或现有Excel文档，都可以实现Excel的启动操作。

◆ **通过“开始”菜单启动：**单击桌面左下角的“开始”按钮，在弹出的“开始”菜单中单击【所有程序】/【Microsoft Office】/【Microsoft Excel 2010】菜单命令，如图4-1所示。

- **通过桌面快捷图标启动**：双击桌面上Excel的快捷启动图标可启动Excel。如果桌面上没有该快捷启动图标，则可手动进行创建。创建Excel快速启动图标的方法：在“开始”菜单中的【所有程序】/【Microsoft Office】/【Microsoft Excel 2010】菜单命令上右击，然后在弹出的快捷菜单中单击【发送到】/【桌面快捷方式】命令，如图4-2所示。
- **双击文件启动**：若计算机中已保存有某个Excel文件，双击该文件便可启动Excel，同时打开该Excel文件。

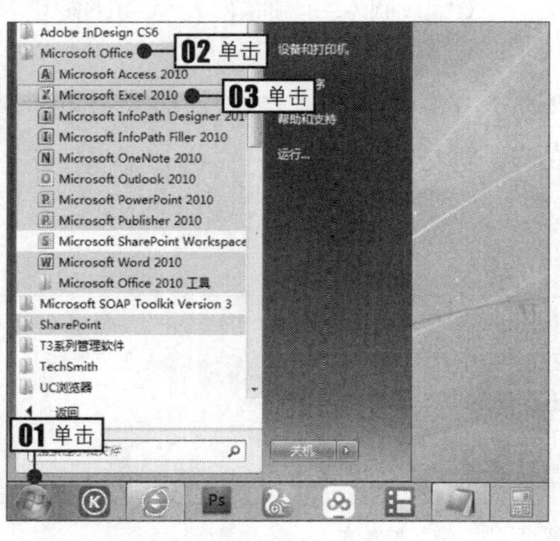

图4-1 通过“开始”菜单中启动Excel

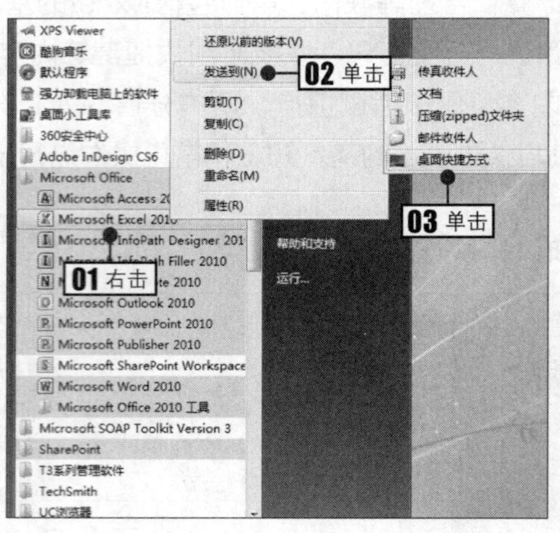

图4-2 创建Excel快捷启动图标

2. 退出Excel

退出Excel的常用操作有以下几种。

- 在Excel操作界面中单击“文件”菜单项，然后单击 退出按钮，如图4-3所示。
- 单击Excel标题栏右侧的“关闭”按钮。
- 确认Excel操作界面为当前活动窗口，按【Alt+F4】组合键。
- 单击Excel标题栏左端的控制菜单图标，在弹出的下拉菜单中单击“关闭”命令，或直接双击该控制菜单图标，如图4-4所示。

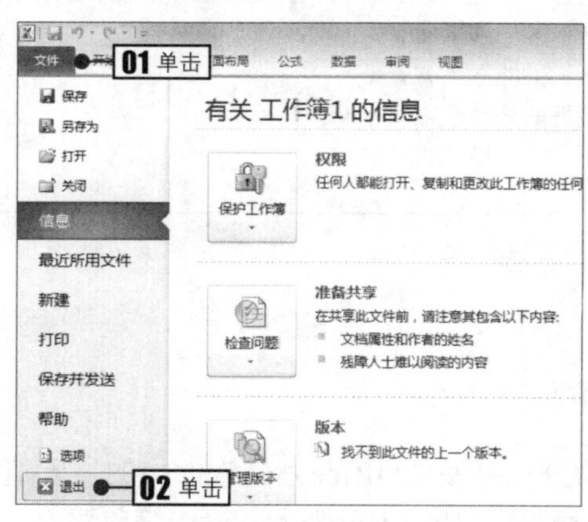

图4-3 利用“文件”菜单项退出

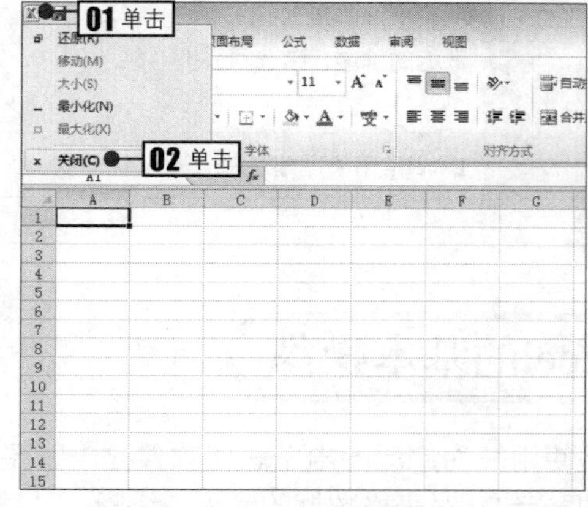

图4-4 利用控制菜单图标退出

【例题·单选题】当需要退出Excel时，下列能够实现该操作的快捷键是（ ）。

A. 【Ctrl+W】组合键　　B. 【Alt+W】组合键

C. 【Ctrl+F4】组合键　　D. 【Alt+F4】组合键

【解析】当Excel操作界面为当前活动窗口时，按【Alt+F4】组合键可退出Excel。

【答案】D

4.1.2 Excel操作界面概述

启动Excel后显示的便是其操作界面，如图4-5所示。该界面主要由标题栏、功能区、编辑栏、编辑

区、状态栏等部分组成。

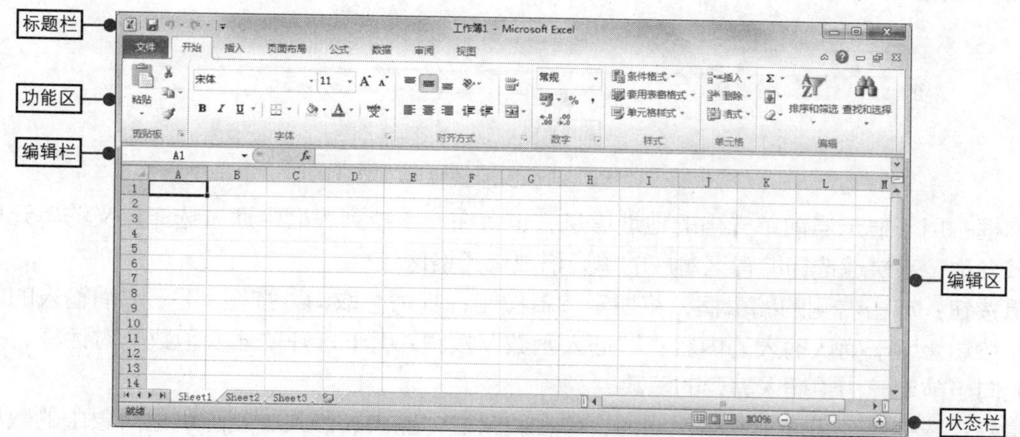

图4-5 Excel操作界面

1. 标题栏

标题栏位于操作界面最上方，从左至右包括窗口控制图标、快速访问工具栏、标题显示区和窗口控制按钮组，如图4-6所示。

◆ **窗口控制图标**：该图标主要用于控制操作界面，单击该图标后，可在弹出的下拉菜单中单击相应命令来执行对应操作。

◆ **快速访问工具栏**：快速访问工具栏的作用是将常用的按钮集中到此，以方便用户快速实现相应操作。该工具栏默认为3个按钮，分别用于保存文档、撤销操作和恢复操作。

◆ **标题显示区**：该区域主要用于显示当前Excel文件的名称。

◆ **窗口控制按钮组**：该按钮组用于控制操作界面。当操作界面处于非最大化和最小化状态时，此按钮组中的按钮从左到右的作用依次为最小化操作界面、最大化操作界面和关闭操作界面。

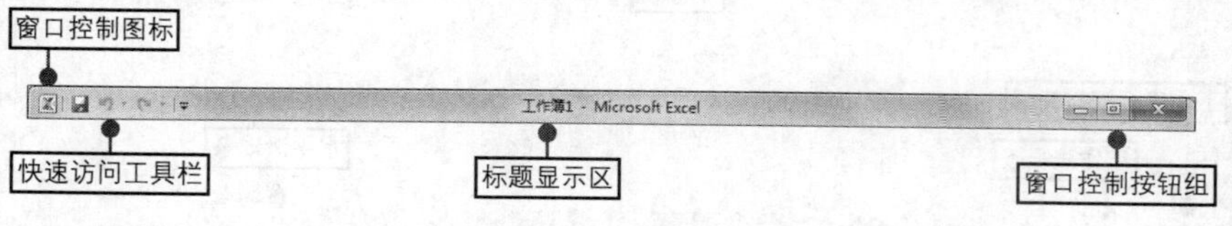

图4-6 Excel的标题栏

知识拓展

最小化操作界面是指将操作界面缩小为任务按钮并显示在桌面下方的任务栏中，此时再单击任务按钮可将操作界面恢复为缩小之前的大小；最大化操作界面是指将操作界面全面覆盖在除任务栏以外的整个桌面区域，当操作界面处于最大化状态时，"最大化"按钮将变为"还原"按钮，单击该按钮可将操作界面还原为最大化之前的大小。

2. 功能区

功能区位于标题栏下方，由若干功能选项卡组成，各功能选项卡又包含若干功能组（简称"组"），每个组中则是多个同类型参数的集合，如图4-7所示。

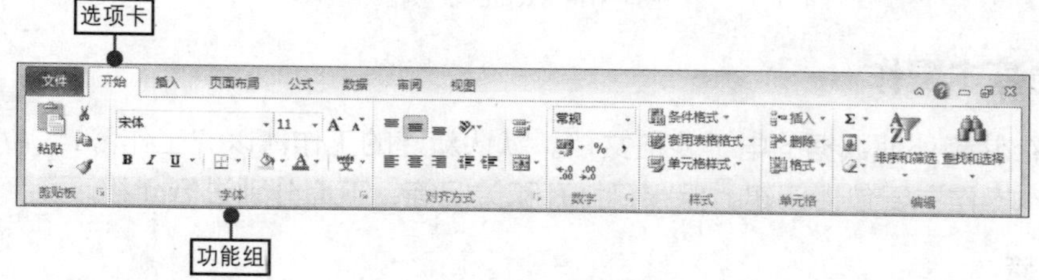

图4-7 Excel的功能区

3. 编辑栏

Excel的编辑栏由名称框、编辑按钮、编辑框3部分组成，如图4-8所示，该区域主要用于显示和编辑当

前活动单元格中的数据或公式。

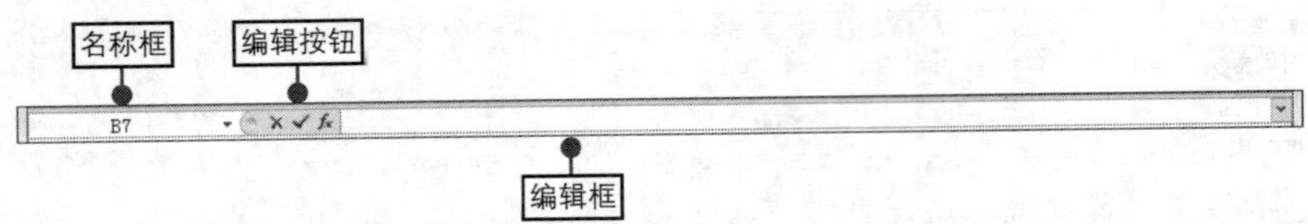

图4－8 Excel的编辑栏

◆ **名称框**：用于显示当前单元格的地址信息，也可在该下拉列表框中通过选择定义的单元格或单元格区域名称，来快速选择编辑区对应的单元格或单元格区域。

◆ **编辑按钮**：单击右侧的编辑框，将显示编辑按钮，其中"取消"按钮✕用于取消输入的内容；"输入"按钮✓用于确认输入的内容；"插入函数"按钮fx用于打开"插入函数"对话框，并通过该对话框向当前单元格中插入需要的函数。

◆ **编辑框**：选择单元格或单元格区域后，可在编辑框中输入、修改、删除所选对象中的数据，包括普通数据、公式、函数等。

4．编辑区

编辑区是Excel最重要的区域之一。构成整个编辑区的主要元素包括：列标、行号、单元格、水平滚动条、垂直滚动条、工作表标签、工作表标签按钮组，如图4－9所示。其中列标和行号用于确定当前单元格的位置，如A1单元格即表示该单元格位于第A列第1行；工作表标签用于划分和管理工作表；工作表标签按钮组用于在多张工作表之间切换；水平/垂直滚动条用于查看编辑区中未显示的内容。

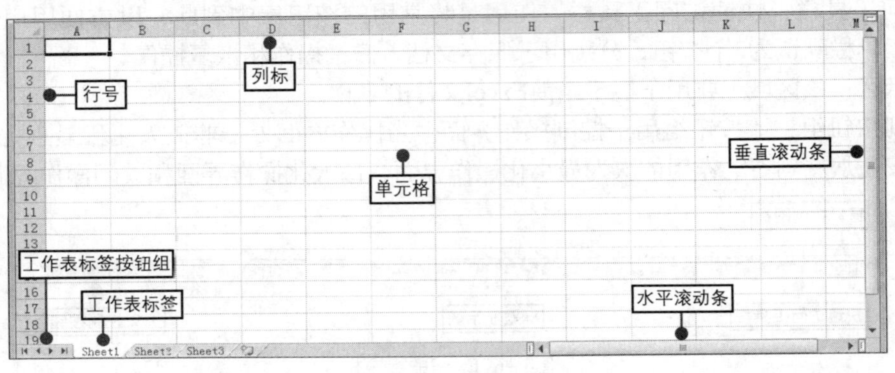

图4－9 Excel的编辑区

5．状态栏

状态栏位于操作界面最下方，主要用于显示所选单元格区域中数据的常见计算结果和控制Excel视图的显示比例与显示模式，如图4－10所示。

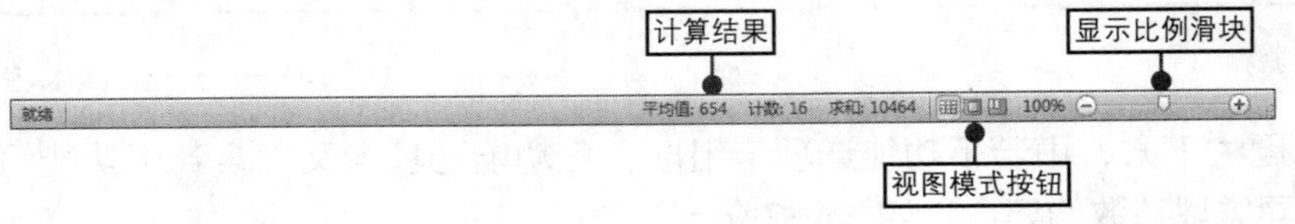

图4－10 Excel的状态栏

4.1.3 工作簿的基本操作

工作簿是用于存储和处理数据的电子表格文档。默认新建的工作簿以"工作簿1"命名显示在标题显示区中。工作簿的基本操作主要包括新建、保存、打开和关闭等，下面分别进行介绍。

1．新建空白工作簿

启动Excel 后，系统会自动新建一个名为"工作簿1"的空白工作簿。如果需要手动新建空白工作簿，可在启动Excel后选择以下任意一种方法进行操作。

◆ **通过"新建"命令新建**：单击"文件"菜单项，单击左侧的"新建"命令，在界面右侧选择"空白

工作簿”选项，单击“创建”按钮，或直接双击“空白工作簿”选项，如图4-11所示。

◆ **通过工具按钮新建**：单击快速访问工具栏中的“新建”按钮。如果没有该按钮，则可单击快速访问工具栏右侧的下拉按钮，在弹出的下拉菜单中单击“新建”命令进行添加，如图4-12所示。

◆ **通过快捷键新建**：按【Ctrl+N】组合键。

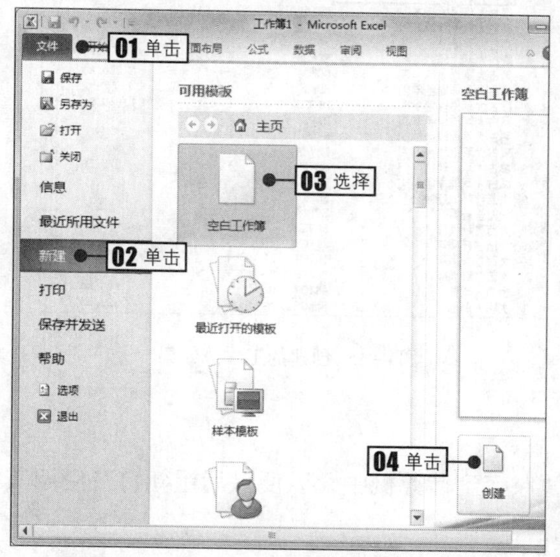

图4-11 通过“新建”命令新建工作簿

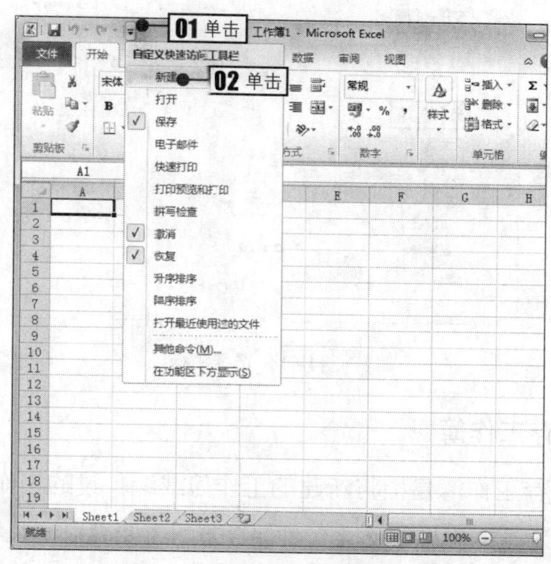

图4-12 通过工具按钮新建工作簿

2. 根据模板新建工作簿

根据模板新建工作簿是指利用Excel提供的某种模板来创建具有一定内容和样式的工作簿，这种方法的好处在于可以快速得到更为专业和美观的文件，其具体操作如下。

（1）启动Excel，单击“文件”菜单项，单击“新建”命令，在界面右侧选择“样本模板”选项，如图4-13所示。

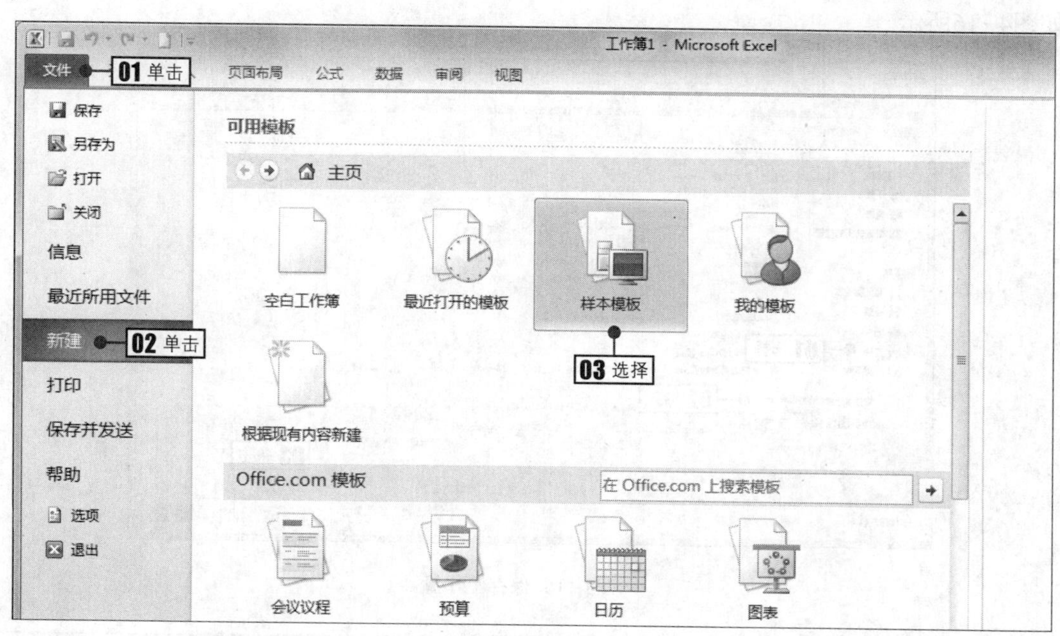

图4-13 选择样本模板

（2）在下方的列表框中选择某种模板，如选择“销售报表”选项，然后单击“创建”按钮，如图4-14所示。

（3）此时系统将根据所需模板创建Excel工作簿，其中便包含了模板中已设置好的内容和样式，如图4-15所示。

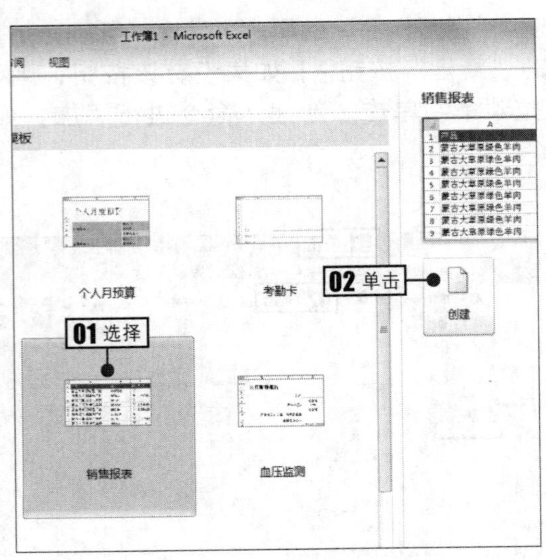

图4－14 选择模板

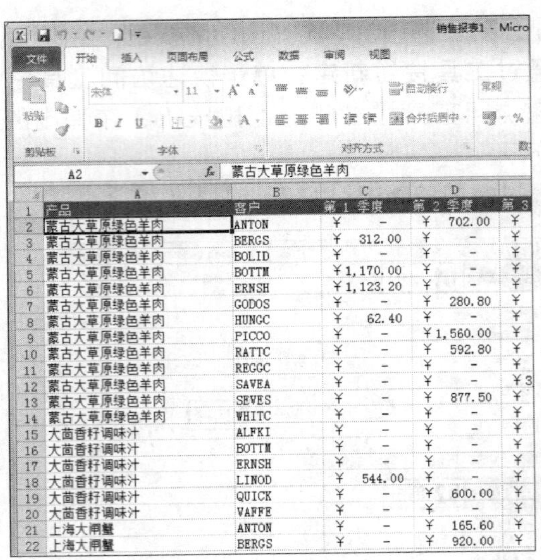

图4－15 创建的工作簿效果

3. 保存工作簿

保存工作簿是指将新建的工作簿或编辑过的工作簿保存到计算机中，以便以后重新打开使用其中的数据。就新建的工作簿而言，其保存方法主要有以下几种。

- **通过“保存”命令保存：**单击“文件”菜单项，单击界面左侧的“保存”命令。
- **通过工具按钮保存：**单击快速访问工具栏中的“保存”按钮。
- **通过快捷键保存：**按【Ctrl+S】组合键或【F12】键。

执行以上任意操作后，Excel都将打开“另存为”对话框，通过上方的“路径”下拉列表框或左侧列表框中的文件夹来确认文件的保存位置，在“文件名”下拉列表框中输入工作簿名称，完成后单击保存(S)按钮即可，如图4-16所示。

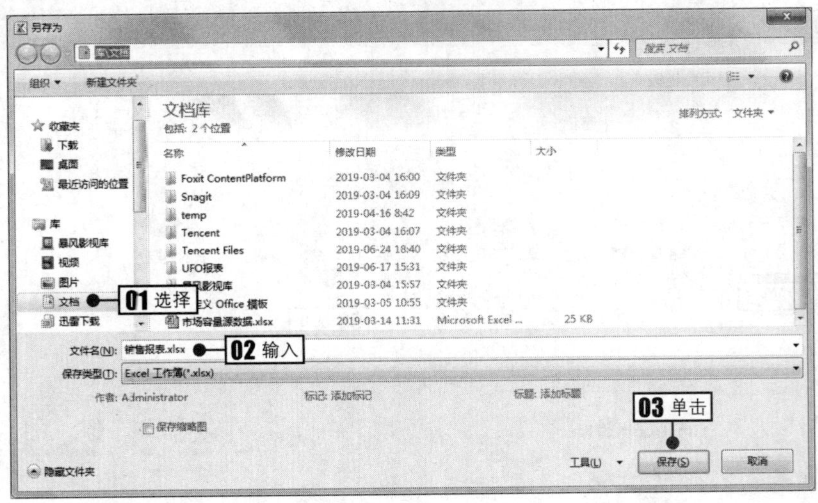

图4－16 保存工作簿

知识拓展

对于已经保存到计算机的工作簿，操作人员在编辑后也可按上述方法进行保存，此时将不会打开“另存为”对话框，而是直接覆盖原有数据（按【F12】键则都会打开“另存为”对话框）。如果要执行自动保存工作簿的操作，可单击“文件”菜单，单击界面左侧的选项按钮，打开“Excel 选项”对话框，选择左侧列表框中的“保存”选项，然后在右侧选中“保存自动恢复信息时间间隔”复选框，并设置自动保存的时间，如图 4－17 所示。

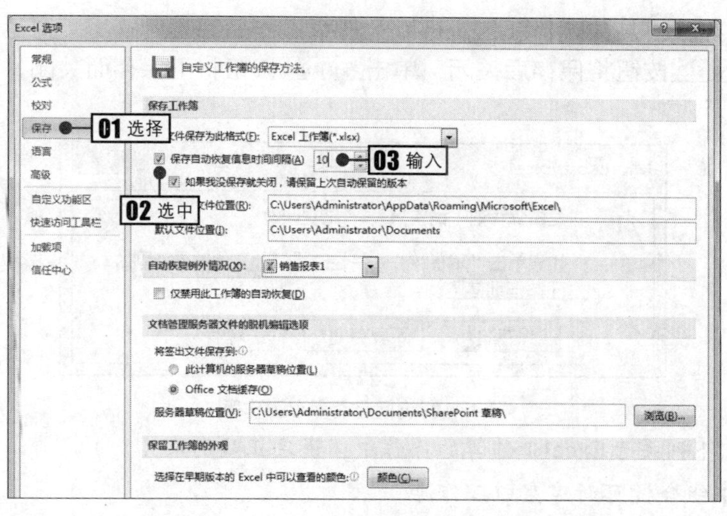

图4—17 设置自动保存工作簿的时间间隔

4. 打开工作簿

打开工作簿的常用方法有以下几种。

- **通过"打开"命令打开：**单击"文件"菜单项，单击界面左侧的"打开"命令。
- **通过工具按钮打开：**单击快速访问工具栏中的"打开"按钮。若没有该按钮，可按照添加"新建"按钮的方法进行添加。
- **通过快捷键打开：**按【Ctrl+O】组合键。

执行以上任意操作后，都将打开"打开"对话框。利用上方的"路径"下拉列表框或左侧的"位置"列表框选择工作簿保存的位置，选择工作簿后单击打开(O)按钮，或直接双击该工作簿选项，如图4-18所示。

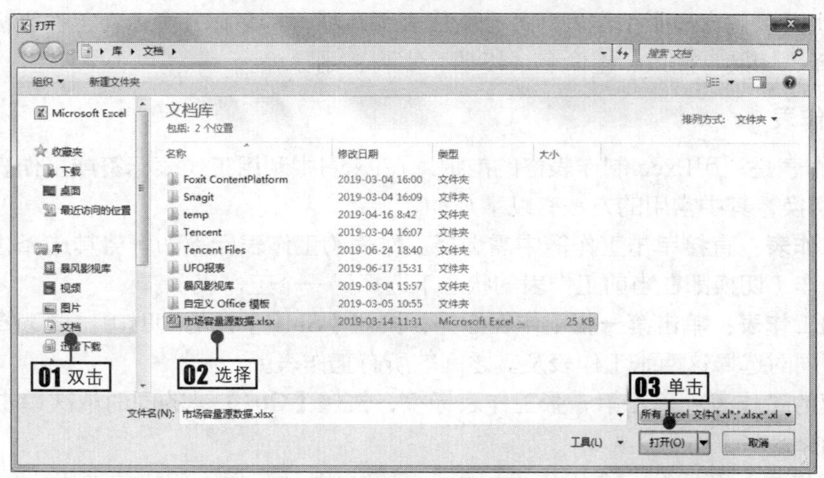

图4—18 打开工作簿

名师点拨

如果需要打开的是最近使用过的工作簿，则可单击"文件"菜单项，单击左侧界面中的"最近使用文件"命令，在弹出的列表中选择工作簿对应的选项即可。

5. 关闭工作簿

关闭工作簿并不是退出Excel，在关闭工作簿后，Excel软件仍然处于运行状态，不会影响其他已打开工作簿的编辑。关闭工作簿的方法有以下几种。

- **通过"关闭"命令关闭：**单击"文件"菜单项，单击界面左侧的"关闭"命令。
- **通过工具按钮关闭：**单击Excel功能区右侧的"关闭"按钮。
- **通过快捷键关闭：**按【Ctrl+W】组合键。

如果工作簿并未保存就将其关闭，那么执行以上任意操作后都会打开提示对话框，询问是否保存将要关闭的工作簿。单击保存(S)按钮将保存后关闭，单击不保存(N)按钮将不保存而关闭，单击取消按钮将取消关闭操作，如图4-19所示。

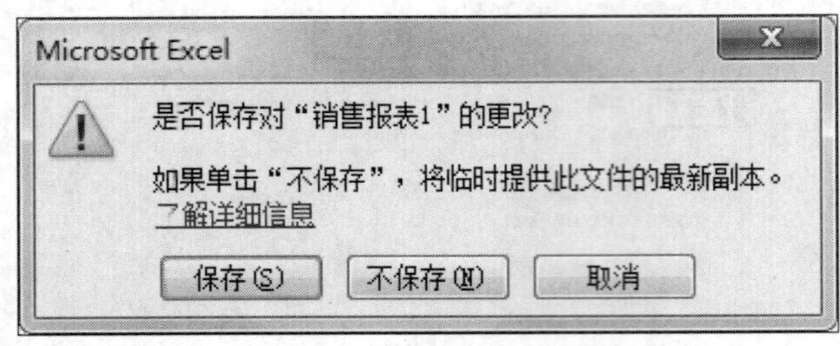

图4-19 询问是否保存工作簿

【例题·多选题】下列关于Excel工作簿的操作中，说法正确的有（ ）。

A. 按【Ctrl+N】组合键可新建空白工作簿

B. 对尚未保存过的文件，按【Ctrl+S】组合键后将打开“另存为”对话框

C. 按【F4】键可关闭Excel工作簿

D. 单击快速访问工具栏中的“新建”按钮可以新建带模板的工作簿

E. 按【Ctrl+W】组合键可以打开Excel工作簿

【解析】关闭Excel工作簿的快捷键是【Ctrl+W】组合键，C选项错误；单击“新建”按钮只能新建空白工作簿，D选项错误；打开Excel工作簿的快捷键是【Ctrl+O】组合键，E选项错误。

【答案】AB

4.1.4 工作表的基本操作

工作表存储在工作簿中，是表格内容的载体，是用于显示和分析数据的工作场所，每个工作簿中可以包含一张工作表，也可以包含多张工作表。每个工作表都有唯一的名称并显示在工作表标签上。工作表的基本操作主要包括选择、切换、插入、重命名、移动、复制、删除等。

1. 选择与切换工作表

选择与切换工作表是利用Excel制作表格的前提。在Excel中利用工作表标签或工作表标签按钮组均可实现工作表的选择和切换，其中常用的方法有以下几种。

- **选择单个工作表：** 直接单击工作簿中需选择工作表的工作表标签即可将其选择，此方法也用于切换工作表的操作（切换即在当前工作表的状态下选择另一个工作表）。
- **选择连续的工作表：** 单击第一张工作表标签，按住【Shift】键的同时单击要选择的最后一张工作表标签，即可同时选择这两张工作表及其之间的所有工作表。
- **选择不连续的工作表：** 单击第一张工作表标签，按住【Ctrl】键的同时依次单击其他工作表标签，即可同时选择这些工作表。
- **选择所有工作表：** 在任意一个工作表标签上右击，然后在弹出的快捷菜单中单击“选定全部工作表”命令，如图4-20所示。
- **通过工作表标签按钮组切换工作表：** 当Excel操作界面无法完全显示所有工作表标签时，可利用工作表标签按钮组切换工作表。单击“第一张”按钮可切换到第一张工作表；单击“前一张”按钮可切换到左侧相邻的一张工作表；单击“后一张”按钮可切换到右侧相邻的一张工作表；单击“最后一张”按钮可切换到最后一张工作表。
- **利用鼠标右键切换工作表：** 在工作表标签按钮组中的任意按钮上单击鼠标右键，然后在弹出的快捷菜单中单击需切换的工作表名称对应的命令，如图4-21所示。

图4-20 选择所有工作表

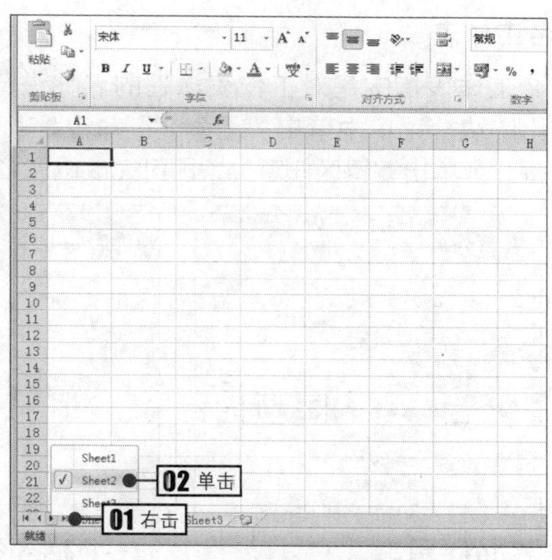

图4-21 选择任意工作表

2. 插入工作表

当需要在工作簿增加新的工作表时，便会涉及插入工作表的操作。在具体操作中可以使用不同的操作方法实现空白工作表或带格式工作表的插入。

◆ **插入空白工作表：**在【开始】/【单元格】组中单击“插入”按钮下方的下拉按钮，在弹出的下拉列表中单击“插入工作表”命令，即可在当前工作表之前插入一张空白工作表，如图4-22所示。

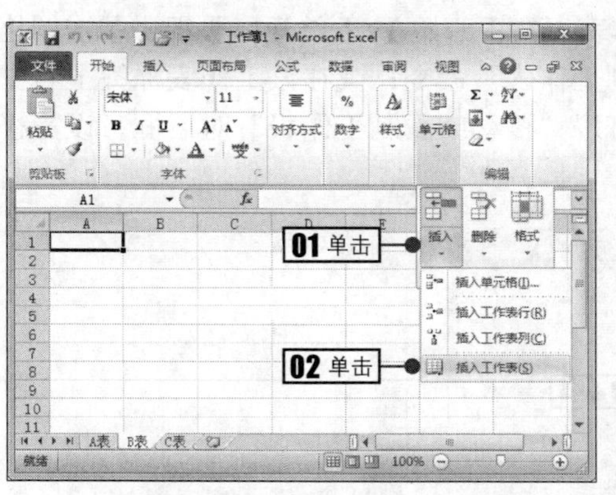

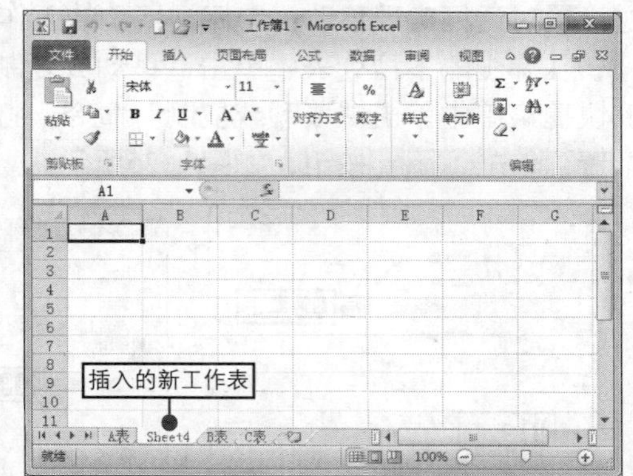

图4-22 插入空白工作表

◆ **插入带格式的工作表：**在某张工作表的工作表标签上单击鼠标右键（简称“右击”），然后在弹出的快捷菜单中单击“插入”命令，此时将打开“插入”对话框，单击“电子表格方案”选项卡，在其中选择某种模板选项后，单击 确定 按钮即可在所选工作表前面插入带格式的工作表，如图4-23所示。

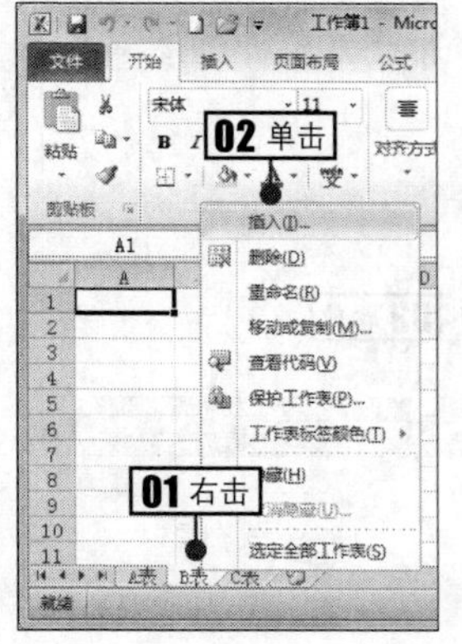

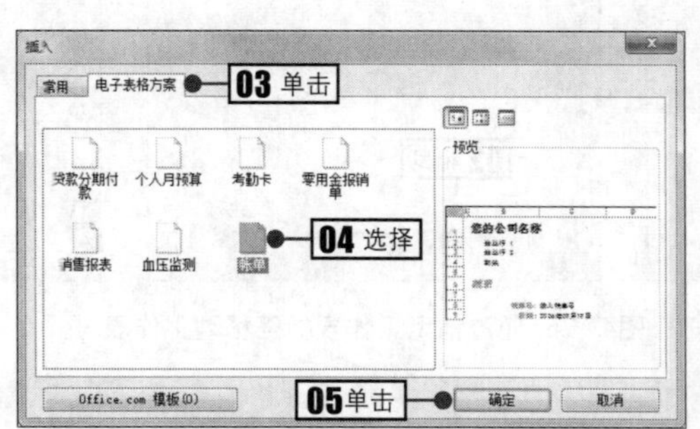

图4-23 插入带格式的工作表

3. 重命名工作表

重命名工作表指的是对工作表标签的名称进行修改，其方法：在需重命名的工作表标签上右击，然后在弹出的快捷菜单中单击“重命名”命令，此时工作表标签处于可编辑状态，输入需要的名称后按【Enter】键，或单击编辑区任意位置即可完成重命名操作，如图4-24所示。

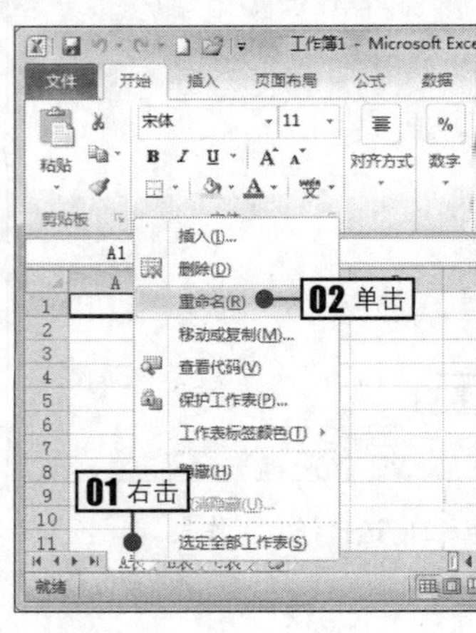

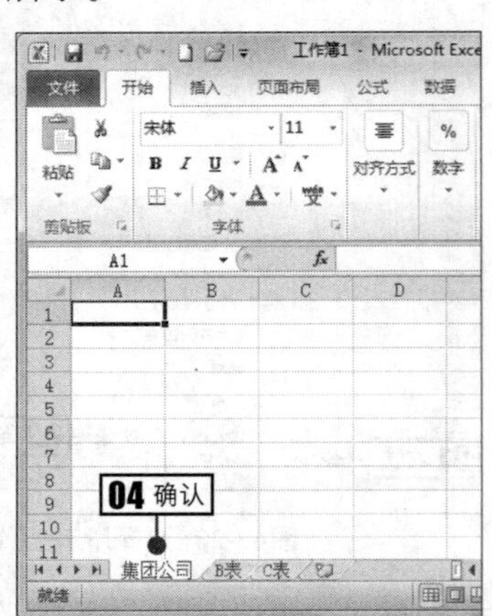

图4-24 重命名工作表

4. 移动工作表

工作簿中的工作表位置并不是固定不变的，操作人员根据实际需要可将整个工作表进行移动，以便于对工作表操作和管理。移动工作表的常用方法有以下两种。

- **通过设置对话框实现移动**：选择需移动的工作表，在【开始】/【单元格】组中单击“格式”下拉按钮，在弹出的下拉列表中单击“移动或复制工作表”命令；或在该工作表标签上右击，然后在弹出的快捷菜单中单击“移动或复制”命令，打开“移动或复制工作表”对话框，设置移动或复制后的位置，单击 确定 按钮，如图4-25所示。

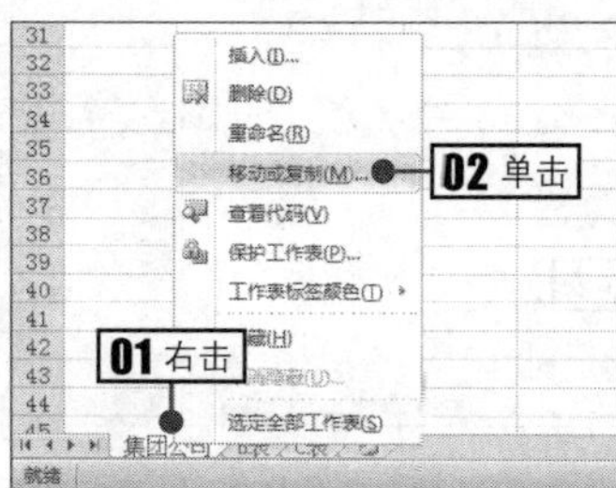

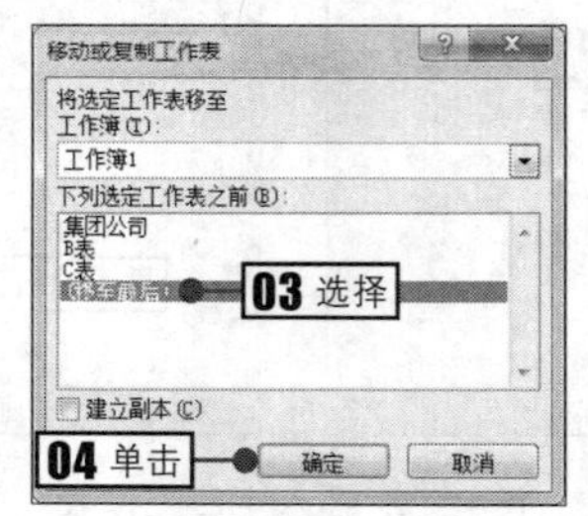

图4-25 通过设置对话框移动工作表

- **通过拖曳工作表标签实现移动**：将鼠标指针移至需要移动的工作表标签上，并按住鼠标左键不放，将工作表标签拖曳至出现的黑色三角形标记处，释放鼠标左键即可移动该工作表到目标位置，如图4-26所示。

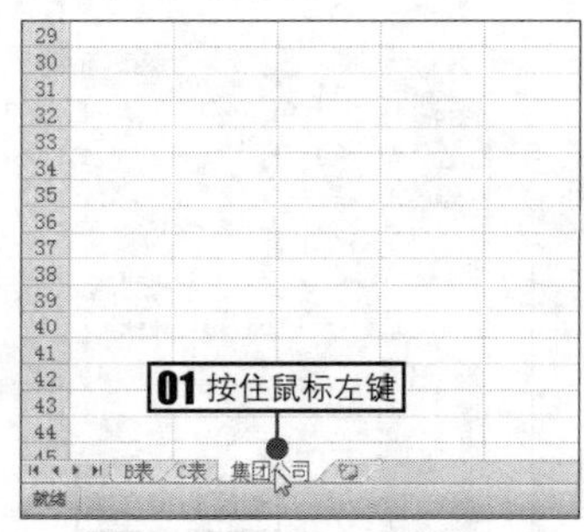

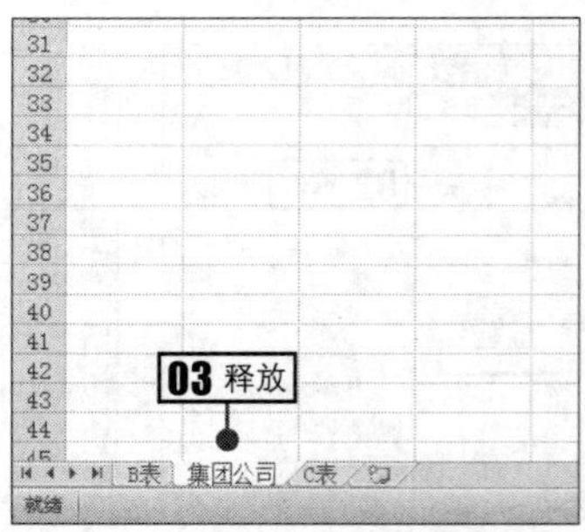

图4-26 通过拖曳工作表标签移动工作表

5. 复制工作表

复制工作表则是将整个工作表及其包含的数据进行复制操作，其方法与移动工作表类似，区别在于：

如果通过对话框复制，则需要在“移动或复制工作表”对话框中选中“建立副本”复选框；如果通过拖曳工作表标签复制，则在拖曳过程中需按住【Ctrl】键进行操作。

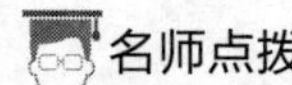

名师点拨

无论是移动还是复制工作表，都可以实现在不同工作簿中进行操作，即打开目标工作簿，在“移动或复制工作表”对话框的“工作簿”下拉列表框中选择目标二作簿，然后按相同方法进行设置即可。

6. 删除工作表

对于多余或无用的工作表，可以将其从工作簿中删除。删除工作表的方法：切换到需删除的工作表，在【开始】/【单元格】组中单击“删除”按钮下方的下拉按钮，在弹出的下拉列表中单击“删除工作表”命令；或在工作表标签上右击，然后在弹出的快捷菜单中单击“删除”命令。以上两种操作都将打开提示对话框，单击删除按钮，如图4-27所示，确认删除工作表。

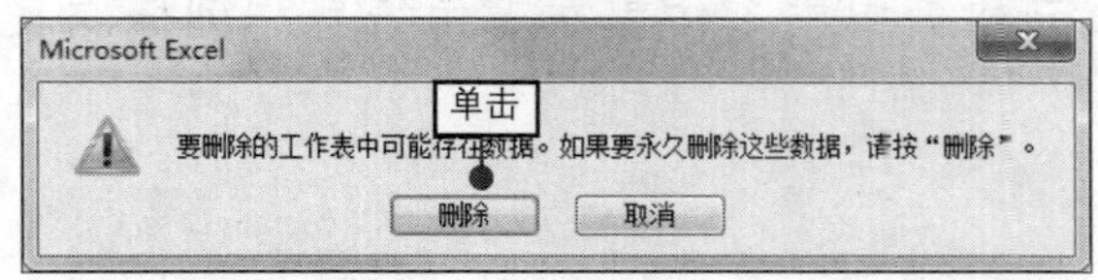

图4-27 确认删除工作表

知识拓展

在工作表标签上右击，在弹出的快捷菜单中单击“工作表标签颜色”命令，可在弹出的子菜单中为工作表标签设置不同的颜色效果，当工作簿中的工作表数量较多时，可以通过不同的颜色来定位重点的工作表。

【例题·单选题】下列关于Excel工作表的操作中，说法错误的是（ ）。

A. 在工作表标签上右击，然后在弹出的快捷菜单中单击“插入”命令，将打开“插入”对话框而不会直接插入空白工作表

B. A工作簿中的某个工作表可以移动到B工作簿中

C. 在工作表标签上右击，然后在弹出的快捷菜单中单击“删除”命令后将直接删除该工作表

D. 拖曳工作表标签的同时按住【Ctrl】键可以复制工作表

【解析】删除工作表之前，Excel都会打开提示对话框，询问用户是否确认删除，避免错误删除引起数据丢失，因此C选项中直接删除的说法是错误的。

【答案】C

4.1.5 单元格的基本操作

单元格即Excel操作界面中由横线和竖线分隔成的各个小格子，它是组成Excel表格最基本的元素，也是Excel中存储数据的最小单位。换句话说，一个工作簿可以包含多个工作表，一张工作表则由若干单元格构成，它们属于包含与被包含的关系。下面介绍单元格的各种基本操作方法。

1. 选择单元格

在Excel中选择单元格的方法有以下几种。

- **选择单个单元格**：单击单元格所在的位置即可选择该单元格。
- **选择多个连续的单元格**：选择多个连续的单元格，即选择单元格区域。选择多个连续的单元格的方法：选择一个单元格按住鼠标左键不放并拖曳鼠标指针至目标单元格，即可选择该单元格与目标单元格之间的所有单元格。单元格区域的表示方法：左上角的单元格坐标:右下角的单元格坐标，如A1:E2，如图4-28所示。

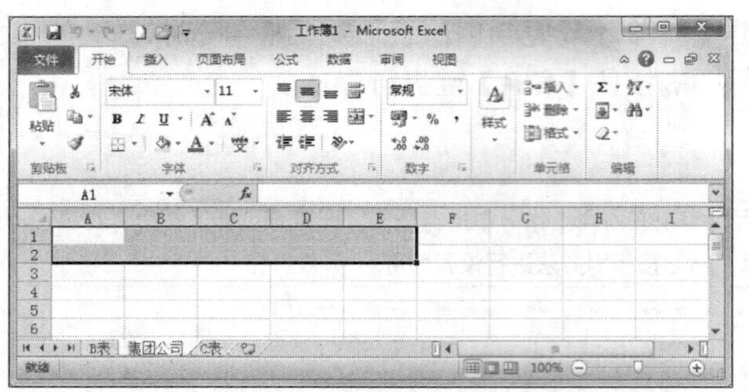

图4－28 单元格区域的表示方法

- **选择不连续的单元格：**按住【Ctrl】键，依次选择所需的单元格或单元格区域。
- **选择整行：**单击行号可选择对应的整行单元格。
- **选择整列：**单击列标可选择对应的整列单元格。
- **选择整个工作表的单元格：**单击工作表左上角行号与列标交叉处的“全选”按钮 或按【Ctrl+A】组合键。

2. 合并与拆分单元格

在编辑单元格的过程中，为了使表格结构看起来更加美观、可读性更强，用户有时需要对单元格区域进行合并或拆分操作，具体方法如下。

- **合并单元格：**合并单元格指的是将多个单元格合并成一个单元格，其方法：选择需要合并的单元格区域，在【开始】/【对齐方式】组中单击 合并后居中 按钮，此时所选单元格区域将合并为一个单元格，且单元格中的数据会自动设置为居中对齐的效果，如图4-29所示。
- **拆分单元格：**拆分单元格时，只能对合并后的单元格进行拆分，其操作方法与合并单元格相似，选择需拆分的单元格后，单击 合并后居中 按钮即可。

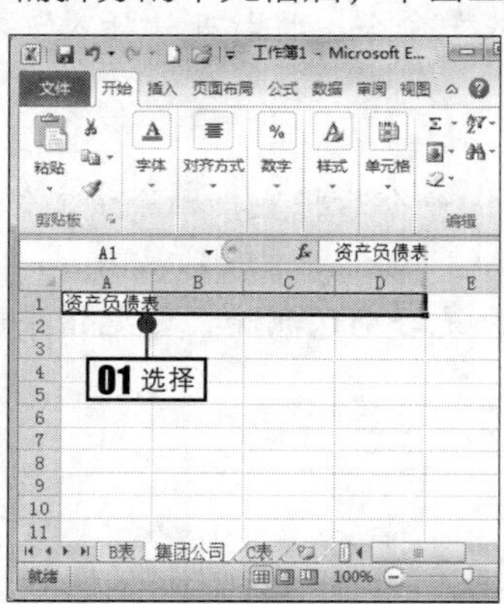

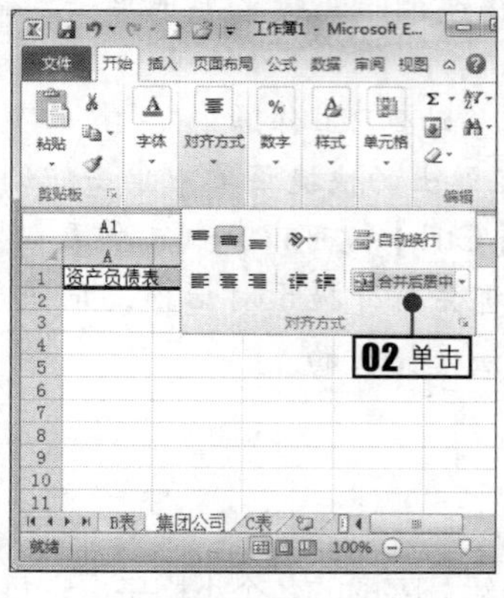

图4－29 合并单元格

3. 设置单元格行和列

设置单元格的行和列指的是根据单元格中的内容长度调整单元格的行高或列宽，常用的设置方法有以下几种。

- **拖曳调整：**拖曳行号与行号之间的分隔线可调整行高，拖曳列标与列标之间的分隔线可调整列宽。图4-30所示即为调整行高的示意图。

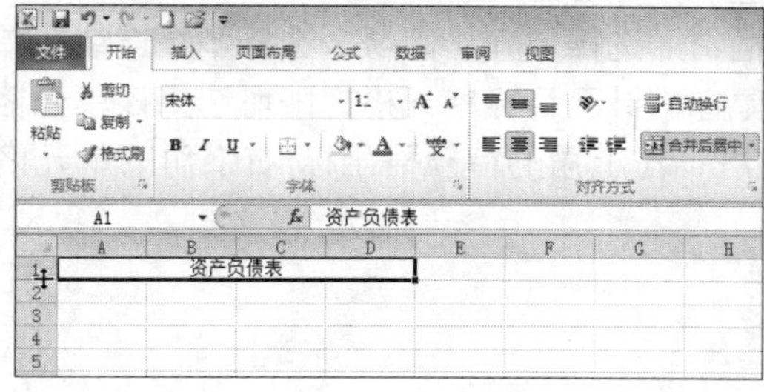

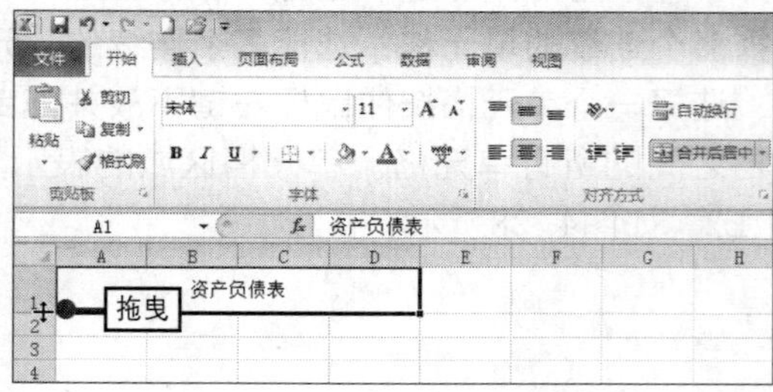

图4－30 拖曳分隔线调整行高

◆ **精确调整**：选择需调整行高的行或需调整列宽的列（可通过拖曳选择多行或多列），在【开始】/【单元格】组中单击“格式”下拉按钮，在弹出的下拉列表中单击“行高”命令或“列宽”命令，在打开的对话框中输入精确的行高或列宽数值，单击 确定 按钮，如图4-31所示。

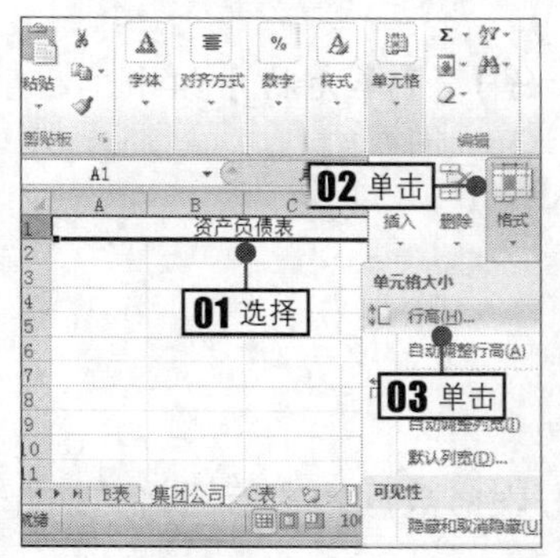

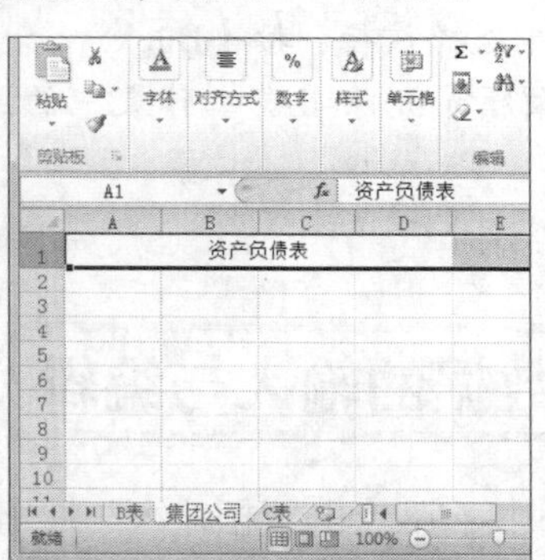

图4-31 精确调整行高

4. 插入单元格、行、列

通过插入单元格、行或列等对象，可以实现随时调整表格布局和内容的目的，从而便于对表格数据的编辑操作。插入单元格、行或列的方法：选择某个单元格、行或列，单击【开始】/【单元格】组中的“插入”按钮即可在所选对象的左侧或上方插入相应的单元格、行或列；若单击“插入”按钮下方的下拉按钮，在弹出的下拉列表中单击“插入单元格”命令，则可在打开的对话框中设置插入对象的位置，如图4-32所示。

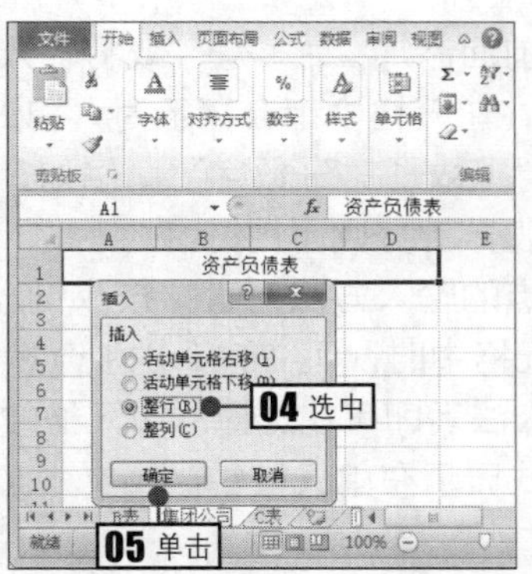

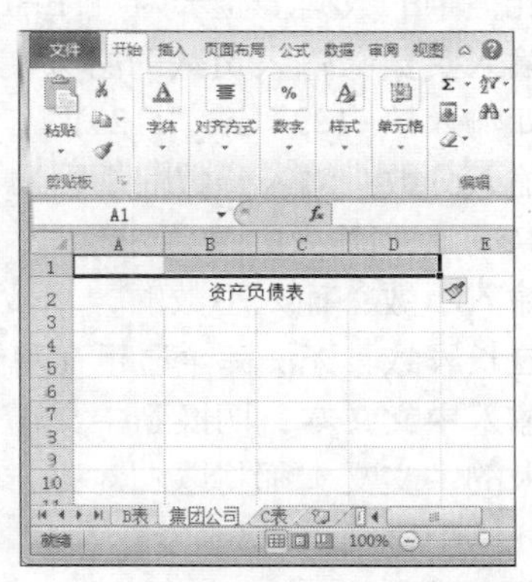

图4-32 插入整行

5. 删除单元格、行、列

删除单元格、行或列的方法：选择某个单元格、行或列，单击【开始】/【单元格】组中的“删除”按钮即可删除所选对象；若单击“删除”按钮下方的下拉按钮，在弹出的下拉列表中单击“删除单元格”命令，则可在打开的对话框中设置删除对象以及删除后其他单元格的移动方向，如图4-33所示。

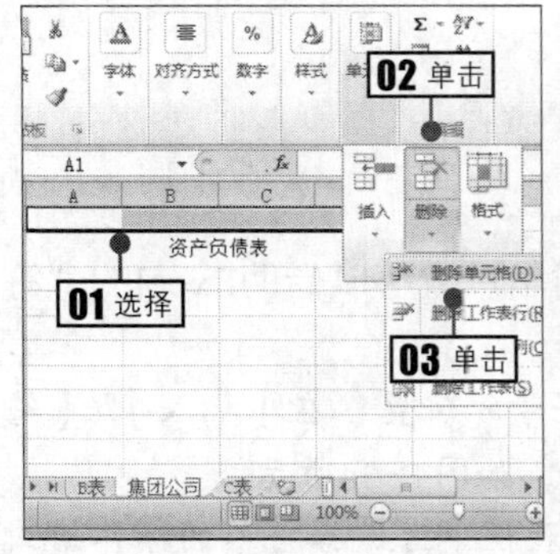

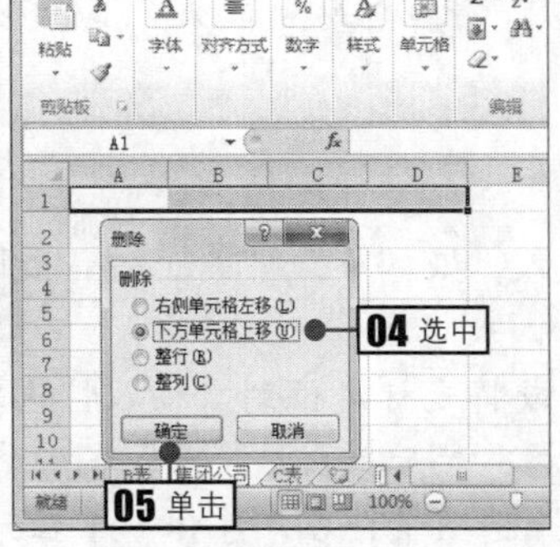

图4-33 删除单元格后下方的单元格上移

【例题·单选题】删除当前工作表中的某行时，正确的操作步骤为（　）。

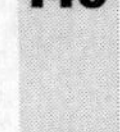

A. 选择该行，按【Delete】键

B. 选择该行，在【开始】/【编辑】组中单击“清除”按钮

C. 选择该行，在【开始】/【单元格】组中单击“删除”按钮

D. 选择该行，按【BackSpace】键

【解析】删除当前工作表中的某行，需要先选择该行，在【开始】/【单元格】组中单击“删除”按钮。

【答案】C

4.2 数据的输入与编辑

Excel具有强大的数据输入与编辑功能，可以轻松帮助用户管理好表格数据。本节便将详细介绍与数据的输入、编辑和美化有关的各种常用操作。

4.2.1 数据的输入

在Excel中输入数据时，只需选择单元格或双击单元格，然后输入需要的数据，最后按【Enter】键确认即可。也可选择单元格，然后将光标定位在编辑框中，输入数据并按【Enter】键。对于不同类型的数据，输入时采用的方法分别如下。

- **输入普通数字**：直接输入具体的数字即可。需要注意的是，单元格中可显示的最大数字为99 999 999 999，当超过该值时，Excel会自动以科学记数方式显示数据。例如，输入“100000000000”后，单元格中的数据将显示为“1E+11”。
- **输入负数**：输入负数时必须在前面添加“-”号，或将输入的数字用英文状态下的圆括号括起来。如输入“-123”或“(123)”，在单元格中都会显示为“-123”。
- **输入分数**：输入分数的规则为“整数+空格+数字”。例如，输入“2（空格）4/5”时，即可得到“2 4/5”。当输入的是真分数时，整数部分则可用0代替。
- **输入小数**：输入小数时，小数点的输入方法为直接按小键盘中的【Delete】键。若输入的小数位数过长导致其无法完全显示在单元格中时，可在编辑栏中查看。
- **输入中文文本**：切换到中文输入法后即可在选择的单元格中输入中文文本。默认情况下，Excel中输入的中文文本都将以左对齐方式显示在单元格中。当文本超过单元格宽度时，将自动延伸到右侧单元格中显示。
- **输入百分数**：输入百分数的方法为“数字+%”。
- **输入日期与时间**：按“年/月/日”或“年-月-日”的方式可输入日期，如输入“2019-6-5”即可得到“2019/6/5”。另外，按“时:分:秒”的方式可输入时间。

【例题·单选题】在Excel中若要输入分数“3/8”，则首先应该输入的数据是（　）。

A. 空格　　B. 0　　C. 1　　D. '

【解析】在Excel中输入分数的规则为“整数+空格+数字”，如果整数部分没有数字，则应输入“0”。

【答案】B

4.2.2 特殊符号的插入

一些特殊符号无法直接通过键盘输入，如“★”“△”等，此时用户就可以借助Excel的“符号”功能进行插入，其具体操作如下。

（1）选择需插入特殊符号的单元格或将光标定位到需插入特殊符号的位置，在【插入】/【符号】组中单击“符号”按钮Ω，这里选择A1单元格，然后单击“符号”按钮Ω，如图4-34所示。

（2）打开“符号”对话框的“符号”选项卡，在“字体”下拉列表框中可选择符号的字体格式，在“子集”下拉列表框中可选择符号类型，在下方的列表框中即可选择该子集下的某一个特殊符号，这里选择“其他符号”子集下的黑色五角星符号对应的选项，单击 插入(I) 按钮，如图4-35所示。

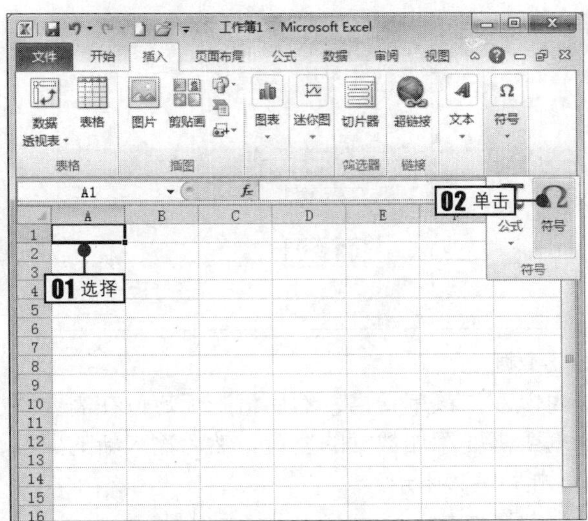

图4–34 插入符号

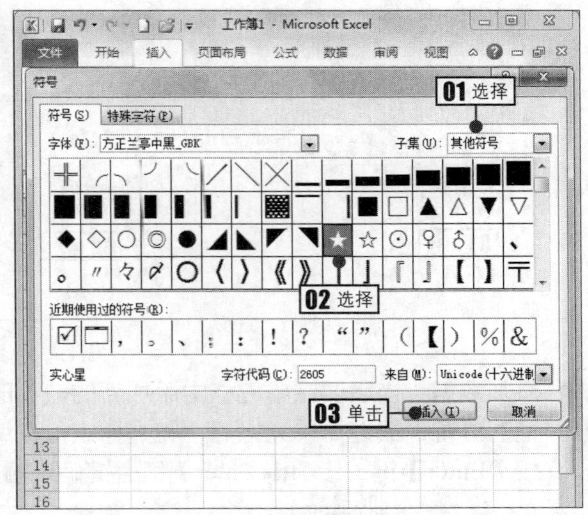

图4–35 选择特殊符号

（3）此时“符号”对话框仍呈打开状态，以方便用户继续选择其他的特殊符号进行插入。如果不再需要插入，可单击 关闭 按钮手动关闭对话框，如图4–36所示。

（4）按【Enter】键即可完成特殊符号的插入操作，效果如图4–37所示。

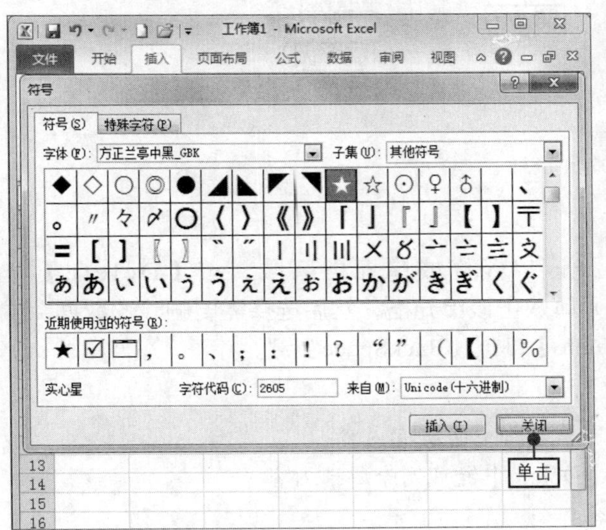

图4–36 关闭对话框

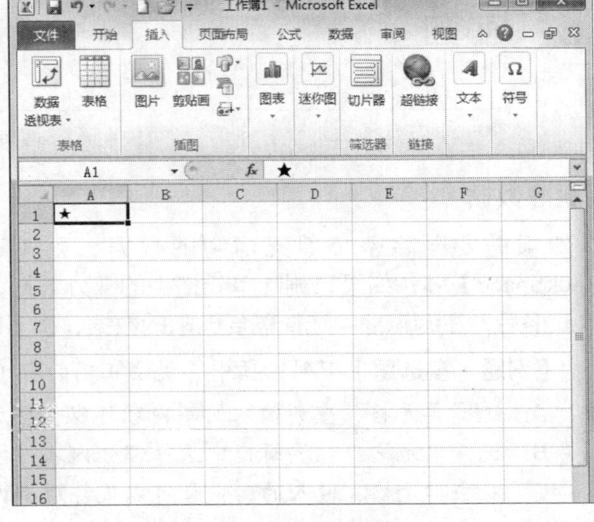

图4–37 完成插入

知识拓展

在单元格中输入数据或插入特殊符号，都可以通过按【Ctrl+Enter】组合键来确认输入与插入操作。与按【Enter】键不同的是，按【Ctrl+Enter】组合键后可以选择当前的单元格，而不是选择下方的单元格。

4.2.3 数据的修改与删除

当输入的数据有误或需要添加新的内容时，用户可以及时对数据进行修改或删除。

1. 修改数据

常见的数据修改方法有以下几种。

- **修改所有数据：**当需要修改单元格中的所有数据时，可以选择该单元格，然后输入新的数据，按【Enter】键或【Ctrl+Enter】组合键确认输入。
- **修改部分数据：**当需要修改单元格中的部分数据时，可以双击该单元格，然后选择需要修改的数据，或选择单元格后，在编辑框中选择需修改的数据，然后输入新的数据，并按【Enter】键或【Ctrl+Enter】组合键确认输入，如图4–38所示。

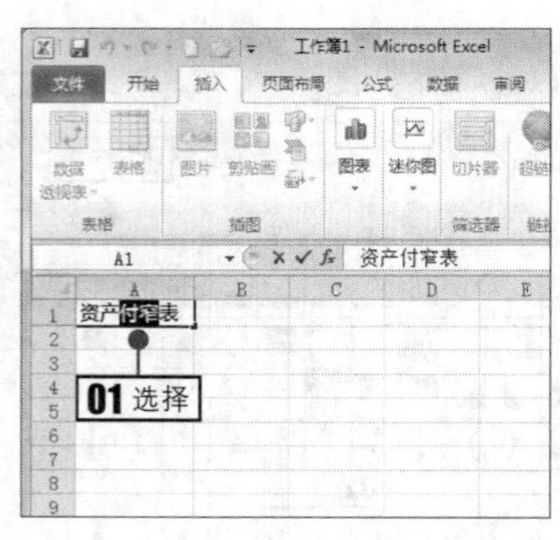

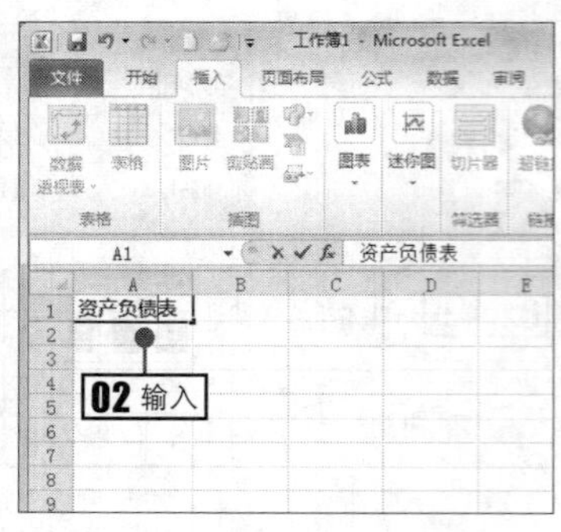

图4-38 修改部分数据

◆ **添加数据**：当需要在单元格中添加新的数据时，可以双击该单元格，然后将光标定位在需要添加数据的位置，或选择单元格后，将光标定位在编辑框中需要添加数据的位置，然后输入新的数据，并按【Enter】键或【Ctrl+Enter】组合键确认输入，如图4-39所示。

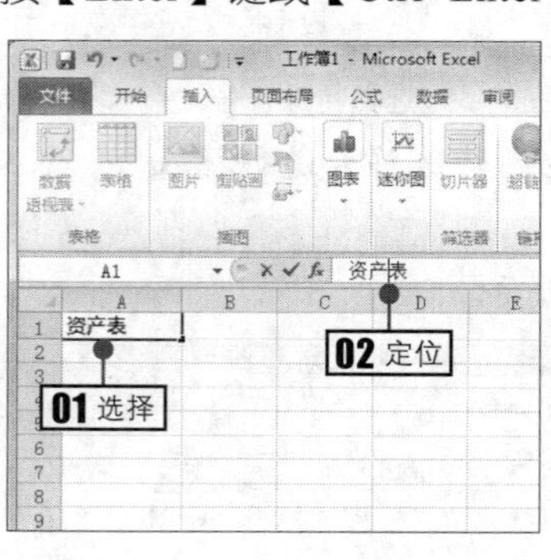

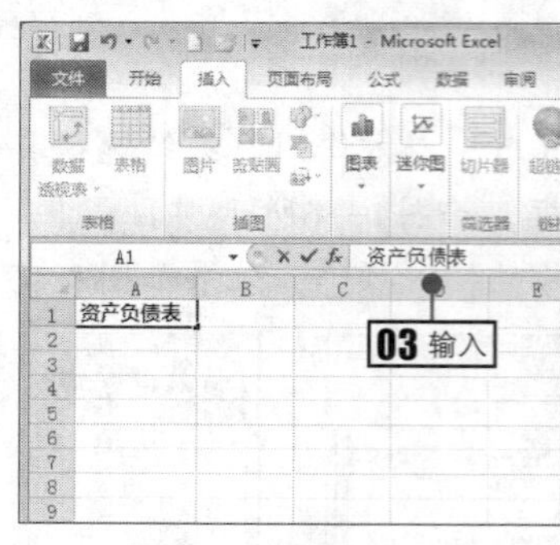

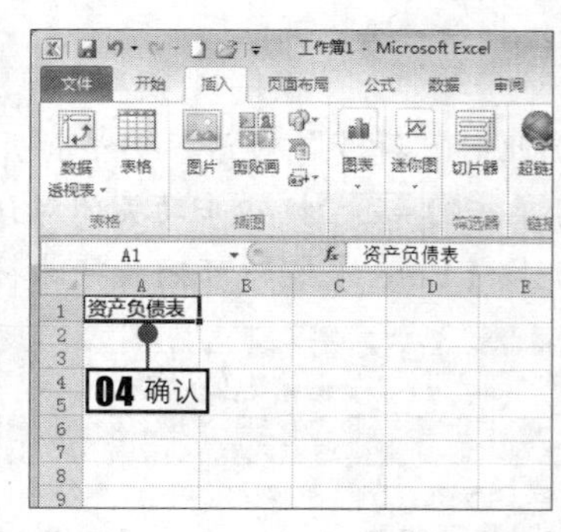

图4-39 添加新的数据

2. 删除数据

如果需要删除整个单元格中的数据，则可选择该单元格或单元格区域，按【Delete】键或【BackSpace】键；如果只删除单元格中的部分数据，则可双击该单元格，然后选择需要删除的数据，或选择单元格后，在编辑框中选择需要删除的数据，按【Delete】键或【BackSpace】键。

【**例题·多选题**】下列选项中，说法正确的有（ ）。

A. 选择单元格，重新输入的新内容可以代替原有单元格中的所有内容

B. 选择单元格，在编辑框中选择部分内容，按【Delete】键可删除所选内容

C. 双击单元格，输入的新内容可以代替原有内容

D. 双击单元格，可将光标定位到单元格中的某个位置

E. 双击单元格后，无法在编辑框中修改内容

【**解析**】双击单元格可以将光标定位到单元格中，但无法以直接输入的新内容代替原有内容，C选项错误；双击单元格后，虽然光标在单元格中，但同样可以在编辑框中修改内容，E选项错误。

【**答案**】ABD

4.2.4 撤销与恢复

撤销与恢复功能可以使用户更加自如地进行数据的输入与编辑。比如发现操作有误时，用户可以利用撤销功能撤销操作；当发现撤销有误时，用户可以利用恢复功能恢复到撤销前的状态。

使用撤销与恢复功能时，可按以下方法进行操作。

◆ 单击快速访问工具栏中的“撤销”按钮可撤销最近的一次操作。

◆ 按【Ctrl+Z】组合键可撤销最近的一次操作，连续按【Ctrl+Z】组合键则可连续撤销最近的一系列操作。

◆ 单击“撤销”按钮右侧的下拉按钮，在弹出的下拉列表中可选择需要撤销的某一步具体的操作。

◆ 单击快速访问工具栏中的“恢复”按钮可恢复最近的一次撤销操作。

◆ 按【Ctrl+Y】组合键可恢复最近的一次撤销操作，连续按【Ctrl+Y】组合键可连续恢复最近的一系

列撤销操作。

◆ 单击“恢复”按钮右侧的下拉按钮，在弹出的下拉列表中可选择需要恢复的某一步具体的撤销操作。

4.2.5 数据的移动与复制

在Excel中对数据进行移动或复制操作，可以提高数据的编辑效率，避免数据的重新输入或修改。移动数据与复制数据的方法大致相似又略有不同，下面分别介绍实现这两种操作的常用方法。

1. 移动数据

移动数据指的是将单元格中的数据剪切到其他单元格、其他工作表或其他工作簿中，原单元格中的数据不再保留。这里以同一个工作表为例，介绍移动数据的方法。如果要将某工作表中的数据移动到其他工作表、其他工作簿中，只需切换到该工作表或打开目标工作簿，按相同的方法操作即可。

移动数据的操作有两大环节，第一个环节是将数据剪切到Excel的剪贴板中，实现这一环节操作首先要选择单元格或单元格中的部分数据，然后使用以下任意一种方法进行剪切操作。

◆ 单击【开始】/【剪贴板】组中的剪切按钮。

◆ 在所选对象上单击鼠标右键，在弹出的快捷菜单中单击“剪切”命令。

◆ 按【Ctrl+X】组合键。

将数据剪切到剪贴板后，便可将数据从剪贴板中粘贴到目标位置，这就是移动数据的第二个环节。实现这一环节操作首先是选择目标单元格，或将光标定位到单元格中的目标位置，或选择目标单元格中的部分数据，然后使用以下任意一种方法进行粘贴操作。

◆ 单击【开始】/【剪贴板】组中的“粘贴”按钮。

◆ 在目标对象上单击鼠标右键，在弹出的快捷菜单中单击“粘贴”按钮。

◆ 按【Ctrl+V】组合键。

2. 复制数据

复制数据的原理与移动数据相仿，只是数据在复制后，原单元格中会保留该数据。复制数据同样包含两大环节，且第二个环节与移动数据的第二个环节完全相同，这里只对复制数据的第一个环节进行介绍。选择单元格或单元格中的部分数据，然后使用以下任意一种方法进行复制操作。

◆ 单击【开始】/【剪贴板】组中的复制按钮。

◆ 在所选对象上单击鼠标右键，在弹出的快捷菜单中单击“复制”命令。

◆ 按【Ctrl+C】组合键。

名师点拨

如果想移动整个单元格数据，则可以选择该单元格，然后将鼠标指针移至单元格边框，待出现“十”字形箭头时，拖曳单元格至目标位置，释放鼠标即可快速实现单元格的移动操作；在拖曳单元格至目标位置的过程中按住【Ctrl】键则可实现单元格的复制操作。

【例题·单选题】通过快捷键复制单元格中数据的步骤：选择要复制的数据，按【Ctrl+C】组合键，然后选择目标单元格，最后按（ ）。

A. 【Ctrl+V】组合键　　B. 【Alt+V】组合键

C. 【Shift+V】组合键　　D. 【Enter+V】组合键

【解析】按【Ctrl+V】组合键执行粘贴操作，可以将剪切或复制的数据粘贴到目标位置。

【答案】A

4.2.6 选择性粘贴的应用

无论是移动数据还是复制数据，按照上面介绍的方法操作后，粘贴的结果不仅包含数据，同时还粘贴了原数据应用的各种格式、批注、公式等对象。实际工作中，有时只需要粘贴原数据的格式或其他单独的对象，此时就可以利用选择性粘贴功能进行操作。利用选择性粘贴功能的方法：选择包含数据的单元格，执行剪切或复制操作，然后选择目标单元格，在【开始】/【剪贴板】组中单击“粘贴”按钮下方的下拉按钮，在弹出的下拉列表中单击“选择性粘贴”命令。此时将打开“选择性粘贴”对话框，在“粘贴”栏中选中需粘贴对象对应的单选项，如“格式”单选项，单击确定按钮即可将原数据应用的格式粘贴到目标单元格，而不会粘贴数据内容，如图4-40所示。

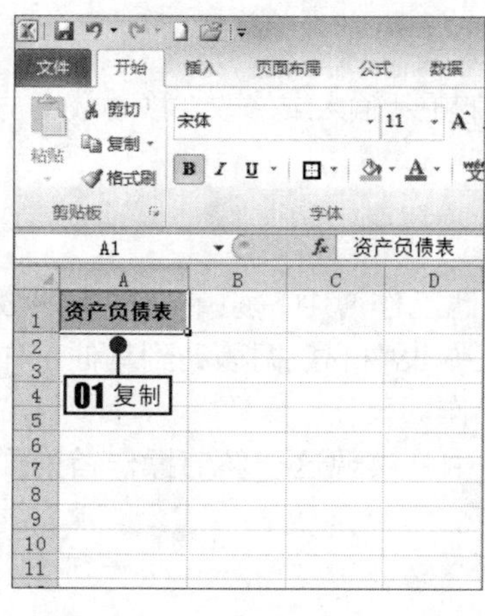

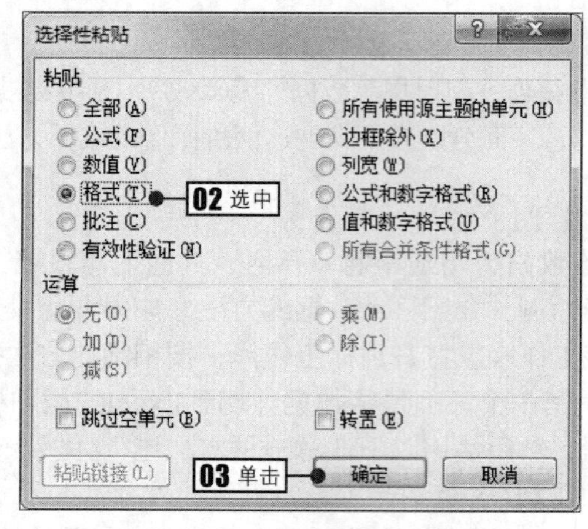

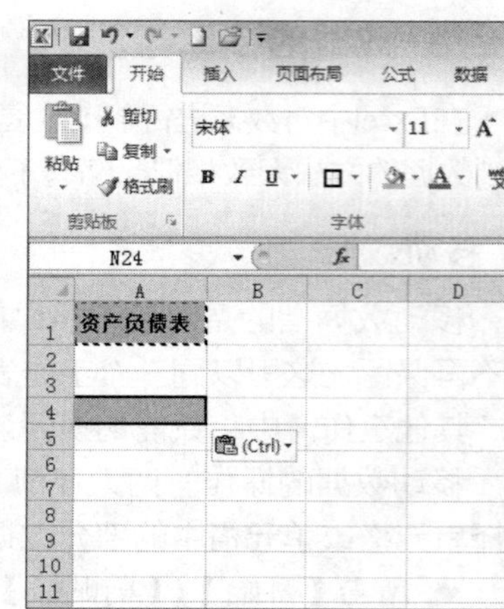

图4-40 选择性粘贴单元格的格式

4.2.7 数据的填充

当需要在工作表的一行或一列单元格中输入具有变化规律的数据时，可以充分利用Excel提供的快速填充数据的功能自动输入这些数据，以提高工作效率。

1. 通过对话框填充数据

使用Excel的“系列”功能可以在行方向或列方向填充等差序列、等比序列、日期等数据，并可以通过设置步长值和终止值来控制填充的数据内容，其具体操作如下。

（1）打开需填充数据的工作簿（配套资源：素材/第4章/采购记录表.xlsx），在A2单元格中输入起始数据“1”，如图4-41所示，然后选择A2:A19单元格区域。

（2）在【开始】/【编辑】组中单击填充下拉按钮，在弹出的下拉列表中单击“系列”命令，如图4-42所示。

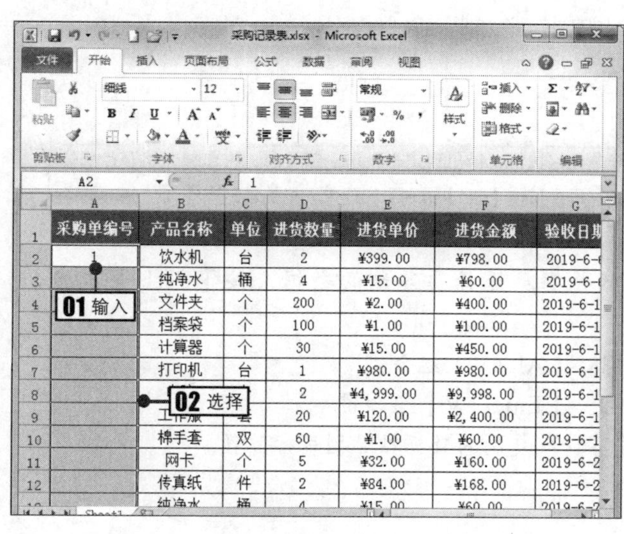

图4-41 输入起始数据

图4-42 执行填充命令

（3）打开“序列”对话框，依次选中“列”单选项和“等差序列”单选项，在“步长值”文本框中输入“1”，表示在所选的列方向填充公差为“1”的等差序列，单击确定按钮，如图4-43所示。

（4）此时所选A2:A19单元格区域中便自动填充了从1至18的编号（配套资源：效果/第4章/采购记录表.xlsx），如图4-44所示。

图4-43 设置填充参数

图4-44 完成填充

2. 拖曳填充柄填充数据

选择单元格或单元格区域后，所选对象的右下角会出现小黑点标记，该标记即填充柄，拖曳该填充柄即可快速填充数据。下面介绍几种利用填充柄填充数据的常用技巧。

◆ **填充相同数据**：在起始单元格中输入需填充的数据后按【Ctrl+Enter】组合键选择该单元格，向下或向右拖曳其填充柄，如图4-45所示。

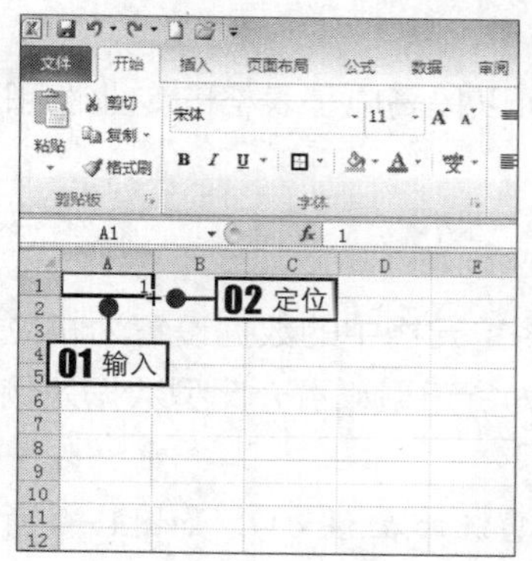

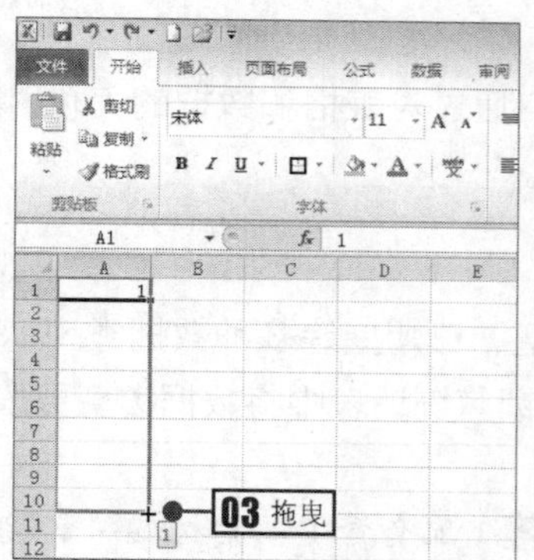

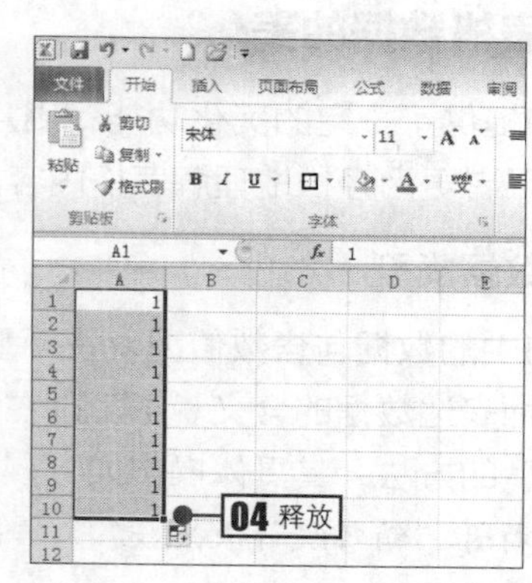

图4-45 填充相同数据

◆ **填充等差序列**：在起始的两个单元格中输入需填充的等差序列的前两个数据，然后选择这两个单元格，向下或向右拖曳其填充柄，如图4-46所示。

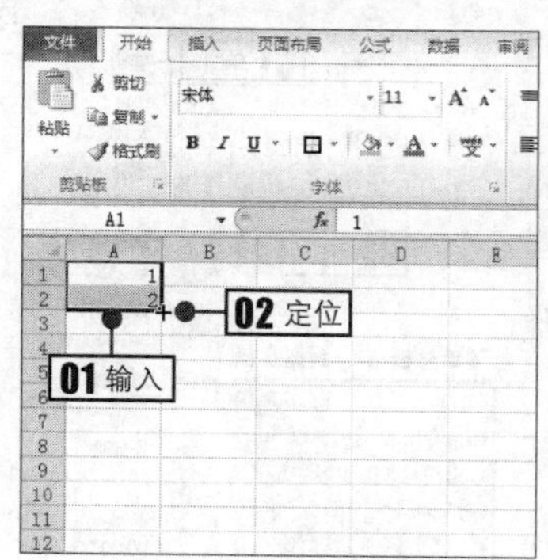

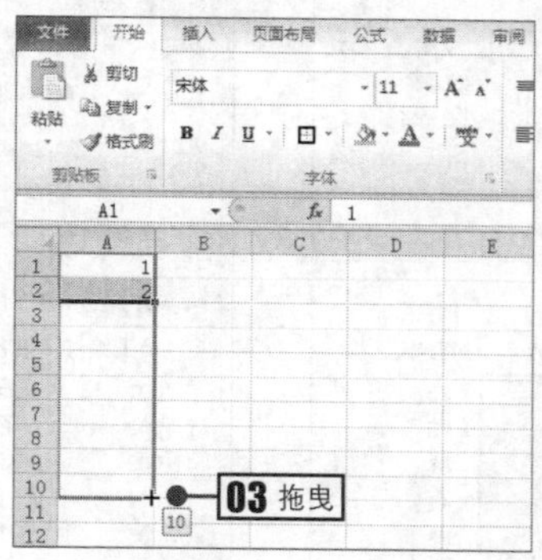

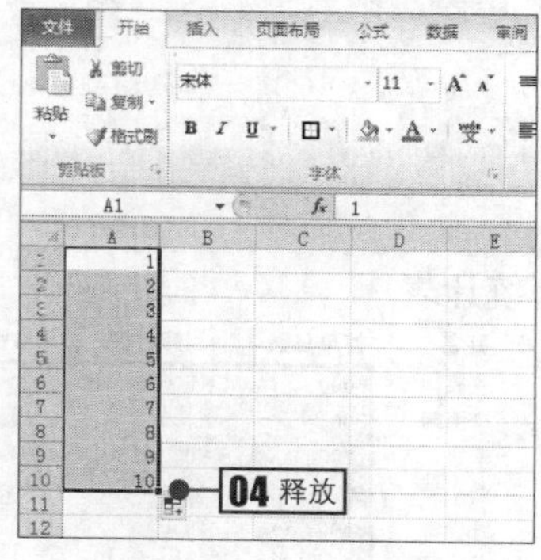

图4-46 填充等差序列

名师点拨

如果需填充的等差序列的公差为“1”，则只需输入该等差序列的首个数据，然后按住【Ctrl】键并拖曳其填充柄，便可实现等差序列的填充操作。

◆ **填充循环数据**：在起始的若干个单元格中输入需填充的循环数据，然后选择输入了数据的单元格，向下或向右拖曳其填充柄，如图4-47所示。

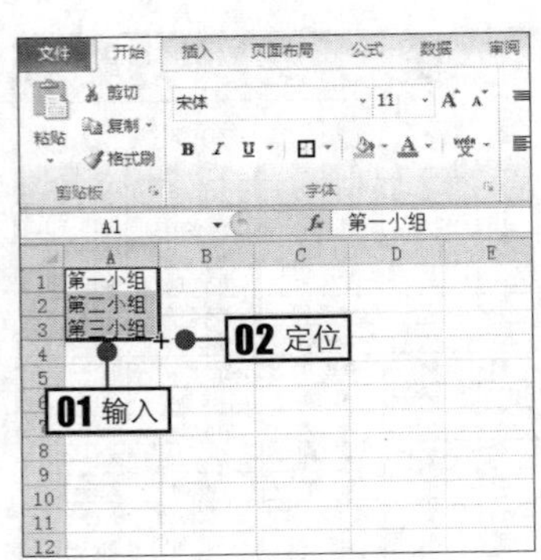

图4-47 填充循环数据

【例题·单选题】在Excel中可以对有规律的数据进行快速填充，下列有规律的数据中，无法实现快速填充的是（ ）。

A. 等差序列数据　　B. 等比序列数据

C. 相同数据　　D. 逐渐递增或递减的数据

【解析】逐渐递增或递减的数据必须满足等差或等比特性，才能在Excel中实现快速填充。

【答案】D

4.2.8 表格数据的美化

Excel提供了一定的美化功能，用户通过对表格和数据的美化，可以提高电子表格的专业性和可读性，让表格使用者更为轻松地理解表格内容。

1. 设置数据类型

Excel中的数据包含数值型、货币型、日期型等多种数据类型，将单元格中的数据设置为相应的类型，可以更好地表达数据的含义。下面以在销售统计表中将数据类型更改为货币型和百分比型数据为例，介绍更改数据类型的方法，其具体操作如下。

（1）打开“销售统计表.xlsx”工作簿（配套资源：素材/第4章/销售统计表.xlsx），如图4-48所示，选择C3:E17单元格区域。

（2）在【开始】/【数字】组的“类型”下拉列表框中选择“货币”选项，如图4-49所示。

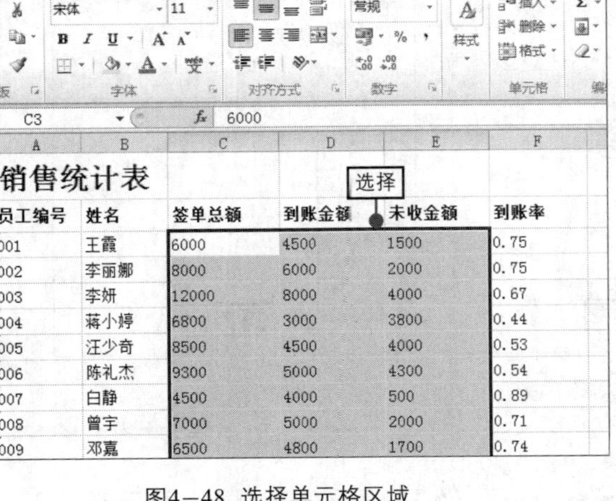

员工编号	姓名	签单总额	到账金额	未收金额	到账率
001	王霞	6000	4500	1500	0.75
002	李丽娜	8000	6000	2000	0.75
003	李妍	12000	8000	4000	0.67
004	蒋小婷	6800	3000	3800	0.44
005	汪少奇	8500	4500	4000	0.53
006	陈礼杰	9300	5000	4300	0.54
007	白静	4500	4000	500	0.89
008	曾宇	7000	5000	2000	0.71
009	邓嘉	6500	4800	1700	0.74

图4-48 选择单元格区域　　图4-49 设置数据类型

（3）此时所选单元格区域中的数据便应用了货币型格式。继续选择F3:F17单元格区域，在【开始】/【数字】组中单击“展开”按钮，如图4-50所示。

（4）打开“设置单元格格式”对话框的“数字”选项卡，在“分类”列表框中选择“百分比”选项，将小数位数设置为“1”，单击 确定 按钮，如图4-51所示。

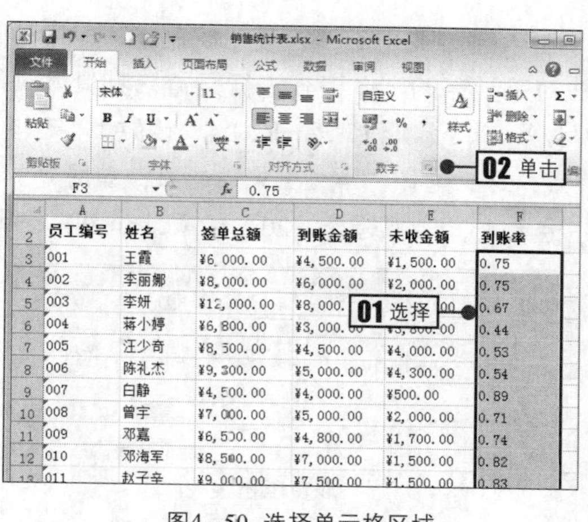

图4-50 选择单元格区域

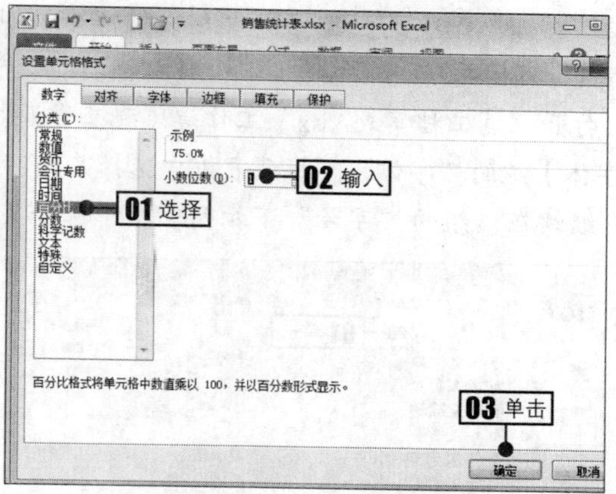

图4-51 设置数据类型

（5）此时所选单元格区域中的数据便应用了百分比数据类型，且只显示1位小数（配套资源：效果/第4章/销售统计表.xlsx），如图4-52所示。

员工编号	姓名	签单总额	到账金额	未收金额	到账率
001	王霞	¥6,000.00	¥4,500.00	¥1,500.00	75.0%
002	李丽娜	¥8,000.00	¥6,000.00	¥2,000.00	75.0%
003	李妍	¥12,000.00	¥8,000.00	¥4,000.00	66.7%
004	蒋小婷	¥6,800.00	¥3,000.00	¥3,800.00	44.1%
005	汪少奇	¥8,500.00	¥4,500.00	¥4,000.00	52.9%
006	陈礼杰	¥9,300.00	¥5,000.00	¥4,300.00	53.8%
007	白静	¥4,500.00	¥4,000.00	¥500.00	88.9%
008	曾宇	¥7,000.00	¥5,000.00	¥2,000.00	71.4%
009	邓嘉	¥6,500.00	¥4,800.00	¥1,700.00	73.8%
010	邓海军	¥8,500.00	¥7,000.00	¥1,500.00	82.4%

图4-52 应用数据类型

2. 设置字体格式

设置字体格式，主要是指对数据的字体外观、字号大小、字形、字体颜色以及其他特殊效果等格式进行设置。在【开始】/【字体】组中可快速使用各种设置参数设置字体格式，如图4-53所示。部分参数的作用分别如下。

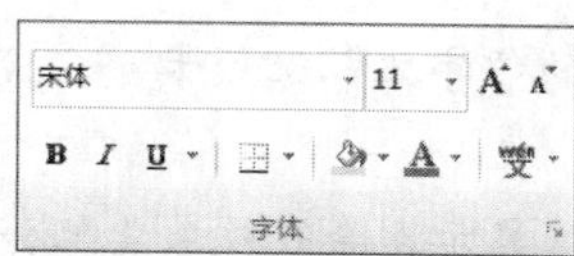

图4-53 “字体”组中的参数

- **“字体”下拉列表框**：使所选单元格中的字体呈现不同的字体样式，如“宋体”“楷体”等。
- **“字号”下拉列表框**：使所选单元格中的字体呈现不同的大小，可直接在该下拉列表框中输入字号对应的数字。
- **“增大字号”按钮**：单击该按钮可逐步增大字号。
- **“减小字号”按钮**：单击该按钮可逐步减小字号。
- **“加粗”按钮**：使所选单元格中的字体加粗显示。
- **“倾斜”按钮**：使所选单元格中的字体倾斜显示。
- **“下划线”按钮**：为所选单元格的字体添加下划线，单击该按钮右侧的下拉按钮，还可进一步选择下划线类型。
- **“字体颜色”按钮**：单击该按钮可直接为字体应用当前的颜色，若单击该按钮右侧的下拉按钮，则可进一步选择更多的字体颜色。

如果“字体”组中的参数不能满足设置需求，则可单击该组右下角的“展开”按钮，在打开的“设置单元格格式”对话框中进行设置。下面综合利用上述方法对单元格的字体格式进行设置，其具体操作如下。

（1）打开“员工档案表.xlsx”工作簿（配套资源：素材/第4章/员工档案表.xlsx），选择A1单元格，在【开始】/【字体】组的“字体”下拉列表框中选择某种字体样式，这里选择“华文中宋”选项，如图4-54所示。

（2）继续在该组的“字号”下拉列表框中选择某种字号大小，这里选择“20”选项，如图4-55所示。

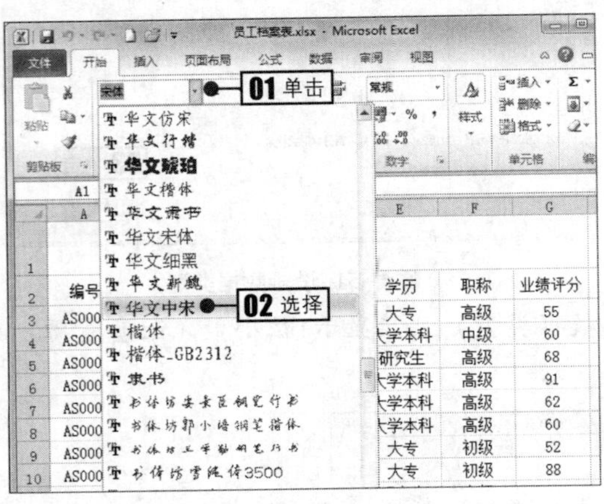

图4-54 设置字体样式

图4-55 设置字号

（3）依次单击“加粗”按钮 B 和“倾斜”按钮 I，将单元格中的文本加粗、倾斜显示，如图4-56所示。

（4）双击A1单元格，选择“离职”文本，然后单击“字体”组右下角的“展开”按钮，如图4-57所示。

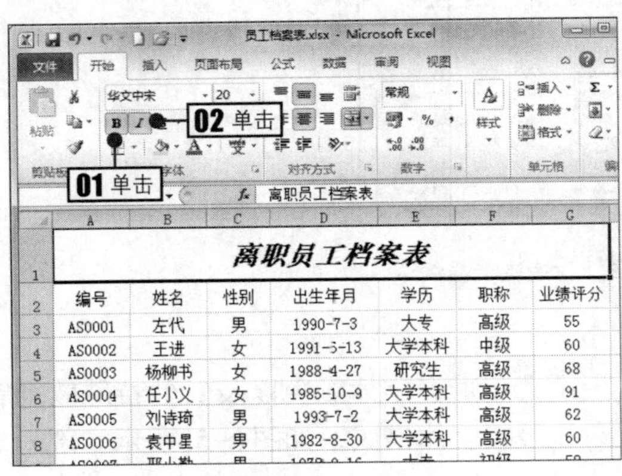

图4-56 设置字形

图4-57 选择文本

（5）打开“设置单元格格式”对话框的“字体”选项卡，在“特殊效果”栏中选中“删除线”复选框，单击 确定 按钮，如图4-58所示。

（6）完成设置，此时“离职”文本上将显示删除线效果（配套资源：效果/第4章/员工档案表.xlsx），如图4-59所示。

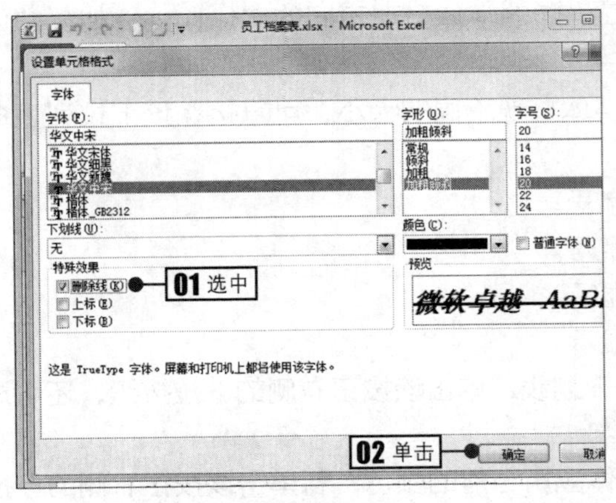

图4-58 设置删除线效果

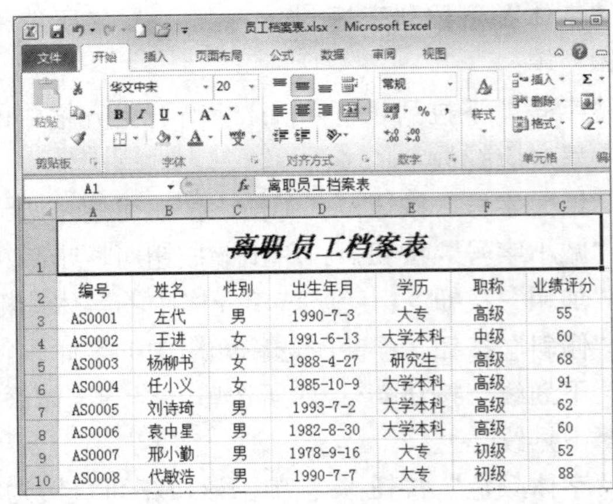

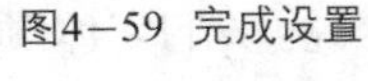

图4-59 完成设置

3. 设置对齐方式

数据类型不同，在单元格中显示的位置也会不同，这个位置指的就是对齐方式。在【开始】/【对齐方式】组中可单击相应的按钮快速设置数据的对齐方式，如图4-60所示。部分按钮的作用分别如下。

图4-60 “对齐方式”组中的参数

- “顶端对齐”按钮：使所选单元格或单元格区域中的数据在垂直方向上顶部对齐。
- “垂直居中”按钮：使所选单元格或单元格区域中的数据在垂直方向上居中对齐。
- “底端对齐”按钮：使所选单元格或单元格区域中的数据在垂直方向上底部对齐。
- “文本左对齐”按钮：使所选单元格或单元格区域中的数据在水平方向上左对齐。
- “居中”按钮：使所选单元格或单元格区域中的数据在水平方向上居中对齐。
- “文本右对齐”按钮：使所选单元格或单元格区域中的数据在水平方向上右对齐。

4. 设置边框与底纹

Excel工作表默认并没有显示边框线，而对于表格数据而言，边框线是非常重要的元素。除此以外，适当为单元格填充底纹，也能起到提高数据可读性的效果。在【开始】/【字体】组中可以利用“边框”按钮和“填充颜色”按钮为单元格添加边框和底纹，这里重点介绍在“设置单元格格式”对话框中设置边框和底纹的方法，其具体操作如下。

（1）打开“应收账款明细表.xlsx”工作簿（配套资源：素材/第4章/应收账款明细表.xlsx），选择A3:F22单元格区域，在【开始】/【字体】组中单击“边框”按钮右侧的下拉按钮，在弹出的下拉列表中单击“其他边框”命令，如图4-61所示。

（2）打开“设置单元格格式”对话框的“边框”选项卡，在“样式”列表框中选择左列最下方的选项，在“颜色”下拉列表框中选择“蓝色”选项，如图4-62所示。

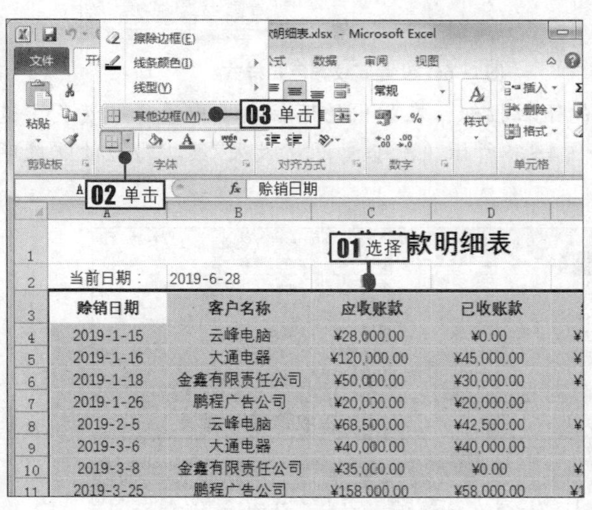

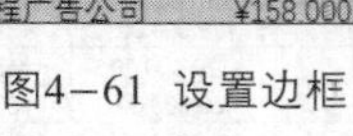

图4-61 设置边框

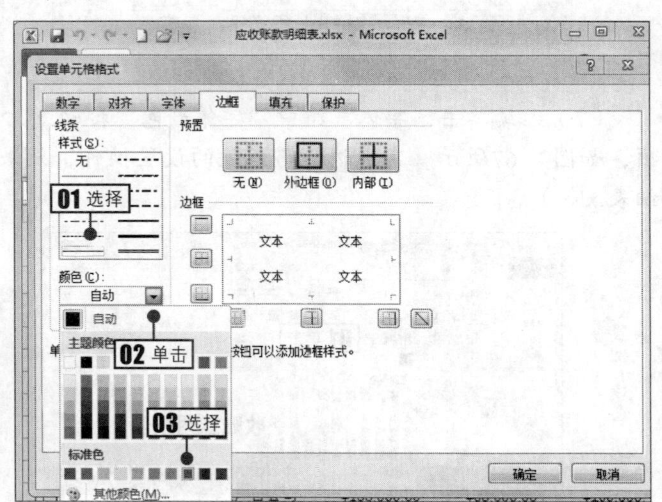

图4-62 设置边框样式和颜色

（3）单击“预置”栏中的“内部”按钮，为所选单元格区域的内部添加设置的边框效果，如图4-63所示。

（4）更改边框样式，在“样式”列表框中选择右列倒数第3个选项，然后单击“预置”栏中的“外边框”按钮，为所选单元格区域的外边框应用设置的边框效果，然后单击确定按钮，如图4-64所示。

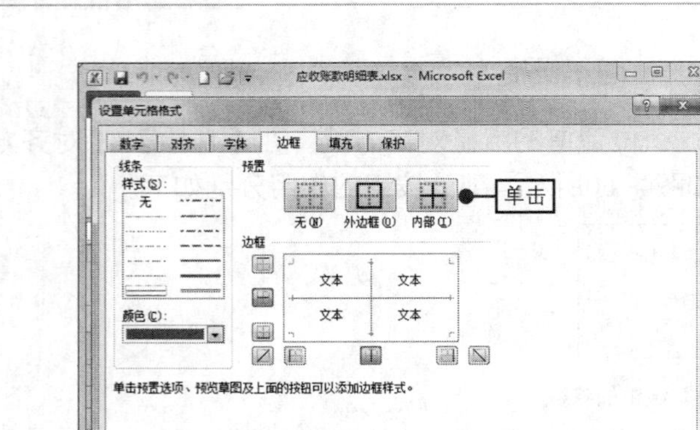

图4-63 添加内边框

图4-64 添加外边框

（5）重新选择A3:F3单元格区域，单击“字体”组右下角的“展开”按钮，如图4-65所示。

（6）打开“设置单元格格式”对话框，单击“填充”选项卡，在“背景色”栏中选择“浅蓝”选项，在“图案样式”下拉列表框中选择第3行第3列的样式选项，单击 确定 按钮，如图4-66所示。

图4-65 选择单元格区域

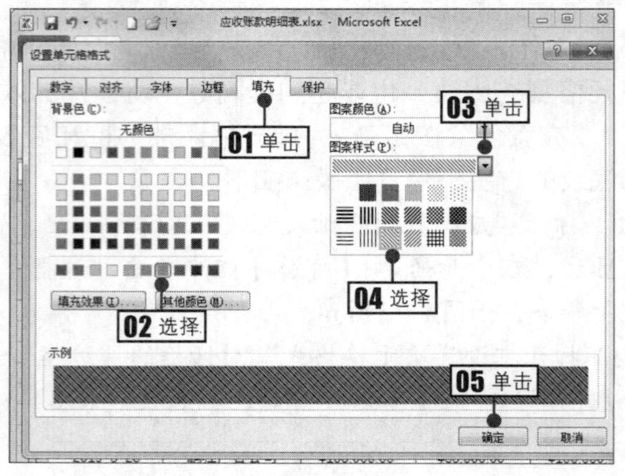

图4-66 设置底纹颜色和样式

（7）继续单击“字体”组中“字体颜色”按钮右侧的下拉按钮，在弹出的下拉列表中选择“黄色”选项，如图4-67所示。完成边框与底纹的设置操作，效果如图4-68所示（配套资源：效果/第4章/应收账款明细表.xlsx）。

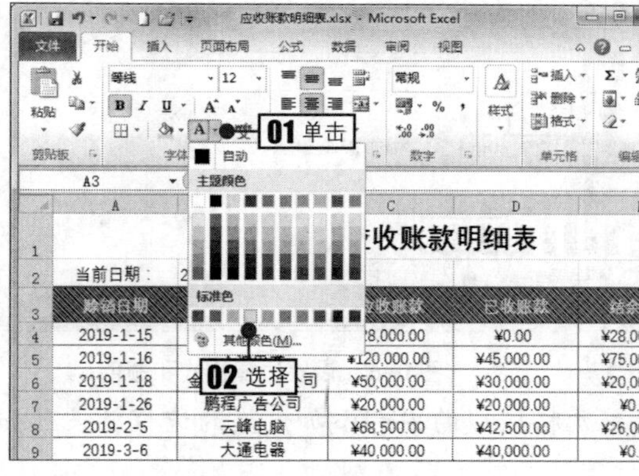

图4-67 设置字体颜色

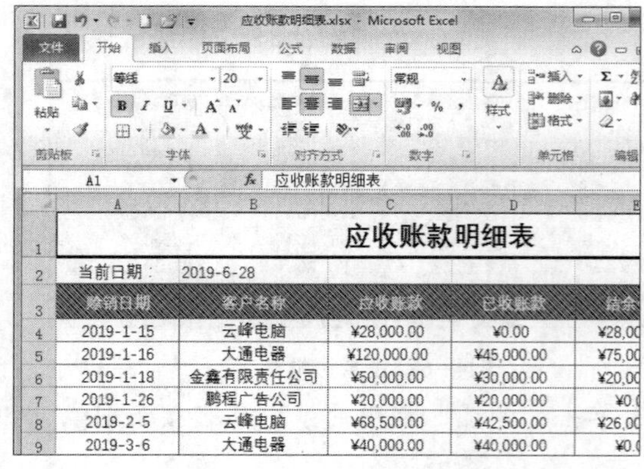

图4-68 完成设置

5. 应用单元格样式

单元格样式涉及数据类型、字体格式、对齐方式、边框、底纹等多种对象，设置起来也显得较为烦琐。此时可以直接应用Excel预设的单元格样式，在提高操作效率的同时，还能得到较为专业和美观的效果，其方法：选择需应用样式的单元格或单元格区域，在【开始】/【样式】组的“样式”下拉列表框中选择某种样式即可，如图4-69所示。

图4-69 应用单元格样式

6. 套用表格格式

除应用单元格格式外，还可为整个表格套用表格格式，其具体操作如下。

（1）打开“材料采购表.xlsx”工作簿（配套资源：素材/第4章/材料采购表.xlsx），选择A2:F10单元格区域，如图4-70所示。

（2）在【开始】/【样式】组中单击“套用表格格式”下拉按钮，在弹出的下拉列表中选择“中等深浅”栏中第1行第3列的样式选项，如图4-71所示。

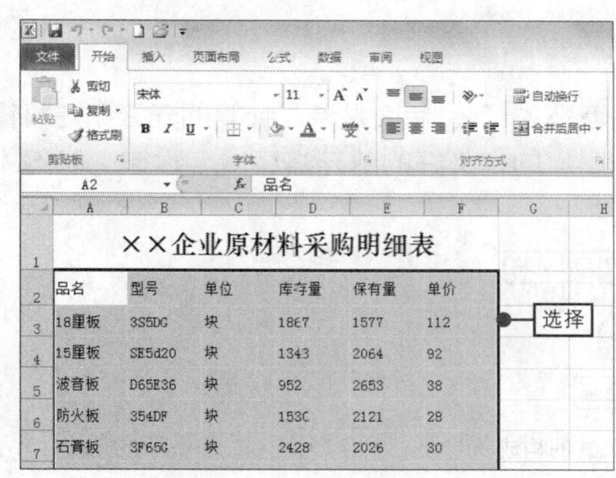

图4-70 选择单元格区域

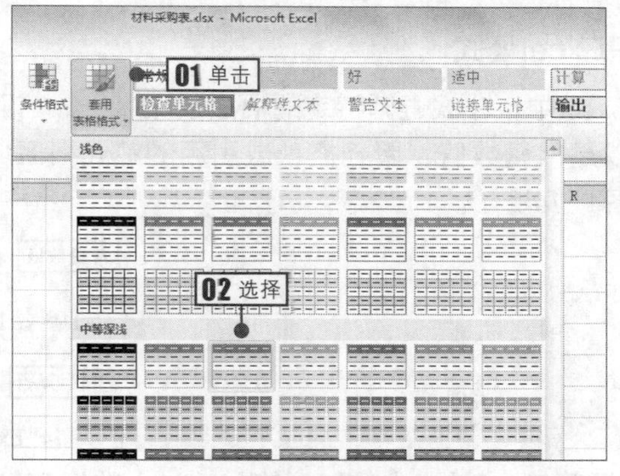

图4-71 选择表格格式

（3）打开“套用表格式”对话框，默认表数据的来源设置，选中“表包含标题”复选框，单击 确定 按钮，如图4-72所示。此时所选单元格区域便应用了选择的表格样式，效果如图4-73所示（配套资源：效果/第4章/材料采购表.xlsx）。

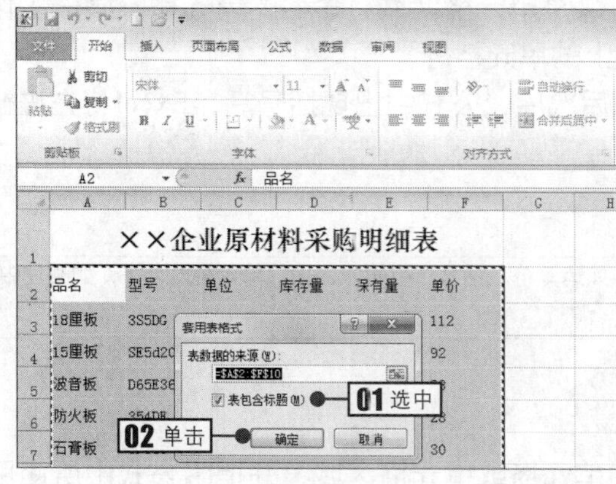

图4-72 设置应用样式的单元格区域

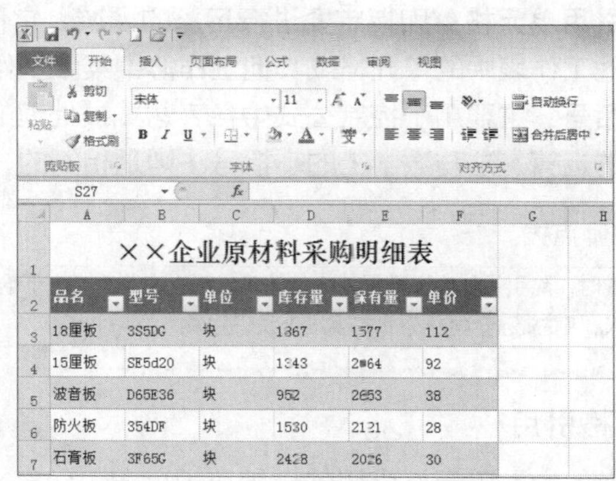

图4-73 应用样式后的效果

名师点拨

是否选中“表包含标题”复选框，取决于选择的单元格区域或在对话框中设置的表数据来源。如果该区域包含表项目名称，则应选中该复选框；如果该区域只包含具体的数据，则不应选中该复选框。

【例题·多选题】下列功能中，无法直接通过“开始”选项卡的“字体”组实现的操作有（ ）。

A. 设置单元格边框　　B. 设置填充颜色

C. 设置对齐方式　　D. 应用单元格格式

E. 设置下划线

【解析】在【开始】/【字体】组中，可以设置字体外观、字号大小、字形、下划线、边框、填充颜色、字体颜色等，无法设置对齐方式，也无法应用单元格格式。

【答案】CD

4.3 公式与函数的应用

在制作电子表格时，合理使用公式与函数不仅能简化数据的计算工作，而且能保证计算结果的准确性。Excel提供了强大的公式与函数功能，可以帮助用户更好地完成计算操作。

4.3.1 公式的应用

Excel除了具有输入并编辑数据的功能外，其更强大且更受青睐的功能便是对数据的计算，而实现这一功能的有效工具就是公式。

1. 认识Excel公式

在Excel中，公式遵循特定的语法或次序：最前面是等号“=”，后面是参与计算的元素和运算符。每个元素可以是常量数值、单元格，或引用的单元格区域、引用的定义好的单元格区域名称等，但不能包含空格，如图4−74所示。

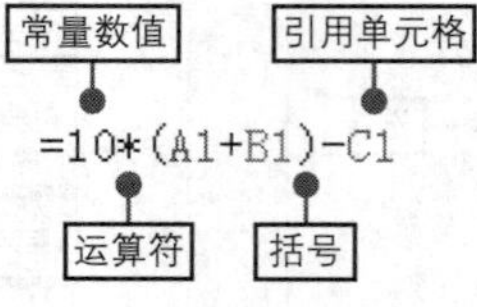

图4−74 Excel公式的构成

- **运算符**：Excel中的运算符与数学上的运算符类似，不同的运算符代表着不同的运算，如+（加）、−（减）、*（乘）、/（除）等。
- **常量数值或字符串**：数值或任意字符串实际上都是常量的一种类型，这类数据是不会发生变化的，如1.2、销售额、KM等。
- **引用单元格**：即指定要进行运算的区域，它们可以是单元格区域、命名的单元格、同一工作簿内其他工作表中的单元格或其他工作簿中某张工作表上的单元格等。
- **括号**：主要用于控制公式中各表达式被处理的先后次序，公式中出现括号后，Excel将先进行括号中的运算，这与数学上的小括号法则是相同的。

名师点拨

输入公式时，除引用的中文数据外，其他对象都应在英文状态下输入，如运算符、括号、引号、逗号、单元格地址等，如果在中文状态下输入，则Excel会判断公式有误或无法识别。

2. 单元格引用

在Excel中，单元格引用的作用在于标识工作表上的单元格或单元格区域，并指明公式中所使用的数据地址。例如，公式“=A1+B1”中，引用了A1单元格和B1单元格的地址，则表示需要计算A1与B1单元格中的数据之和。

Excel中的单元格引用分为相对引用、绝对引用和混合引用等，它们具有不同的作用。

- **相对引用**：Excel中默认情况下使用的都是相对引用。在相对引用中，被引用单元格的位置与公式所在单元格的位置相关联，当公式所在单元格的位置改变时，其引用的单元格的位置也会发生相应变

化。如C1单元格中的公式为“=A1+B1”，若将C1单元格的公式复制到C2单元格中，则公式内容便更改为“=A2+B2”，如图4-75所示。

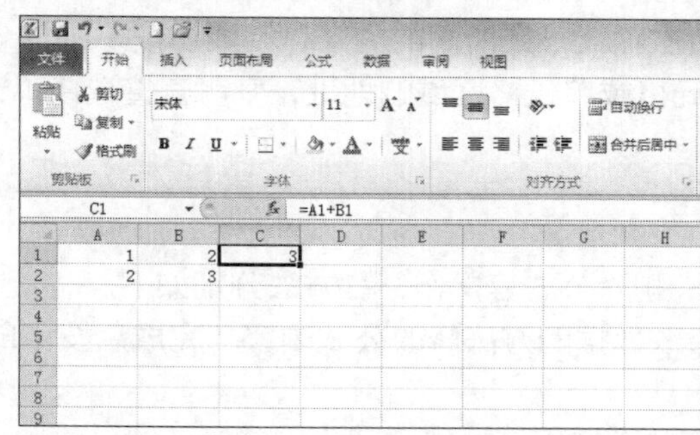

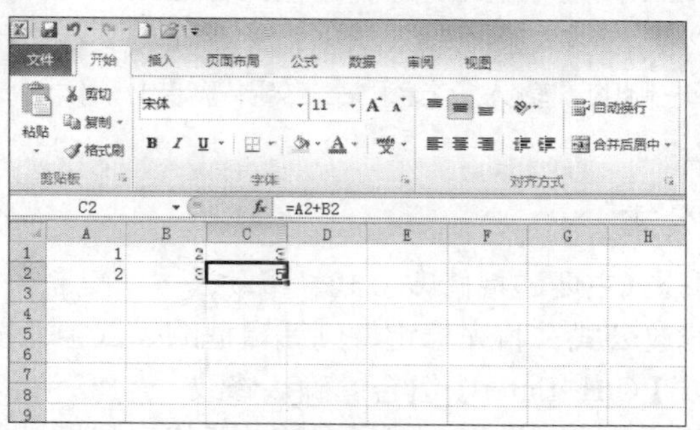

图4-75 相对引用的公式

◆ **绝对引用**：绝对引用与相对引用相反，无论公式所在单元格的位置如何改变，其公式内容是不会发生改变的。绝对引用的方法：选择需进行绝对引用单元格编辑框中的公式内容，按【F4】键将公式转换为绝对引用即可；也可直接在单元格地址左侧手动输入“$”进行转换。如C1单元格中的公式为“=A1+B1”，选择公式内容后按【F4】键，即可将公式转变为“=$A$1+$B$1”，此时若将C1单元格的公式复制到C2单元格中，公式内容同样为“=$A$1+$B$1”，如图4-76所示。

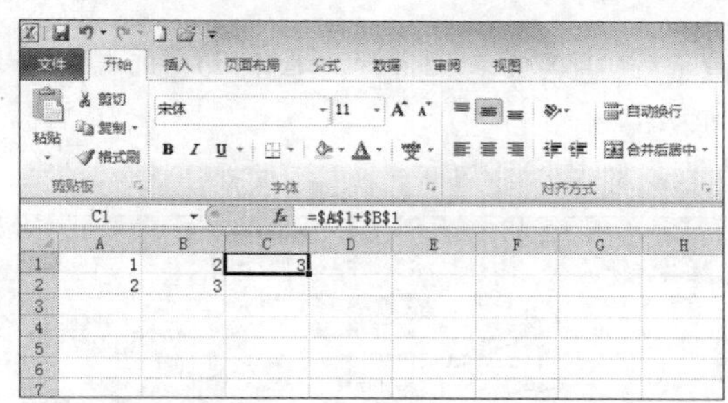

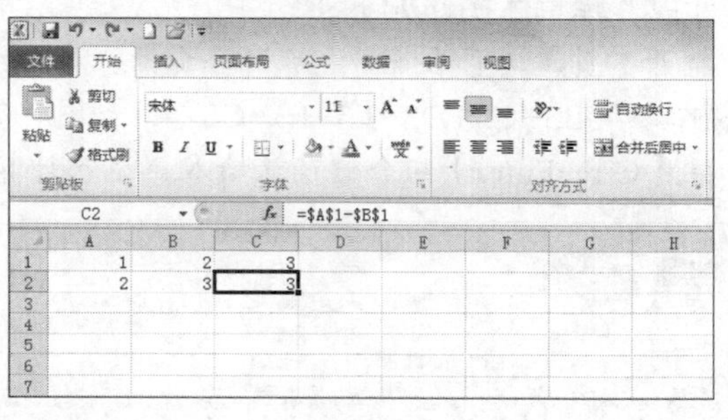

图4-76 绝对引用的公式

◆ **混合引用**：混合引用是指在一个单元格地址的引用中，同时存在相对引用与绝对引用。如果公式所在单元格的位置改变，则公式中相对引用地址会随之改变，而绝对引用地址保持不变。如C1单元格中的公式为“=A1+$B1”，若将C1单元格的公式复制到D1单元格中，则公式内容将更改为“=B1+$B1”，这是因为本次公式的复制操作在同一行行号不变，列标则根据引用类型发生或不发生变化，如图4-77所示。

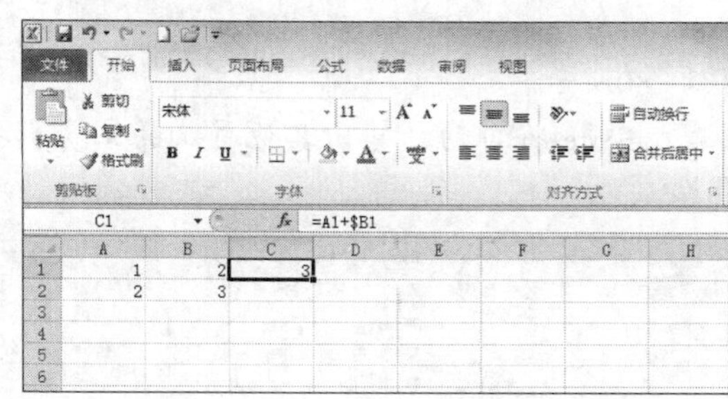

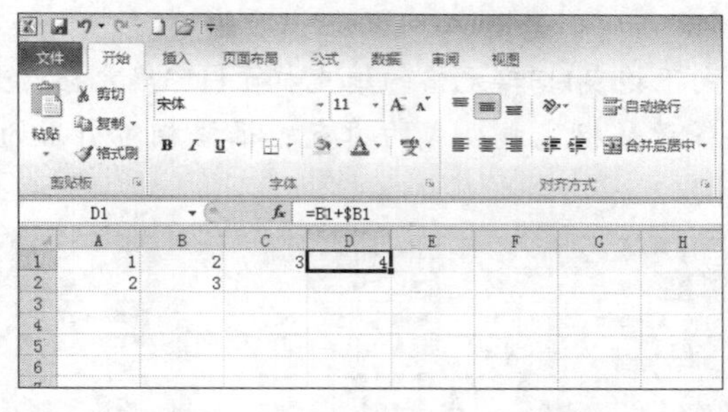

图4-77 混合引用的公式

◆ **引用同一工作簿中不同工作表的单元格**：如果要引用同一工作簿中其他工作表的单元格或单元格区域，可在公式输入状态下，单击需引用对象所在的工作表标签，然后选择单元格或单元格区域，按【Enter】键。引用同一工作簿中其他工作表里的单元格的格式：工作表名称！单元格地址。例如，“=A!B2+B!B2”表示计算A工作表中B2单元格与B工作表中B2单元格之和。

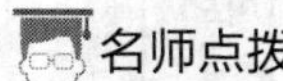

名师点拨

Excel还允许引用不同工作簿中的单元格，其方法与引用同一工作簿中不同工作表的单元格相似，引用时只需要同时打开相应的工作簿。

3. 输入公式

在Excel中输入公式的方法与输入普通数据的方法类似，其方法：选择要输入公式的单元格，在编辑框中输入“=”，进入公式输入状态，然后在英文状态下逐次输入公式所需的内容，完成后按【Enter】键或单击编辑框左侧的“输入”按钮✔。如果需要引用某个单元格或单元格区域的地址，则可直接选择单元格或单元格区域。

4. 编辑公式

编辑公式主要包括修改公式、移动公式、复制公式、删除公式等操作，其方法分别如下。

- **修改公式：**将光标定位到编辑框的公式中，按修改数据的方法修改公式内容，完成后按【Enter】键或【Ctrl+Enter】组合键确认修改。
- **移动公式：**选择公式所在的单元格，将指针移至单元格边框，待出现十字形箭头时，拖曳该单元格至目标单元格。需要注意的是，移动公式后公式内容不会发生改变，这与复制公式不同。
- **复制公式：**选择公式所在的单元格，按【Ctrl+C】组合键，选择目标单元格，按【Ctrl+V】组合键。
- **删除公式：**选择公式所在的单元格，按【Delete】键。

除此以外，也可以利用填充柄填充公式，下面通过一个案例进一步熟悉如何通过输入和填充公式来完成数据的计算，其具体操作如下。

（1）打开“员工工资表.xlsx”（配套资源：素材/第4章/员工工资表.xlsx），选择H3单元格，在编辑框中输入公式内容“=B3+C3+D3−E3−F3−G3”，如图4−78所示。

（2）按【Ctrl+Enter】组合键确认输入，返回计算结果，如图4−79所示。

图4−78 输入公式内容

图4−79 确认输入

（3）向下拖曳H3单元格的填充柄至H13单元格，如图4−80所示。

（4）释放鼠标完成公式的填充。根据相对引用的原理，Excel将自动计算出其他员工的工资数据，如图4−81所示。

图4−80 拖动填充柄

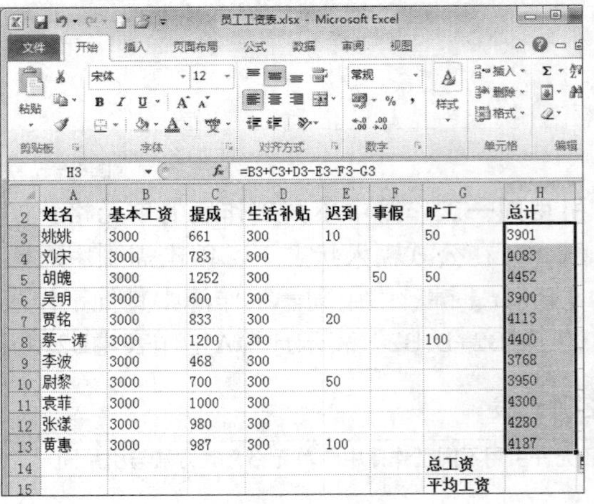

图4−81 填充公式

（5）选择H14单元格，在编辑框中输入公式内容“=H3+H4+H5+H6+H7+H8+H9+H10+H11+H12+H13”，如图4-82所示。

（6）按【Ctrl+Enter】组合键确认输入，返回计算结果，如图4-83所示。

图4-82 输入公式内容

图4-83 确认输入

（7）选择H15单元格，在编辑框中输入公式内容“=H14/11”，如图4-84所示。

（8）按【Ctrl+Enter】组合键确认输入，返回计算结果（配套资源：效果/第4章/员工工资表.xlsx），如图4-85所示。

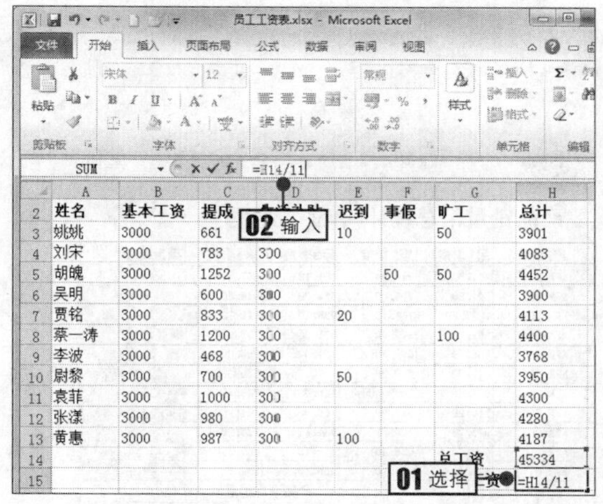

图4-84 输入公式内容

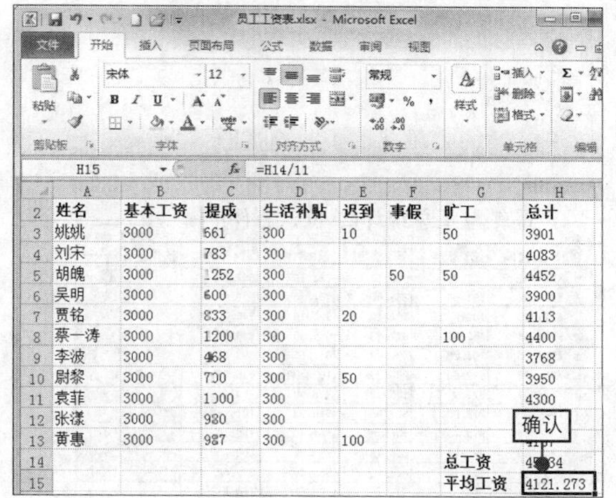

图4-85 完成计算

【例题·单选题】Excel的公式中不能包含（　）。

A. 运算符　　B. 数值　　C. 单元格地址　　D. 空格

【解析】Excel的公式中不能有空格存在。

【答案】D

4.3.2 函数的应用

Excel中一组特定功能的公式组合在一起，便形成了函数。利用公式可以计算数据，利用函数则可以简化公式，并能完成各种更加复杂的数据计算工作。

1. 认识Excel函数

函数的参数可以是数字、文本、单元格引用，也可以是其他的公式或函数等。在描述函数时通常以语法结构来表现，Excel中函数的语法结构：“=函数名(参数1,参数2,⋯)”，如图4-86所示。函数中常用参数的作用分别如下。

- **常量**：不进行计算，不发生改变的值，如数值、文本。
- **逻辑值**：用于判断数据真假的值，即TURE（真值）或FALSE（假值）。
- **数组**：用于建立可生成多个结果或可对在行和列中排列的一组参数进行计算的单个公式。

◆ **单元格引用：**用来表示单元格在工作表中所处位置的坐标集。

◆ **嵌套函数：**将函数作为另一个函数的参数使用。

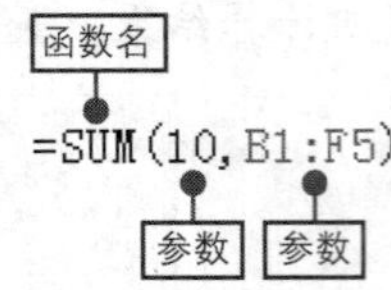

图4-86 函数的语法结构

2. 函数的输入与插入

函数可以像普通数据或公式一样手动输入，特别是对于语法结构较为简单的函数而言，手动输入的方式往往更为高效。输入时需要选择单元格，然后在编辑框中输入英文状态下的各种函数参数。

对于一些较为复杂的函数，特别是不知道函数名和参数的函数，就只能利用插入的方式进行输入。插入复杂函数的方法：选择需插入函数的单元格，在编辑框左侧单击“插入函数”按钮f_x，或在【公式】/【函数库】组中单击“插入函数”按钮f_x，在打开的对话框选择函数并设置参数。下面综合使用上述方式来利用函数完成数据的计算，其具体操作如下。

（1）打开“销量汇总表.xlsx”工作簿（配套资源：素材/第4章/销量汇总表.xlsx），选择F3:F13单元格区域，将光标定位在编辑框中，如图4-87所示。

（2）按【Caps Lock】键切换到大写英文状态，输入“=SUM( )”，如图4-88所示。

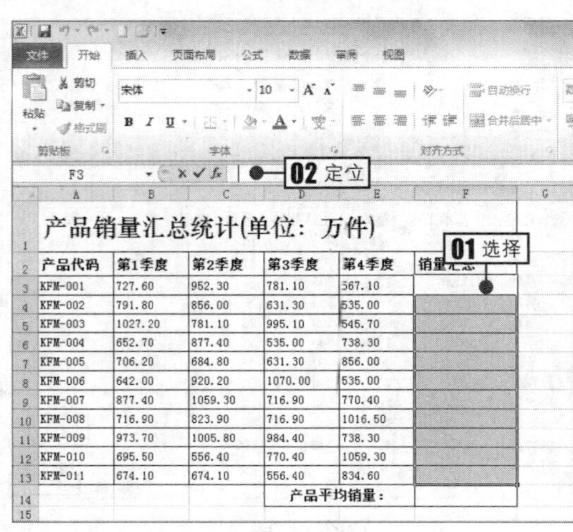

图4-87 选择单元格区域

图4-88 输入函数名

（3）将光标定位在输入的括号中，然后选择B3:E3单元格区域，如图4-89所示。

（4）按【Ctrl+Enter】组合键完成函数的输入，根据相对引用原理，所选单元格区域自动返回其他产品的销量汇总结果，如图4-90所示。

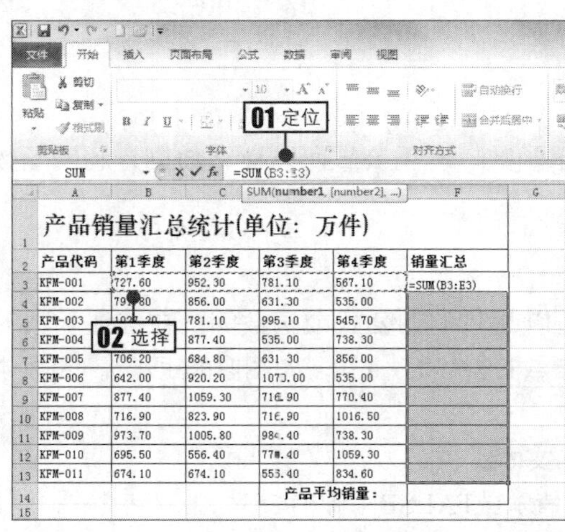

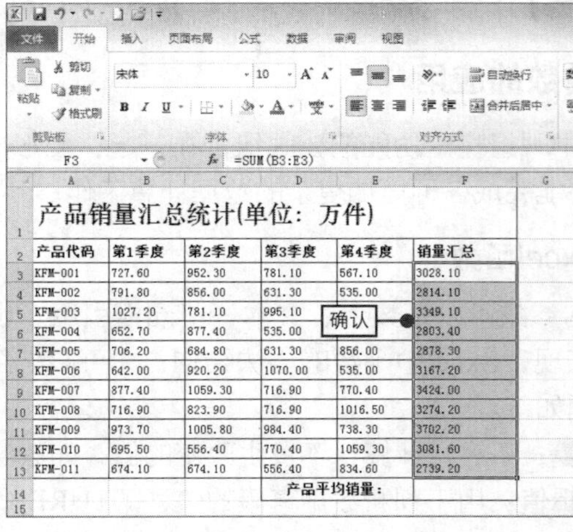

图4-89 引用单元格地址

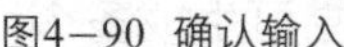
图4-90 确认输入

（5）选择F14单元格，单击编辑框左侧的“插入函数”按钮f_x，如图4-91所示。

（6）打开“插入函数”对话框，在“或选择类别”下拉列表框中选择“统计”选项，在“选择函数”列表框中选择“AVERAGE”选项，单击 确定 按钮，如图4-92所示。

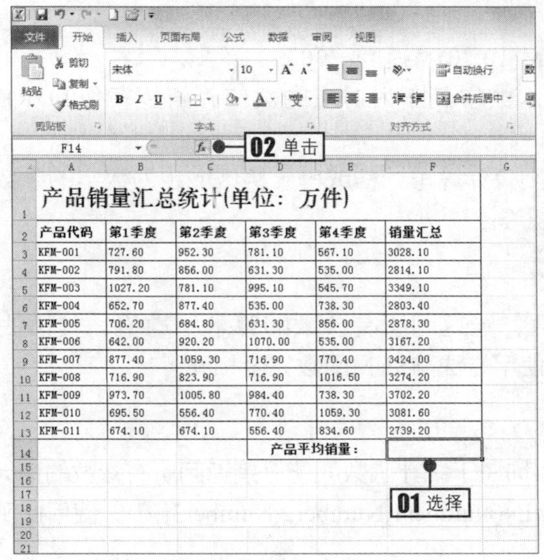

图4-91 插入函数

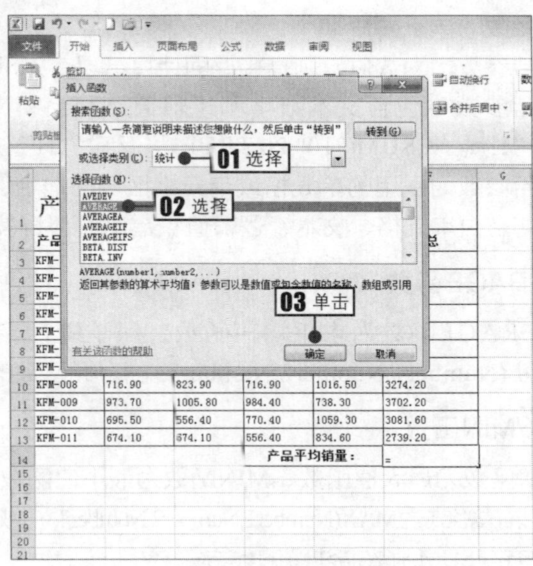

图4-92 选择函数

（7）打开“函数参数”对话框，将光标定位在“Number1”文本框中，然后在工作表中选择F3:F13单元格区域，单击 确定 按钮，如图4-93所示。

（8）此时工作表中将返回产品平均销量数据（配套资源：效果/第4章/销量汇总表.xlsx），如图4-94所示。

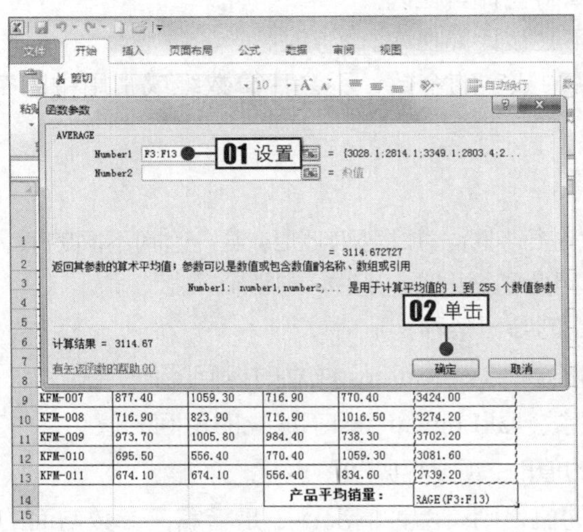

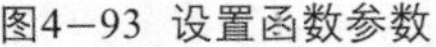
图4-93 设置函数参数

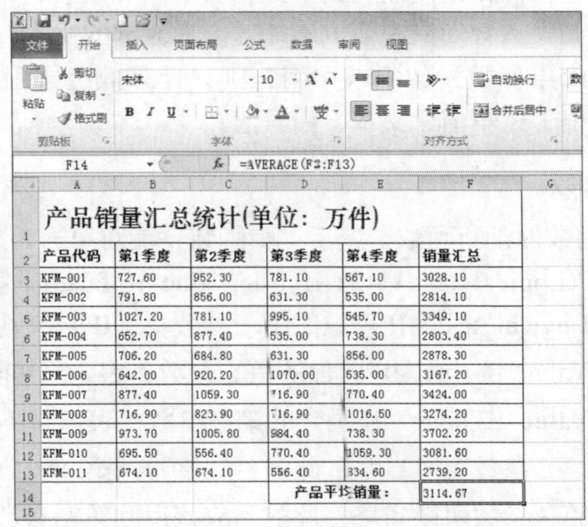

图4-94 返回计算结果

知识拓展

如果A函数是B函数的一个参数，则称B函数为嵌套函数。比如“=SUM(5,B1:B6)”是普通的求和函数，但“=SUM(SUM(A1:A6),B1:B6)”就是嵌套函数。嵌套函数可通过直接输入的方法创建，也可以通过插入函数的方式创建。通过插入函数的方式创建嵌套函数的方法：将光标定位到编辑框的函数中某个需创建参数的位置，单击名称框右侧的下拉按钮，在弹出的下拉列表中选择需插入的嵌套函数选项，然后在打开的“函数参数”对话框中设置嵌套函数的参数。

4.3.3 Excel常见函数的应用

Excel提供了大量函数，每个函数的功能、语法结构、参数的含义各不相同，下面主要介绍几种常见函数的使用方法。

1. SUM函数

SUM函数为求和函数，属于数学与三角函数，能返回所有参数之和，其语法格式为SUM(Number1,Number2,Number3,…)。使用此函数时需注意以下几点。

◆ 参数的数量为1~30个。

◆ 若参数均为数值，则直接返回计算结果，如SUM(10,20)将返回“30”。

◆ 若参数中包含文本数字和逻辑值，则会将文本数字判断为对应的数值，将逻辑值TURE判断为“1”。如SUM("10",20,TRUE)将返回“31”。

◆ 若参数为引用的单元格或单元格区域的地址，则只计算单元格或单元格区域中为数字的参数，其他如空白单元格、文本、逻辑值和错误值都将被忽略。

2. AVERAGE函数

AVERAGE函数为求平均值函数，属于统计函数，能返回所有参数的算术平均值，其语法格式为AVERAGE(Number1,Number2,Number3,…)。此函数的使用方法与SUM函数完全相同。

3. MAX/MIN函数

MAX函数为最大值函数、MIN函数为最小值函数，均属于统计函数，能分别返回所有参数的最大值或最小值，其语法格式为MAX(Number1,Number2,Number3,…)或MIN(Number1,Number2,Number3,…)。使用此函数时需注意的地方与SUM函数需注意的地方完全相同。

4. COUNT函数

COUNT函数为计数函数，属于统计函数，能返回包含数字的单元格以及参数列表中数字的个数，其语法格式为COUNT(value1, value2, …)。使用此函数时需注意以下几点。

◆ 如果参数为数字、日期或代表数字的文本（如用引号引起的数字，如"1"），则将被计算在内。

◆ 逻辑值和直接输入到参数列表中代表数字的文本将被计算在内。

◆ 如果参数为错误值或不能转换为数字的文本，不会被计算在内。

◆ 如果参数为数组或引用，则只计算数组或引用中数字的个数，不会计算数组或引用中的空白单元格、逻辑值、文本、错误值。

5. IF函数

IF函数为判断函数，属于逻辑函数，能对第一参数进行判断，并根据判断结果，返回不同的值，其语法格式为IF(Logical_test,Value_if_true,Value_if_false)。使用此函数时需注意以下几点。

◆ Logical_test为IF函数的第一参数，是IF函数判断的参照条件。

◆ Value_if_true为IF函数的第二参数，表示当IF函数判断Logical_test成立时返回的值。

◆ Value_if_false为IF函数的第三参数，表示当IF函数判断Logical_test不成立时返回的值。

◆ 第二参数可以省略，此时若应该返回第二参数的值时，则返回“0”。

◆ 第三参数可以省略，此时若应该返回第三参数的值，则有两种情况：一是若第三参数前面的“,”省略，则将返回TRUE；二是若“,”未省略，则将返回“0”。

6. INT函数

INT函数为取整函数，属于数学与三角函数，能返回指定的数字取整后小于或等于它的整数，其格式为INT(number)。使用此函数时需注意以下几点。

◆ 此函数只会返回小于或等于它的整数。例如，INT(2.9)将返回“2”，INT(−8.6)将返回“−9”。

◆ 此函数的参数可以为单元格引用。例如，INT(A3)，即根据A3单元格的数据进行取整。

下面通过计算销量分析表的数据，来熟悉多种函数的使用方法，包括统计数量、最高/最低销售数量、销售总价、销售平均价、销售情况等，其具体操作如下。

（1）打开“销量分析表.xlsx”工作簿（配套资源：素材/第4章/销量分析表.xlsx），选择A10单元格，在编辑框中输入函数“=COUNT(C3:C8)”，按【Ctrl+Enter】组合键，如图4-95所示。

（2）选择B10单元格，在编辑框中输入函数“=MAX(C3:C8)”，按【Ctrl+Enter】组合键，如图4-96所示。

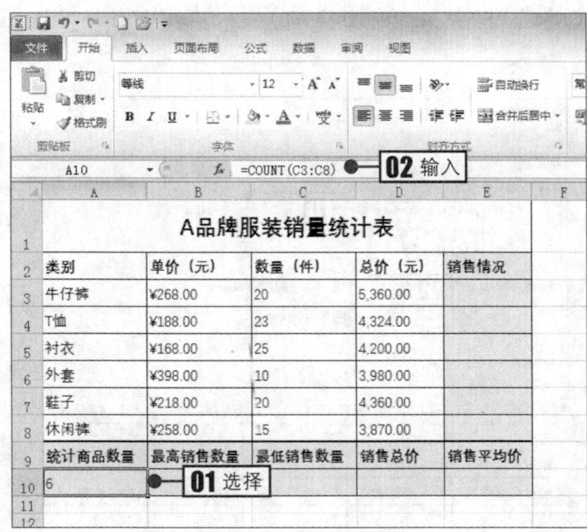

图4-95 计算商品数量

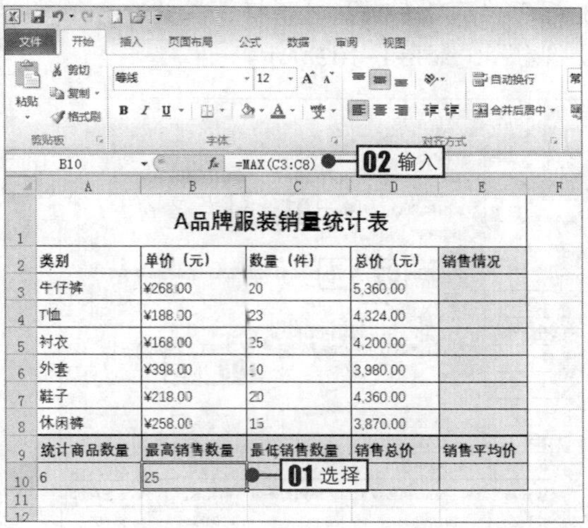

图4-96 返回最高销售数量

（3）选择C10单元格，在编辑框中输入函数“=MIN(C3:C8)”，按【Ctrl+Enter】组合键，如图4-97所示。

（4）选择D10单元格，在编辑框中输入函数“=SUM(D3:D8)”，按【Ctrl+Enter】组合键，如图4-98所示。

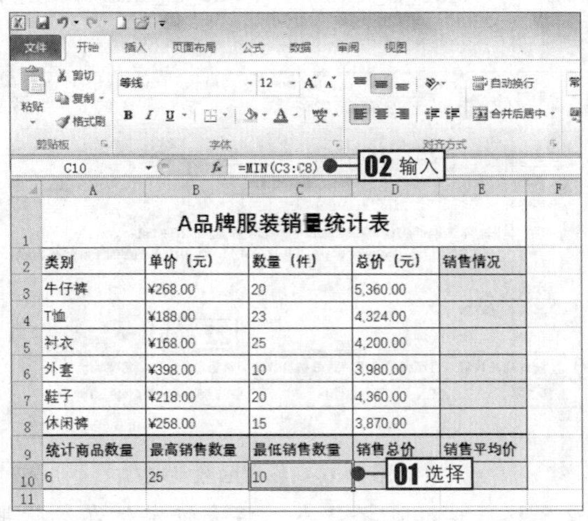

图4-97 返回最低销售数量

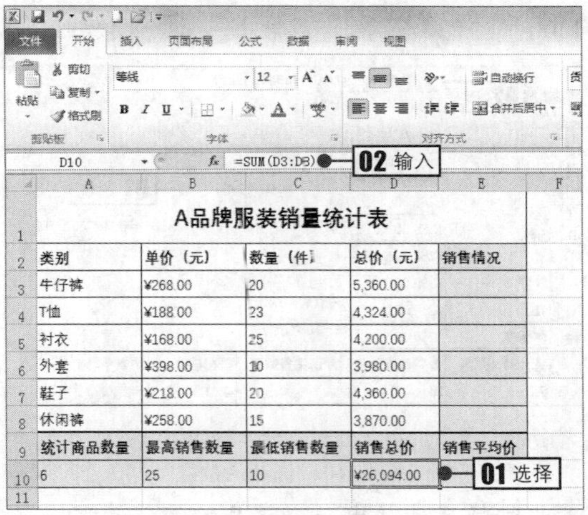

图4-98 计算所有商品销售总价

（5）选择E10单元格，在编辑框中输入函数“=AVERAGE(D3:D8)”，按【Ctrl+Enter】组合键，如图4-99所示。

（6）选择E3:E8单元格区域，在编辑框左侧单击“插入函数”按钮f_x，如图4-100所示。

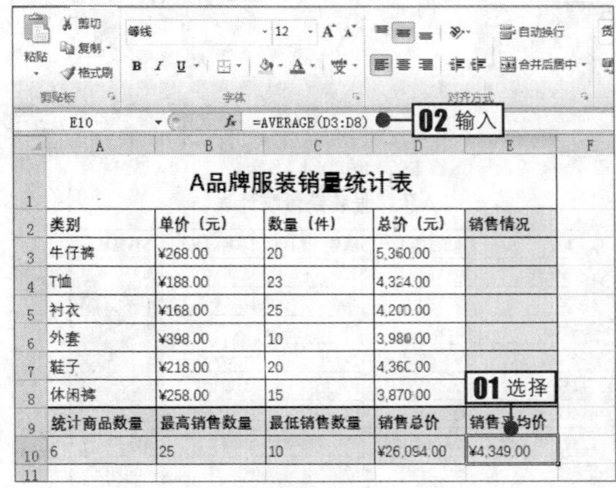

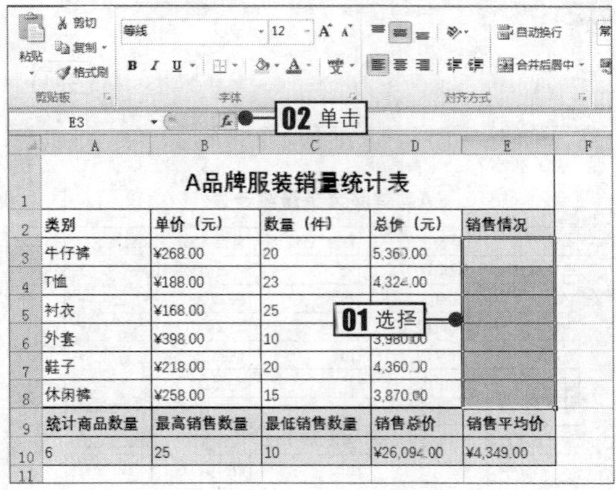

图4-99 计算所有商品销售平均价

图4-100 插入函数

（7）打开“插入函数”对话框，在“或选择类别”下拉列表框中选择“逻辑”选项，在“选择函数”列表框中选择“IF”选项，单击 确定 按钮，如图4-101所示。

（8）打开“函数参数”对话框，在“Logical_test”文本框中输入“D3<3900”，在“Value_if_true”文本框中输入“差”，如图4-102所示。

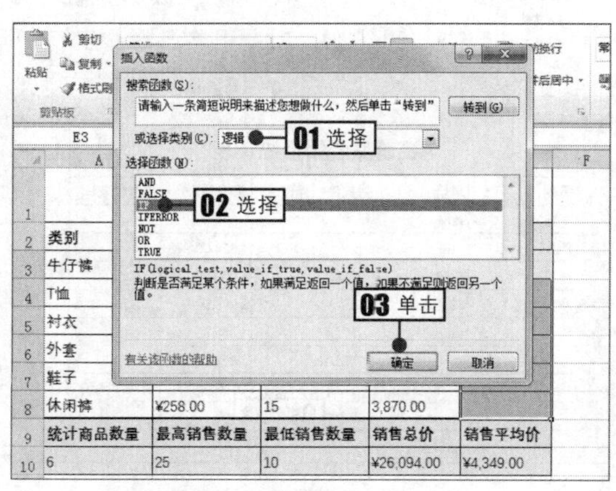

图4-101 选择函数

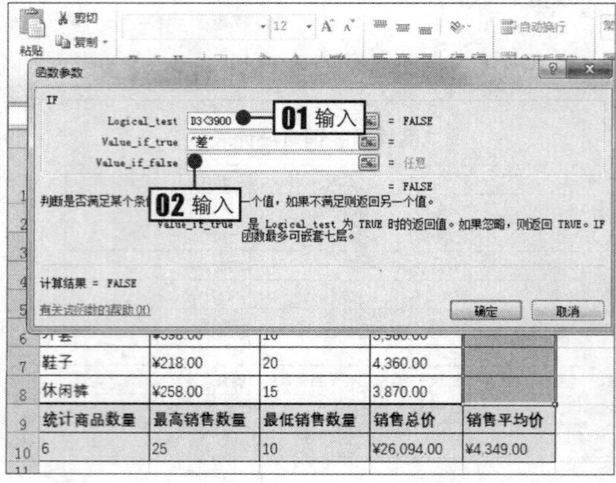

图4-102 设置函数参数

（9）将光标定位到“Value_if_false”文本框中，单击名称框右侧的下拉按钮，在弹出的下拉列表中选择“IF”选项，如图4-103所示。

（10）打开“函数参数”对话框，分别在“Logical_test”“Value_if_true”“Value_if_false”文本框中输入“D3>=4300”“优”“良”，单击 确定 按钮，如图4-104所示。

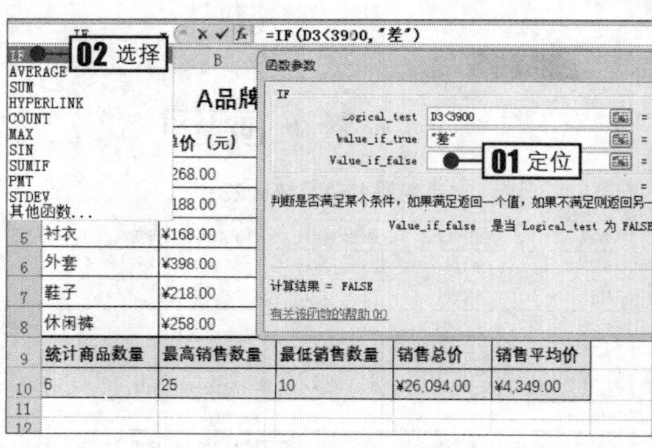

图4-103 嵌套函数

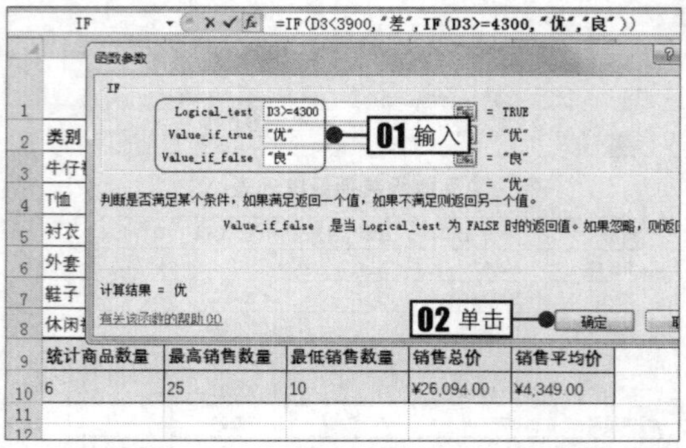

图4-104 设置函数参数

（11）此时将只计算出一个商品的销售情况，保持单元格区域的选择状态，将光标定位在编辑框中函数末尾，如图4-105所示。

（12）按【Ctrl+Enter】组合键返回其他商品的销售情况（配套资源：效果/第4章/销量分析表.xlsx），如图4-106所示。

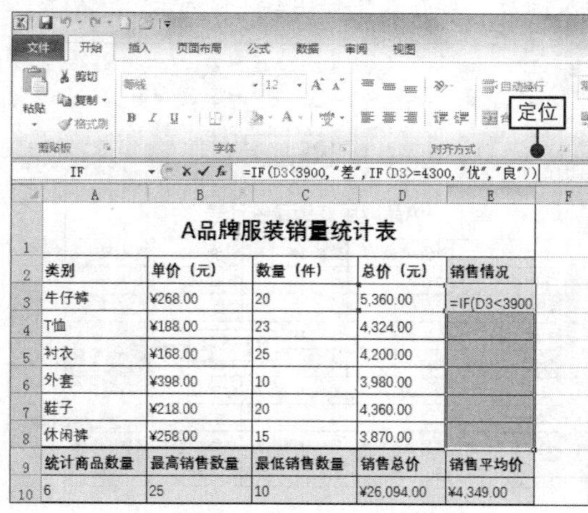

图4-105 定位光标

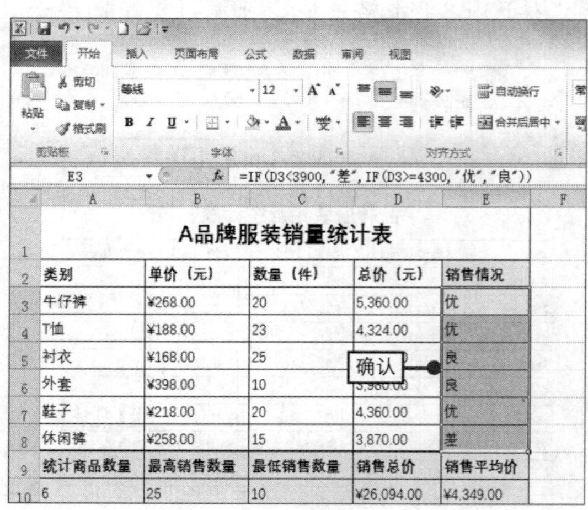

图4-106 返回其他商品销售情况

【例题·多选题】下列关于函数作用的说法中，正确的有（　）。

A. MAX函数可以返回数值参数中的最大值

B. IF函数属于逻辑函数，可以判断设置的条件来返回对应的真值和假值

C. MIN函数可以返回数值参数的总和

D. AVERAGE函数可以返回数值参数的平均值

E. COUNT函数可以返回数值参数中的最小值

【解析】MIN函数可以返回数值参数中的最小值，C选项错误；COUNT函数可以返回包含数字的单元格以及参数列表中数字的个数，E选项错误。

【答案】ABD

4.4 数据的排序、筛选与分类汇总

当表格中包含大量数据时，就需要充分利用Excel的数据管理功能，对数据进行排序、筛选与分类汇总等操作，以快速得到需要的数据。

需要注意的是，要想在Excel中实现数据管理，就需要保证数据区域具备数据清单的特性。简单来说，利用Excel编辑好的工作表就是一张二维表格，但二维表格并不一定是数据清单，只有具备一定结构特点的二维表格才能称为数据清单，如图4-107所示。

图中的A2:F17单元格区域即为一张数据清单，它具有以下一些特点。

- 数据清单中含有数据的单元格区域必须是连续的，不允许出现空行或空列，但允许出现空白单元格。
- 数据清单以列为项目字段、以行为数据记录，图4-107中所示的“姓名”“工资总和”等就是项目字段，而每一行的信息就是一条数据记录。

表格只有具备上述特点，Excel的数据管理功能才能对其发挥作用，才能在数据区域中利用排序、筛选与分类汇总等功能获取想要的数据结果。

剪贴板　字体　对齐方式

N32　f_x

	A	B	C	D	E	F	G
1	姓名	工资总和	月平均工资	月最高工资	月最低工资	排名	
2	邹文静	46269	3855.75	4531.5	2623.5	1	
3	罗鸿亮	46078.2	3839.85	4722.3	2528.1	2	
4	彭静	45744.3	3812.025	4674.6	2623.5	3	
5	张明	45267.3	3772.275	4722.3	2528.1	4	
6	谭桦	43740.9	3645.075	4770	2432.7	5	
7	朱小军	43740.9	3645.075	4579.2	2862	6	
8	付晓宇	43740.9	3645.075	4722.3	2385	6	
9	郭凯	43311.6	3609.3	4674.6	2718.9	8	
10	冯淑琴	41308.2	3442.35	4340.7	2480.4	9	
11	张丽	41117.4	3426.45	4531.5	2480.4	10	
12	王超	41022	3418.5	4770	2480.4	11	
13	杨雪华	41022	3418.5	4436.1	2575.8	12	
14	洪伟	40831.2	3402.6	4722.3	2385	13	
15	陈佳倩	40735.2	3394.6	4770	2432.7	14	
16	邓丽红	39924.9	3327.075	4770	2385	15	
17	李萍	39686.4	3307.2	4531.5	2385	16	

图4-107　数据清单

4.4.1 数据的排序

数据的排序即排列数据清单中的数据记录，此操作在实际工作中使用得非常普遍，如通过从高到低的降序排列查看产品销量，通过从低到高的升序排列整理订单编号等。Excel中有多种数据排序的方法，下面重点介绍简单排序和多关键字排序的操作方法。

1. 简单排序

简单排序是指以表格中的一个项目为排列依据，通过工具按钮快速实现数据排序的操作。简单排序的方法：选择作为排序依据的项目下的任意包含数据的单元格，如这里以编号为排序依据，则可选择A2:A13单元格区域中的任意一个单元格；然后在【数据】/【排序和筛选】组中单击“升序”按钮或“降序”按

钮$\frac{Z}{A}$↓，这里单击“升序”按钮$\frac{A}{Z}$↓，让数据记录以编号为依据，从小到大进行排列，如图4-108所示。

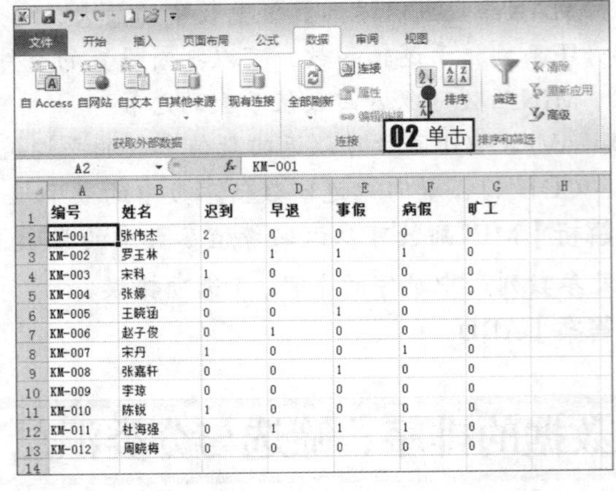

图4-108　按编号升序排列数据

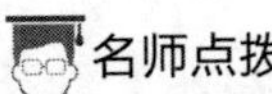名师点拨

如果表格无法实现简单排序，或排序结果出错，则首先应该检查数据区域中是否存在空行或空列，然后检查是否存在合并单元格。为保证成功实现排序和筛选，建议不要轻易对表格中包含数据的单元格进行合并设置。

2. 多关键字排序

简单排序虽然方便快捷，但当排序依据的数据相同时，其排序结果就没有更多的使用价值。因此，Excel提供了多关键字排序功能，当首要排序依据（即主要关键字）包含相同数据时，便可设置次要排序依据（即次要关键字）来排列数据，以此类推便能得到更为精确的排序结果。下面以在进货统计单中使用多关键字排序的操作为例，介绍该功能实现的方法，其具体操作如下。

（1）打开“进货统计单.xlsx”工作簿（配套资源：素材/第4章/进货统计单.xlsx），选择任意一个包含数据的单元格，这里选择B4单元格，在【数据】/【排序和筛选】组中单击“排序”按钮，如图4-109所示。

（2）打开“排序”对话框，在“主要关键字”下拉列表框中选择“金额”选项，在“次序”栏下对应的下拉列表框中选择“降序”选项，表示以金额项目为排序依据，从高到低排列数据记录。然后单击“添加条件(A)”按钮，如图4-110所示。

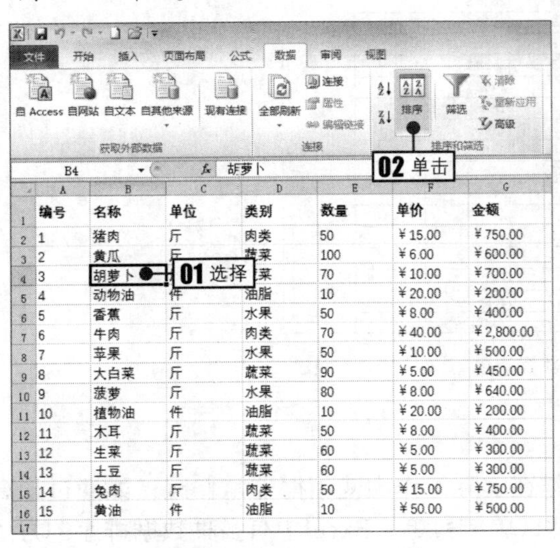

图4-109　执行排序功能

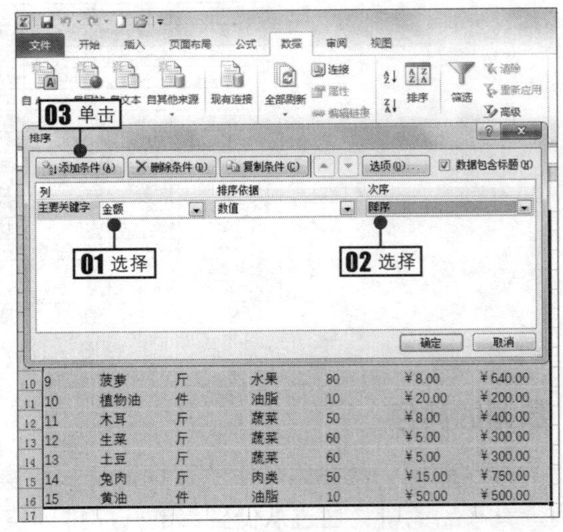

图4-110　设置主要关键字

（3）在“次要关键字”下拉列表框中选择“单价”选项，在“次序”栏下对应的下拉列表框中选择“升序”选项，表示当金额相同时，就以单价为排序依据，从低到高排列数据记录。然后单击“添加条件(A)”按钮，如图4-111所示。

（4）在第二个“次要关键字”下拉列表框中选择“数量”选项，在“次序”栏下对应的下拉列表框中选择“降序”选项，表示当金额、单价都相同时，就以数量为排序依据，从高到低排列数据记录。最后单击

确定 按钮，如图4-112所示。

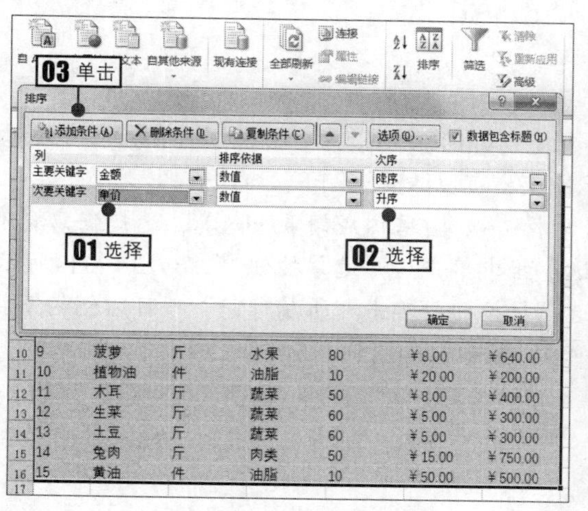

图4-111 设置次要关键字

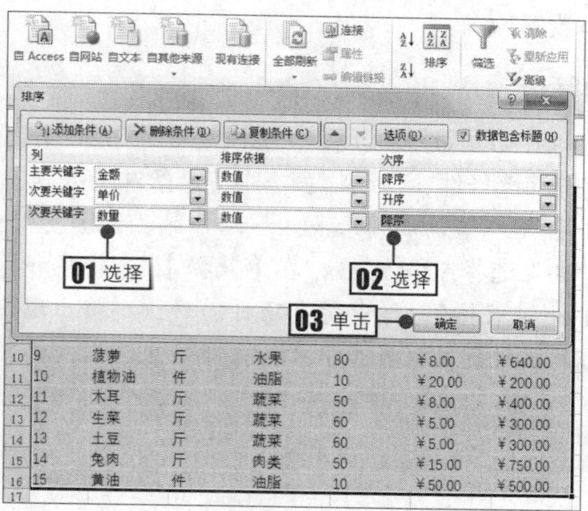

图4-112 设置第二个次要关键字

（5）此时数据记录将按照设置的排序依据进行排列（配套资源：效果/第4章/进货统计单.xlsx），效果如图4-113所示。

编号	名称	单位	类别	数量	单价	金额
6	牛肉	斤	肉类	70	￥40.00	￥2,800.00
1	猪肉	斤	肉类	50	￥15.00	￥750.00
14	兔肉	斤	肉类	50	￥15.00	￥750.00
3	胡萝卜	斤	蔬菜	70	￥10.00	￥700.00
9	菠萝	斤	水果	80	￥8.00	￥640.00
2	黄瓜	斤	蔬菜	100	￥6.00	￥600.00
7	苹果	斤	水果	50	￥10.00	￥500.00
15	黄油	件	油脂	10	￥50.00	￥500.00
8	大白菜	斤	蔬菜	90	￥5.00	￥450.00
5	香蕉	斤	水果	50	￥8.00	￥400.00
11	木耳	斤	蔬菜	50	￥8.00	￥400.00
12	生菜	斤	蔬菜	60	￥5.00	￥300.00
13	土豆	斤	蔬菜	60	￥5.00	￥300.00
4	动物油	件	油脂	10	￥20.00	￥200.00
10	植物油	件	油脂	10	￥20.00	￥200.00

图4-113 完成排序

知识拓展

在“排序”对话框中选择某个已经设置好的排序关键字选项，单击 删除条件 按钮可将其删除；单击 复制条件 按钮可将该选项复制到下方，以便以此为基础设置新的排序依据；单击“上移”按钮可向上移动选项的位置；单击“下移”按钮可向下移动选项的位置。

【例题·单选题】下列关于数据清单的说法中，正确的是（ ）。

A. 数据清单允许有空行的存在

B. 数据清单允许有空列的存在

C. 数据清单允许有空白单元格的存在

D. 数据清单需要以行为项目，列为记录

【解析】数据清单不能有空行和空列的存在，A、B选项错误；数据清单以列为项目字段、以行为数据记录，D选项错误。

【答案】C

4.4.2 数据的筛选

筛选数据是指将符合条件的数据记录显示在表格中，将其他数据记录暂时隐藏。隐藏的数据记录不会

被删除，清除筛选状态后会重新出现在表格中。筛选数据可以使用户快速查找到指定条件的数据，提高了用户的工作效率。

1. 自动筛选

用户利用自动筛选功能可以快速设置需要筛选出的数据和需要暂时隐藏的数据，此操作简单易行。Excel可以根据用户设定的筛选条件，自动将表格中符合条件的数据显示出来，其具体操作如下。

（1）打开“培训成绩表.xlsx”工作簿（配套资源：素材/第4章/培训成绩表.xlsx），选择任意含有数据的单元格，这里选择A2单元格，在【数据】/【排序和筛选】组中单击“筛选”按钮，如图4–114所示。

（2）此时表格第1行中所有项目的右侧都将出现筛选下拉按钮，单击“所属部门”项目右侧的下拉按钮，在弹出的下拉列表中取消选中“行政部”复选框，单击 确定 按钮，如图4–115所示。

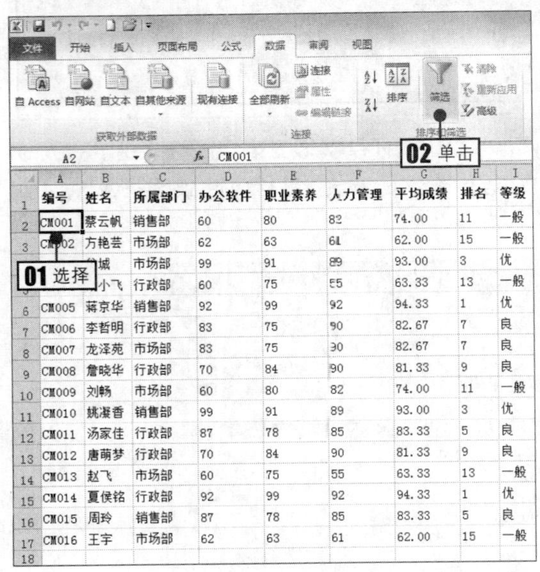

图4–114 执行筛选操作

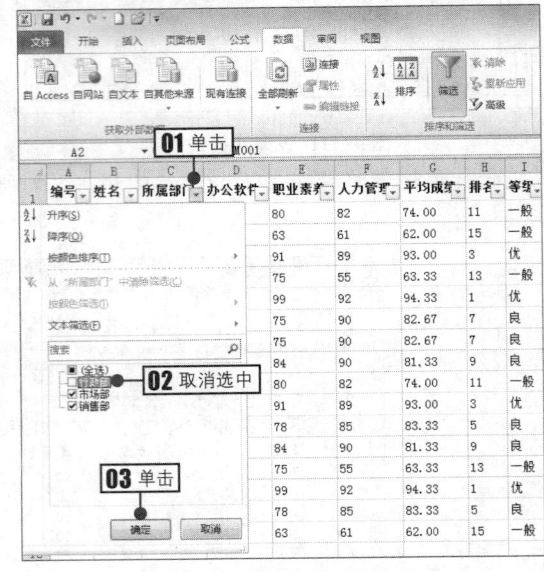

图4–115 指定筛选条件

（3）此时就筛选出非行政部的所有员工的培训成绩（配套资源：效果/第4章/培训成绩表.xlsx），如图4–116所示。再次单击“筛选”按钮可清除筛选状态，重新显示所有数据。

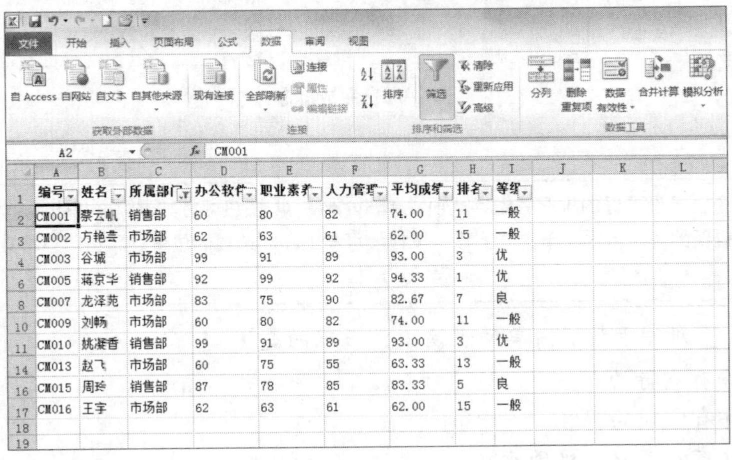

图4–116 完成筛选

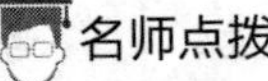

名师点拨

单击“排序和筛选”组中的 清除 按钮也可以清除筛选状态，使表格恢复到显示所有数据的原有状态。用户执行清除筛选操作后，同时也会清除数据的排序状态，因此使用时需要特别留意。

2. 自定义筛选

用户利用自定义筛选功能可以灵活设置筛选条件，筛选出更符合需求的数据。比如要在业务员信息表

中筛选出业绩评分低于60分或高于85分的数据记录，利用自动筛选就无法实现，此时便可使用自定义筛选来完成。自定义筛选的具体操作如下。

（1）打开“业务员信息表.xlsx”工作簿（配套资源：素材/第4章/业务员信息表.xlsx），选择A2单元格，在【数据】/【排序和筛选】组中单击“筛选”按钮，如图4-117所示。

（2）单击“业绩评分”项目右侧的下拉按钮，在弹出的下拉列表中单击【数字筛选】/【自定义筛选】命令，如图4-118所示。

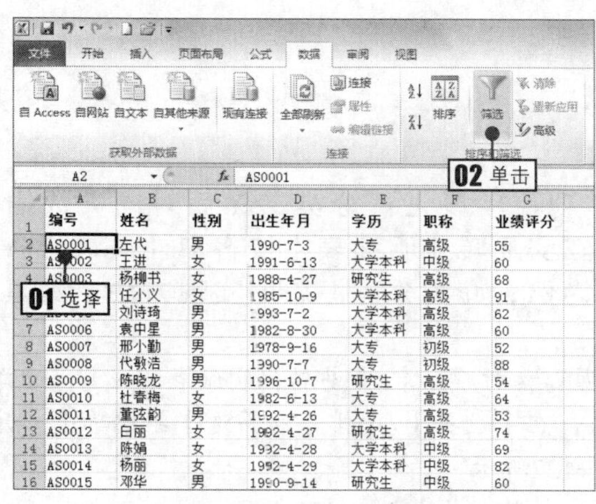

图4-117 执行筛选操作

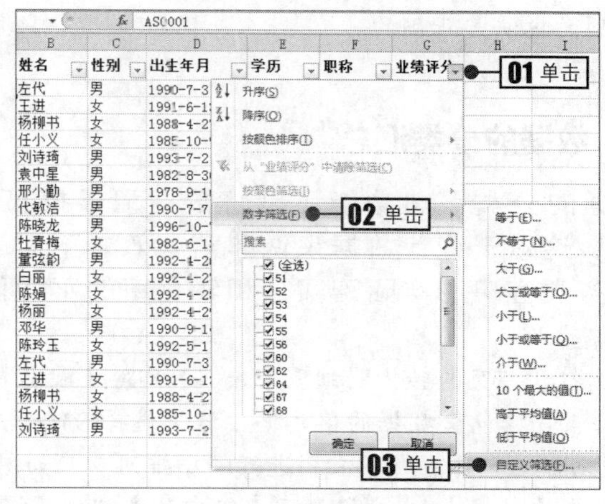

图4-118 自定义筛选

（3）打开“自定义自动筛选方式”对话框，在左上方的下拉列表框中选择“小于”选项，在右侧下拉按钮前的文本框中输入“60”，如图4-119所示。

（4）选中“或”单选项，在左下方的下拉列表框中选择“大于”选项，在右侧下拉按钮前的文本框中输入“85”，单击 确定 按钮，如图4-120所示。

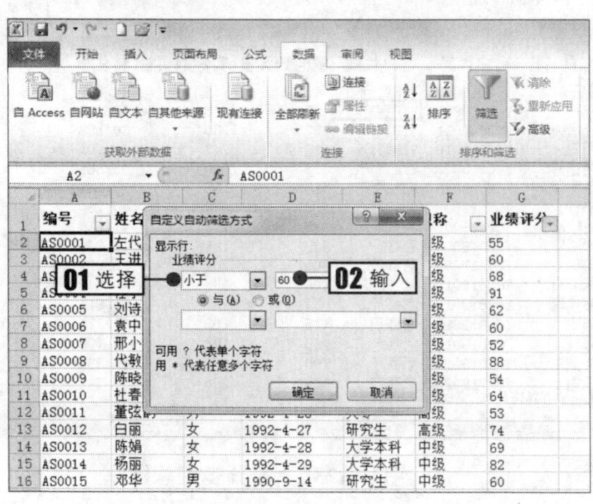

图4-119 设置筛选条件

图4-120 设置筛选条件

（5）完成筛选，此时表格中显示的便是业绩评分低于60分或高于85分的所有业务员的数据（配套资源：效果/第4章/业务员信息表.xlsx），如图4-121所示。

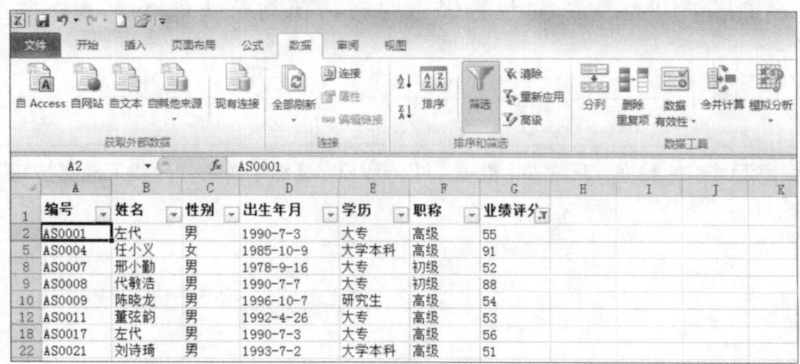

图4-121 完成筛选

【例题·单选题】下列关于筛选的说法中，正确的是（ ）。

A. 筛选数据前，无需对表格进行排序

B. 自动筛选前，必须对表格进行排序

C. 自动筛选需要事先设置筛选条件

D. 自定义筛选需要事先设置筛选条件

【解析】自动筛选与自定义筛选前都不需要事先设置筛选条件，也不需要对表格进行排序，因此只有A选项的说法是正确的。

【答案】A

4.4.3 数据的分类汇总

数据的分类汇总功能可以将数据记录按某个项目字段进行分类，然后对同类数据分类进行汇总，这对于统计数据来说非常有效。下面以在交易转化明细表中按客户性质进行分类，并汇总出各类客户的实际购买量和转化率的平均值为例，介绍分类汇总的实现方法，其具体操作如下。

（1）打开“交易转化明细表.xlsx”工作簿（配套资源：素材/第4章/交易转化明细表.xlsx），选择需要分类的项目下任意包含数据的单元格，这里选择C3单元格，在【数据】/【排序和筛选】组中单击“升序”按钮（也可单击“降序”按钮进行降序排列），如图4-122所示。

（2）在【数据】/【分级显示】组中单击“分类汇总”按钮，如图4-123所示。

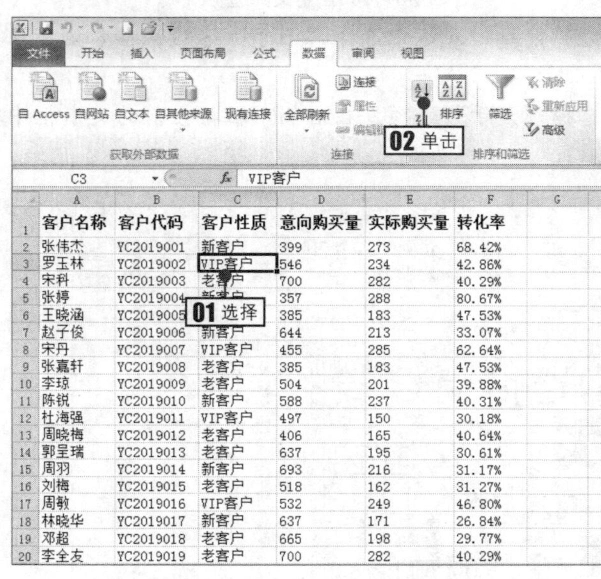

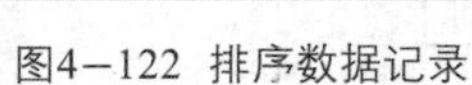
图4-122 排序数据记录

图4-123 执行分类汇总操作

（3）打开“分类汇总”对话框。在“分类字段”下拉列表框中选择“客户性质”选项，在“汇总方式”下拉列表框中选择“平均值”选项，在“选定汇总项”列表框中选中“实际购买量”复选框和“转化率”复选框，单击确定按钮，如图4-124所示。

（4）此时将汇总出各类客户实际购买量和转化率的平均值结果（配套资源：效果/第4章/交易转化明细表.xlsx），如图4-125所示。

知识拓展

如果要删除分类汇总结果但保留汇总前的数据，只需在【数据】/【分级显示】组中单击“分类汇总”按钮，重新打开“分类汇总”对话框，单击全部删除(R)按钮即可。

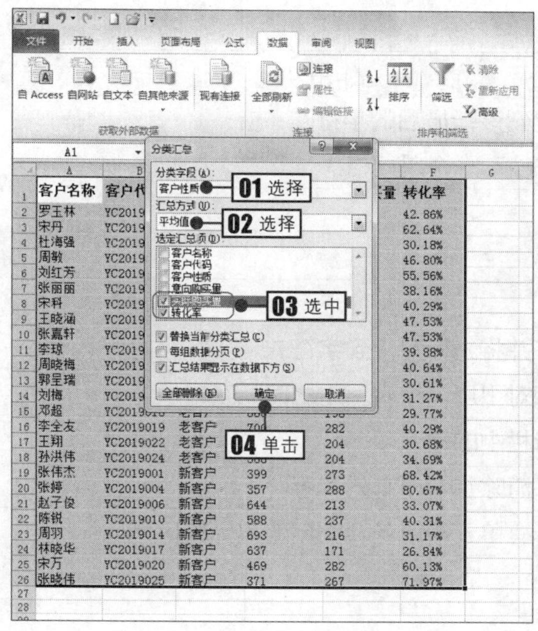

图4-124 设置汇总参数

图4-125 完成分类汇总

4.5 Excel常用快捷键汇总

Excel中的常用功能都配置有快捷键，合理利用快捷键可以提高软件的操作速度，从而事半功倍地完成表格的制作与编辑。在本章中也提及过一些快捷键操作，如按【Ctrl+N】组合键新建空白工作簿，按【Ctrl+C】组合键执行复制操作等。下面将一些常用的快捷键及其对应的作用汇总到表4-1中，以供参考学习。

表4-1 Excel常用快捷键汇总

快捷键	作用
工作簿操作类快捷键	
【Alt+F4】	退出Excel
【Ctrl+N】	新建空白工作簿
【Ctrl+S】或【F12】	保存工作簿
【Ctrl+O】	打开工作簿
【Ctrl+W】	关闭工作簿
数据输入类快捷键	
【Enter】	完成输入并选择下方相邻的单元格
【Alt+Enter】	在单元格中光标所在位置实现换行操作
【Ctrl+Enter】	完成输入并选择当前单元格
【Shift+Enter】	完成输入并选择上方相邻的单元格
【Tab】	完成输入并选择右侧相邻的单元格
【Shift+Tab】	完成输入并选择左侧相邻的单元格
【Esc】	取消输入
【BackSpace】	删除光标所在位置左侧的字符或选择的区域
【Delete】	删除光标所在位置右侧的字符或选择的区域

续表

快捷键	作用
【Ctrl+Delete】	删除光标所在位置到该行最后的字符
【↑】【↓】【←】【→】	向上、下、左、右移动一个单元格
【Ctrl+D】	向下填充
【Ctrl+R】	向右填充
数据编辑类快捷键	
【F2】	编辑选择的单元格并将光标定位到字符末尾
【F4】	将选择的公式在相对引用与绝对引用之间相互转换
【Esc】	取消单元格或编辑栏中的输入项
【BackSpace】	编辑活动单元格并清除其中原有的内容
【Ctrl+A】	选择工作表中的所有单元格或包含数据的单元格区域
【Ctrl+X】	剪切选择的对象
【Ctrl+C】	复制选择的对象
【Ctrl+V】	粘贴选择的对象
【Ctrl+Z】	撤销最后一次操作
【Ctrl+Y】	恢复最后撤销的一次操作
格式设置类快捷键	
【Ctrl+1】	打开“设置单元格格式”对话框
【Ctrl+B】	应用或取消字体加粗格式
【Ctrl+I】	应用或取消字体倾斜格式
【Ctrl+U】	应用或取消下划线格式
【Ctrl+Shift+~】	应用“常规”数字格式
【Ctrl+Shift+$】	应用带两个小数位的“货币”格式
【Ctrl+Shift+%】	应用不带小数位的“百分比”格式
【Ctrl+Shift+^】	应用带两个小数位的“科学记数”数字格式
【Ctrl+Shift+#】	应用含年、月、日的“日期”格式
【Ctrl+Shift+@】	应用含小时和分钟的“时间”格式，并标明上午或下午
【Ctrl+Shift+!】	应用具有千位分隔符的格式且负数用“－”表示
【Ctrl+Shift+&】	应用外边框
【Ctrl+Shift+_】	删除外边框
【Ctrl+5】	应用或取消删除线格式

4.6 同步强化练习题

1. 单选题

（1）下列启动Excel 2010的操作中，不正确的是（　）。

A. 在“开始”菜单中单击【所有程序】/【Microsoft Office】/【Microsoft Excel 2010】菜单命令启动

B. 双击桌面上Excel的快捷启动图标启动

C．单击已有的Excel文件
D．双击已有的Excel文件
（2）Excel中的快速访问工具栏默认的位置在（　　）。
A．标题栏　　B．功能区
C．编辑栏　　D．编辑区
（3）关于保存Excel工作簿，下列说法不正确的是（　　）。
A．尚未保存过的工作簿，按【Ctrl+S】组合键后，“另存为”对话框将随之打开
B．已经保存过的工作簿，按【Ctrl+S】组合键后，“另存为”对话框不会打开
C．尚未保存过的工作簿，按【F12】键后，“另存为”对话框将随之打开
D．已经保存过的工作簿，按【F12】键后，“另存为”对话框不会打开
（4）在Excel中，选中不连续的单元格或单元格区域时使用的快捷键是（　　）。
A．【Ctrl】　　B．【Shift】
C．【Alt】　　D．【Esc】
（5）下列关于在Excel中合并与拆分单元格的说法，不正确的是（　　）。
A．选择需要合并的单元格区域，在【开始】/【对齐方式】组中单击“合并后居中”按钮可实现合并单元格的操作
B．合并后的单元格可以单击“合并后居中”按钮进行拆分
C．Excel不能合并不相邻的单元格
D．Excel可以拆分非合并的单元格
（6）下列关于套用Excel表格样式的说法中，正确的是（　　）。
A．必须执行套用表格样式的操作后，才能指定应用表格样式的单元格区域
B．在执行套用表格样式的操作后，必须指定表格含有标题，否则无法实现套用
C．套用表格样式时，可以根据需要来指定表格是否含有标题
D．套用表格样式后，无法调整应用表格样式的表格区域
（7）在Excel中使用公式计算数据时，首先需要输入的对象是（　　）。
A．引用的函数名　　B．运算符
C．引用的单元格地址　　D．=
（8）在Excel中对数据进行求平均值运算，应使用的函数是（　　）。
A．SUM　　B．AVERAGE
C．MAX　　D．MIN
（9）下列关于Excel排序的说法中，正确的是（　　）。
A．简单排序主要包括升序和降序两种方式
B．数据排序会临时生成排序结果，不会影响原数据的顺序
C．设置多关键字排序后不能调整关键字的前后顺序
D．多关键字排序只能设置3个关键字
（10）使用Excel对数据进行分类汇总前，首先需要（　　）。
A．筛选数据　　B．选择数据
C．按任意列排序数据　　D．按分类列排序数据

2．多选题

（1）下列关于Excel工作簿新建与保存的描述，正确的有（　　）。
A．按【Ctrl+N】组合键可以新建Excel工作簿
B．按【F12】键可以新建Excel工作簿
C．按【Ctrl+O】组合键可以保存Excel工作簿
D．按【Ctrl+S】组合键可以打开指定的Excel工作簿
E．按【Ctrl+W】组合键可以关闭当前Excel工作簿
（2）若要实现选择工作簿中的全部工作表，以下操作中正确的有（　　）。

A. 单击第一张工作表标签，按住【Ctrl】键并依次单击其他所有工作表标签
B. 单击第一张工作表标签，按住【Shift】键并单击最后一张工作表标签
C. 在任意一个工作表标签上右击，在弹出的快捷菜单中单击“选定全部工作表”命令
D. 选择第一个工作表标签，按【Ctrl+A】组合键
E. 选择第一个工作表标签，按【Shift+A】组合键

（3）下列关于工作表的基本操作中，说法正确的有（ ）。
A. 在【开始】/【单元格】组中单击“插入”按钮下方的下拉按钮，在弹出的下拉列表中单击“插入工作表”命令，可在当前工作表之前插入带模板的工作表
B. 切换到重命名的工作表标签，按【F2】键可以重新为工作表命名
C. 拖曳工作表标签可移动工作表
D. 按住【Ctrl】键并拖曳工作表标签可复制工作表
E. 在【开始】/【单元格】组中单击“删除”按钮可删除工作表

（4）删除当前工作表中的某行，正确的操作步骤是（ ）。
A. 选择该行，按【Delete】键
B. 选择该行，在“开始”选项卡的“单元格”组中单击“删除”按钮，在弹出的下拉列表中单击“删除工作表行”命令
C. 选择该行，在所选区域上右击，在弹出的快捷菜单中单击“删除”命令
D. 选择该行，按【Ctrl+Delete】组合键
E. 选择该行，按【Ctrl+BackSpace】组合键

（5）Excel的选择性粘贴功能可以单独粘贴的对象有（ ）。
A. 数值　　B. 公式
C. 格式　　D. 批注
E. 行高

（6）下列关于快捷键实现操作的描述，说法正确的有（ ）。
A. 按【Ctrl+B】组合键可以加粗字体
B. 按【Ctrl+I】组合键可以倾斜字体
C. 按【Ctrl+U】组合键可以添加下划线
D. 按【Ctrl+Z】组合键可以恢复操作
E. 按【Ctrl+Y】组合键可以撤销操作

附录 同步强化练习题参考答案及解析

第1章

1. 单选题

（1）C 【解析】创建账套时需要设置的信息主要包括账套名、会计制度、企业行业性质、会计科目、本位币和会计期间等。

（2）B 【解析】系统初始化在系统初次运行时一次性完成，但部分设置可以在系统使用后进行修改，A选项错误；系统初始化是用友T3运行的基础，使手工环境下的会计核算和数据处理工作得以在计算机环境下延续和正常运行，C选项错误；系统初始化将对系统的后续运行产生重要影响，因此系统初始化工作必须完整且尽量满足企业的需求，D选项错误。

（3）C 【解析】多个限制科目之间需要用英文状态下的逗号“,”分隔。

（4）A 【解析】用友T3的“试算”功能可以对期初和年初数据进行试算平衡检查。

（5）C 【解析】在“填制凭证”对话框中按【F5】键可新增空白凭证。

（6）D 【解析】填制凭证时输入的会计科目必须是末级科目，明细科目的说法并不严谨。

（7）B 【解析】经审核但未记账的凭证可由审核人取消审核，并由制单人员修改。

（8）A 【解析】利用用友T3的“整理凭证”功能，不仅可以快速整理作废的凭证，还能整理凭证断号，将所有凭证整理为连续编号。

（9）C 【解析】A、B选项正确，记账凭证经审核签字后，由有记账权限的会计人员发出记账指令，然后由计算机按照预先设计的记账程序自动进行合法性检查、科目汇总，并登记总账和明细账、日记账以及备查账等；C选项错误，未经审核的凭证不能记账；D选项正确，第一次记账时，若期初余额试算不平衡，不能进行记账操作。

（10）C 【解析】记账过程中，若出现试算不平衡或有错误凭证，系统将停止记账。

（11）A 【解析】恢复记账的快捷键为【Ctrl+H】组合键。

（12）B 【解析】设置期间损益结转时，应在“期间损益结转设置”对话框的“本年利润科目”文本框中指定本年利润科目的编码。

（13）B 【解析】自动转账生成是指在自动转账定义完成后，会计人员每月月末只需要执行转账生成功能，即可快速生成转账凭证，并将其保存到未记账凭证中。

（14）D 【解析】采购发票必须录入的选项包括：发票号、开票日期、供货单位、到期日以及具体的采购内容。

（15）A 【解析】单击【文件】/【新建】菜单命令，可以打开“新建”对话框，并在左侧的“模板分类”列表框中选择模板来新建报表。

2. 多选题

（1）ADE 【解析】账套属性的单位档案设置，可以对账套名称、本币代码、本币名称等多种参数进行设置，但会计制度和所属行业两种参数只能在创建账套时设置，设置后无法修改。

（2）ABDE 【解析】会计科目、客户、供应商、部门、地区、存货、货位、收发类别、结算方式等都可进行编码方案设置。

（3）AB 【解析】若要新增部门档案，则部门编码和部门名称两个项目是必填项。

（4）ABCD 【解析】未审核的凭证不可以记账，E选项说法错误。

（5）ACDE 【解析】录入关键字需要在报表处于数据状态时才能实现。

（6）ABCD 【解析】报表可以生成Excel文件和HTML文件，可以导出ini文件和XML文件。

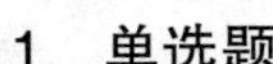

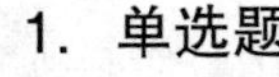

第2章

1. 单选题

（1）C 【解析】增值税专用发票第二联为抵扣联，字体颜色为绿色。

（2）A 【解析】发票不允许拆本使用。

（3）B 【解析】对客户编码进行设置后，可将所有与本企业发生过业务的客户都存储到客户编码库中，这样在填开发票时可以直接通过编码库来输入购买方信息。

（4）A 【解析】税控开票软件的一般工作流程：企业持金税盘或报税盘到税务机关购买发票；将购票信息读入开票系统中；在开票系统中填开发票；抄税后到办税厅报税或远程抄报税。

（5）B 【解析】企业纳税登记号和企业名称为已有内容，此处无须再次设置。

（6）C 【解析】填开发票时，购买方信息可以从客户编码库选取。D选项，购货单位库主要用于填开机动车销售统一发票时快捷录入购货单位信息。

（7）B 【解析】销售方信息无须填写，系统会自动调入。

（8）A 【解析】因开票有误购货方拒收专用发票的，应由销货方申请开具信息表。

（9）A 【解析】通过直接开具的方式开具红字增值税专用发票，首先需要执行的操作是输入信息表编号并再次输入相同编号。

（10）D 【解析】在发票查询的操作界面中，选择某张发票后，单击“打印”按钮，如果单击“发票”命令，可打印所选发票；单击“销货清单”命令，可打印所选发票的销货清单。另外，如果单击“发票列表”命令，则可设置需要打印的发票范围，打印多张发票。

（11）C 【解析】如果税控开票软件中的发票数据与金税盘中记录的数据不一致，则操作人员可以利用发票修复的功能，以金税盘中的发票数据为依据，修复税控开票软件中的发票数据。

2. 多选题

（1）BCDE 【解析】增值税专用发票明确了买卖双方在收入和支付上的经济责任，是一种经济责任证

书，C选项正确；增值税专用发票是能够记录经济业务和明确经济责任的原始凭证，D选项正确；增值税专用发票的使用者如果违反增值税专用发票管理规定，会受到法律法规的惩罚或制裁，E选项正确；纳税人可以凭借其取得的增值税专用发票来申报抵扣进项税额，B选项正确。

（2）ABDE 【解析】税控开票软件的功能模块简单明了，主要包括系统设置、发票管理、报税处理和系统维护四大方面的功能。本题中，A选项属于发票管理的功能；B、D选项属于报税处理的功能；E选项属于系统维护的功能。C选项，税务登记与管理则无法通过税控开票软件来实现。

（3）ADE 【解析】开具红字增值税专用发票的方式一般有3种，分别是直接开具红字增值税专用发票、通过导入信息表开具红字增值税专用发票，以及通过网络下载信息表开具红字增值税专用发票等。

（4）ABDE 【解析】已经抄税的发票不能进行作废处理，只能开具红字发票进行冲抵。

（5）AD 【解析】金税盘等税控开票软件的发票资料统计功能主要包括月度资料统计和年度资料统计两种。

第3章

1. 单选题

（1）D 【解析】金税三期的总体建设目标是建立“一个平台、两级处理、三个覆盖、四个系统”的高度信息化工程。

（2）A 【解析】以用户名方式登录金税三期报税系统进行网上报税时，需要输入纳税人识别号，然后选择纳税人身份信息，之后再进行验证。

（3）B 【解析】单击“校验”按钮是在保存申报数据之后的操作，表示对申报的数据进行校验，只有校验通过后，才能提交数据进行申报。

（4）D 【解析】查询申报数据时，可以指定查询的税种和所属期间，包括设置起始日期和终止日期。

（5）B 【解析】个人所得税的附表数据根据纳税人实际情况选择是否填写，A选项错误；申报个人所得税后，并没有要求必须立即执行缴款操作，C选项错误；缴纳个人所得税税款时，可以选择三方协议缴税，也可以选择银行端查询缴税等方式。

2. 多选题

（1）ABDE 【解析】在金税三期报税系统中单击“我要办税”选项卡，然后依次单击“综合信息报告”按钮和“身份信息报告”按钮后，可以执行的操作包括单位和个体税务登记、扣缴税款登记、变更税务登记、一照一码户信息变更、两证整合个体工商户信息变更、临时税务登记等。

（2）ABE 【解析】专项附加扣除指的是个人所得税法规定的子女教育、继续教育、大病医疗、住房贷款利息、住房租金和赡养老人等企业员工的指定项目扣除。

（3）ABCD 【解析】在个人所得税扣缴客户端，选择左侧导航栏中的“个人扣缴明细查询”选项，在右侧界面中可以设置税款所属期、人员的姓名、国籍（地区）和证照号码，单击“查询”按钮即可查询该人员的个人所得税缴款数据。

第4章

1. 单选题

（1）C 【解析】通过双击已有Excel文件可以启动Excel，单击已有Excel文件无法启动Excel。

（2）A 【解析】快速访问工具栏在标题栏上。Excel的标题栏位于操作界面最上方，从左至右包括窗口控制图标、快速访问工具栏、标题显示区和窗口控制按钮组。

（3）D 【解析】对于已经保存或尚未保存的工作簿，按【F12】键后，都会打开“另存为”对话框。

（4）A 【解析】利用【Ctrl】键可同时选择不连续的单元格或单元格区域。

（5）D 【解析】Excel只能拆分合并后的单元格，拆分方法：选择该合并的单元格，单击“合并后居中”按钮。

（6）C 【解析】A选项错误，套用表格样式之前，就可以指定单元格区域；B选项错误，表格是否含有标题可以根据需要来设置；D选项错误，套用表格样式后，可以拖动表格样式区域右下角的标记来调整应用表格样式的单元格区域。

（7）D 【解析】无论公式或函数，在使用它们计算数据时，首先需要输入的都是等号“=”，以区别于输入的其他普通数据。

（8）B 【解析】AVERAGE函数可以对数据实现求平均值的计算，SUM为求和函数，MAX为求最大值函数，MIN为求最小值函数。

（9）A 【解析】数据排序会在原数据的基础上排列，不会临时生成排序结果，B选项错误；在“排序”对话框中可以通过“上移”和“下移”按钮调整关键字的前后顺序，C选项错误；多关键字排序可以设置多个关键字，并不是只能设置3个关键字，D选项错误。

（10）D 【解析】对数据进行分类汇总前，需要进行数据排序的操作，而排序的依据即分类汇总中分类对应的项目。

2. 多选题

（1）AE 【解析】按【F12】键可以保存Excel工作簿；按【Ctrl+O】组合键可以打开Excel工作簿；按【Ctrl+S】组合键可以保存当前Excel工作簿。

（2）ABC 【解析】选择工作簿中的所有工作表可以使用【Ctrl】键、【Shift】键配合单击操作来实现，也可以单击鼠标右键，在弹出的快捷菜单中单击“选定全部工作表”命令实现，但无法利用快捷键实现。

（3）CD 【解析】在【开始】/【单元格】组中单击“插入”按钮下方的下拉按钮，在弹出的下拉列表中单击“插入工作表”命令，可在当前工作表之前插入一张空白工作表，A选项错误；在需重命名的工作表标签上右击，在弹出的快捷菜单中单击“重命名”命令，可以重新为工作表命名，B选项错误；在【开始】/【单元格】组中单击“删除”按钮下方的下拉按钮，在弹出的下拉列表中单击“删除工作表”命令可删除工作表，E选项错误。

（4）BC 【解析】按【Delete】键或【Ctrl+Delete】组合键都只能删除所选区域中的数据；按

【Ctrl+BackSpace】组合键无实际效果。

（5）ABCD 【解析】在“选择性粘贴”对话框中，可以选中对象对应的单选项实现单独粘贴该对象的目的，具体包括“全部”“公式”“数值”“格式”“批注”“有效性验证”等，但不包括行高这个对象。

（6）ABC 【解析】按【Ctrl+Z】组合键可以撤销操作，D选项错误；按【Ctrl+Y】组合键可以恢复操作，E选项错误。